北京高等教育精品教材
BEIJING GAODENG JIAOYU JINGPIN JIAOCAI

国家级教学团队建设成果

全国会计领军人才丛书
Accounting Scholar Leader
会计系列

Accounting

会计学

（第3版）

◎周　华　编著

中国人民大学出版社
· 北京 ·

“会计学原论”系列教材总序

作为国家级优秀教学团队——工商管理核心课程教学团队建设成果和全国会计领军（后备）人才（学术类）培养项目成果，本套教材的宗旨是帮助读者高效率地掌握有用的会计知识，形成稳定合理的知识结构，激发创造性思维，培养较强的就业竞争力和专业胜任能力。本套教材可用作本科及研究生教学的教材和高级管理人员培训的参考读物，对于经济学、法学和管理学等领域的社会科学研究者也具有一定的参考价值。

“会计学原论”系列教材的编写理念

近年来，我国会计理论界跟踪域外理论，引进了很多新颖的概念和做法，这对于丰富理论知识不无裨益。但研究发现，也有不少概念和方法存在以讹传讹的问题，这就导致学习者时常陷入困惑。为了帮助读者从正反两方面分析和评价现有的会计理论知识，笔者自2005年以来历经数载，在校内所用讲义的基础上，编著了这套“会计学原论”系列教材，力求帮助读者掌握研究型学习方法，体会熟能生巧之妙。我们把中国人民大学会计学科的部分研究成果融入本套教材，冀望能够帮助读者明辨是非，快乐学习。

笔者着力编写本套教材，主要出于两个方面的原因。一方面，为了教给青年才俊新颖实用的会计管理技能，培养较强的就业竞争力和专业胜任能力，作为人民教师，我们有责任持之以恒地做好教学这个“良心活儿”。虽然当前国内的社会科学成果评价方式对教学不够重视，但我们深知，培养人才是学术和教育之本。我国会计理论和会计法规变动频繁，实令学者手足无措。教材中的内容常常无法令青年才俊信服，讲授者和学习者很难达成共识。许多资深教师纷纷感慨“越教越糊涂、越学越不明白”，建设具有稳定理论架构的、科学的会计教材实有必要。另一方面，本土教材不能在域外教材面前节节败退。教材是科研的归宿，是教育的核心，是避免学术殖民化的最后堡垒。我国学者的优秀研究成果有资格进入一流的教材，我们要有这个自信。如今，太多来路不明的“国际惯例”在经济管理类教材中流传，学术虚无化和漠视本土文化传统的现象愈演愈烈。迷信国外社会科学，尤其是域外的经济和金融理论，是缺乏学术积累和学术自信的表现。如果没有一大批高质量的本土教材，就不要指望本土学术能够赢得国际同行的尊重。反之，如果本土教材能够做到让教师爱教、学生爱学，本土学术自然就有了屹立于科学之林的基本条件。在中国这样一个拥有灿烂文化和悠久历史的泱泱大国，会计学术界应当有志气打造出体现中国气派的理论体系。

“会计学原论”系列教材的梯度设计

本套教材秉持“直观教学、辩证施教、中外对照”的教育理念，设计“专业用”和“非专业用”两个系列。

专业用教材涵盖会计学专业初级、中级和高级阶段的核心课程，包括《会计学基础》《中级财务会计》《高级财务会计》《会计理论》。

《会计学基础》以“快速入门：十个分录学记账”开篇，第一课就带领读者直接动手进行会计实务操作，采用直观教学方法帮助读者掌握实用技能。该书第2章至第11章讲解《会计基础工作规范》中关于会计凭证、会计账簿、会计报表的规定，帮助读者夯实专业功底，为中高级阶段的学习打下坚实的基础。第12章扼要讲解我国会计法规体系。第13章提供一套模拟实训素材。该书各章所用记账凭证和账页均为作者精心绘制的仿真素材，便于读者朋友身临其境地训练实务技能。该书在教学过程中穿插安排了3套会计实训的内容（其中，第1章为快速入门，第8章为细节训练，第13章为综合实训），实践证明，这样的研究型教学方法符合从实践到认识、再从认识到实践的认识论原理，可以达到理论与实践相结合的效果。该书2013年出版第1版，2019年出版第2版。

《中级财务会计》适合入门之后继续深造之用，其定位是巩固提高、培养自信，帮助读者达到中级会计师的职业水准，以备考“中级会计实务”科目，同时为报考注册会计师打下坚实的基础。该书内容覆盖了常用的会计准则（如基本准则，存货，固定资产，无形资产，长期股权投资，投资性房地产，资产减值，职工薪酬，收入，政府补助，金融工具确认和计量，财务报表列报，现金流量表，会计政策、会计估计变更和差错更正，资产负债表日后事项等）。该书根据我国基本法律关于财产权利的规定，按照物权、债权、知识产权、股东权的顺序讲解资产的会计处理。相应地，各章标题依次为货币资金、存货、固定资产、债权、无形资产、股权投资。值得说明的是，本书没有沿袭那种将金融资产单列一章的流行做法。原因在于，国际会计准则和美国证券市场上的公认会计原则所称的金融资产是特指的，其会计处理规则实乃美国金融监管机构权力斗争的产物。理论界对金融资产应当如何定义缺乏共识。主讲者若欲替规则制定者“圆场”，其努力常常归结于徒劳。更为可取的做法是告诉人们“金融资产”相关准则是如何拼凑而成的。

《高级财务会计》的定位是高、精、尖，新、奇、特，帮助读者达到高级会计师的职业水准，以备考注册会计师的会计科目，同时为报考高级会计专业技术资格的“高级会计实务”科目做好准备。该书对企业会计准则体系中的高难度准则进行深入剖析，内容包括技术含量较高、具有一定难度的会计准则，如所得税、资产减值、企业合并、合并财务报表、套期会计、金融资产转移、金融工具列报、租赁、外币折算、非货币性资产交换、债务重组、政府补助、分部报告、中期财务报告、股份支付和每股收益等。该书注重考察会计规则的设计理念，帮助读者运用会计原理鉴别现行规则的成败与得失，培养创造性思维，全书的显著特色是化繁为简：篇幅比较紧凑，语言比较通俗，操作比较简练。该书2013年出版第1版，2015年出版第2版，2019年出版第3版。

《会计理论》的定位是传道授业、答疑解惑。该书从两个平行的层面展开：其一，对域外会计规则进行辩证分析，全景式地分析公认会计原则和国际会计准则形成和演化的真实历程，力求取其精华、去其糟粕，在扬弃中借鉴西方会计理论；其二，对中国会计理论和会计规则的真实历程进行辩证分析，梳理本土学术成果，为中国会计人提精神、长志气。该教材对中外会计理论和会计规则进行对比分析，帮助读者全面把握会计规则的演进历程和发展趋势，从而达到和保持领先的专业水准，培养和造就能够切实加强会计管理的领军人才。该书讲义已试用十多年，拟于近期出版。

上述四部会计学专业教材的梯度与国内多个版本的优秀教材大体相同并略有扩展。除不涉及石油天然气开采、原保险合同、再保险合同等少数准则外，全套专业用教材涵盖了企业会计准则体系的核心内容，如下表所示（表中【 】内的数字为企业会计准则的编号，“0”指基本准则）。这种设计旨在帮助读者从总体上把握会计法规体系和会计理论体系，从容应对职业挑战。

专业用教材的梯度设计及其与企业会计准则体系的对应关系

章	《会计学基础》	《中级财务会计》	《高级财务会计》
1	快速入门：十个分录学记账	总论【0】	所得税费用【18】
2	会计的基本职能、会计基本假设和会计基础	货币资金	长期资产减值【8】
3	会计要素与会计科目	存货【1】	企业合并【20】
4	会计等式与复式记账	固定资产【4】	合并财务报表【33】
5	主要经济业务事项账务处理	债权【22】	衍生工具会计导论
6	会计凭证	无形资产【6】	套期会计【24】
7	会计账簿	股权投资【2、22】	金融资产转移【23】
8	账务处理程序	投资性房地产【3】	金融工具列报【37】
9	财产清查	流动负债【9】	租赁合同【21】
10	财务会计报告	非流动负债【13、17、22】	外币折算【19】
11	会计档案	所有者权益	非货币性资产交换【7】
12		收入、费用和利润【14、15】	债务重组【12】
13		财务会计报告【30、31、36】	政府补助【16】
14		会计政策变更、会计估计变更与前期差错更正【28】	中期财务报告和分部报告【32、35】
15		资产负债表日后事项【29】	股份支付【11】
16			每股收益【34】
17			持有待售的非流动资产、处置组和终止经营【42】
18			公允价值计量【39】

非专业用教材包括《会计学》通用教材和《会计：一日入门》。

《会计学》相当于"《会计学基础》精编版+《中级财务会计》精编版"，定位是快速入门、培养兴趣，帮助读者快速掌握会计管理的核心技能。内容覆盖入门知识、基础理论和常用会计准则（如基本准则、存货、固定资产、无形资产、长期股权投资、金融工具确认和计量、财务报表列报等），读者学完之后能够熟练编制和阅读会计报表。该教材适合只开设一门会计课程的非会计学专业本科生和研究生（如MBA，EMBA学员和在职研究生），也适合管理人员自修或培训之用。该书2011年出版第1版，2013年入选"北京高等教育精品教材"，2015年出版第2版，2019年出版第3版。

《会计：一日入门》的主要内容是"快速入门：十个分录学记账"和"会计职业概览"，旨在帮助初涉会计领域的读者克服入门障碍，培养学习兴趣。通常，人们之所以感到会计比较难学，是因为借贷记账法往往令人陷入困惑。该教材着重推广中国人民大学会计学科的一些先进教学方法，适合有意了解会计知识或有意从事会计职业的读者朋友。读者学完《会计：一日入门》之后可以顺畅地阅读任何系列、任意版本的会计教材。实践已经反复证明，各专业的读者都能在一天之内找到"感觉"。该书拟于近期出版。

"会计学原论"系列教材的特色

本套"会计学原论"系列教材具有四个方面的特色：

第一，既注重讲解现行法规，又注重阐述理论要领，运用中国人民大学会计学科的部分原创成果对会计规则及其理论背景进行辩证分析，帮助读者既知其然又知其所以然。学完这套教材，读者可达到谙熟会计相关法规、把握会计理论走向的领先水平。书中所设专栏不作教学要求，主讲教师可酌情选用。

第二，语言力求简练，读来较为轻松。相对于法规原文而言，这套教材能够让初学者一读就懂、一学就会。

第三，注重学科关联，以"中外对照、辩证施教"为教育理念，侧重于培养复合型人才。本套教材将财政学、金融学、经济法等学科的相关知识融于一体，结合会计处理阐释常用的交叉学科知识点，帮助读者建立起扎实的专业知识结构并能够灵活运用所学知识。本套教材对专业术语给出了英文标注，从而实现与域外优秀教材及域外会计规则的相互衔接，便于读者同步掌握国际财务报告准则（国际会计准则）。为方便教学，本套教材将法律法规、理论背景和辩证分析的内容统一安排在专栏中，对专栏内容不作教学要求。如此处理，一来可以增强趣味性，支持主讲教师酌情发挥主观能动性，扩大课堂信息量；二来可以突出主线，便于读者在辩证思考的基础上全面掌握正文内容，提升专业水平。

第四，与现行会计考试制度直接衔接。本套教材首先带领读者熟练掌握现行会计法规，然后引领读者深入思考会计规则的设计理念及其理论缺陷，最后启发读者形成自己的专业观点。这种研究型教学方法实际上把通过各种会计考试当作初级目标，力求按照"理论源于实践又指导实践"的科学规律开展教学活动。实践证明，研究型教学方法有助于读者从容准备会计考试。

本套教材为会计学科构建了新的理论架构，力求详尽透彻地阐释会计学基本理论和规则，列举并分析不同学说、域外规则和国内外会计理论新的研究成果。这套教材在杨纪琬先生和阎达五先生首创的会计管理活动论这一本土原创会计理论的指导下，着力贯彻笔者和合作者自1999年以来提出的“根据法律事实记账”理论主张。系列教材既着力对会计法规之大义和要点加以分析，也对立法过程中的争议及遗留问题提出独到见解，书中的理论专栏大多源自“会计学原论”系列著作（即《会计制度与经济发展——中国企业会计制度改革的优化路径研究》《法律制度与会计规则——关于会计理论的反思》《会计规则的由来》等）。

上述理念得到兄弟院校教师的大力支持。笔者有幸先后荣获高等教育国家级教学成果二等奖（2014年）和一等奖（2018年）。

例如，基于这一理念，本套教材中的《中级财务会计》按照财产权利的法律属性，在第6章“债权”中讲解“交易性金融资产（债权)”“债权投资”“其他债权投资”，它们都属于民法上的债权。在第8章“股权投资”中集中讲解现行准则体系中所设计的股权投资的四种会计处理规则，即“交易性金融资产（股权)”“其他权益工具投资”“成本法”“权益法”。这是因为，没有理由将股权投资的会计处理规则分为“金融资产”和“长期股权投资”两章去讲述。该书率先将缺乏合理逻辑的金融资产相关内容按照民事法律关系拆解为债权和股权投资两个部分，历年来的教学实践证明，如此设计的提纲更为简练，体系结构（见下图）更为稳定、合理，可以避免教学内容被会计法规“钳制”，初学者学习起来没有任何障碍。2018年起实施的企业会计报表格式引入了“债权投资”“其他债权投资”“其他权益工具投资”等项目，这一动态验证了上述教育理念的前瞻性和上述知识图谱的稳定性。

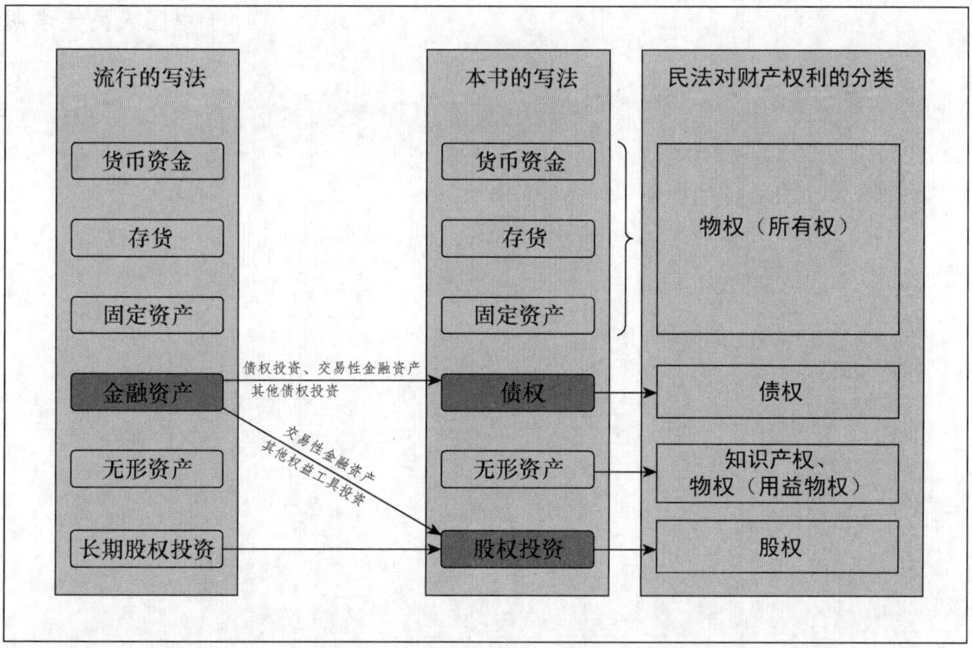

本套教材为会计学科构建的知识架构（示意图）

2017年11月，笔者的专著《法律制度与会计规则——关于会计理论的反思》被业界同仁遴选为杨纪琬会计学奖"优秀会计学术专著奖"，这体现了业界前辈、同仁对本土学术成果的厚爱和支持，是对"会计学原论"系列教材的创作理念的肯定和鞭策。在会计界开明氛围的支持下，更多兄弟院校教师开始引入研究型教学方法。有些高校把这些教材用于本科教学或研究生入学考试，有效地推动了教育教学改革。

本套教材是根据中国人民大学会计学科多年积淀的宝贵经验撰写而成的，在系列教材撰写和广泛征求意见的过程中，朱小平、戴德明、耿建新、荆新、于富生、王化成、林钢、徐泓、徐经长、赵西卜、曹伟、支晓强、宋建波、杨万贵、孙蔓莉、王建英、姚岳、蒋砚章、秦玉熙、陈丽京、张小英、文光伟、王平、王彦、钟红山、赵宇斌、宋云、殷建红、李会太、戴璐、徐艳芳、吴武清等同志提出了很好的建议，笔者深表感谢。本套教材自2005年以来先后在中国人民大学商学院、财政金融学院、经济学院的"会计学""财务会计学""会计理论""金融分析与会计准则""财务报表分析""高级财务会计专题"等课程中使用，受到学生们的普遍欢迎，在此，我们对学生们踊跃提出的反馈意见表示感谢。当然，我们同样期待全国各地兄弟院校的主讲教师和青年学子提出反馈意见。中国人民大学出版社为培育这套著作式教材提供了宝贵支持，于波同志、李文重同志为本套教材付出了大量辛勤的劳动，财政部全国会计领军（后备）人才（学术类）项目也对本套教材提供了大力支持，在此亦致谢意。

本套教材献给所有对会计学感兴趣的读者朋友，献给致力于教给学生们经久耐用的理论知识和实践技能的高校教师。

周　华

于中国人民大学明德楼

前言

本书为国家级优秀教学团队建设成果和全国会计领军人才项目成果，适于初学者快速掌握会计核心技能和管理工作者更新专业知识之用，适合用作非会计学专业本科及研究生教育教材，以及高级管理人员培训参考读物，对于经济学、管理学和法学等领域的社会科学研究者也具有一定的参考价值。

本书第1版于2011年6月出版后，得到很多高校骨干教师、青年学子和实务工作者的厚爱和支持，他们热情地反馈了宝贵的意见和建议。2013年10月，本书荣幸入选“北京高等教育精品教材”。

2014年起，财政部先后发布财务报表列报（修订）、公允价值计量、职工薪酬（修订）、合并财务报表（修订）、合营安排、长期股权投资（修订）、在其他主体中权益的披露、金融工具列报（修订）8项新会计准则。本书针对会计准则体系和财税法规的变化，于2015年9月出版了第2版。

2016年以来，财政部陆续发布了《增值税会计处理规定》、《企业会计准则第42号——持有待售的非流动资产、处置组和终止经营》、《企业会计准则第22号——金融工具确认和计量》、《企业会计准则第37号——金融工具列报》（修订）、《企业会计准则第16号——政府补助》（修订）、《企业会计准则第14号——收入》（修订）等部门规范性文件。为了帮助读者高效率地掌握现行会计理论、准则体系和相关财税法规，我们结合读者朋友们的反馈建议和会计准则的修订要点，适时组织了此次修订。

学习本书，不要求读者预先具备任何会计基础。

本书采用“直观教学、中外对照、辩证施教”的教育理念，致力于向青年才俊传授实用的会计职业技能，帮助读者建立复合型知识结构，养成从法学、经济学和管理学交叉贯通的角度来学习会计学的习惯，从而培养较强的就业竞争力和专业胜任能力。多年的教学实践证明，如此教学，有助于读者形成扎实、稳定的知识结构。主讲者可以讲得清清楚楚，学习者可以学得明明白白。

本书第1章没有采用开篇阐释会计假设、会计原则、会计计量属性等生硬理论的编写惯例。原因在于：第一，会计假设、会计原则和会计计量属性等舶来品对实践的指导意义不大；第二，上述理论大多存有争议，甚至存在自相矛盾和背离会计学原理的情况；第三，对于应用性社会科学而言，开篇阐释生硬理论的做法有悖认识论原理。阅读长篇大论之后读者往往一头雾水，等回过神来，半个学期已在懵懵懂懂中度过，实是时间和精力的浪费。笔者研究发现，当前国内流行的域外会计理论并不具有先进性。因此，本书将那些域外理论放在第2章及之后章节的专栏中进行辩证分析，冀望激发读者的创造性思维。当然，这并不是说开篇阐述理论要点的做法没有可取之处，而是说大学教学需要在惯性和创新之间寻求平衡，我们多年来所进行的教学改革，正是为了探索社会科学教学与研究的新方法。

第1章以“快速入门：十个分录学记账”开篇，帮助读者快速掌握会计基本技能，了解从原始凭证、记账凭证、会计账簿到会计报表的全套记账、结账、报账过程，具有趣味性和实用性。这一章可供读者细细推敲，举一反三，积累足够的实践经验，便于后续章节的学习，最后实现从实践到理论的升华。正所谓“实践出真知”，全身心地投入所学的技能是最能给人以自信的。学会计也会像孩童时期学骑自行车一样快乐。

第2章“基础理论：从实践到认识”引导读者运用自己在第1章中学到的实践经验，对会计基础理论进行系统化的梳理。

第3章至第8章阐释资产的会计处理。本书根据我国基本法律关于财产权利的规定，按照物权、债权、知识产权、股东权的顺序讲解资产的会计处理。相应地，各章标题依次为货币资金、存货、固定资产、债权、无形资产、股权投资。

值得说明的是，本书没有沿袭那种将金融资产单列一章的流行做法。原因在于，国际会计准则和美国证券市场上的公认会计原则所称的金融资产是特指的，其会计处理规则实乃美国金融监管机构权力斗争的产物。理论界对金融资产应当如何定义缺乏共识。主讲者若欲替规则制定者“圆场”，其努力常常归结于徒劳。更为可取的做法是告诉人们“金融资产”相关准则是如何拼凑而成的。基于这一理念，本书按照财产权利的法律属性，在第6章“债权”中讲解“交易性金融资产（债权）”、“债权投资”和“其他债权投资”，它们都属于民法上的债权。在第8章“股权投资”中集中讲解现行准则体系中所设计的股权投资的四种会计处理规则，即“交易性金融资产（股权）”、“其他权益工具投资”、“成本法”和“权益法”。这是因为，没有理由将股权投资的会计处理规则分为“金融资产”和“长期股权投资”两章去讲述。本书第1版率先将缺乏合理逻辑的金融资产相关内容按照民事法律关系拆解为债权和股权投资两个部分，历年来的教学实践证明，如此设计的提纲更为简练，体系结构更为稳定、合理，可以避免教学内容被会计法规“钳制”，初学者学习起来没有任何障碍。2018年起实施的企业会计报表格式引入了“债权投资”“其他债权投资”“其他权益工具投资”等项目，这一动态验证了上述教育理念的前瞻性和本书知识图谱的稳定性。

第9章“负债”的流动负债部分着重阐释流转税（增值税、消费税）的会计处理规则，这既是为了帮助读者体会税收法规与会计规则的协作关系，也是为了帮助读者打下坚实的专业基础。实在地说，如果不能熟练地对流转税进行会计处理，就很难对资产进行恰当的入账处理，更不要说培养专业胜任能力了。流转税是企业会计管理的重要方面，是了解工商企业运作（从原料的采购到产品的生产，从商品的定价到利润的实现）的一把钥匙。运用会计知识可以深入理解经济学（财政学）中所称的价外税与价内税的重要知识点，还可同步掌握经济法（税法）的对应知识，读者可体会触类旁通之妙，并可建立交叉贯通的知识结构。读者的学习兴趣、学习效率、学习效果可有较大提升。该章“非流动负债”部分扼要阐释了长期借款、长期应付款、应付债券的会计处理规则，这一部分比较简单，相当于长期应收款、债权投资的“映像”。该章还适当引入了“交易性金融负债”“预计负债”的内容，以期帮助读者理解当前的会计报表结构和会计准则体系的完整脉络。

第10章“所有者权益”紧紧围绕《中华人民共和国公司法》阐释实收资本（或股本）、资本公积、盈余公积、未分配利润的会计处理，结合上市公司的实例阐释现金股利、股票股利、配股的会计处理规则。读者可以轻松掌握上市公司利润分配和配股的会计处理方法。

第11章“收入、费用和利润”实际上是对上述章节的复习。该章首先指出，现行利润表结构既不满足会计原理中的“收入－费用＝利润”的平衡公式，又不符合基本准则所规定的“收入－费用＋(直接计入当期利润的利得－直接计入当期利润的损失)＝利润总额”的逻辑关系。由此厘清学习者心头的疑迷。其次循序介绍狭义收入、狭义费用、直接计入当期利润的利得、直接计入当期利润的损失。接着讲解利润总额和企业所得税的纳税申报。然后简要阐释递延所得税的计算和净利润的结转。最后简要讲解每股收益的计算规则及其误导性。

第12章“财务会计报告”着重讲解资产负债表和利润表的报表项目及列报方法。

第13章“财务报表分析”扼要讲解偿债能力分析、管理效率分析和盈利能力分析的常用指标，并以杜邦分析体系为样板简要介绍了财务报表的综合分析方法。

本书在阐述会计规则的同时还运用相关学科的知识点来答疑解惑，尤其强调会计规则的法律背景和理论依据。除以上所提及的流转税法、所得税法、公司法以外，还在第3章扼要讲解金融法、票据法，第6章设专栏“实际利率的含义及其计算方法”帮助读者掌握实际利率法这一重点难点，第7章设专栏扼要讲解知识产权法。实践证明，将经济法、税法和会计学课程紧密结合起来，能够起到事半功倍的效果。

本书所创建的体系结构经过多年实践，取得了良好的效果。在此，我们乐于向兄弟院校的教师和青年才俊分享这一本土原创的会计教育理念。我们希望能够帮助读者朋友学到实用、新颖、能够经受时间考验的会计专业技能和理论知识。但限于我们的识见和能力，舛误纰缪在所难免，深望读者、方家给予严格的批评和指正。

周　华

于中国人民大学明德楼

目 录

第1章 Chapter 1 快速入门：十个分录学记账

学习目标

1. 掌握：账页的结构和用法。
2. 理解：会计凭证的重要性。
3. 了解：常用会计科目表。

在传统意义上，企业会计是面向实体经济的发展，以加强有效管理为核心，以依法记账、依法纳税、依法分配为主要内容的管理活动。会计的目标是通过记录企业的法律事实（法律行为和法律事件），为企业经营管理和国民经济管理提供具有法律证据力的财产权利和业绩信息。本章以神州美食股份公司手工记账的情形为例，帮助读者初步掌握会计核算的基本技能。

1.1 起步知识

1.1.1 会计机构和会计人员

《中华人民共和国会计法》（简称《会计法》）规定，各单位应当根据会计业务的需要，设置会计机构，或者在有关机构中设置会计人员并指定会计主管人员；不具备设置条件的，应当委托经批准设立从事会计代理记账业务的中介机构代理记账。

《会计基础工作规范》规定，各单位应当根据会计业务需要设置会计工作岗位。会计工作岗位一般可分为：会计机构负责人或者会计主管人员，出纳，财产物资核算，工资核算，成本费用核算，财务成果核算，资金核算，往来结算，总账报表，稽核，档案管理等。开展会计电算化和管理会计的单位，可以根据需要设置相应的工作岗位，也可以与其他工作岗位相结合。

会计机构内部应当建立稽核制度。会计工作岗位可以一人一岗、一人多岗或一岗多人。但是，根据《会计法》的规定，出纳人员不得兼任稽核、会计档案保管和收入、支出、费用、债权债务账目的登记工作。

1.1.2 会计要素与会计科目

公司股东共同签订的规定公司组织及经营活动的基本规则的书面文件称为公司章程，股东依照公司章程中的约定出资后，持《新设企业五证合一登记申请表》及相关注册登记文件到工商行政管理机关生成工商注册号，经过后台信息传递及各部门（质监、国税、地税、社保、统计）信息录入，最后打印出载有一个证号的营业执照。之后，公司就可以正式营业了。

为了实现对企业经营活动的控制，公司需要记录其资产的增减变动。在成立之初，公司的资产要么是股东投入的本钱所形成的（即所有者权益或净资产），要么就是借来的钱所形成的（即负债）。因此，存在以下平衡公式：

资产＝负债＋所有者权益

式中，左边表示资金的使用形态，右边表示资金的来源。该等式只是简明扼要地表达了“资金来源合计数等于资金占用合计数”这个朴素的思想。这种平衡关系就是资产负债表的设计原理。

为了计算具有公信力的业绩数据，便于履行企业所得税的纳税义务，便于评价企业业绩，公司需要记载其营业活动中所收到的对价（即广义的收入）和所付出的代价（即广义的费用），并据此计算当期的利润。因此，存在以下平衡公式：

广义的收入－广义的费用＝利润

上式的含义甚为直白，兹不赘述。这种平衡关系是编制利润表的基础。

资产、负债、所有者权益、收入、费用、利润①等六大类的信息是企业经营管理所必需的，会计学中称此六者为会计要素（accounting elements）。国外教材中存有不同的提法（如“八要素说”“九要素说”等），但对我国的企业实践并无借鉴价值，本书不拟涉及。

通俗地说，会计要素是指对所要记载的信息的大致分类。如果对会计要素作进一步细分，则可以确定总账账户的名称，由于账户名称又称会计科目（account title；title of account），因此，总账账户的名称俗称一级科目。例如，针对“资产”这一会计要素，现行会计法规进一步细分出了“银行存款”“库存商品”“固定资产”等一级科目。现行会计法规给一级科目进行了统一规范并给出了代码，企业可从中选用。常用的会计科目（一级科目）如表1-1所示。这些会计科目大多可顾名思义，一些令人费解的，可暂时存疑，经过以后章节的学习即可明了。

---

① 由于《企业会计准则——基本准则》所界定的收入和费用均取其狭义，导致该准则所界定的利润概念相当绕口。该准则第三十七条规定，利润是指企业在一定会计期间的经营成果，包括收入减去费用后的净额、直接计入当期利润的利得和损失等。基于上述定义，利润总额的计算规则可用公式表达为：

利润总额＝(收入－费用)＋直接计入当期利润的利得－直接计入当期利润的损失

关于利润的定义，学界存有争议。初学者可暂时对之存疑，经过以后章节的学习即可明了。

表 1-1　常用会计科目表

一、资产类科目	**二、负债类科目**	其他业务收入
库存现金	短期借款	营业外收入
银行存款	应付账款	**五、费用类科目**
交易性金融资产	应付职工薪酬	主营业务成本
应收账款	应交税费	其他业务成本
预付账款	应付股利	税金及附加
其他应收款	应付利息	销售费用
坏账准备	长期借款	管理费用
原材料	**三、所有者权益类科目**	财务费用
生产成本	实收资本	营业外支出
制造费用	资本公积	所得税费用
库存商品	盈余公积	**六、利润类科目**
固定资产	利润分配	本年利润
累计折旧	**四、收入类科目**	
固定资产清理	主营业务收入	

你想要记载什么信息，把账户名称（即会计科目）标注在账页（如图 1-1 所示）上方就行了，这样你就学会设置账户了。

1.1.3　借贷记账法

《企业会计准则——基本准则》第十一条规定，企业应当采用借贷记账法记账。在三栏式账页（即分三栏记载金额的增加、减少和余额的账页）上面，我们会看到“借方”“贷方”字样，如图 1-1 所示。

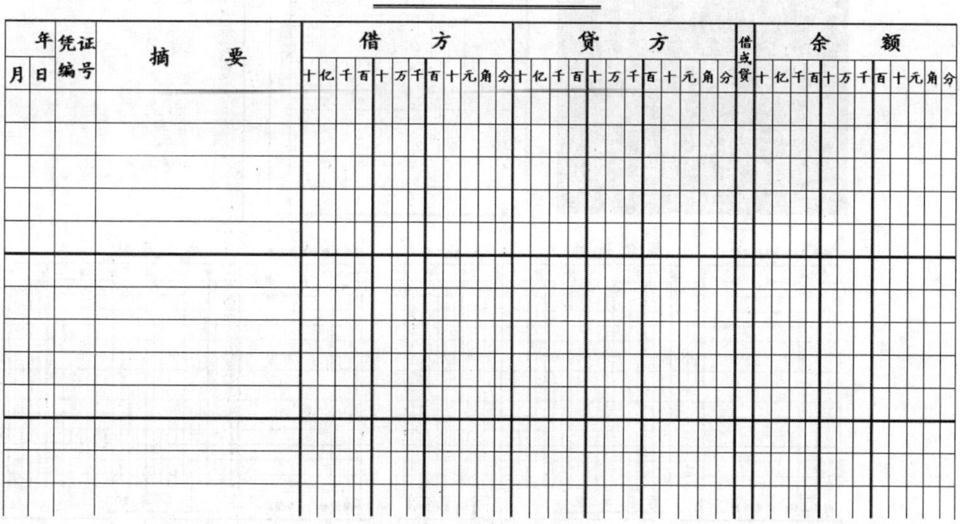

图 1-1　借贷记账法下的三栏式账页（示意图）

【重要提示】 账页中的“借方”“贷方”分别是根据西方国家记账用的符号“Debtor”（缩写为 Dr.）、“Creditor”（缩写为 Cr.）翻译而来的，仅仅作为记账符号使用，分别代表账页中除余额栏以外的金额栏的左边和右边。

账页中的“借方”“贷方”所表示的增减方向约定如下：对于资产类、费用类的各个账户，借方表示增加，贷方表示减少；对于负债类、所有者权益类、收入类、利润类的各个账户，贷方表示增加，借方表示减少。建议读者花点时间记住这个重要的约定，这对于快速入门很重要。

采用“借”“贷”作为记账符号的记账方法称为借贷记账法（debit-credit bookkeeping）。一般地，“借记某账户”是指在某账户的借方进行登记，“贷记某账户”是指在某账户的贷方进行登记。

1.1.4 设置会计账户

1. 设置总账账簿（账户）

在手工记账的情形下，公司的会计主管通常负责登记本公司的总账账簿（即总账账户的账页合订本）。总账账簿在外形上属于订本式账簿（即账页装订成册并连续编号），其账页格式均为三栏式。

总账账簿需要为各个总账账户预留页码并在目录页中标明，见图1-2。总账账户的名称就是前文所述的会计科目（一级科目）。

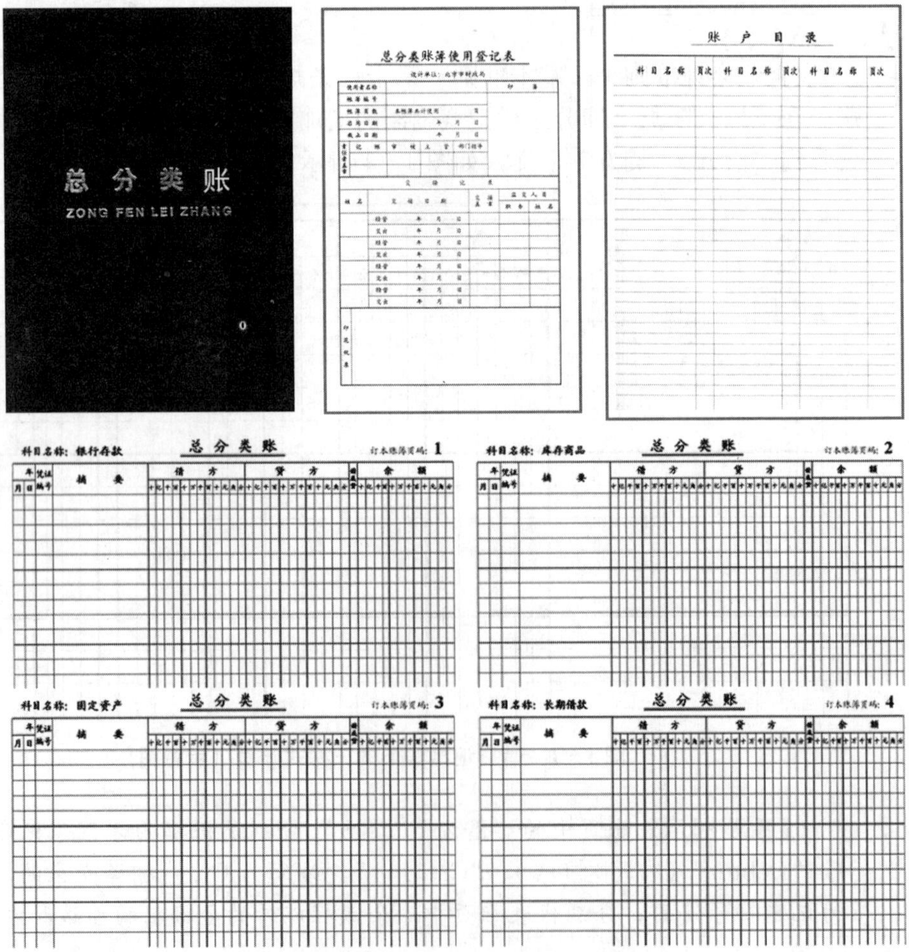

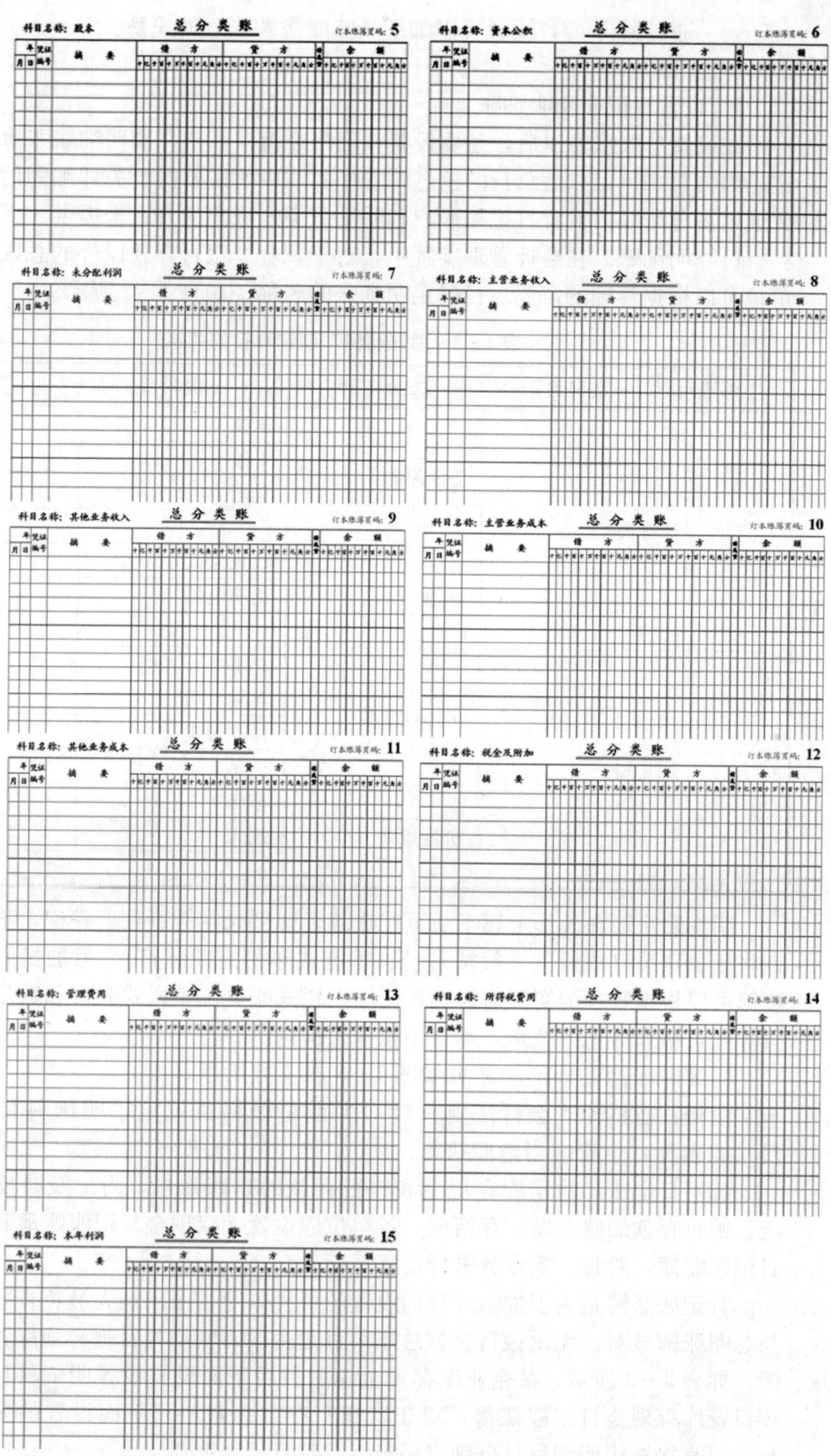

图 1－2　总账账簿的封面、扉页、科目索引（账户目录）和账页（局部）示意图

通过图1-2，读者可以细细品味账簿和账户的关系。

2. 设置日记账和明细账

在设置总账账簿以后，还要设置日记账账簿（账户）和明细账账簿（账户）。这是因为总账科目只是总括的信息，管理实践中所需要的更为详细的信息，就需要通过为总账账户设置日记账账户和明细分类账账户的方式来提供。

（1）明细账。在会计管理实践中，对于现金、银行存款以外的总账账户，各单位可以根据管理的需要自行确定明细账的名称。如表1-2所示。

表1-2　总账科目和明细科目的关系

总账科目（一级科目）	二级科目	三级科目	×级科目
库存商品	服装鞋帽	男装	…
		女装	…
		鞋帽	…
		…	…
	电器	信息家电（3C）	…
		厨房电器	…
		…	…
固定资产	房屋建筑物	总部办公大楼	…
		车间厂房	…
		独立展销厅	…
		…	…
	机器设备	车床	…
		刨床	…
		…	…

明细账账簿在外形上属于活页账账簿，即平时在活页账上登记，不装订，定期将活页账装订成册（一般按月份、季度或年份定期装订），另加封面。明细账账簿可以根据管理的实际需要选择使用三栏式账页、多栏式账页和数量金额式账页。账页格式详见第2章，本章不拟深入探讨。

明细账账簿的外形和账页如图1-3右下方所示。

值得注意的是，会计法规只针对少数总账科目规定了明细科目（二级科目）的名称，企业应当遵照执行。

（2）日记账。对于库存现金和银行存款的总账账户，为了及时反映库存现金、银行存款的收、发、存情况，各单位应设置库存现金日记账账簿和银行存款日记账账簿，对每一笔业务进行逐笔登记。

日记账账簿是为了加强管理而设置的特种账簿，由出纳人员负责登记并定期与总账账簿核对。无论银行存款总账科目是否设有明细科目都必须配置日记账账簿。如表1-3所示，某企业库存现金总账科目下面没有设置明细科目，但依然要设置库存现金日记账账簿；对于其银行存款总账科目下面设置的多个明细科目，可直接按照明细科目分别启用银行存款日记账账簿。

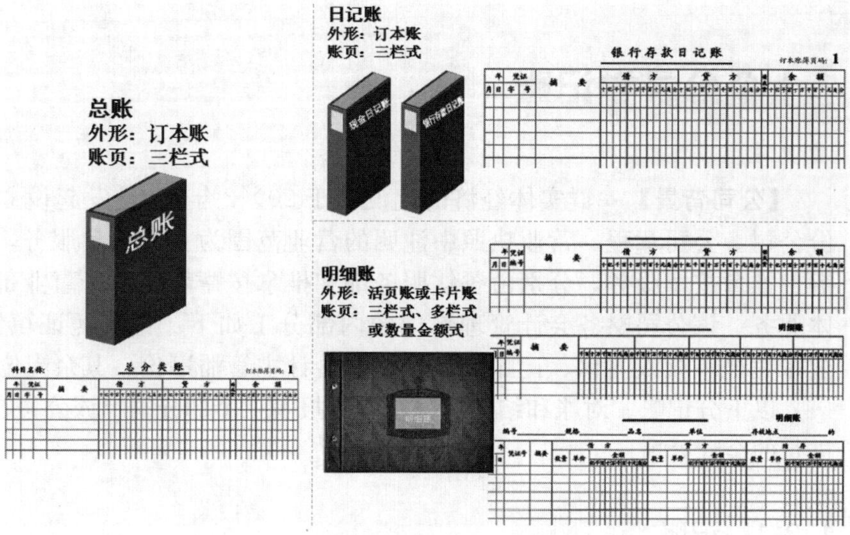

图 1-3　会计岗位的分工和会计账簿的设置

表 1-3　总账账簿和日记账账簿的关系

总账科目（一级科目）	二级科目	三级科目	×级科目
库存现金	无	无	无
银行存款	人民币存款	中国工商银行户头	…
		中国农业银行户头	…
		中国银行户头	…
		中国建设银行户头	…
		…	…
	外币存款	美元	…
		欧元	…
		…	…

《会计基础工作规范》要求银行存款日记账和库存现金日记账采用订本账簿，账簿中的账页为三栏式账页。如图 1-4 所示。

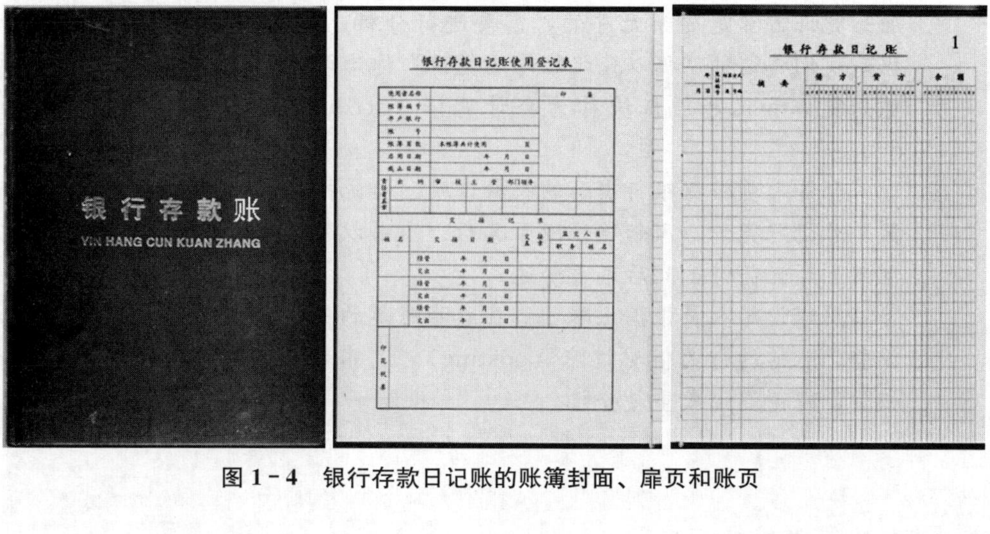

图 1-4　银行存款日记账的账簿封面、扉页和账页

1.2 十个分录学记账

【公司背景】一群实体经济的建设者于20×2年12月发起设立神州美食股份公司。公司章程、营业执照中注明的营业范围为主营饮食服务，兼营洗头足浴、推拿按摩服务，分别由餐饮服务部和推拿按摩部这两个事业部负责以上具体业务。该公司财务会计管理部门的内部分工如下：记账凭证填制人蔡锡勇、记账凭证审核人谢霖、记账人徐永祚、会计主管潘序伦，其余岗位略。

以下分记账、对账和结账、编制财务报表三个部分阐释该公司在设立当月所进行的会计处理。

1.2.1 记账

例1-1

12月1日，公司发行股份600万股，每股面值1元。共收到股东投资款3 400万元，已经存入银行。

分析：公司的银行存款增加3 400万元，公司股本增加600万元。依照公司法之规定，超面额缴入股本2 800万元计入资本公积。需设“银行存款”“股本”“资本公积”等账户予以记载。其中，“银行存款”账户需记录其增加额，由于该账户属于资产类账户，因而根据前述约定，其增加额应当记入其账户的借方；“股本”“资本公积”账户需记录其增加额，由于这两个账户属于所有者权益类账户，因而根据前述约定，其增加额应当记入其账户的贷方。

综上所述，应当借记“银行存款”账户3 400万元，贷记“股本”账户600万元，贷记“资本公积”账户2 800万元。

会计处理：欲在账簿中记载信息，必须具备能够证实法律事实的证据。能够直接证明相关的法律事实的证据（如发票等）称为原始凭证（source document）。原始凭证常常是庞杂无序的，需要进行分析、归纳，以便形成总结性的记账依据，我们将这种“据以登记账簿的凭证”称为记账凭证（voucher）。会计学中将原始凭证和记账凭证统称为会计凭证（accounting document; accounting evidence）。

会计人员根据银行出具的收款证明、验资报告、公司章程等原始凭证，填制第1号记账凭证。原始凭证附于其后。本书以下各例记账时填制的记账凭证，均需附上原始凭证，此后不再赘述。

总账记账人员根据记账凭证在总账账簿的三个账户中进行登记。根据记账凭证登记账簿的行为俗称过账（posting）。过账之后，可以在记账凭证中以“√”标注，以免漏记或重复登记。

记 账 凭 证

凭证号：1

20×2 年 12 月 1 日

附件___张

摘　要	总账科目	明细科目	√	借方金额（千百十万千百十元角分）	√	贷方金额（千百十万千百十元角分）
接受股东投资	银行存款		√	3400000000		
	股本				√	600000000
	资本公积	股本溢价			√	2800000000

会计主管：潘序伦　　记账人：徐永祚　　审核人：谢 霖　　填制人：蔡锡勇

总 分 类 账

科目名称：银行存款　　订本账簿页码：1

20×2年 月	日	凭证编号	摘　要	借方（十亿千百十万千百十元角分）	贷方（十亿千百十万千百十元角分）	借或贷	余额（十亿千百十万千百十元角分）
12	1	1	接受股东投资	3400000000			

总 分 类 账

科目名称：股本　　订本账簿页码：5

20×2年 月	日	凭证编号	摘　要	借方（十亿千百十万千百十元角分）	贷方（十亿千百十万千百十元角分）	借或贷	余额（十亿千百十万千百十元角分）
12	1	1	接受股东投资		600000000		

总 分 类 账

科目名称：资本公积　　订本账簿页码：6

20×2年 月	日	凭证编号	摘　要	借方（十亿千百十万千百十元角分）	贷方（十亿千百十万千百十元角分）	借或贷	余额（十亿千百十万千百十元角分）
12	1	1	接受股东投资		2800000000		

出纳员根据记账凭证在银行存款日记账中进行记载。以下凡涉及库存现金、银行存款的业务，在登记总账的同时，一律在日记账中作相应的记载，不再赘述。

例 1－2

12 月 6 日，动用银行存款 1 533 万元购进固定资产，其中，房屋建筑物 1 333

万元，机器设备200万元。①

分析：公司的固定资产增加1533万元，需另设“固定资产”账户予以记载。“固定资产”账户需记录其增加额，该账户属于资产类账户，其增加额应当记入其账户的借方；银行存款减少1 533万元，记入其账户的贷方。

为了加强资产管理，管理层决定在“固定资产”账户下设置“固定资产——房屋建筑物”“固定资产——机器设备”两个明细账户进行明细核算。

综上所述，应当借记“固定资产”账户1 533万元（在明细账中，借记“固定资产——房屋建筑物”账户1 333万元，借记“固定资产——机器设备”账户200万元），贷记“银行存款”账户1 533万元。

会计处理：会计人员根据发票、买卖合同、付款证明、验收证明等原始凭证，填制第2号记账凭证。

记 账 凭 证

20×2 年 12 月 6 日　　　　凭证号：2　　附件__张

摘要	总账科目	明细科目	√	借方金额（千百十万千百十元角分）	√	贷方金额（千百十万千百十元角分）
购入固定资产	固定资产	房屋建筑物	√	1333000000		
	固定资产	机器设备	√	200000000		
	银行存款				√	1533000000

会计主管：潘序伦　　记账人：徐永祚　　审核人：谢霖　　填制人：蔡锡勇

根据第2号记账凭证，总账记账人员在“固定资产”“银行存款”账户中进行记录。

总 分 类 账

科目名称：固定资产　　　　订本账簿页码：3

20×2年 月	日	凭证编号	摘要	借方（十亿千百十万千百十元角分）	贷方（十亿千百十万千百十元角分）	借或贷	余额（十亿千百十万千百十元角分）
12	6	2	购入固定资产	1533000000			

总 分 类 账

科目名称：银行存款　　　　订本账簿页码：1

20×2年 月	日	凭证编号	摘要	借方（十亿千百十万千百十元角分）	贷方（十亿千百十万千百十元角分）	借或贷	余额（十亿千百十万千百十元角分）
12	1	1	接受股东投资	3400000000			
12	6	2	购入固定资产		1533000000		

① 实务中，商品和服务的交易会涉及增值税（参见本书专栏4-1）。为简化示例，本章一律略去增值税因素。

明细账记账人员在“固定资产——房屋建筑物”“固定资产——机器设备”明细账中进行记录。会计学中把在总账及其所属的明细账中同时进行记载的做法称为平行登记。

活页　**固定资产——房屋建筑物**　明细账

20×2年 月	日	凭证编号	摘要	借方（十亿千百十万千百十元角分）	贷方（十亿千百十万千百十元角分）	借或贷	余额（十亿千百十万千百十元角分）
12	6	2	购入固定资产	1333000000			

活页　**固定资产——机器设备**　明细账

20×2年 月	日	凭证编号	摘要	借方（十亿千百十万千百十元角分）	贷方（十亿千百十万千百十元角分）	借或贷	余额（十亿千百十万千百十元角分）
12	6	2	购入固定资产	200000000			

例1-3

12月6日，公司通过银行转账缴纳广告费30.1万元，聘请某广告公司面向企业客户和家庭客户开展精准营销。

分析： 公司的销售费用发生30.1万元，需另设“销售费用”账户予以记载，该账户属于费用类账户，其增加额应记入其账户的借方；银行存款减少30.1万元，记入其账户的贷方。

综上所述，应当借记“销售费用”账户30.1万元，贷记“银行存款”账户30.1万元。

会计处理： 会计人员根据完税凭证、支付结算单据等原始凭证，填制第3号记账凭证。

记　账　凭　证　　　凭证号：3

20×2 年 12 月 6 日　　　附件___张

摘要	总账科目	明细科目	√	借方金额（千百十万千百十元角分）	√	贷方金额（千百十万千百十元角分）
支付广告费	销售费用		√	30100000		
	银行存款				√	30100000

会计主管：潘序伦　　记账人：徐永祚　　审核人：谢霖　　填制人：蔡锡勇

根据第3号记账凭证，总账记账人员在“销售费用”“银行存款”账户中进行记录。

总分类账

科目名称：销售费用　　　　订本账簿页码：**12**

20×2年 月	日	凭证编号	摘要	借方（十亿千百十万千百十元角分）	贷方（十亿千百十万千百十元角分）	借或贷	余额（十亿千百十万千百十元角分）
12	6	3	支付广告费	301000000			

总分类账

科目名称：银行存款　　　　订本账簿页码：**1**

20×2年 月	日	凭证编号	摘要	借方（十亿千百十万千百十元角分）	贷方（十亿千百十万千百十元角分）	借或贷	余额（十亿千百十万千百十元角分）
12	1	1	接受股东投资	3400000000			
12	6	2	购入固定资产		1533000000		
12	6	3	支付广告费		301000000		

例1-4

12月9日，动用银行存款500万元购进餐饮服务所需的库存商品。

分析：公司的库存商品增加500万元，需另设“库存商品”账户予以记载，该账户属于资产类账户，其增加额应当记入该账户的借方；银行存款减少500万元，记入该账户的贷方。

综上所述，应当借记“库存商品”账户500万元，贷记“银行存款”账户500万元。

会计处理：会计人员根据发票、买卖合同、付款证明、验收证明等原始凭证，填制第4号记账凭证。

记 账 凭 证　　　　凭证号：4

20×2 年 12 月 9 日　　　　附件___张

摘要	总账科目	明细科目	√	借方金额（千百十万千百十元角分）	√	贷方金额（千百十万千百十元角分）
购入库存商品	库存商品		√	500000000		
	银行存款				√	500000000

会计主管：潘序伦　　记账人：徐永祚　　审核人：谢 霖　　填制人：蔡锡勇

根据第 4 号记账凭证，总账记账人员在“库存商品”“银行存款”账户中进行记录。

总分类账

科目名称：库存商品　　　　订本账簿页码：2

20×2年 月	日	凭证编号	摘要	借方	贷方	借或贷	余额
12	9	4	购入库存商品	500000000			

总分类账

科目名称：银行存款　　　　订本账簿页码：1

20×2年 月	日	凭证编号	摘要	借方	贷方	借或贷	余额
12	1	1	接受股东投资	340000000			
12	6	2	购入固定资产		153300000		
12	6	3	支付广告费		30100000		
12	9	4	购入库存商品		50000000		

例 1－5

12 月 12 日，承接一项重要会议的接待任务，收到餐饮服务部门的营业收入 600 万元、推拿按摩服务部门的营业收入 300 万元，款项均已存入银行。依公司管理章程规定，前者记入“主营业务收入”账户，后者记入“其他业务收入”账户，以便于公司领导评价各部门的业绩、把握业务导向。

分析： 公司的银行存款增加 900 万元，记入“银行存款”账户的借方。主营业务收入增加 600 万元、其他业务收入增加 300 万元，需另设“主营业务收入”“其他业务收入”账户予以记载，这两个账户属于收入类账户，其增加额分别记入相应账户的贷方。

综上所述，应当借记“银行存款”账户 900 万元，贷记“主营业务收入”账户 600 万元，贷记“其他业务收入”账户 300 万元。

会计处理： 会计人员根据发票、收款证明等原始凭证，填制第 4 号记账凭证。

记账凭证

凭证号：5

20×2 年 12 月 12 日　　附件__张

摘要	总账科目	明细科目	√	借方金额	√	贷方金额
将营业收入存入银行	银行存款		√	900000000		
	主营业务收入				√	600000000
	其他业务收入				√	300000000

会计主管：潘序伦　　记账人：徐永祚　　审核人：谢霖　　填制人：蔡锡勇

根据第4号记账凭证，总账记账人员在“银行存款”“主营业务收入”“其他业务收入”账户进行记录。

科目名称：银行存款　　**总分类账**　　订本账簿页码：**1**

20×2年 月	日	凭证编号	摘要	借方	贷方	借或贷	余额
12	1	1	接受股东投资	3400000000			
12	6	2	购入固定资产		1533000000		
12	6	3	支付广告费		30100000		
12	9	4	购入库存商品		500000000		
12	12	5	将营业收入存入银行	900000000			

科目名称：主营业务收入　　**总分类账**　　订本账簿页码：**8**

20×2年 月	日	凭证编号	摘要	借方	贷方	借或贷	余额
12	12	5	将营业收入存入银行		600000000		

科目名称：其他业务收入　　**总分类账**　　订本账簿页码：**9**

20×2年 月	日	凭证编号	摘要	借方	贷方	借或贷	余额
12	12	5	将营业收入存入银行		300000000		

例1-6

12月15日，开出支票，转账支付管理费用56.3万元（办公经费和总部管理人员薪酬）。

分析：公司的管理费用发生了56.3万元，需另设“管理费用”账户予以记载，该账户属于费用类账户，根据前述约定，其发生额（增加额）应记入其账户的借方；银行存款减少56.3万元，记入其账户的贷方。

综上所述，应当借记“管理费用”账户56.3万元，贷记“银行存款”账户56.3万元。①

① 实务中，发放职工薪酬应当通过“应付职工薪酬”科目核算。为简化起见，本例直接作贷记“银行存款”账户处理。以下如遇类似情况均采用此种处理方式。

会计处理：会计人员根据发票、工资结算单等原始凭证，填制第 6 号记账凭证。

记 账 凭 证

凭证号：6

20×2 年 12 月 15 日

附件___张

摘　要	总账科目	明细科目	√	借方金额（千百十万千百十元角分）	√	贷方金额（千百十万千百十元角分）
支付管理费用	管理费用		√	56300000		
	银行存款				√	56300000

会计主管：潘序伦　记账人：徐永祚　审核人：谢 霖　填制人：蔡锡勇

根据第 6 号记账凭证，总账记账人员在“管理费用”“银行存款”账户中进行记录。

总 分 类 账

科目名称：管理费用　订本账簿页码：**13**

20×2年 月	日	凭证编号	摘　要	借方（十亿千百十万千百十元角分）	贷方（十亿千百十万千百十元角分）	借或贷	余额（十亿千百十万千百十元角分）
12	15	6	支付管理费用	56300000			

总 分 类 账

科目名称：银行存款　订本账簿页码：**1**

20×2年 月	日	凭证编号	摘　要	借方（十亿千百十万千百十元角分）	贷方（十亿千百十万千百十元角分）	借或贷	余额（十亿千百十万千百十元角分）
12	1	1	接受股东投资	3400000000			
12	6	2	购入固定资产		1533000000		
12	6	3	支付广告费		30100000		
12	9	4	购入库存商品		500000000		
12	12	5	将营业收入存入银行	900000000			
12	15	6	支付管理费用		56300000		

例 1－7

12 月 21 日，向银行借入长期借款 888 万元。

分析：公司的长期借款增加 888 万元，需另设“长期借款”账户予以记载，该账户属于负债类账户，根据前述约定，其增加额应当记入其账户的贷方；银行存款增加 888 万元，记入其账户的借方。

综上所述，应当借记“银行存款”账户 888 万元，贷记“长期借款”账户 888 万元。

会计处理：会计人员根据借款合同、银行入账通知单等原始凭证，填制第 7 号记账凭证。

记 账 凭 证

凭证号：7

20×2 年 12 月 30 日

附件___张

摘要	总账科目	明细科目	√	借方金额（千百十万千百十元角分）	√	贷方金额（千百十万千百十元角分）
向银行借入长期借款	银行存款		√	888000000		
	长期借款				√	888000000

会计主管：潘序伦　　记账人：徐永祚　　审核人：谢 霖　　填制人：蔡锡勇

根据第 7 号记账凭证，总账记账人员在“银行存款”“长期借款”账户中进行记录。

科目名称：银行存款

总 分 类 账

订本账簿页码：**1**

20×2年 月	日	凭证编号	摘要	借方（十亿千百十万千百十元角分）	贷方（十亿千百十万千百十元角分）	借或贷	余额（十亿千百十万千百十元角分）
12	1	1	接受股东投资	3400000000			
12	6	2	购入固定资产		1533000000		
12	6	3	支付广告费		30100000		
12	9	4	购入库存商品		500000000		
12	12	5	将营业收入存入银行	900000000			
12	15	6	支付管理费用		5630000		
12	30	7	向银行借入长期借款	888000000			

科目名称：长期借款

总 分 类 账

订本账簿页码：**4**

20×2年 月	日	凭证编号	摘要	借方（十亿千百十万千百十元角分）	贷方（十亿千百十万千百十元角分）	借或贷	余额（十亿千百十万千百十元角分）
12	30	7	向银行借入长期借款		888000000		

例 1－8

12 月 31 日，结转主营业务成本 370 万元，包括餐饮服务部门耗用的库存商品价值 300 万元，动用银行存款支付的餐饮服务部门人员工资 70 万元。

分析：公司发生主营业务成本 370 万元，需设“主营业务成本”账户予以记载，该账户的增加额应记入其借方；库存商品减少 300 万元，银行存款减少 70 万元，应分别记入“库存商品”“银行存款”账户的贷方。

综上所述，应当借记“主营业务成本”账户 370 万元，贷记“库存商品”账户 300 万元，贷记“银行存款”账户 70 万元。

会计处理：会计人员根据工资结算单、商品出库单等原始凭证，填制第 8 号记账凭证。

记账凭证

凭证号：8

20×2 年 12 月 31 日

附件___张

摘要	总账科目	明细科目	√	借方金额										√	贷方金额									
				千	百	十	万	千	百	十	元	角	分		千	百	十	万	千	百	十	元	角	分
结转主营业务成本	主营业务成本		√		3	7	0	0	0	0	0	0	0											
	库存商品													√		3	0	0	0	0	0	0	0	0
	银行存款													√			7	0	0	0	0	0	0	0

会计主管：潘序伦　　记账人：徐永祚　　审核人：谢 霖　　填制人：蔡锡勇

根据第 8 号记账凭证，总账记账人员在“主营业务成本”“库存商品”“银行存款”账户中进行记录。

科目名称：主营业务成本　　总分类账　　订本账簿页码：10

20×2年		凭证编号	摘要	借方												贷方												借或贷	余额											
月	日			十	亿	千	百	十	万	千	百	十	元	角	分	十	亿	千	百	十	万	千	百	十	元	角	分		十	亿	千	百	十	万	千	百	十	元	角	分
12	31	8	结转主营业务成本				3	7	0	0	0	0	0	0	0																									

科目名称：库存商品　　总分类账　　订本账簿页码：2

20×2年		凭证编号	摘要	借方												贷方												借或贷	余额											
月	日			十	亿	千	百	十	万	千	百	十	元	角	分	十	亿	千	百	十	万	千	百	十	元	角	分		十	亿	千	百	十	万	千	百	十	元	角	分
12	9	4	购入库存商品				5	0	0	0	0	0	0	0	0																									
12	31	8	结转主营业务成本																3	0	0	0	0	0	0	0	0													

科目名称：银行存款　　总分类账　　订本账簿页码：1

20×2年		凭证编号	摘要	借方												贷方												借或贷	余额											
月	日			十	亿	千	百	十	万	千	百	十	元	角	分	十	亿	千	百	十	万	千	百	十	元	角	分		十	亿	千	百	十	万	千	百	十	元	角	分
12	1	1	接受股东投资			3	4	0	0	0	0	0	0	0	0																									
12	6	2	购入固定资产															1	5	3	3	0	0	0	0	0	0													
12	6	3	支付广告费																	3	0	1	0	0	0	0	0													
12	9	4	购入库存商品																5	0	0	0	0	0	0	0	0													
12	12	5	将营业收入存入银行				9	0	0	0	0	0	0	0	0																									
12	15	6	支付管理费用																	5	6	3	0	0	0	0	0													
12	30	7	向银行借入长期借款				8	8	8	0	0	0	0	0	0																									
12	31	8	结转主营业务成本																	7	0	0	0	0	0	0	0													

例 1-9

12 月 31 日，结转其他业务成本，即动用银行存款支付推拿按摩服务部门人员工资 80 万元。

分析：公司发生其他业务成本 80 万元，需另设“其他业务成本”账户予以记载，该账户属于费用类账户，其增加额应记入其账户的借方；银行存款减少 80 万元，应记入“银行存款”账户的贷方。

综上所述，应当借记“其他业务成本”账户 80 万元，贷记“银行存款”账户 80 万元。

会计处理：会计人员根据工资结算单等原始凭证，填制第 9 号记账凭证。

记 账 凭 证

20×2 年 12 月 31 日　　凭证号：9　　附件＿张

摘 要	总账科目	明细科目	√	借方金额（千百十万千百十元角分）	√	贷方金额（千百十万千百十元角分）
结转其他业务成本	其他业务成本		√	80000000		
	银行存款				√	80000000

会计主管：潘序伦　　记账人：徐永祚　　审核人：谢 霖　　填制人：蔡锡勇

根据第 9 号记账凭证，总账记账人员在“其他业务成本”“银行存款”账户中进行记录。

总 分 类 账

科目名称：其他业务成本　　订本账簿页码：11

20×2年 月	日	凭证编号	摘 要	借方（十亿千百十万千百十元角分）	贷方（十亿千百十万千百十元角分）	借或贷	余额（十亿千百十万千百十元角分）
12	31	9	结转其他业务成本	80000000			

总 分 类 账

科目名称：银行存款　　订本账簿页码：1

20×2年 月	日	凭证编号	摘 要	借方（十亿千百十万千百十元角分）	贷方（十亿千百十万千百十元角分）	借或贷	余额（十亿千百十万千百十元角分）
12	1	1	接受股东投资	340000000			
12	6	2	购入固定资产		153300000		
12	6	3	支付广告费		30100000		
12	9	4	购入库存商品		500000000		
12	12	5	将营业收入存入银行	900000000			
12	15	6	支付管理费用		56300000		
12	30	7	向银行借入长期借款	888000000			
12	31	8	结转主营业务成本		70000000		
12	31	9	结转其他业务成本		80000000		

例 1-10

12 月 31 日，经税务机关查账征收，计算缴纳企业所得税 90.9 万元，当日转账缴纳。

分析： 需设“所得税费用”账户予以记载，所得税费用的发生额（增加额）应记入该账户的借方，银行存款的减少额应当记入“银行存款”账户的贷方。综上所述，应当借记“所得税费用”账户 90.9 万元，贷记“银行存款”账户 90.9 万元。①

会计处理： 会计人员根据纳税申报表、支付结算单据等原始凭证，填制第 10 号记账凭证。

记账凭证

凭证号：10

20×2 年 12 月 31 日

附件＿张

摘要	总账科目	明细科目	√	借方金额（千百十万千百十元角分）	√	贷方金额（千百十万千百十元角分）
缴纳企业所得税	所得税费用		√	909000000		
	银行存款				√	909000000

会计主管：潘序伦　记账人：徐永祚　审核人：谢　霖　填制人：蔡锡勇

根据第 10 号记账凭证，总账记账人员在“所得税费用”“银行存款”账户中进行记录。

总分类账

科目名称：所得税费用　订本账簿页码：**14**

20×2年 月	日	凭证编号	摘要	借方（十亿千百十万千百十元角分）	贷方（十亿千百十万千百十元角分）	借或贷	余额（十亿千百十万千百十元角分）
12	31	10	缴纳企业所得税	909000000			

总分类账

科目名称：银行存款　订本账簿页码：**1**

20×2年 月	日	凭证编号	摘要	借方（十亿千百十万千百十元角分）	贷方（十亿千百十万千百十元角分）	借或贷	余额（十亿千百十万千百十元角分）
12	1	1	接受股东投资	3400000000			
12	6	2	购入固定资产		1533000000		
12	6	3	支付广告费		30100000		
12	9	4	购入库存商品		500000000		
12	12	5	将营业收入存入银行	900000000			
12	15	6	支付管理费用		56300000		
12	30	7	向银行借入长期借款	888000000			
12	31	8	结转主营业务成本		70000000		
12	31	9	结转其他业务成本		80000000		
12	31	10	缴纳企业所得税		90900000		

① 根据《中华人民共和国税收征收管理法》《中华人民共和国企业所得税法》等税收法规的规定，企业应当在次年 5 月底以前办理企业所得税的年度汇算清缴。实务中，企业所得税的纳税义务的计算和履行情况应当通过“应交税费——应交所得税”账户核算。本章为简化示例，一律从略。

1.2.2 对账和结账

会计处理程序可大致概括为：根据原始凭证填制记账凭证，根据记账凭证登记账簿，根据账簿填制报表。因此，为了保证会计信息的证明力，就必须及时查错纠弊，以保证原始凭证、记账凭证、会计账簿、会计报表之间核对相符。若发现凭证或账簿记录有误，则应根据《会计基础工作规范》的规定予以更正。

为保证账实相符，企业应按《会计基础工作规范》的规定进行财产清查。

期末结账前，需要进行财产清查和对账，如果核对相符则可结清各账户的发生额合计数，对于实账户，还可以结出账户余额。然后就可以编制会计报表了。

1. 资产、负债、所有者权益类总账账户的结账处理

对于资产类、负债类、所有者权益类账户，应计算出各个账户的本期借方发生额合计数和本期贷方发生额合计数，并结出本期余额。会计学中把有余额的账户称作实账户（real account）。

总分类账

科目名称：银行存款　　　　订本账簿页码：1

20×2年 月	日	凭证编号	摘要	借方	贷方	借或贷	余额
12	1	1	接受股东投资	3400000000			
12	6	2	购入固定资产		1533000000		
12	6	3	支付广告费		30100000		
12	9	4	购入库存商品		500000000		
12	12	5	将营业收入存入银行	900000000			
12	15	6	支付管理费用		56300000		
12	30	7	向银行借入长期借款	888000000			
12	31	8	结转主营业务成本		70000000		
12	31	9	结转其他业务成本		80000000		
12	31	10	缴纳企业所得税		90900000		
			本月合计	5188000000	2360300000	借	2827700000
			本年累计	5188000000	2360300000	借	2827700000
			结转下年			借	2827700000

总分类账

科目名称：库存商品　　　　订本账簿页码：2

20×2年 月	日	凭证编号	摘要	借方	贷方	借或贷	余额
12	9	4	购入库存商品	500000000			
12	31	8	结转主营业务成本		300000000		
			本年累计	500000000	300000000	借	200000000
			结转下年			借	200000000

总 分 类 账

科目名称：固定资产　　　　订本账簿页码：3

20×2年 月	日	凭证编号	摘　要	借方	贷方	借或贷	余额
12	6	2	购入固定资产	153300000			
			结转下年			借	153300000

总 分 类 账

科目名称：长期借款　　　　订本账簿页码：4

20×2年 月	日	凭证编号	摘　要	借方	贷方	借或贷	余额
12	30	7	向银行借入长期借款		88800000		
			结转下年			贷	88800000

总 分 类 账

科目名称：股本　　　　订本账簿页码：5

20×2年 月	日	凭证编号	摘　要	借方	贷方	借或贷	余额
12	1	1	接受股东投资		600000000		
			结转下年			贷	600000000

总 分 类 账

科目名称：资本公积　　　　订本账簿页码：6

20×2年 月	日	凭证编号	摘　要	借方	贷方	借或贷	余额
12	1	1	接受股东投资		2800000000		
			结转下年			贷	2800000000

2. 收入、费用、利润类总账账户的结账处理

对于收入类、费用类账户，应计算出各个账户的本期借方发生额合计数和本期贷方发生额合计数，并将其发生额合计数分别结转记入“本年利润”账户。这些账户没有期末余额，会计学中称为虚账户（nominal account）。

例 1－11

12 月 31 日，结转收入、费用，计算利润总额。

会计处理：计算本年度的各个收入类账户的发生额合计数，并将其转入本年利润账户。结转各个收入类账户时，借记“主营业务收入”“其他业务收入”等账户，贷记“本年利润”账户。结账时填制的记账凭证不要求附有原始凭证，可直接根据账户情况填制第 11—1/2 号记账凭证。

记 账 凭 证

凭证号：11—1/2

20×2 年 12 月 31 日

附件___张

摘要	总账科目	明细科目	√	借方金额（千百十万千百十元角分）	√	贷方金额（千百十万千百十元角分）
结转各种收入	主营业务收入		√	600000000		
	其他业务收入		√	300000000		
	本年利润				√	900000000

会计主管：潘序伦　　记账人：徐永祚　　审核人：谢 霖　　填制人：蔡锡勇

根据第 11—1/2 号记账凭证，总账记账人员在有关账户中进行记录。

总 分 类 账

科目名称：主营业务收入　　订本账簿页码：8

20×2年 月	日	凭证编号	摘要	借方（十亿千百十万千百十元角分）	贷方（十亿千百十万千百十元角分）	借或贷	余额（十亿千百十万千百十元角分）
12	12	4	将营业收入存入银行		600000000		
12	31	11	结转各种收入	600000000			

总 分 类 账

科目名称：其他业务收入　　订本账簿页码：9

20×2年 月	日	凭证编号	摘要	借方（十亿千百十万千百十元角分）	贷方（十亿千百十万千百十元角分）	借或贷	余额（十亿千百十万千百十元角分）
12	12	4	将营业收入存入银行		300000000		
12	31	11	结转各种收入	300000000			

总 分 类 账

科目名称：本年利润　　订本账簿页码：15

20×2年 月	日	凭证编号	摘要	借方（十亿千百十万千百十元角分）	贷方（十亿千百十万千百十元角分）	借或贷	余额（十亿千百十万千百十元角分）
12	31	11	结转各种收入		900000000		

计算本年度的各个费用类账户的发生额合计数，并将其转入“本年利润”账户。结转各个费用类账户时，借记“本年利润”账户，贷记“主营业务成本”“其他业务成本”“销售费用”“管理费用”账户。可直接根据账户情况填制第 11—2/2 号记账凭证。

记 账 凭 证

凭证号：11—2/2

20×2 年 12 月 31 日　　附件___张

摘要	总账科目	明细科目	√	借方金额（千百十万千百十元角分）	√	贷方金额（千百十万千百十元角分）
结转各种费用	本年利润		√	536400000		
	主营业务成本				√	370000000
	其他业务成本				√	80000000
	销售费用				√	30100000
	管理费用				√	56300000

会计主管：潘序伦　记账人：徐永祚　审核人：谢 霖　填制人：蔡锡勇

根据第 11—1/2 号记账凭证，总账记账人员在有关账户中进行记录。

科目名称：本年利润　**总分类账**　订本账簿页码：**15**

20×2年 月	日	凭证编号	摘要	借方（十亿千百十万千百十元角分）	贷方（十亿千百十万千百十元角分）	借或贷	余额（十亿千百十万千百十元角分）
12	31	11	结转各种收入		900000000		
12	31	11	结转各种费用	536400000			

此时“本年利润”账户中借方合计数与贷方合计数之差就是利润表上所称的利润总额。

科目名称：本年利润　**总分类账**　订本账簿页码：**15**

20×2年 月	日	凭证编号	摘要	借方（十亿千百十万千百十元角分）	贷方（十亿千百十万千百十元角分）	借或贷	余额（十亿千百十万千百十元角分）
12	31	11	结转各种收入		900000000		
12	31	11	结转各种费用	536400000			

例 1－12

12 月 31 日，结转所得税费用，计算净利润。

会计处理： 结转“所得税费用”账户时，借记“本年利润”账户，贷记“所得税费用”账户，填制第12号记账凭证。

记 账 凭 证

凭证号：12

20×2 年 12 月 31 日

附件___张

摘要	总账科目	明细科目	√	借方金额（千百十万千百十元角分）	√	贷方金额（千百十万千百十元角分）
结转所得税	本年利润		√	90900000		
	所得税费用				√	90900000

会计主管：潘序伦　　记账人：徐永祚　　审核人：谢 霖　　填制人：蔡锡勇

根据第12号记账凭证，在“本年利润”“所得税费用”账户中进行记录。

科目名称：本年利润　　**总 分 类 账**　　订本账簿页码：**15**

20×2年 月	日	凭证编号	摘要	借方（十亿千百十万千百十元角分）	贷方（十亿千百十万千百十元角分）	借或贷	余额（十亿千百十万千百十元角分）
12	31	11	结转各种收入		900000000		
12	31	11	结转各种费用	536400000			
12	31	12	结转所得税	90900000			

此时“本年利润”账户中借方合计数与贷方合计数之差就是利润表上所称的净利润。

科目名称：所得税费用　　**总 分 类 账**　　订本账簿页码：**14**

20×2年 月	日	凭证编号	摘要	借方（十亿千百十万千百十元角分）	贷方（十亿千百十万千百十元角分）	借或贷	余额（十亿千百十万千百十元角分）
12	31	10	缴纳企业所得税	90900000			
12	31	12	结转所得税		90900000		
			本月合计	90900000	90900000		
			本年累计	90900000	90900000		

例 1-13

12月31日，该公司决定本年度暂不分红，净利润全部转入未分配利润。

会计处理： 结转净利润时，借记“本年利润”账户，贷记“未分配利润”账户，填制第 13 号记账凭证。

记 账 凭 证

凭证号：13

20×2 年 12 月 31 日

附件___张

摘要	总账科目	明细科目	√	借方金额										√	贷方金额									
				千	百	十	万	千	百	十	元	角	分		千	百	十	万	千	百	十	元	角	分
结转净利润	本年利润		√		2	7	2	7	0	0	0	0	0											
	未分配利润													√		2	7	2	7	0	0	0	0	0

会计主管：潘序伦　记账人：徐永祚　审核人：谢 霖　填制人：蔡锡勇

根据第 13 号记账凭证，在“本年利润”“未分配利润”账户中进行记录。

总 分 类 账

科目名称：本年利润　　订本账簿页码：15

20×2年		凭证编号	摘要	借方												贷方												借或贷	余额											
月	日			十	亿	千	百	十	万	千	百	十	元	角	分	十	亿	千	百	十	万	千	百	十	元	角	分		十	亿	千	百	十	万	千	百	十	元	角	分
12	31	11	结转各种收入																9	0	0	0	0	0	0	0	0													
12	31	11	结转各种费用				5	3	6	4	0	0	0	0	0																									
12	31	12	结转所得税					9	0	9	0	0	0	0	0																									
12	31	13	结转净利润				2	7	2	7	0	0	0	0	0																									

总 分 类 账

科目名称：未分配利润　　订本账簿页码：7

20×2年		凭证编号	摘要	借方												贷方												借或贷	余额											
月	日			十	亿	千	百	十	万	千	百	十	元	角	分	十	亿	千	百	十	万	千	百	十	元	角	分		十	亿	千	百	十	万	千	百	十	元	角	分
12	31	13	结转净利润																2	7	2	7	0	0	0	0	0													

结账之后，各总账账户的使用情况汇总如图 1－5 至图 1－19 所示（按照资产、负债、所有者权益、收入、费用、利润的顺序排列）。

现在，请读者认真阅读每个账户中的每一笔记录，细细体会账户的用法和会计流程的严谨性。

总分类账

科目名称：银行存款　　　　订本账簿页码：1

20×2年 月	日	凭证编号	摘要	借方	贷方	借或贷	余额
12	1	1	接受股东投资	340000000			
12	6	2	购入固定资产		1533000000		
12	6	3	支付广告费		30100000		
12	9	4	购入库存商品		500000000		
12	12	5	将营业收入存入银行	900000000			
12	15	6	支付管理费用		56300000		
12	21	7	向银行借入长期借款	888000000			
12	31	8	结转主营业务成本		70000000		
12	31	9	结转其他业务成本		80000000		
12	31	10	缴纳企业所得税		90900000		
			本月合计	5188000000	2360300000	借	2827700000
			本年累计	5188000000	2360300000	借	2827700000
			结转下年			借	2827700000

图1-5 “银行存款”总账

总分类账

科目名称：库存商品　　　　订本账簿页码：2

20×2年 月	日	凭证编号	摘要	借方	贷方	借或贷	余额
12	9	3	购入库存商品	500000000			
12	31	8	结转主营业务成本		300000000		
			本年累计	500000000	300000000	借	200000000
			结转下年			借	200000000

图1-6 “库存商品”总账

总分类账

科目名称：固定资产　　　　订本账簿页码：3

20×2年 月	日	凭证编号	摘要	借方	贷方	借或贷	余额
12	6	2	购入固定资产	1533000000			
			结转下年			借	1533000000

图1-7 “固定资产”总账

总 分 类 账

科目名称：长期借款　　订本账簿页码：4

20×2年 月	日	凭证编号	摘要	借方	贷方	借或贷	余额
12	30	7	向银行借入长期借款		888000000		
			结转下年			贷	888000000

图 1-8 “长期借款”总账

总 分 类 账

科目名称：股本　　订本账簿页码：5

20×2年 月	日	凭证编号	摘要	借方	贷方	借或贷	余额
12	1	1	接受股东投资		600000000		
			结转下年			贷	600000000

图 1-9 “股本”总账

总 分 类 账

科目名称：资本公积　　订本账簿页码：6

20×2年 月	日	凭证编号	摘要	借方	贷方	借或贷	余额
12	1	1	接受股东投资		2800000000		
			结转下年			贷	2800000000

图 1-10 “资本公积”总账

总 分 类 账

科目名称：未分配利润　　订本账簿页码：7

20×2年 月	日	凭证编号	摘要	借方	贷方	借或贷	余额
12	31	13	结转净利润		272700000		
			本年累计		272700000	贷	272700000
			结转下年		272700000	贷	272700000

图 1-11 “未分配利润”总账

科目名称：主营业务收入　　**总分类账**　　订本账簿页码：8

20×2年 月	日	凭证编号	摘要	借方	贷方	借或贷	余额
12	12	5	将营业收入存入银行		600000000		
12	31	11	结转各种收入	600000000			
			本月合计	600000000	600000000		
			本年累计	600000000	600000000		

图1-12 “主营业务收入”总账

科目名称：其他业务收入　　**总分类账**　　订本账簿页码：9

20×2年 月	日	凭证编号	摘要	借方	贷方	借或贷	余额
12	12	5	将营业收入存入银行		300000000		
12	31	11	结转各种收入	300000000			
			本月合计	300000000	300000000		
			本年累计	300000000	300000000		

图1-13 “其他业务收入”总账

科目名称：主营业务成本　　**总分类账**　　订本账簿页码：10

20×2年 月	日	凭证编号	摘要	借方	贷方	借或贷	余额
12	31	8	结转主营业务成本	370000000			
12	31	11	结转各种费用		370000000		
			本月合计	370000000	370000000		
			本年累计	370000000	370000000		

图1-14 “主营业务成本”总账

科目名称：其他业务成本　　**总分类账**　　订本账簿页码：11

20×2年 月	日	凭证编号	摘要	借方	贷方	借或贷	余额
12	31	9	结转其他业务成本	80000000			
12	31	11	结转各种费用		80000000		
			本月合计	80000000	80000000		
			本年累计	80000000	80000000		

图1-15 “其他业务成本”总账

总分类账

科目名称：销售费用　　　　订本账簿页码：12

20×2年 月	日	凭证编号	摘要	借方	贷方	借或贷	余额
12	6	3	支付广告费	30100000			
12	31	11	结转各种费用		30100000		
			本月合计	30100000	30100000		
			本年累计	30100000	30100000		

图 1－16 “销售费用”总账

总分类账

科目名称：管理费用　　　　订本账簿页码：13

20×2年 月	日	凭证编号	摘要	借方	贷方	借或贷	余额
12	15	6	支付管理费用	56300000			
12	31	11	结转各种费用		56300000		
			本月合计	56300000	56300000		
			本年累计	56300000	56300000		

图 1－17 “管理费用”总账

总分类账

科目名称：所得税费用　　　　订本账簿页码：14

20×2年 月	日	凭证编号	摘要	借方	贷方	借或贷	余额
12	31	10	缴纳企业所得税	90900000			
12	31	12	结转所得税		90900000		
			本月合计	90900000	90900000		
			本年累计	90900000	90900000		

图 1－18 “所得税费用”总账

总分类账

科目名称：本年利润　　　　订本账簿页码：15

20×2年 月	日	凭证编号	摘要	借方	贷方	借或贷	余额
12	31	11	结转各种收入		900000000		
12	31	11	结转各种费用	536400000			
12	31	12	结转所得税	90900000			
12	31	13	结转净利润	272700000			
			本月合计	900000000	900000000		
			本年累计	900000000	900000000		

图 1－19 “本年利润”总账

日记账和明细账的结账工作此处从略。

1.2.3 编制会计报表

把实账户的余额列在一张表上，可以编制资产负债表。如表1－4所示。

表1－4 神州美食股份公司20×2年12月31日的资产负债表

资产负债表

编制单位：神州美食股份公司 20×2年12月31日 单位：元

资产	金额	负债和股东权益	金额
流动资产：		流动负债：	
货币资金（库存现金、银行存款入此项目）	28 277 000	⋮	
存货（库存商品等入此项目）	2 000 000	非流动负债：	
⋮		长期借款	8 880 000
非流动资产：		⋮	
固定资产	15 330 000	股东权益：	
⋮		股本	6 000 000
		资本公积	28 000 000
		未分配利润	2 727 000
资产总计	45 607 000	负债和股东权益总计	45 607 000

把虚账户的发生额列在一张表上，可以编出利润表。如表1－5所示。

表1－5 神州美食股份公司20×2年的年度利润表

利润表

编制单位：神州美食股份公司 20×2年 单位：元

项目	本年金额
一、营业收入（主营业务收入＋其他业务收入）	9 000 000
减：营业成本（主营业务成本＋其他业务成本）	4 500 000
税金及附加	
销售费用	301 000
管理费用	563 000
财务费用	
加：投资收益	
公允价值变动收益	
资产减值损失	
二、营业利润	3 636 000
加：营业外收入	
减：营业外支出	
三、利润总额	3 636 000
减：所得税费用	909 000
四、净利润（本年利润）	2 727 000

以上我们进行的会计处理可以用环环相扣的几个步骤予以概括：审核原始凭证→填制记账凭证→登记会计账簿→定期对账、财产清查→结账、编制会计报表。如此周而复始，会计学中称为会计循环（accounting cycle）。

1.2.4　会计分录小结

不难想象，如果将记账凭证上的账户名称（即会计科目）、记账方向（即借方、贷方）和金额等关键信息予以浓缩，则会给专业交流和教学带来极大便利。会计学中把记账凭证信息的浓缩表达式称为**会计分录**。前述第 1 号至第 13 号记账凭证上所记载的信息可简化为如下分录：

（1）借：银行存款	34 000 000	
贷：股本		6 000 000
资本公积		28 000 000
（2）借：固定资产——房屋建筑物	13 330 000	
——机器设备	2 000 000	
贷：银行存款		15 330 000
（5）借：销售费用	301 000	
贷：银行存款		301 000
（4）借：库存商品	6 000 000	
贷：银行存款		6 000 000
（5）借：银行存款	9 000 000	
贷：主营业务收入		6 000 000
其他业务收入		3 000 000
（6）借：管理费用	563 000	
贷：银行存款		563 000
（7）借：银行存款	8 880 000	
贷：长期借款		8 880 000
（8）借：主营业务成本	3 700 000	
贷：库存商品		3 000 000
银行存款		700 000
（9）借：其他业务成本	800 000	
贷：银行存款		800 000
（10）借：所得税费用	909 000	
贷：银行存款		909 000
（11—1/2）借：主营业务收入	6 000 000	
其他业务收入	3 000 000	
贷：本年利润		9 000 000
（11—2/2）借：本年利润	5 364 000	
贷：主营业务成本		3 700 000

其他业务成本	800 000
销售费用	301 000
管理费用	563 000

（12）借：本年利润　909 000
　　贷：所得税费用　909 000

（13）借：本年利润　2 727 000
　　贷：未分配利润　2 727 000

会计学把出现在同一个分录中的账户称作对应账户，该词汇一般用于只涉及两个会计科目的情形。

现在读者已经初步掌握会计的基本技能了。建议读者在入门之后独立练习两三遍，如此可达到与实习相同的效果。如果能够运用所学技能帮助亲朋好友“快速入门”，则会更有成就感，所谓“学然后知不足，教然后知困”，所言极是。

练习题

请为本章神州美食股份公司的业务做会计分录。

第 2 章

Chapter 2 基础理论：从实践到认识

学习目标

1. 掌握：填制会计凭证、登记会计账簿、结账和编制财务报表的方法。
2. 理解：更正记账错误的方法。
3. 了解：会计法规体系。

2.1 会计的含义、本质与发展历程

2.1.1 会计的含义

会计是以货币为主要计量单位，运用专门的方法，核算和监督一个单位经济活动的一种经济管理工作。单位，是国家机关、社会团体、公司、企业、事业单位和其他组织的统称。

《会计法》第十条规定，下列经济业务事项，应当办理会计手续，进行会计核算：（1）款项和有价证券的收付；（2）财物的收发、增减和使用；（3）债权债务的发生和结算；（4）资本的增减；（5）收入、支出、费用、成本的计算；（6）财务成果的计算和处理；（7）需要办理会计手续、进行会计核算的其他事项。

对于企业而言，会计的任务是通过一系列会计程序，对企业的经济活动和财务收支进行核算和监督，妥善记录特定单位的财产权利、债务和盈利情况，为企业的利害关系人提供企业的财产权利和业绩信息，反映企业管理层的受托责任履行情况，为会计信息使用者提供对其决策有用的信息。企业会计的作用还体现在积极参与经营管理决策，提高企业经济效益，促进市场经济的健康有序发展。

专栏2-1　“会”和“计”的含义

“会计”一词中的“会”（kuài）字乃是总计之意，“计”字乃会合、算数之意。日计曰成，月计曰要，岁计曰会。最初“会计”和“计会”为通用词汇，汉代以后，“会计”成为固定用法。

儒家经典十三经中的《周礼》一书五次提及“会计”一词。该书“地官司徒第二・掌葛/槁人”提及，“岁终，则会计其政。”该书“天官冢宰・第一”提及，“以八法治官府：……八曰官计，以弊邦治”。该书“天官冢宰・大府/职币”提及，“岁终，则以货贿之入出会之”，“凡在书契、版图者之贰，以逆群吏之治而听其会计。以参互考日成，以月要考月成，以岁会考岁成，以周知四国之治，以诏王及冢宰废置”。

周王朝设有“司会”官职。据《周礼》记载，“司会掌邦之六典、八法、八则之贰，以逆邦国都鄙官府之治”，“凡上之用财用，必考于司会”。自汉代起，设有“主簿”官职，明朝多不设置该官职，但清朝又予以恢复。

《孟子・万章下》曾引用孟子的话说，“孔子尝为委吏矣，曰：‘会计当而已矣’。”对这句话怎么理解，学界尚未达成共识，存在很多种或积极或消极的理解。但不管怎么说，会计要保证账目清楚，这一点倒是公认的。至于怎么做到这一点，就是需要进一步探讨的问题了。

清代焦循在《孟子正义》中有个提法颇有意思，曰“零星算之为计，总和算之为会”。这种说法虽然不算十分严谨，但毕竟也是勾勒出了会计的大意。

会计管理活动只记载能够货币化的财产权利和业绩信息。这是会计的特征，也是会计的局限性。

2.1.2　会计的本质

我国会计界对会计本质的认识有多种观点。新中国成立后一度有“工具论”（大意是说，会计是一种管理工具）之说，但如今被业界广为认知的理论观点是两种存有共识并相映成趣的观点：一是会计管理活动论（又称会计管理论）；二是会计信息系统论。

1. 会计是一种经济管理活动

针对“工具论”等观点，著名会计学家杨纪琬先生和阎达五先生于1980年，在《会计研究》创刊号发表文章提出，会计本身就具有管理的职能，是人们从事管理的一种活动。[①] 作为人们管理生产过程的一种社会活动，会计的基本职能：一是核算（即反映），二是监督（即控制）。即会计管理活动论。《中华人民共和

① 杨纪琬，阎达五．开展我国会计理论研究的几点意见——兼论会计学的科学属性．会计研究，1980（1）．

国会计法》（1985 年制定、2017 年最新修订）是以会计是一种管理活动为立法理念的。

2. 会计是一个经济信息系统

会计信息系统论是从西方会计引进的观点。1966 年，美国会计学会的一份“基本会计理论公告”（A Statement of Basic Accounting Theory）就提出“在本质上，会计是一个信息系统”；1970 年，美国注册会计师协会所属会计原则委员会的第 4 号报告也同意“会计是一项提供信息的服务活动”。著名会计学家余绪缨先生、葛家澍先生等基于美国会计学会、美国注册会计师协会的文献，提出“会计是在一个微观范围内建立起来的、以提供财务信息为主的经济信息系统”。①

3. 会计管理活动论和会计信息系统论的意义

会计管理活动论和会计信息系统论关于会计本质的讨论产生了积极的社会影响。“‘管理活动论’既提高了会计工作的地位，增强了广大会计人员投身改革开放的信心，起了鼓舞士气、振奋人心的作用，又促进了会计职能的发展，会计人员纷纷进行预测，提供信息，参与决策，提高效益，推动改革。‘信息系统论’则开拓了人们的视野，不仅使会计人员认识到信息是一项重要的（越来越重要的）资源，而且使他们认识到会计所提供的财务信息和其他经济信息对于经济决策极为必要”。二者对于会计的本质的看法并不存在根本分歧，二者均认为会计具有核算和监督的基本职能，只不过前者更为强调会计人员在管理活动中的主观能动性，后者更为强调信息流的因素。“管理活动论也承认信息和系统的存在，只是管理活动论强调，这个系统的主要职能应是控制和监督，而不是反映即信息提供；信息系统论同样承认会计系统是管理系统的一部分，只是强调其主要职能是提供信息，为决策咨询服务，起决策（即管理）的支持作用”。②

2.1.3　会计的发展历程

会计随着人类社会生产的发展和经济管理的需要而产生、发展并不断完善。在生产活动中，为了获得一定的劳动成果，必然要耗费一定的人力、物力和财力。其中，人们一方面关心劳动成果的多少，另一方面也注重劳动耗费的高低。通常人们将结绳记事、刻石计数等作为会计的萌芽。

随着生产活动的发展，产生了对生产活动进行专门计量与记录的会计。之后，人类文明不断进步，社会经济活动不断革新，生产力不断提高，会计的核算内容、核算方法等也得到了较大发展，逐步由简单的计量和记录行为，发展成为以货币单位综合地反映和监督经济活动过程的一种经济管理工作，并在参与单位经营管理决策、提高资源配置效率、促进经济健康持续发展方面发挥积极作用。

① 葛家澍，刘峰．新中国会计理论研究 50 年回顾．会计研究，1999（10）．

② 葛家澍．中国会计学会成立以来的我国会计理论研究．会计研究，2000（4）．

专栏2-2 **会计史相关知识简介**

学术界关于会计史的研究存在不同的说法，本专栏选取一些常见的说法予以简要介绍。本专栏的内容对初学者来说意义不大，不要求掌握，仅供后续深造时作参考。

1. 中式簿记与西式簿记

簿记在我国唐代典籍中就已经用于指称符合会计规程的账簿。后来，我国会计界模仿国外的说法，把“book-keeping”翻译成簿记，使得这个词又用于指称会计工作中有关记账的技术，在这个意义上，簿记与会计其实是同义词，记账人员也就是“bookkeeper”。

如今会计学术界往往用簿记指称过去的会计，使得这个词显得老气横秋。学术界往往会说，（现在的）会计比（过去的）簿记要先进得多，但这种提法没有什么科学依据——古往今来记账工作终究是要满足管理需要的，可是古时候又有谁抱怨他们那个时代的账记得不够好呢？现代人的字不见得比古时候的人写得好，甚至可能恰恰相反。会计也一样。

会计学术界关于中式簿记与西式簿记的提法，其实主要是针对账簿设置和记账方法而言的。会计信息的加工程序是个逐步集成的过程，这一点古今中外概莫能外，所以中外账户设置方面颇有相似之处，只不过名称差异较大罢了。中式簿记泛指自西周以来的中国会计，尤其以唐宋时期的“四柱结算法”，明清时期的“龙门账”“四脚账”，20世纪30年代改良中式簿记（即收付复式记账法）为代表。西式簿记主要是指自12世纪开始的罗马法复兴运动以后，由意大利的银行业发明的借贷记账法。

2. 官厅会计、国库会计、皇室会计与民间会计

官厅会计可顾名思义，相当于现代的政府会计。在我国，西周时期就有“官计”，实行“以参互考日成，以月要考月成，以岁会考岁成”的会计制度。汉朝时期颁行《上计律》。唐代由户部主管会计工作，颁行《长行旨条》，撰著有《元和国计簿》《大和国计》。宋代设置“三司会计司”，撰著有会计录，实行四柱结算法（运用“旧管＋新收－开除＝实在”的关系进行核算），相应地，账簿称作四柱清册。明朝设十三清吏司，实行赋役黄册制度、鱼鳞图册制度，启用三脚账和收付复式簿记。清朝设十四清吏司、内务府会计司，记账方法在明末清初形成了龙门账和四脚账。龙门账以“来”和“去”作为记账符号，记账规则是“有来必有去，来去必相等”，账簿采用三账体系。三账是指：(1) 草流（即原始凭证）；(2) 流水簿（即日记账），由草流过入，又分为银钱流水、货物流水和普通流水；(3) 总清账（类似于今总账），可分为进货总清、销货总清、货物总清和杂项总清。龙门账将全部款项分为进（核算收入账项）、缴（核算费用账项）、存（核算资产账项）、该（核算负债和资本账项）四类，其中，“进”和“该”列在总账上方，“缴”和“存”列在总账下方。如果“进－缴＝存－该”，则龙门相合、结账完毕，否则为龙门不合、存在问题。

国库会计和皇室（王室）会计可顾名思义。

民间会计是指历史上民间手工业、商业、庄园、金融业等行业组织的会计工作。会计方法的变化与官厅会计是同步的。

3. 古代会计、近代会计和现代会计

会计史研究常常把会计的发展划分为古代会计、近代会计和现代会计三个阶段，但这只是一种笼统的说法，三个阶段之间并没有公认的明确界限。

读者如果对这些知识感兴趣，可以阅读郭道扬先生等会计史学家撰写的会计史系列著作，也可以通过网络搜索详细信息，此处不再赘述。

有观点认为，现代会计按服务对象不同，主要分为财务会计（financial accounting）和管理会计（management accounting）。财务会计负责对外报告企业的财务状况、经营成果和现金流量等信息，人们通常所称的会计是指财务会计，本书所阐释的是财务会计的基本原理。管理会计是企业内部经营管理中，利用会计等数据进行经营决策的管理活动，其内容比较宽泛，目前还缺乏统一的概念。

2.2 会计的职能与目标

2.2.1 会计的职能

会计的职能是指会计在经济管理过程中所具有的功能，会计具有会计核算和会计监督两项基本职能和预测经济前景、参与经济决策、评价经营业绩等拓展职能。

1. 会计的职能概述

马克思在《资本论》中概括地说明了会计对资本的运动进行控制和观念总结的职能。① 马克思指出，资本“作为处在过程中的价值，无论是在生产领域还是在流通领域的两个阶段，首先只是以计算货币的形态，观念地存在于商品生产者或资本主义商品生产者的头脑中。这种运动是由包含商品的定价或计价（估价）在内的簿记来确定和控制的。这样，生产的运动，特别是价值增殖的运动，——在这里，商品只是价值的承担者，只是这样一种物品的名字，这种物品的观念的价值存在固定为计算货币，——获得了反映在观念中的象征形象”。“这种职能不再是生产职能的附带部分，而从生产职能中分离出来，成为特殊的、专门委托的当事人的独立的职能”。“分工，这种职能的独立，并不会使这种职能形成产品和价值。……这部分资本是从生产过程中抽出来的，它归入流通费用，归入总收益

① 赵玉珉．学习马克思论会计职能的一点体会．会计研究，1983（3）．

的扣除部分”。马克思明确指出，“过程越是按社会的规模进行，越是失去纯粹个人的性质，作为对过程的控制和观念总结的簿记就越是必要；因此，簿记对资本主义生产，比对手工业和农民的分散生产更为必要，对公有生产，比对资本主义生产更为必要”。①

我国的社会经济实践也一再证明了会计对于企业经营管理和国民经济管理的重要作用。1962年6月，《中共中央批转财政部党组和人民银行党组〈关于全国会计工作会议情况的报告〉》指出，“办经济离不开会计，经济越发展，会计越重要。科学的会计制度，对于社会主义来说，比它对于资本主义更为重要”。

2. 会计的基本职能

根据《会计法》的立法理念，会计核算和会计监督是会计的两大基本职能。

(1) 核算职能。会计的核算职能，又称会计反映职能，是指会计管理活动以货币为主要计量单位，运用一系列专门方法，对单位的经济活动的过程和结果进行连续、系统、全面的记录、计算和报告。

对于企业而言，会计的核算职能是指会计管理活动通过记录企业的法律事实（包括法律行为和法律事件），为企业经营管理和国民经济管理提供具有法律证据力的财产权利和业绩信息。

《会计法》第九条规定：“各单位必须根据实际发生的经济业务事项进行会计核算，填制会计凭证，登记会计账簿，编制财务会计报告。任何单位不得以虚假的经济业务事项或者资料进行会计核算”。

专栏2-3　根据法律事实记账是会计的基本原则

客观事实包括法律事实和其他事实。

法律事实又称民事法律事实，是指民法认可，引起民事主体的法律关系产生、变更或消灭的客观现象。简而言之，是指依法产生法律后果的事实。法律事实根据是否与当事人的意志有关，分为行为和事件两大类。行为是指当事人的有意识的活动，如企业的供应、生产、销售等经济业务。事件是指与当事人的意志无关，能够引起民事法律后果的客观现象。例如，自然灾害等不可抗力因素造成的物的自然灭失，引起所有权关系的消灭，并得以依照企业所得税法的规定在税前扣除。

除法律事实以外的其他客观事实，为其他事实。

法律事实、其他事实和非事实信息的关系见图2-1。

① 马克思.《资本论》第二卷. 中共中央马克思恩格斯列宁斯大林著作编译局，译. 北京：人民出版社，2004：151-152.

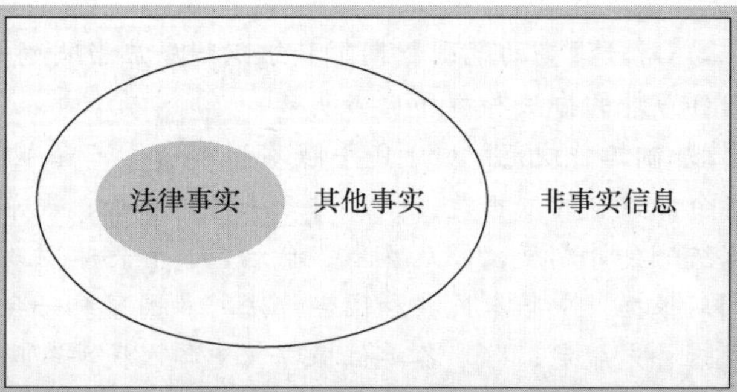

图2-1 法律事实、其他事实和非事实信息的关系

例如，我公司在某年年初动用银行存款100万元购买了某只股票。当年年底，别的公司购买同样的股份却花了900万元。则对我公司而言，唯一的法律事实是，我公司的物权减少了（银行存款减少100万元）、股权增加了（股票的取得成本是100万元）。别的公司花的900万元与我公司无关，因此，该事实虽然也是事实，但对我公司而言不构成法律事实。

只有法律事实才能用于记账，其他事实只能用于补充披露，不得进入会计处理程序。

参考文献：王利明. 民法（第五版）. 北京：中国人民大学出版社，2010；周华. 法律制度与会计规则——关于会计理论的反思. 北京：中国人民大学出版社，2016.

对企业的供应、生产、销售等经济业务，需要分别审核原始凭证、填制记账凭证、登记会计账簿，进而在财务会计报告中反映相关信息。

会计核算俗称“算账”，是整个会计管理过程的起点和基础，但它并不是会计管理的全部，① 会计管理还有一个基本职能，即会计监督。

（2）监督职能。会计监督职能，又称会计控制职能，是指对特定单位的经济活动和相关会计核算的真实性、合法性和合理性进行监督检查，即以一定的标准，利用会计所提供的信息，对企业的经济活动进行有效的指导、控制和调节，以达到预期的目的。会计监督应当贯穿于会计核算的全过程，发挥事前监督、事中监督和事后监督的作用。

专栏2-4　　相关法规对会计监督的表述

《会计法》（2017年修正）第二十七条规定，各单位应当建立、健全本单位内部会计监督制度。单位内部会计监督制度应当符合下列要求：（一）记账人员与经济业务事项和会计事项的审批人员、经办人员、财物保管人员的职责权限应当明确，并相互分离、相互制约；（二）重大对外投资、资产处置、资金调度和其他重要经济业务事项的决策和执行的相互监督、相互制约程序应当

---

① 杨纪琬. 股份制与会计改革. 会计研究，1992（6）.

明确；（三）财产清查的范围、期限和组织程序应当明确；（四）对会计资料定期进行内部审计的办法和程序应当明确。

《会计基础工作规范》（2019 年修改）第七十三条规定，会计机构、会计人员进行会计监督的依据是：（1）财经法律、法规、规章；（2）会计法律、法规和国家统一会计制度；（3）各省、自治区、直辖市财政厅（局）和国务院业务主管部门根据《中华人民共和国会计法》和国家统一会计制度制定的具体实施办法或者补充规定；（4）各单位根据《中华人民共和国会计法》和国家统一会计制度制定的单位内部会计管理制度；（5）各单位内部的预算、财务计划、经济计划、业务计划。该规范第七十四条规定，会计机构、会计人员应当对原始凭证进行审核和监督。对不真实、不合法的原始凭证，不予受理。对弄虚作假、严重违法的原始凭证，在不予受理的同时，应当予以扣留，并及时向单位领导人报告，请求查明原因，追究当事人的责任。对记载不明确、不完整的原始凭证，予以退回，要求经办人员更正、补充。该规范第七十六条规定，会计机构、会计人员应当对实物、款项进行监督，督促建立并严格执行财产清查制度。

“核算和监督是会计的两大基本职能，离开了核算就无所谓会计，监督也无从谈起，它是整个会计工作的基础，而离开了监督，会计也就失去了生命，它是整个会计工作的灵魂。”① 会计核算职能是会计的首要职能，是会计监督的基础。会计监督是会计核算的保证。两者必须结合起来发挥作用，才能形成具有公益性和公信力的企业财产权利和业绩信息。

3. 会计的拓展职能

在核算和监督这两个基本职能之外，学术界还提出了预测经济前景、参与经济决策、评价经营业绩等拓展职能。这些理论观点丰富了人们对于会计职能的认识。例如，娄尔行先生和张为国先生在 1991 年发表的文章中提出：会计作为计量确定可分配收益的手段，是不可替代的，现实生活中，不存在可以取代会计的其他方法；为企业和其他经济单位计量确定每期可分配的收益，是在宏观范围里进行一系列重要的国民收入初次分配与再分配的基础；从理论上讲，在社会主义条件下，个别企业和其他经济单位的收益，汇总起来，可供宏观控制、管理分配工作之用；会计为统计服务，使统计数据更加正确可靠，更加具有说明和指导现实的能力。所以，会计的职能之一是计量可分配的收益，以确保合理分配。这就是“会计三职能论”。两位学者指出，“追加对会计职能的认识，充实了会计管理理论，有利于把会计本质的理解推进一步”②。

关于会计的拓展职能，学术界仁者见仁，智者见智。限于篇幅，这里点到为止，不再展开。

---

① 杨纪琬. 关于“会计管理”概念的再认识. 会计研究，1984（6）.

② 娄尔行，张为国. 确保合理分配是会计的一项职能. 会计研究，1991（4）.

2.2.2　会计目标

会计目标（又称会计目的、财务会计报告的目标[①]）是要求会计工作完成的任务或达到的标准。

1．决策有用观与受托责任观

欧美证券市场上流行的会计理论中，有两种会计目标理论：一是决策有用观（decision usefulness view）；二是受托责任观（accountability view）。

《企业会计准则——基本准则》第四条规定，企业应当编制财务会计报告。财务会计报告的目标是向财务会计报告使用者提供与企业财务状况、经营成果和现金流量等有关的会计信息，反映企业管理层受托责任履行情况，有助于财务会计报告使用者作出经济决策。财务会计报告使用者包括投资者、债权人、政府及其有关部门和社会公众等。

不难看出，《企业会计准则——基本准则》第四条所界定的会计目标其实是受托责任观和决策有用观这两种理念的混合。

专栏2-5　受托责任观和决策有用观

1. 受托责任观

受托责任观是以企业的所有权和经营权的分离为前提的，认为会计的目标是反映企业管理层履行受托责任的情况。

如果以受托责任观作为会计的目标，企业会计的重点就是如实记录企业的收入和费用并进行相应的配比（matching），也就是用收入减去费用，从而计算得出用于评价管理层履行受托责任情况的利润数据。如此，利润便成为衡量管理层受托责任的关键指标。这种会计理念又被称作收入-费用观（revenue-expense view）。

受托责任观具有一定的合理性，即会计信息应当能够用于评价管理层的经营能力。但是，企业经营并不总是以两权分离为前提的。从市场主体的构成比例来看，两权分离的情形只是少数（主要是指股份有限公司），大多数的企业（如有限责任公司、合伙企业）通常不存在两权分离的问题。因此，受托责任观的适用面相当有限。

2. 决策有用观

美国会计学会和美国注册会计师协会在20世纪六七十年代提出，会计的目标是为证券投资者和贷款人的投资决策和信贷决策提供对他们决策有用的信息，会计信息要有助于他们预测未来的现金流量。这种提法反映了注册会计师

---

① 理论界也有观点认为，会计目标不等同于财务会计报告的目标。

行业一心想要承接和保持证券市场审计业务的迫切愿望。

如果以决策有用观作为会计的目标，企业就要提供投资者更为关心的公允价值信息而不能仅仅列报历史成本信息。企业的财务报告就要列报资产的公允价值和负债的公允价值，前者减去后者的余额，就是企业的净公允价值，这就是企业价值的估计值。

决策有用观给会计规定了不可能完成的任务。世界上没有哪一门学科能够精确地刻画股价的形成机制，会计学科也不例外。主张会计为证券投资者的决策提供估值服务的提法，名义上看是提升了会计的功能定位，实际上却把会计简单地等同于证券分析了。

2. 根据法律事实记账

实际上，法律和行政法规已经明确规定了企业的会计责任。在我国，公司法、税法对企业会计提出了明确的要求。《公司法》（2018 年修正）第一百六十四条规定，公司应当在每一会计年度终了时编制财务会计报告，并依法经会计师事务所审计；财务会计报告应当依照法律、行政法规和国务院财政部门的规定制作。第一百六十五条规定，有限责任公司应当依照公司章程规定的期限将财务会计报告送交各股东。股份有限公司的财务会计报告应当在召开股东大会年会的二十日前置备于本公司，供股东查阅；公开发行股票的股份有限公司必须公告其财务会计报告。第一百七十一条规定，公司除法定的会计账簿外，不得另立会计账簿。

《中华人民共和国证券法》（2014 年修正）第六十三条规定，发行人、上市公司依法披露的信息，必须真实、准确、完整，不得有虚假记载、误导性陈述或者重大遗漏；第六十九条规定，发行人、上市公司公告的财务会计报告以及其他信息披露资料，有虚假记载、误导性陈述或者重大遗漏，致使投资者在证券交易中遭受损失的，发行人、上市公司应当承担赔偿责任。

《中华人民共和国刑法》（2017 年修订）第一百六十一条规定，依法负有信息披露义务的公司、企业向股东和社会公众提供虚假的或者隐瞒重要事实的财务会计报告，或者对依法应当披露的其他重要信息不按照规定披露，严重损害股东或者其他人利益，或者有其他严重情节的，对其直接负责的主管人员和其他直接责任人员，处三年以下有期徒刑或者拘役，并处或者单处二万元以上二十万元以下罚金。

《中华人民共和国税收征收管理法》（2015 年修正）第二十条规定，从事生产、经营的纳税人的财务、会计制度或者财务、会计处理办法和会计核算软件，应当报送税务机关备案。纳税人、扣缴义务人的财务、会计制度或者财务、会计处理办法与国务院或者国务院财政、税务主管部门有关税收的规定抵触的，依照国务院或者国务院财政、税务主管部门有关税收的规定计算应纳税款、代扣代缴和代收代缴税款。

综上所述，会计工作既关系到私人利益，又涉及公共利益。会计工作重要不重要，是由法律界定的，而不是哪一个个体所能决定的。真实性是法律对会计信息的基本要求。据此，企业会计应当为企业经营管理和国民经济管理提供具有法律证明力的会计信息。根据法律事实记账是会计的基本原则。记账行为必须具备原始凭证的支持。①

2.3 会计平衡公式

1. 会计平衡公式一

资产＝负债＋所有者权益

企业生产经营需要足够的资产作支撑，如何获得这些资金？无非是股东自己投入企业的再加上企业借来的。显然，上式只是对这个简单道理的直观阐释。该等式是设计资产负债表的理论基础。

2. 会计平衡公式二

收入－费用＝利润

在一定期间内，企业所取得的财产权利就是企业的“收入”（income），所付出的相应代价就是企业的“费用”（expense）。如果在一定期间内所取得的财产权利大于所付出的相应代价，则差额称为企业的“利润”（profit）。该等式是设计利润表的理论基础。

在上述公式中，“收入”“费用”均取其广义。

2.4 会计账户与借贷记账法

通俗地说，一张账页上面一旦写上账户名称，就构成了一个会计账户。若作学术化的解释，账户是根据会计科目设置的、具有一定格式和结构的、用于分类反映会计要素增减变动情况及其结果的载体。账户的内容具体包括账户名称、记录经济业务的日期、据以记账的记账凭证编号、经济业务摘要、增加额、减少额和余额等（见第1章的图1-1）。账户按其所反映的经济内容的不同分为资产类账户、负债类账户、所有者权益类账户、收入类账户、费用类账户和利润类账户（这六大类一般称为会计要素）。

在不同的记账方法下，账户的结构是不同的。在借贷记账法下，由于账页是按照固定格式印好的（左边为借方，右边为贷方），因此，账户自然也分为左方（记账符号为“借”）、右方（记账符号为“贷”）两个方向，一方登记增加额，另

① 周华．法律制度与会计规则——关于会计理论的反思．北京：中国人民大学出版社，2016.

一方登记减少额，余额列在账页的最右边。在教学中，为简化起见，一般用T型账户，又称丁字账户（如图2-2所示）来抽象地表示，不再明示借方、贷方，而是默认左边为借方、右边为贷方。

资产类科目

期初余额	
本期增加额（1）	本期减少额（1）
本期增加额（2）	本期减少额（2）
…	…
期末余额	

负债类、所有者权益类科目

	期初余额
本期减少额（1）	本期增加额（1）
本期减少额（2）	本期增加额（2）
…	…
	期末余额

费用类科目

本期增加额（1）	本期减少额（1）
本期增加额（2）	本期减少额（2）
…	…

收入类、利润类科目

本期减少额（1）	本期增加额（1）
本期减少额（2）	本期增加额（2）
…	…

图2-2 丁字账户示意图

借贷记账法是以“借”“贷”作为记账符号的记账方法，因其账页上的“借”“贷”符号而得名。它是复式记账法的一种。与单式记账法相比，复式记账法的特点是：在对每一笔业务进行记录的同时在该笔业务所涉及的多个账户中进行记载。

专栏2-6　　单式记账法与复式记账法

1. 单式记账法

单式记账法（single-entry bookkeeping）与复式记账法相对应。由于我国的会计法规均要求采用借贷记账法，因此，单式记账法这一概念如今对公司的会计实务而言仅仅起到丰富理论知识的作用。

让我们从身边的事情说起。其实你采用单式记账法记账已经有很多年了，不是记在笔记本上就是记在脑子里。为了控制你的钱包，你会记录收到多少钱，花了多少钱，还剩多少钱。如果发生债权债务关系，再另行记录债权债务。其他与“钱”无关的信息，如你买的牛肉还剩几斤、春秋装还有几套等，概不记录，因为你只是想控制自己钱包里的钱的流入和流出。你的做法在理论上被称为单式记账法，你所记载的账簿被称为流水账。

单式记账法也能达到“控制”的效果，只不过它仅仅锁定在一个项目上。如果你关心的项目很多且它们之间存在关联，你就需要采用复式记账法了。

总之，单式记账法现在可能只能作为自然人控制自己财产物资的简单方法，对于单位的会计行为而言就是不合法的。

2. 复式记账法

新中国成立以来，我国的会计实务中曾经流行过借贷记账法、收付记账法和增减记账法三种复式记账法。三者均因其记账符号而得名。其中，借贷记账法是初学者最不易理解的一种。

【借贷记账法】意大利的银行家最初在记录债权债务关系时采用“Debtor”（常缩写为“Dr.”）表示债务人，其信息记载于账户的左边；采用“Creditor”（常缩写为“Cr.”）表示债权人，其信息记载于账户的右边。之后，随着这种账户格式逐步推广到工商企业，“Dr.”和“Cr.”的具体含义逐步淡化，最终只代表账户的左边和右边。1907年，谢霖和孟森合著的《银行簿记学》一书首次将“借”“贷”记账符号引入我国。民国时期，在华的外资企业普遍采用的就是借贷记账法，当时享有崇高威望的潘序伦先生也比较支持推广借贷记账法。借贷记账法的推广对传统的中式商业簿记产生了强烈的冲击。

【收付记账法】收付记账法是徐永祚先生在20世纪30年代为了应对西式借贷记账法对中式商业簿记的冲击而推出的改良方案。1950年，章乃器先生主张“用自己的簿记原理记账”，引发了关于收付记账法与借贷记账法的大讨论。随后，收付记账法在中国人民银行系统和预算会计（政府会计、事业单位会计、财政总预算会计）领域得到了广泛应用。

【增减记账法】增减记账法萌芽于20世纪中叶，经过原商业部专家张以宽先生等的缜密论证，在60年代推行于商业部系统。

《企业会计准则》（财政部1992年11月30日发布，自1993年7月1日起施行）规定“会计记账采用借贷记账法”，从此，增减记账法淡出了企业会计领域。《事业单位会计准则（试行）》（财政部1997年5月28日发布，自1998年1月1日起施行）和《行政单位会计制度》（财政部1998年2月6日发布，自1998年1月1日起施行）均规定“会计记账采用借贷记账法”，从此，收付记账法逐渐淡出了政府会计与非营利组织会计领域。

遗憾的是，会计界常常感到难以向非专业人士介绍何为借贷记账法。“借”和“贷”二字在中华文化中具有丰富的内涵，难免令非专业人士浮想联翩。有人提议，既然“借”“贷”二字仅仅是记账符号，为便于跨行业交流，不妨在中文语境中把借贷记账法改称为“左右记账法”。

在借贷记账法的发展过程中，逐渐形成了根据账户的性质来确定“借方”“贷方”的增减含义的做法。如今，约定俗成的账户结构是：资产类、费用类账户的借方登记增加额，贷方登记减少额；负债类、所有者权益类、收入类账户借方登记减少额，贷方登记增加额。基于这种约定俗成的账户结构，借贷记账法的记账规则是“有借必有贷，借贷必相等”。其含义是，同一张记账凭证上必然同时涉及借方和贷方的会计科目，且所有借方记录的合计数与贷方记录的合计数相等。读者可以用第1章的会计分录进行验证。

在图2-2所列示的账户中登记的“本期增加额”又称“本期增加发生额”；登记的“本期减少额”又称“本期减少发生额”。

显然，账户结构上存在下列基本关系：

期末余额＝期初余额＋本期增加发生额－本期减少发生额

对于资产类、费用类账户，上述基本关系可改写为：

期末余额＝期初余额＋本期借方发生额－本期贷方发生额

对于负债类、所有者权益类、收入类账户，上述基本关系可改写为：

期末余额＝期初余额＋本期贷方发生额－本期借方发生额

账户按其所提供信息的详细程度及其包含关系可分为总分类账户（又称总账账户、总账，general ledger）和明细分类账户（又称明细账，ledger）。例如，“固定资产”账户是总账，“固定资产——房屋建筑物”账户、“固定资产——机器设备”账户就是明细账。显然，总分类账户与其所属的全部明细分类账户在总金额上应当相等。例如，固定资产总账金额应当等于其所属的各个明细账（如“固定资产——房屋建筑物”“固定资产——机器设备”等）的金额合计数。

会计科目是指会计账户的名称。因此，会计科目的分类与账户的分类完全相同。例如，按其所反映的经济内容不同，可把会计科目分为资产类、负债类、所有者权益类、收入类、费用类、利润类科目。又如，按其所记载的信息的详细程度及其统驭关系的不同，可把会计科目分为总分类科目和明细分类科目，例如，“固定资产”是总分类科目，“固定资产——房屋建筑物”“固定资产——机器设备”就是明细分类科目。

专栏2-7　关于会计科目设置的规定

企业设置会计科目时应当符合国家统一的会计制度的规定（即合法性原则），应当为提供有关各方所需要的会计信息服务（即相关性原则），应当符合单位的自身特点、满足单位的实际需要（即实用性原则）。

【原则要求】在不违背会计科目使用原则的基础上，在不影响会计核算要求和会计报表指标汇总、不影响对外提供统一的财务会计报告的前提下，企业可根据具体情况确定适合本企业的会计科目名称，可以自行增加、减少或合并某些会计科目。

【科目编号】《企业会计准则——应用指南》统一规定了会计科目的编号，以便于实行会计电算化，企业不应当随意打乱重编。

【明细科目】除会计法规另有规定外，在不违反统一会计核算要求的前提下，企业可以根据需要自行确定明细科目。

2.5　填制会计凭证

会计凭证是记录经济业务事项发生或完成情况的书面证明，也是登记账簿的依据。合法地取得、正确地填制和严格地审核会计凭证是会计核算的基本技能之一。

会计凭证按照获取的途径和用途的不同分为原始凭证和记账凭证。

2.5.1　原始凭证

原始凭证是在经济业务发生或完成时取得或填制的、用以记录或证明经济业务的发生或完成情况的原始凭据。

原始凭证按照来源不同分为外来原始凭证和自制原始凭证。外来原始凭证是指在经济业务发生或完成时，从其他单位或个人手中取得的原始凭证（如发票、火车票等）；自制原始凭证是指由本单位内部经办业务的部门和人员在执行或完成某项经济业务时填制的、仅供本单位内部使用的原始凭证（如材料领用单、差旅费报销单等）。

原始凭证按照格式不同分为通用凭证和专用凭证。通用凭证是指由有关部门统一印制、在一定范围内使用的具有统一格式和使用方法的原始凭证（如发票）。非通用凭证（专用凭证）是指由单位自行印制、仅在本单位内部使用的原始凭证（如材料领用单、借据、差旅费报销单等）。

专栏 2-8　　**发票相关法规**

1.《中华人民共和国税收征收管理法》（2015 年修正）的相关规定

第二十一条　税务机关是发票的主管机关，负责发票印制、领购、开具、取得、保管、缴销的管理和监督。

单位、个人在购销商品、提供或者接受经营服务以及从事其他经营活动中，应当按照规定开具、使用、取得发票。

发票的管理办法由国务院规定。

第二十二条　增值税专用发票由国务院税务主管部门指定的企业印制；其他发票，按照国务院税务主管部门的规定，分别由省、自治区、直辖市国家税务局、地方税务局①指定企业印制。

未经前款规定的税务机关指定，不得印制发票。

第二十三条　国家根据税收征收管理的需要，积极推广使用税控装置。纳税人应当按照规定安装、使用税控装置，不得损毁或者擅自改动税控装置。

2.《中华人民共和国发票管理办法》（2010年修订）的相关规定

第一条　为了加强发票管理和财务监督，保障国家税收收入，维护经济秩序，根据《中华人民共和国税收征收管理法》，制定本办法。

第二条　在中华人民共和国境内印制、领购、开具、取得、保管、缴销发票的单位和个人（以下称印制、使用发票的单位和个人），必须遵守本办法。

第三条　本办法所称发票，是指在购销商品、提供或者接受服务以及从事其他经营活动中，开具、收取的收付款凭证。

第四条　国务院税务主管部门统一负责全国的发票管理工作。省、自治区、直辖市国家税务局和地方税务局（以下统称省、自治区、直辖市税务机关）依据各自的职责，共同做好本行政区域内的发票管理工作。

财政、审计、工商行政管理、公安等有关部门在各自的职责范围内，配合税务机关做好发票管理工作。

第七条　增值税专用发票由国务院税务主管部门确定的企业印制；其他发票，按照国务院税务主管部门的规定，由省、自治区、直辖市税务机关确定的企业印制。禁止私自印制、伪造、变造发票。

第九条　印制发票应当使用国务院税务主管部门确定的全国统一的发票防伪专用品。禁止非法制造发票防伪专用品。

第十条　发票应当套印全国统一发票监制章。全国统一发票监制章的式样和发票版面印刷的要求，由国务院税务主管部门规定。发票监制章由省、自治区、直辖市税务机关制作。禁止伪造发票监制章。

发票实行不定期换版制度。

第十三条　发票应当使用中文印制。民族自治地方的发票，可以加印当地一种通用的民族文字。有实际需要的，也可以同时使用中外两种文字印制。

第十五条　需要领购发票的单位和个人，应当持税务登记证件、经办人身份证明、按照国务院税务主管部门规定式样制作的发票专用章的印模，向主管税务机关办理发票领购手续。主管税务机关根据领购单位和个人的经营范围和规模，确认领购发票的种类、数量以及领购方式，在5个工作日内发给发票领购簿。

---

① 2018年6月以来，国税地税机构合并，实行以国家税务总局为主与省（区、市）人民政府双重领导管理体制。下同。

单位和个人领购发票时，应当按照税务机关的规定报告发票使用情况，税务机关应当按照规定进行查验。

第十六条 需要临时使用发票的单位和个人，可以凭购销商品、提供或者接受服务以及从事其他经营活动的书面证明、经办人身份证明，直接向经营地税务机关申请代开发票。依照税收法律、行政法规规定应当缴纳税款的，税务机关应当先征收税款，再开具发票。税务机关根据发票管理的需要，可以按照国务院税务主管部门的规定委托其他单位代开发票。

禁止非法代开发票。

第二十条 所有单位和从事生产、经营活动的个人在购买商品、接受服务以及从事其他经营活动支付款项，应当向收款方取得发票。取得发票时，不得要求变更品名和金额。

第二十一条 不符合规定的发票，不得作为财务报销凭证，任何单位和个人有权拒收。

3.《中华人民共和国发票管理办法实施细则》（2018）的相关规定

第二条 在全国范围内统一式样的发票，由国家税务总局确定。

在省、自治区、直辖市范围内统一式样的发票，由省、自治区、直辖市国家税务局、地方税务局（以下简称省税务机关）确定。

第三条 发票的基本联次包括存根联、发票联、记账联。存根联由收款方或开票方留存备查；发票联由付款方或受票方作为付款原始凭证；记账联由收款方或开票方作为记账原始凭证。

省以上税务机关可根据发票管理情况以及纳税人经营业务需要，增减除发票联以外的其他联次，并确定其用途。

第四条 发票的基本内容包括：发票的名称、发票代码和号码、联次及用途、客户名称、开户银行及账号、商品名称或经营项目、计量单位、数量、单价、大小写金额、开票人、开票日期、开票单位（个人）名称（章）等。

省以上税务机关可根据经济活动以及发票管理需要，确定发票的具体内容。

第五条 用票单位可以书面向税务机关要求使用印有本单位名称的发票，税务机关依据《中华人民共和国发票管理办法》第十五条的规定，确认印有该单位名称发票的种类和数量。

第六条 发票准印证由国家税务总局统一监制，省税务机关核发。

税务机关应当对印制发票企业实施监督管理，对不符合条件的，应当取消其印制发票的资格。

第七条 全国统一的发票防伪措施由国家税务总局确定，省税务机关可以根据需要增加本地区的发票防伪措施，并向国家税务总局备案。

发票防伪专用品应当按照规定专库保管，不得丢失。次品、废品应当在税务机关监督下集中销毁。

第八条　全国统一发票监制章是税务机关管理发票的法定标志，其形状、规格、内容、印色由国家税务总局规定。

第二十五条　向消费者个人零售小额商品或者提供零星服务的，是否可免予逐笔开具发票，由省税务机关确定。

第二十六条　填开发票的单位和个人必须在发生经营业务确认营业收入时开具发票。未发生经营业务一律不准开具发票。

第二十七条　开具发票后，如发生销货退回需开红字发票的，必须收回原发票并注明“作废”字样或取得对方有效证明。

开具发票后，如发生销售折让的，必须在收回原发票并注明“作废”字样后重新开具销售发票或取得对方有效证明后开具红字发票。

第二十八条　单位和个人在开具发票时，必须做到按照号码顺序填开，填写项目齐全，内容真实，字迹清楚，全部联次一次打印，内容完全一致，并在发票联和抵扣联加盖发票专用章。

原始凭证按照填制手续及内容不同，分为一次凭证、累计凭证和汇总凭证。一次凭证是指一次填制完成，只记录一笔经济业务的原始凭证。一次凭证是一次有效的凭证。累计凭证是指在一定时期内，多次记录发生的同类型经济业务的原始凭证，其特点是：在一张凭证内可以连续登记相同性质的经济业务，随时结出累计数及结余数，并按照费用限额进行费用控制，期末按实际发生额记账。累计凭证是多次有效的原始凭证。汇总凭证是指对一定时期内反映相同经济业务内容的若干张原始凭证，按照一定标准综合填制的原始凭证。

专栏 2-9　《会计基础工作规范》（2019年修改）关于原始凭证的规定

原始凭证必须具备以下内容：凭证的名称；填制凭证的日期；填制凭证单位名称或者填制人姓名；经办人员的签名或者盖章；接受凭证单位名称；经济业务内容；数量、单价和金额。如图2-3所示。

从外单位取得的原始凭证，必须盖有填制单位的公章；从个人手中取得的原始凭证，必须有填制人员的签名或者盖章。自制原始凭证必须有经办单位领导人或者其指定的人员签名或者盖章。对外开出的原始凭证，必须加盖本单位公章。

凡填有大写和小写金额的原始凭证，大写与小写金额必须相符。购买实物的原始凭证，必须有验收证明。支付款项的原始凭证，必须有收款单位和收款人的收款证明。

一式几联的原始凭证，应当注明各联的用途，只能以一联作为报销凭证。一式几联的发票和收据，必须用双面复写纸（发票和收据本身具备复写纸功能的除外）套写，并连续编号。作废时应当加盖“作废”戳记，连同存根一起保存，不得撕毁。

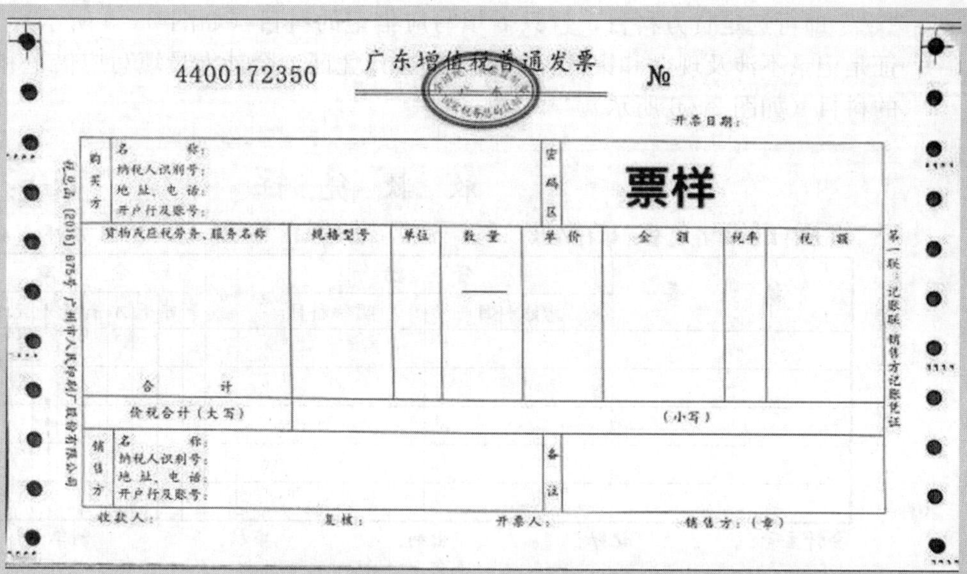
4400172350 广东增值税普通发票 №

开票日期：

购买方 名称：纳税人识别号：地址、电话：开户行及账号：

密码区

票样

货物或应税劳务、服务名称	规格型号	单位	数量	单价	金额	税率	税额
合计							
价税合计（大写）	（小写）						

销售方 名称：纳税人识别号：地址、电话：开户行及账号：

备注

收款人： 复核： 开票人： 销售方：（章）

第一联：记账联 销售方记账凭证

税总函〔2018〕675号 广州市人民印刷厂股份有限公司

图2-3 原始凭证的必要记载事项（示例）

发生销货退回的，除填制退货发票外，还必须有退货验收证明；退款时，必须取得对方的收款收据或者汇款银行的凭证，不得以退货发票代替收据。

职工公出借款凭据，必须附在记账凭证之后。收回借款时，应当另开收据或者退还借据副本，不得退还原借款收据。

经上级有关部门批准的经济业务，应当将批准文件作为原始凭证附件。批准文件需要单独归档的，应当在凭证上注明批准机关名称、日期和文件字号。

原始凭证不得涂改、挖补。发现原始凭证有错误的，应当由开出单位重开或者更正，更正处应当加盖开出单位的公章。

会计机构、会计人员应当对原始凭证进行审核和监督。对不真实、不合法的原始凭证，不予受理。对弄虚作假、严重违法的原始凭证，在不予受理的同时，应当予以扣留，并及时向单位领导人报告，请求查明原因，追究当事人的责任。对记载不明确、不完整的原始凭证，予以退回，要求经办人员更正、补充。

2.5.2 记账凭证

记账凭证是会计人员根据审核无误的原始凭证按照经济业务事项的内容加以归类，并据以确定会计分录后所填制的会计凭证。它是登记账簿的依据。

记账凭证可以分为收款凭证、付款凭证和转账凭证。收款凭证是记录现金和银行存款收款业务的会计凭证，此凭证已经在左上角锁定借方科目，在实务中，会计人员只需在其所应用的财务软件系统中打“√”即可选定借方科目，且只需要填写应贷记的科目（如图2-4所示）。付款凭证是记录现金和银行存款付款业务的会计凭证，此凭证已经在左上角锁定贷方科目，同理，会计人员只需打

“√”即可选定贷方科目，且只需填写应借记的科目（如图2－5所示）。转账凭证是记录不涉及现金和银行存款业务的会计凭证，会计人员填写应借记和应贷记的科目（如图2－6所示）。

收款凭证　　凭证号：

借方科目：库存现金、银行存款　　年　月　日　　附件___张

摘要	贷方		√	金额									
	总账科目	明细科目		千	百	十	万	千	百	十	元	角	分

会计主管：　记账：　出纳：　审核：　制单：

图2－4　收款凭证示意图

付款凭证　　凭证号：

贷方科目：库存现金、银行存款　　年　月　日　　附件___张

摘要	借方		√	金额									
	总账科目	明细科目		千	百	十	万	千	百	十	元	角	分

会计主管：　记账：　出纳：　审核：　制单：

图2－5　付款凭证示意图

转账凭证　　凭证号：

年　月　日　　附件___张

摘要	总账科目	明细科目	√	借方金额										√	贷方金额									
				千	百	十	万	千	百	十	元	角	分		千	百	十	万	千	百	十	元	角	分

会计主管：　记账人：　审核人：　填制人：

图2－6　转账凭证示意图

如果企业未将记账凭证分为收款凭证、付款凭证和转账凭证，也可以使用通用记账凭证。通用记账凭证的格式与转账凭证相同，会计人员填写应借记和应贷记的科目（如图 2-7 所示）。第 1 章举例所使用的记账凭证即为通用记账凭证。

记 账 凭 证　　　凭证号：

年　月　日　　　附件___张

摘　　要	总账科目	明细科目	✓	借方金额										✓	贷方金额									
				千	百	十	万	千	百	十	元	角	分		千	百	十	万	千	百	十	元	角	分

会计主管：　　记账人：　　审核人：　　填制人：

图 2-7　通用记账凭证示意图

记账凭证按填列方式不同分为复式记账凭证和单式记账凭证。复式记账凭证是指将每一笔经济业务事项所涉及的全部会计科目及其发生额均在同一张记账凭证中反映的一种凭证。第 1 章的记账凭证以及本章前述凭证均为复式记账凭证。单式记账凭证是指每一张记账凭证只填列经济业务事项所涉及的一个会计科目及其金额的记账凭证，填列借方科目的称为借项记账凭证，填列贷方科目的称为贷项记账凭证。单式记账凭证在实践中较为少见且多有不便，本书不拟涉及。

专栏 2-10　《会计基础工作规范》（2019 年修改）关于记账凭证的规定

记账凭证必须具备以下内容：填制日期；凭证编号；业务摘要；会计科目；金额；所附原始凭证张数；填制凭证人员、稽核人员、记账人员、会计机构负责人、会计主管人员签名或者盖章。收款和付款记账凭证还应当由出纳人员签名或者盖章。以自制的原始凭证或者原始凭证汇总表代替记账凭证的，也必须具备记账凭证应有的项目。

填制记账凭证时，应当对记账凭证进行连续编号。一笔经济业务需要填制两张以上记账凭证的，可以采用分数编号法编号。

记账凭证可以根据每一张原始凭证填制，或者根据若干张同类原始凭证汇总填制，也可以根据原始凭证汇总表填制。但不得将不同内容和类别的原始凭证汇总填制在一张记账凭证上。

除结账和更正错误的记账凭证可以不附原始凭证外，其他记账凭证必须附有原始凭证。如果一张原始凭证涉及几张记账凭证，可以把原始凭证附在一张主要的记账凭证后面，并在其他记账凭证上注明附有该原始凭证的记账凭证的编号或者附原始凭证复印件。一张原始凭证所列支出需要几个单位共同负担的，应当将其他单位负担的部分，开给对方原始凭证分割单，进行结算。原始凭证分割单必须具备原始凭证的基本内容（见专栏2-9）。

如果在填制记账凭证时发生错误，应当重新填制。已经登记入账的记账凭证，在当年内发现填写错误时，可以用红字填写一张与原内容相同的记账凭证，在摘要栏中注明"注销某月某日某号凭证"字样，同时再用蓝字重新填制一张正确的记账凭证，注明"订正某月某日某号凭证"字样。如果会计科目没有错误，只是金额错误，也可以将正确数字与错误数字之间的差额，另填制一张调整的记账凭证，调增金额用蓝字，调减金额用红字。发现以前年度记账凭证有错误的，应当用蓝字填制一张更正的记账凭证。

记账凭证填制完经济业务事项后，如有空行，应当自金额栏最后一笔金额数字下的空行处至合计数上的空行处划线注销。

2.5.3 会计分录

教学中通常以编制会计分录模拟填制记账凭证的情形。通俗地说，会计分录（简称分录，journal entry）就是记账凭证所载信息的浓缩表达式。恰如T型账户是对账户的抽象表达一样，会计分录是对记账凭证的抽象表达，它是为了教学探讨之便而设计的。若作学术化的解释，会计分录是指标明应借记和应贷记的各个账户的名称及其相对应的金额的记录。例如，第1章第1号记账凭证所载信息在教学或探讨时可简化为如下分录：

借：银行存款　　34 000 000
　贷：股本　　6 000 000
　　资本公积　　28 000 000

借方写在上面，贷方写在下面并缩进一个字位，如此可保持层次感，收到一目了然的效果。

按照所涉及账户的多少，会计分录分为简单会计分录（simple entry）和复合会计分录（compound entry）。简单会计分录是指只涉及一个账户借方和另一个账户贷方的会计分录，即借记一个科目、贷记另一个科目（俗称"一借一贷"）的会计分录；复合会计分录是指借记和（或）贷记一个以上的账户的会计分录，即"一借多贷"、"一贷多借"或"多借多贷"的会计分录。会计学中一般认为在同一个分录中出现的账户（会计科目）具有对应关系，并将其称为对应账户（会计科目）。

会计分录的编制步骤与记账凭证的编制步骤相同：分析经济业务事项涉及的会计要素的类别（是资产、费用，还是负债、所有者权益、收入、利润）；确定涉及的具体账户，各个账户应该增记还是减记，也就是确定记入哪个（或哪些）账户的借方、记入哪个（或哪些）账户的贷方；确定应借记或应贷记的账户是否正确，借记的金额的合计数和贷记的金额的合计数是否相等。

专栏2-11　《会计基础工作规范》（2019年修改）关于会计凭证填制和保管的规定

1. 会计凭证的填制要求

填制会计凭证，字迹必须清晰、工整。

阿拉伯数字应当一个一个地写，不得连笔写。阿拉伯金额数字前面应当书写货币币种符号或者货币名称简写和币种符号。币种符号与阿拉伯金额数字之间不得留有空白。凡阿拉伯数字前写有币种符号的，数字后面不再写货币单位。所有以元为单位的阿拉伯数字，除表示单价等情况外，一律填写到角分；无角分的，角位和分位可写“00”，或者符号“—”；有角无分的，分位应当写“0”，不得用符号“—”代替。

汉字大写数字金额如零、壹、贰、叁、肆、伍、陆、柒、捌、玖、拾、佰、仟、万、亿等，一律用正楷或者行书体书写，不得用0、一、二、三、四、五、六、七、八、九、十等简化字代替，不得任意自造简化字。大写金额数字到元或者角为止的，在“元”或者“角”字之后应当写“整”字或者“正”字；大写金额数字有分的，分字后面不写“整”或者“正”字。

大写金额数字前未印有货币名称的，应当加填货币名称，货币名称与金额数字之间不得留有空白。

阿拉伯金额数字中间有“0”时，汉字大写金额要写“零”字；阿拉伯数字金额中间连续有几个“0”时，汉字大写金额中可以只写一个“零”字；阿拉伯金额数字元位是“0”，或者数字中间连续有几个“0”、元位也是“0”但角位不是“0”时，汉字大写金额可以只写一个“零”字，也可以不写“零”字。

2. 会计凭证的保管和传递

实行会计电算化的单位，对于机制记账凭证要认真审核，做到会计科目使用正确，数字准确无误。打印出的机制记账凭证要加盖制单人员、审核人员、记账人员及会计机构负责人、会计主管人员印章或者签字。

各单位会计凭证的传递程序应当科学、合理，具体办法由各单位根据会计业务需要自行规定。会计凭证应当及时传递，不得积压。会计机构、会计人员要妥善保管会计凭证。会计凭证登记完毕后，应当按照分类和编号顺序保管，不得散乱丢失。

记账凭证应当连同所附的原始凭证或者原始凭证汇总表，按照编号顺序，折叠整齐，按期装订成册，并加具封面，注明单位名称、年度、月份和起讫日期、凭证种类、起讫号码，由装订人在装订线封签外签名或者盖章。

对于数量过多的原始凭证，可以单独装订保管，在封面上注明记账凭证日期、编号、种类，同时在记账凭证上注明“附件另订”和原始凭证名称及编号。各种经济合同、存出保证金收据以及涉外文件等重要原始凭证，应当另编目录，单独登记保管，并在有关的记账凭证和原始凭证上相互注明日期和编号。

原始凭证不得外借，其他单位如出于特殊原因需要使用原始凭证，经本单位会计机构负责人、会计主管人员批准，可以复制。向外单位提供的原始凭证复制件，应当在专设的登记簿上登记，并由提供人员和收取人员共同签名或者盖章。

从外单位取得的原始凭证如有遗失，应当取得原开出单位盖有公章的证明，并注明原来凭证的号码、金额和内容等，由经办单位会计机构负责人、会计主管人员和单位领导人批准后，才能代作原始凭证。如果确实无法取得证明的，如火车、轮船、飞机票等凭证，由当事人写出详细情况，由经办单位会计机构负责人、会计主管人员和单位领导人批准后，代作原始凭证。

2.6 登记会计账簿

通俗地说，会计账簿就是账户的合订本。若作学术化的解释，会计账簿是指由一定格式的账页组成，以经过审核的会计凭证为依据，全面、系统、连续地记录各项经济业务的簿籍。设置和登记账簿是编制会计报表的基础，是连接会计凭证与会计报表的中间环节，在会计核算中具有重要意义。

2.6.1 账簿的分类

各单位发生的各项经济业务事项应当在依法设置的会计账簿上统一登记、核算，不得违反国家统一的会计制度的规定私设会计账簿登记、核算。

各单位应当按照国家统一的会计制度的规定和会计业务的需要设置会计账簿。会计账簿包括总账、明细账、日记账和其他辅助性账簿。账簿的分类如图2-8所示。

- 账簿
  - 按照账簿用途分类
    - 序时账簿
    - 分类账簿
    - 备查账簿
  - 按照账簿外形特征分类
    - 订本式账簿
    - 活页式账簿
    - 卡片式账簿
  - 按照账簿账页格式分类
    - 两栏式账簿
    - 三栏式账簿
    - 多栏式账簿
    - 数量金额式账簿

图2-8 账簿的分类

1. 按用途分类

账簿按用途可分为序时账簿、分类账簿和备查账簿。序时账簿又称日记账，是按照经济业务发生或完成时间的先后顺序逐日逐笔进行登记的账簿。在我国，大多数单位一般只设现金日记账和银行存款日记账。分类账簿是对全部经济业务事项按照会计要素的具体类别而设置分类账户进行登记的账簿。按照总分类账户分类登记经济业务事项的是总分类账簿，简称总账。按照明细分类账户分类登记经济业务事项的是明细分类账簿，简称明细账。分类账簿提供的核算信息是编制会计报表的主要依据。备查账簿简称备查簿，是对某些在序时账簿和分类账簿等主要账簿中不予登记或登记不够详细的经济业务事项进行补充登记时使用的账簿。

2. 按外形特征分类

账簿按外形特征可分为订本式账簿、活页式账簿、卡片式账簿。订本式账簿（简称订本账）是指在启用之前就已将账页装订在一起并对账页进行连续编号的账簿，一般适用于总分类账、库存现金日记账、银行存款日记账。活页式账簿（简称活页账）在账簿登记完毕之前并不把账页固定地装订在一起，而是装在活页账夹中，直至账簿登记完毕之后（通常是一个会计年度结束之后）才将账页予以装订、加具封面，并给各账页连续编号。各种明细分类账一般采用活页账形式。卡片式账簿（简称卡片账）是指将账户所需格式印刷在硬卡上形成的账簿。严格说，卡片账也是一种活页账，只不过它不是装在活页账夹中，而是装在卡片箱内。实践中固定资产的明细核算一般采用卡片账形式。订本账和卡片账的示意图如图 2-9 所示。

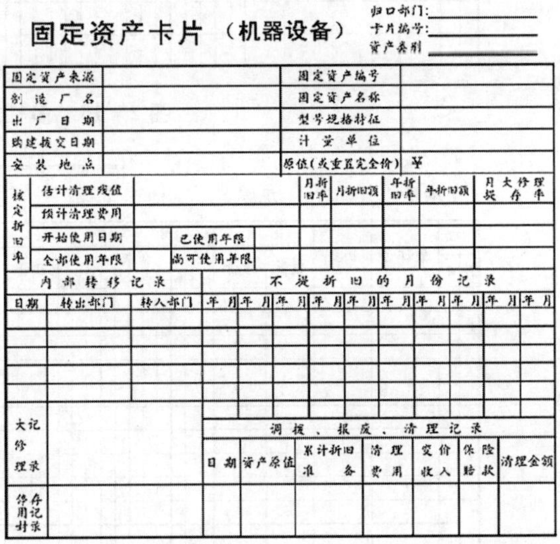
固定资产卡片（机器设备）
归口部门：
卡片编号：
资产类别
固定资产来源　固定资产编号
制造厂名　固定资产名称
出厂日期　型号规格特征
购建接交日期　计量单位
安装地点　原值（或重置完全价）￥
核定折旧率：估计清理残值　预计清理费用　开始使用日期　已使用年限　全部使用年限　尚可使用年限
月折旧率　月折旧额　年折旧率　年折旧额　月大修理提存率
内部转移记录：日期　转出部门　转入部门
不提折旧的月份记录：年 月　年 月　年 月　年 月　年 月　年 月　年 月　年 月　年 月　年 月
大修理记录
调拨、报废、清理记录：日期　资产原值　累计折旧准备　清理费用　变价收入　保险赔款　清理金额
停用封存记录

图 2-9　订本账（左）与卡片账（右）示意图

3. 按账页格式分类

账簿按账页格式可分为两栏式账簿、三栏式账簿、多栏式账簿、数量金额式账簿。两栏式账簿是由只设借方和贷方两个基本金额栏目的账页组成的账簿。收入、费用类账户可以采用两栏式账簿。三栏式账簿是由设有借方、贷方和余额三个基本栏目的账页（如第1章的图1-1所示）组成的账簿。各种日记账、总账以及资本、债权、债务类总账所属的明细账户都可使用三栏式账簿。多栏式账簿是由在借方和（或）贷方按需要分设若干专栏的账页（如图2-10所示）组成的账簿。收入、费用类总账所属的明细账户一般均采用多栏式账簿。数量金额式账簿是由在借方、贷方和余额三个栏目内分设数量、单价和金额栏的账页（如图2-11所示）组成的账簿，此类账簿可用于记载财产物资的实物数量和价值量。原材料、库存商品、产成品等的明细账一般采用数量金额式账簿。

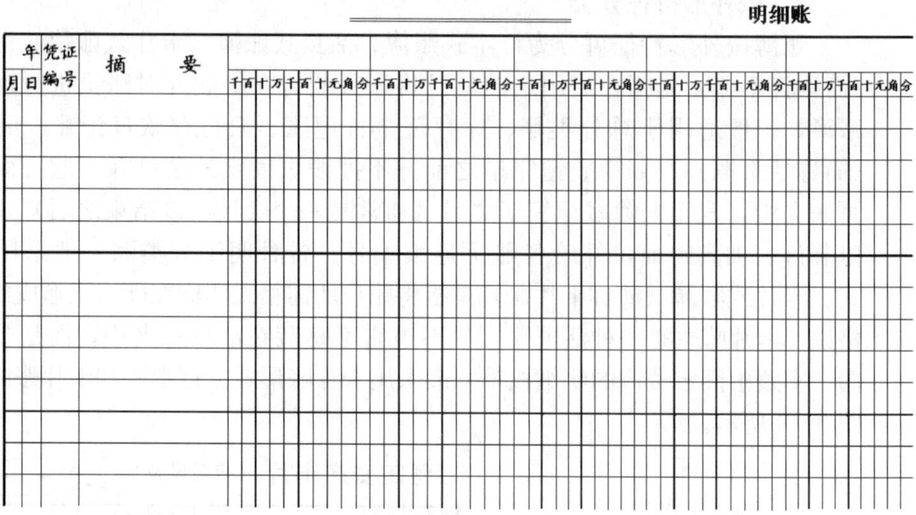

图2-10　多栏式账页示意图

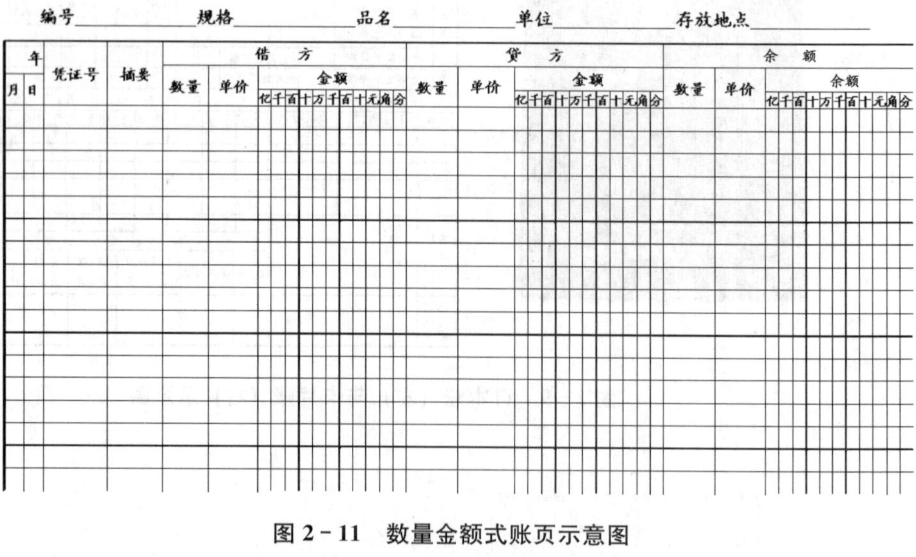

图2-11　数量金额式账页示意图

专栏2-12　《会计基础工作规范》(2019年修改) 关于账簿的规定

【账簿之启用】启用会计账簿时，应当在账簿封面上写明单位名称和账簿名称。在账簿扉页上应当附启用表，内容包括：启用日期、账簿页数、记账人员和会计机构负责人、会计主管人员姓名，并加盖名章和单位公章。

【订本账】现金日记账和银行存款日记账必须采用订本式账簿。不得用银行对账单或者其他方法代替日记账。订本式账簿应从第一页到最后一页顺序编定页码，不得跳页、缺号。

【活页账】使用活页式账簿，应当按账户顺序编号，并须定期装订成册。装订后再按实际使用的账页顺序编定页码。另加目录，记明每个账户的名称和页次。

【交接】记账人员或者会计机构负责人、会计主管人员调动工作时，应当注明交接日期、接办人员或者监交人员姓名，并由交接双方人员签名或者盖章。

【记账】会计人员应当根据审核无误的会计凭证登记会计账簿。登记会计账簿时，应当将会计凭证日期、编号、业务内容摘要、金额和其他有关资料逐项记入账簿内；做到数字准确、摘要清楚、登记及时、字迹工整。登记完毕后，要在记账凭证上签名或者盖章，并注明已经登账的符号，表示已经记账。

【机打账簿】实行会计电算化的单位，用计算机打印的会计账簿必须连续编号，经审核无误后装订成册，并由记账人员和会计机构负责人、会计主管人员签字或者盖章。

【账簿的书写规则】账簿中书写的文字和数字上面要留有适当空格，不要写满格；一般应占格距的1/2。登记账簿要用蓝黑墨水或者碳素墨水书写，不得使用圆珠笔（银行的复写账簿除外）或者铅笔书写。

下列情况可以用红色墨水记账：(1) 按照红字冲账的记账凭证，冲销错误记录；(2) 在不设借贷等栏的多栏式账页中，登记减少数；(3) 在三栏式账户的余额栏前，如未印明余额方向，在余额栏内登记负数余额；(4) 根据国家统一会计制度的规定可以用红字登记的其他会计记录。

各种账簿按页次顺序连续登记，不得跳行、隔页。如果发生跳行、隔页，应当将空行、空页划线注销，或者注明“此行空白”“此页空白”字样，并由记账人员签名或者盖章。

凡需要结出余额的账户，结出余额后，应当在“借或贷”等栏内写明“借”或者“贷”等字样。没有余额的账户，应当在“借或贷”等栏内写“平”字，并在余额栏内用“θ”表示。现金日记账和银行存款日记账必须逐日结出余额。

每一账页登记完毕结转下页时，应当结出本页合计数及余额，写在本页最后一行和下页第一行有关栏内，并在摘要栏内注明“过次页”和“承前页”字样；也可以将本页合计数及金额只写在下页第一行有关栏内，并在摘要栏内注明“承前页”字样。对需要结计本月发生额的账户，结计“过次页”的本页合计数应当为自本月初起至本页末止的发生额合计数；对需要结计本年累计发生额的账户，结计“过次页”的本页合计数应当为自年初起至本页末止的累计数；对既不需要结计本月发生额也不需要结计本年累计发生额的账户，可以只将每页末的余额结转次页。

2.6.2 总账和明细账的平行登记

对于附设明细账的总账而言，要以会计凭证为依据，同时登记总账和相关的明细账，这就是会计学中所称的“平行登记”。平行登记要求做到：所依据会计凭证相同、借贷方向相同、所属会计期间相同、计入总分类账户的金额与计入其所属明细分类账户的合计金额相等（参见例1-2）。

2.6.3 账户记录的试算平衡

根据资产与权益的恒等关系以及借贷记账法“有借必有贷，借贷必相等”的记账规则，检查所有账户记录是否正确，可以采用两种试算平衡方法，即发生额试算平衡法和余额试算平衡法。

发生额试算平衡法是根据本期所有账户借方发生额合计与贷方发生额合计的恒等关系，检验本期发生额记录是否正确的方法。可用公式表示为：

全部账户本期借方发生额合计＝全部账户本期贷方发生额合计

余额试算平衡法是根据本期所有账户借方余额合计与贷方余额合计的恒等关系，检验本期账户记录是否正确的方法，根据余额时间的不同又分为期初余额平衡与期末余额平衡两类。期初余额平衡是期初所有账户借方余额合计与贷方余额合计相等，期末余额平衡是期末所有账户借方余额合计与贷方余额合计相等。可用公式表示为：

全部账户的借方期初余额合计＝全部账户的贷方期初余额合计

全部账户的借方期末余额合计＝全部账户的贷方期末余额合计

实际工作中，余额试算平衡法是通过编制试算平衡表的方式进行的。

试算平衡方法虽然可以用于查找差错，但其意义不可夸大。如果借贷不平衡，可以肯定账户的记录有误；而如果借贷平衡，却并不能肯定记账无误。例如，如果借贷方同时遗漏记账、借贷方同时重复记账或者借贷方数字同时写错，试算平衡方法就很难发挥作用。

2.6.4 对账

各单位应当定期进行账证核对、账账核对、账实核对，保证账证相符、账账相符、账实相符。对账工作每年至少进行一次。账证核对是指核对会计账簿记录与原始凭证、记账凭证的时间、凭证字号、内容、金额是否一致，记账方向是否相符。账账核对是指核对不同会计账簿之间的账簿记录是否相符，包括：总账有关账户的余额核对，总账与明细账核对，总账与日记账核对，会计部门的财产物资明细账与财产物资保管部门和使用部门的有关明细账核对，等等。账实核对是指核对会计账簿记录与财产等实有数额是否相符。包括：库存现金日记账账面余额与现金实际库存数相核对，银行存款日记账账面余额定期与银行对账单相核对，各种财产物资明细账账面余额与财产物资实存数额相核对，各种应收、应付账款明细账账面余额与有关债务债权单位或者个人核对，等等。

2.6.5　更正账簿差错的方法

《会计法》（2017 年修正）第十五条规定，会计账簿记录发生错误或者隔页、缺号、跳行的，应当按照国家统一的会计制度规定的方法更正，并由会计人员和会计机构负责人（会计主管人员）在更正处盖章。

《会计基础工作规范》（2019 年修改）规定，账簿记录若发生错误，不准涂改、挖补、刮擦或者用药水消除字迹，不准重新抄写，必须按规范的方法更正。

1. 划线更正法

在结账前如果发现账簿记录有文字错误或数字错误而记账凭证没有错误，则可在错误的文字或数字上划一条红线，在红线的上方用蓝（黑）字填写正确的文字或数字。当然，责任人应在更正处盖章，以示负责。若是数字差错，则应全部划红线更正，不得仅仅更正错误数额中的个别数字。若是文字差错，可只划去错误的局部文字。

例 2-1

神州美食股份公司第 4 号记账凭证（如图 2-12 所示）上记载应借记“库存商品”账户 5 000 000 元，但登记账簿时主管会计误记为 8 000 000 元。“银行存款”账户登记是正确的。此时应采用划线更正法的操作（如图 2-13 所示）。

记 账 凭 证

凭证号：4

20×2 年 12 月 9 日

附件___张

摘要	总账科目	明细科目	√	借方金额（千百十万千百十元角分）	√	贷方金额（千百十万千百十元角分）
购入库存商品	库存商品		√	500000000		
	银行存款				√	500000000

会计主管：潘序伦　　记账人：徐永祚　　审核人：谢 霖　　填制人：蔡锡勇

图 2-12　神州美食股份公司第 4 号记账凭证

库存商品　　　　**总账**

20×2年 月	日	凭证编号	摘要	借方（十亿千百十万千百十元角分）	贷方（十亿千百十万千百十元角分）	借或贷	余额（十亿千百十万千百十元角分）
12	9	4	购入库存商品	500000000 ~~800000000~~			

图 2-13　划线更正法的操作

2. 红字更正法①

红字更正法适用于记账后在当年内发现记账凭证所记的会计科目错误或者会计科目无误而所记金额大于应记金额的情形。对于前一种情形，可用红字填写一张与原记账凭证完全相同的记账凭证，然后用（蓝）黑字填写一张正确的记账凭证并据以记账。对于后一种情形，可按多记的金额用红字填制一张与原记账凭证应借、应贷科目完全相同的记账凭证，以冲销多记的金额，并据以记账。

例 2－2a

神州美食股份公司转账支付 5 000 000 元购买了库存商品。设第 4 号记账凭证误记为：

借：固定资产　　5 000 000

　贷：库存现金　　5 000 000

假设根据上述记账凭证，已经错误地登记了账簿。其更正方法是：先用红字填制一张科目相同的记账凭证（以数字加框标示，以后如遇类似情况均采用此种处理方式），冲销错账。（为更正错账而编制的凭证不要求附原始凭证，以后如遇类似情况均采用此种处理方式。）

借：固定资产　　[5 000 000]

　贷：库存现金　　[5 000 000]

图 2－14 是“固定资产”账户信息得以恢复的情形。

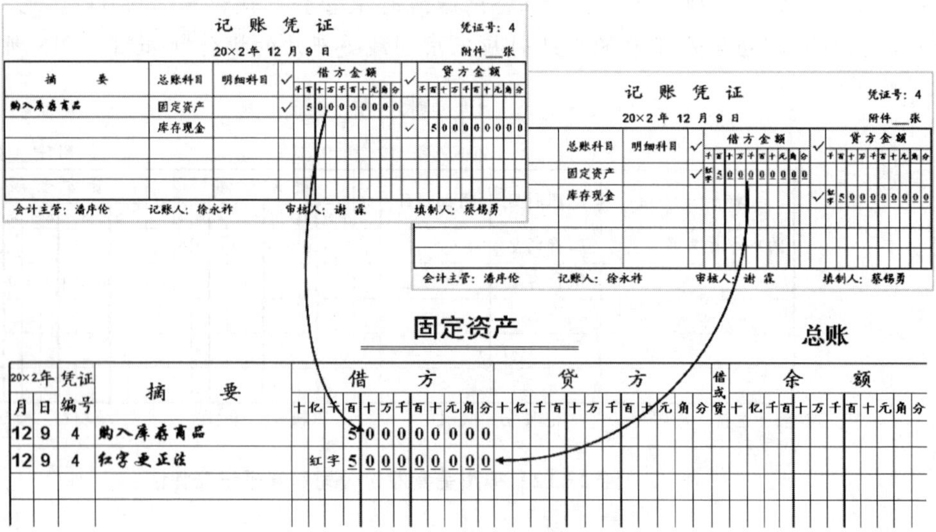

图 2－14　账户信息的恢复

这样，就达到了在“固定资产”账户中消除影响的效果。

图 2－15 演示了“库存现金”账户信息得以恢复的情形。

① 在会计、金融领域，红字表示负数。

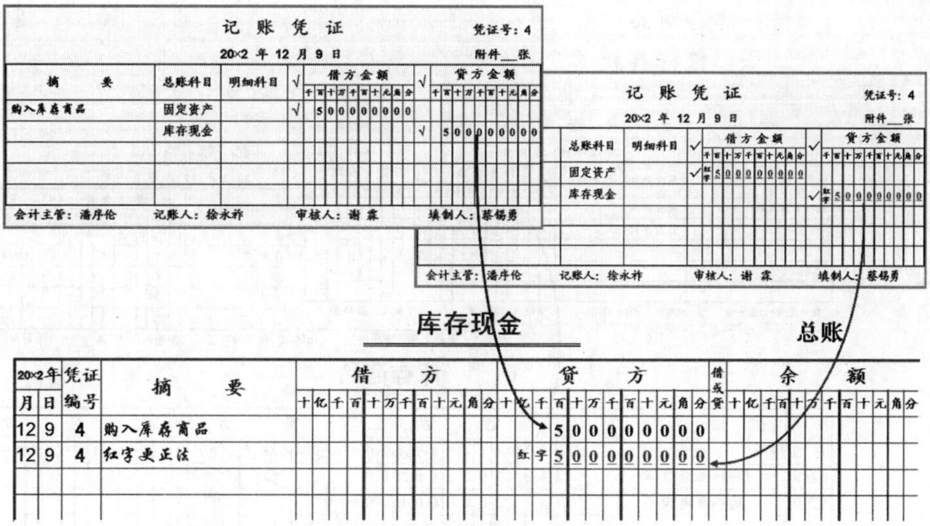

图 2-15　“库存现金”账户信息的恢复

这样，就达到了在“库存现金”账户中消除影响的效果。

然后，重新以（蓝）黑字填写第 4 号记账凭证并据以登记账簿即可。

例 2-2b

神州美食股份公司转账支付 5 000 000 元购买了库存商品。若第 4 号记账凭证误记为：

借：库存商品　　9 000 000

　　贷：银行存款　　9 000 000

则更正方法是：用红字填制一张科目相同的记账凭证，冲销多记的金额。

借：库存商品　　4 000 000

　　贷：银行存款　　4 000 000

本例的账簿登记情况从略。

3. 补充登记法

适用于记账后发现记账凭证填写的会计科目无误但所记金额小于应记金额的情形。可按少记的金额用蓝字填制一张与原记账凭证应借、应贷科目完全相同的记账凭证，以补充少记的金额，并据以记账。

例 2-3

神州美食股份公司转账支付 5 000 000 元购买了库存商品，若第 4 号记账凭证误记为：

借：库存商品　　3 000 000

　　贷：银行存款　　3 000 000

则适用补充登记法。用蓝（黑）字填制一张记账凭证，如同正常情形，凭证号仍然是第 4 号。图 2-16 是补充登记法的情形。

借：库存商品　　　　2 000 000

　贷：银行存款　　　　2 000 000

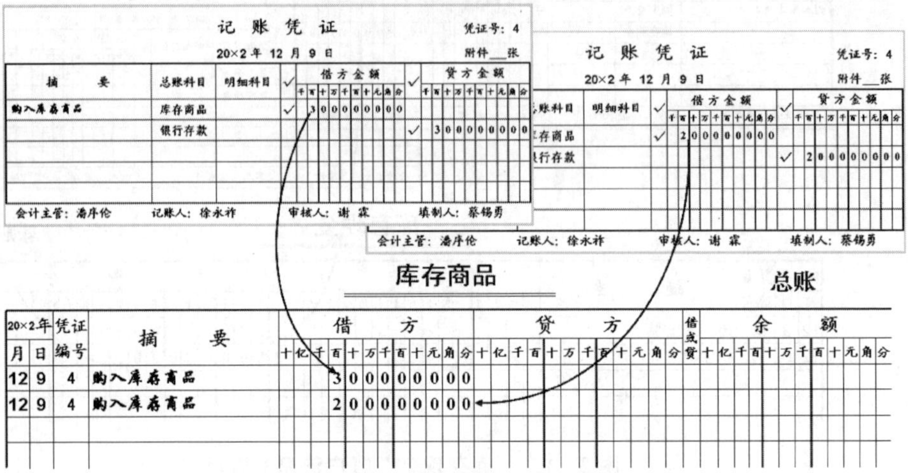

图 2-16　补充登记法的操作

2.7 编制会计报表

各单位应当按照规定，定期结账（close the books）。结账前，必须将本期内所发生的各项经济业务全部登记入账。结账时，应当结出每个实账户的期末余额。年度终了，要把实账户的余额结转到下一会计年度，并在摘要栏中注明“结转下年”字样；在下一会计年度新建有关会计账簿的第一行余额栏内填写上年结转的余额，并在摘要栏中注明“上年结转”字样。需要结出当月发生额的，应当在摘要栏内注明“本月合计”字样，并在下面通栏划单红线。需要结出本年累计发生额的，应当在摘要栏内注明“本年累计”字样，并在下面通栏划单红线；12月末的“本年累计”就是全年累计发生额。全年累计发生额下面应当通栏划双红线。年度终了结账时，所有总账账户都应当结出全年发生额和年末余额。

各单位必须按照国家统一的会计制度规定的格式和要求，定期编制对外报送的会计报表。会计报表应当根据登记完整、核对无误的会计账簿记录和其他有关资料编制，做到数字真实、计算准确、内容完整、说明清楚。任何人不得篡改或者授意、指使、强令他人篡改会计报表的有关数字。会计报表之间、会计报表各项目之间，凡有对应关系的数字，应当相互一致。本期会计报表与上期会计报表之间有关的数字应当相互衔接。如果不同会计年度会计报表中各项目的内容和核算方法有变更，则应加以说明。

资产负债表的格式参见本书第12章表12-1，利润表的格式参见本书第12章表12-2。

2.8 会计监督

会计监督的主要内容包括：

（1）会计机构、会计人员对伪造、变造、故意毁损会计账簿或者账外设账行为，应当制止和纠正；制止和纠正无效的，应当向上级主管单位报告，请求作出处理。

（2）会计机构、会计人员应当对实物、款项进行监督，督促建立并严格执行财产清查制度。发现账簿记录与实物、款项不符时，应当按照国家有关规定进行处理。超出会计机构、会计人员职权范围的，应当立即向本单位领导报告，请求查明原因，作出处理。

（3）会计机构、会计人员对指使、强令编造、篡改财务报告行为，应当制止和纠正；制止和纠正无效的，应当向上级主管单位报告，请求处理。

（4）会计机构、会计人员应当对财务收支进行监督。对审批手续不全的财务收支，应当退回，要求补充、更正。对违反规定不纳入单位统一会计核算的财务收支，应当制止和纠正。对违反国家统一的财政、财务、会计制度规定的财务收支，不予办理。

（5）对认为是违反国家统一的财政、财务、会计制度规定的财务收支，应当制止和纠正；制止和纠正无效的，应当向单位领导人提出书面意见，请求处理。单位领导人应当在接到书面意见起十日内作出书面决定，并对决定承担责任。

（6）对违反国家统一的财政、财务、会计制度规定的财务收支，不予制止和纠正，又不向单位领导人提出书面意见的，也应当承担责任。

（7）对严重违反国家利益和社会公众利益的财务收支，应当向主管单位或者财政、审计、税务机关报告。

（8）会计机构、会计人员对违反单位内部会计管理制度的经济活动，应当制止和纠正；制止和纠正无效的，向单位领导人报告，请求处理。

（9）会计机构、会计人员应当对单位制定的预算、财务计划、经济计划、业务计划的执行情况进行监督。

（10）各单位必须依照法律和国家有关规定接受财政、审计、税务等机关的监督，如实提供会计凭证、会计账簿、会计报表和其他会计资料以及有关情况，不得拒绝、隐匿、谎报。

（11）按照法律规定应当委托注册会计师进行审计的单位，应当委托注册会计师进行审计，并配合注册会计师的工作，如实提供会计凭证、会计账簿、会计报表和其他会计资料以及有关情况，不得拒绝、隐匿、谎报；不得示意注册会计师出具不当的审计报告。

（12）各单位应当根据《会计法》和国家统一的会计制度的规定，结合单位类型和内部管理的需要，建立健全相应的内部会计管理制度。

（13）各单位制定内部会计管理制度应当遵循下列原则：

1）应当执行法律、法规和国家统一的会计制度；

2）应当体现本单位的生产经营、业务管理的特点和要求；

3）应当全面规范本单位的各项会计工作，建立健全会计基础，保证会计工作的有序进行；

4）应当科学、合理，便于操作和执行；

5）应当定期检查执行情况；

6）应当根据管理需要和执行中的问题不断完善。

专栏2-13　《会计基础工作规范》（2019年修改）关于制定内部会计管理制度的规定

各单位应当建立内部会计管理体系。主要内容包括：单位领导人、总会计师对会计工作的领导职责；会计部门及其会计机构负责人、会计主管人员的职责、权限；会计部门与其他职能部门的关系；会计核算的组织形式等。

各单位应当建立会计人员岗位责任制度。主要内容包括：会计人员的工作岗位设置；各会计工作岗位的职责和标准；各会计工作岗位的人员和具体分工；会计工作岗位轮换办法；对各会计工作岗位的考核办法。

各单位应当建立账务处理程序制度。主要内容包括：会计科目及其明细科目的设置和使用；会计凭证的格式、审核要求和传递程序；会计核算方法；会计账簿的设置；编制会计报表的种类和要求；单位会计指标体系。

各单位应当建立内部牵制制度。主要内容包括：内部牵制制度的原则；组织分工；出纳岗位的职责和限制条件；有关岗位的职责和权限。

各单位应当建立稽核制度。主要内容包括：稽核工作的组织形式和具体分工；稽核工作的职责、权限；审核会计凭证和复核会计账簿、会计报表的方法。

各单位应当建立原始记录管理制度。主要内容包括：原始记录的内容和填制方法；原始记录的格式；原始记录的审核；原始记录填制人的责任；原始记录签署、传递、汇集要求。

各单位应当建立定额管理制度。主要内容包括：定额管理的范围；制定和修订定额的依据、程序和方法；定额的执行；定额考核和奖惩办法等。

各单位应当建立计量验收制度。主要内容包括：计量检测手段和方法；计量验收管理的要求；计量验收人员的责任和奖惩办法。

各单位应当建立财产清查制度。主要内容包括：财产清查的范围；财产清查的组织；财产清查的期限和方法；对财产清查中发现问题的处理办法；对财产管理人员的奖惩办法。

各单位应当建立财务收支审批制度。主要内容包括：财务收支审批人员和审批权限；财务收支审批程序；财务收支审批人员的责任。

实行成本核算的单位应当建立成本核算制度。主要内容包括：成本核算的对象；成本核算的方法和程序；成本分析等。

各单位应当建立财务会计分析制度。主要内容包括：财务会计分析的主要内容；财务会计分析的基本要求和组织程序；财务会计分析的具体方法；财务会计分析报告的编写要求等。

2.9　会计核算形式

会计核算形式，又称会计核算组织程序、账务处理程序（bookkeeping procedures），是指会计凭证组织、会计账簿组织及记账程序和方法相互结合的方式。通俗地解释，会计核算形式是指在手工记账的情形下，财务会计部门的各会计人员之间的分工合作方式。

如果总账记账人员直接根据记账凭证逐笔登记总分类账，则称为记账凭证核算形式，这种分工形式对总账记账人员的要求很高，登记总账的工作量较大。在手工记账的情形下，这种分工合作方式适用于规模小、业务量少、凭证不多的企业。

如果财务会计部门先行指定专人定期根据所有的记账凭证编制科目汇总表，然后交由总账记账人员根据科目汇总表登记总分类账，则称为科目汇总表核算形式。这种分工形式可以减轻总账记账人员的工作量，能够及时进行试算平衡。在手工记账的情形下，这种分工合作方式适用于业务量较多的单位。

如果财务会计部门先行指定专人定期编制汇总收款凭证、汇总付款凭证和汇总转账凭证，然后交由总账记账人员根据汇总记账凭证登记总分类账，则称为汇总记账凭证核算形式。其中，汇总转账凭证一般按照贷方科目编制。这种分工合作方式便于进行日常核对，减少了登记总账的工作量。其缺点是编制汇总记账凭证的工作量较大。

2.10　我国的会计法规体系

企业是在特定的法律环境中开展经营活动的。会计人员在履行对企业经营管理活动的反映和监督职能时，必然需要掌握相应的法律知识。我国的会计考试制度均把经济法律知识列入考试范围。我国现行的会计法规体系如表2-1所示。就层级效力而言，下位法应当遵循上位法。

表2-1　我国现行会计法规体系中的部分法规

法律渊源	法规示例
法律	《中华人民共和国税收征收管理法》 《中华人民共和国企业所得税法》 《中华人民共和国公司法》 《中华人民共和国会计法》 《中华人民共和国注册会计师法》

续表

法律渊源	法规示例
行政法规	《总会计师条例》 《企业财务会计报告条例》
规章	《企业会计准则——基本准则》 《注册会计师全国统一考试办法》
部门规范性文件	《企业会计准则第1号——存货》等42项具体会计准则 《小企业会计准则》 《会计基础工作规范》 《会计专业技术资格考试暂行规定》 《会计档案管理办法》

会计学专业需要坚守法律的底线。在校生应当养成用法律原则来考证会计规则的好习惯。其重要性可以从以下两个方面来理解：第一，从技术层面来看，会计工作的内容是对企业的财产权利和义务进行分类统计，会计流程本身是一个信息集成的过程。总账及其下所设各级明细账是分类统计的具体体现，账簿中的信息最终按照企业自行设计的会计制度所规定的方法，集成于财务报表之中。① 如本章开篇所述，企业会计是面向实体经济的发展，以加强有效管理为核心，以依法记账、依法纳税、依法分配为主要内容的管理活动，其使命是为企业经营管理和国民经济管理提供具有法律证明力的财产权利、债务和业绩等信息。为确保会计信息的公益性和公信力，会计工作必须根据法律事实记账。原始凭证应当是对法律事实的如实记载。② 第二，从企业管理的全局来看，企业管理层必须确保其账簿记录的合法性。企业日常的会计核算大多是按照具体会计准则等部门规范性文件操作的，而人民法院审理民事诉讼案件的准绳主要限于法律和行政法规，作为对比，规章和部门规范性文件通常不被列为裁判依据。这意味着，单单依照企业会计准则体系等部门规范性文件去记账，未必就能保证账簿记录的合法性。上位法和下位法的冲突，在经济管理领域并不鲜见。上位法优于下位法，是法律适用的基本原则，也是会计研究和教学中应予贯彻的基本理念。

2.10.1 法律

《中华人民共和国立法法》第七条规定，全国人民代表大会和全国人民代表大会常务委员会行使国家立法权。全国人民代表大会制定和修改刑事、民事、国家机构的和其他的基本法律。全国人民代表大会常务委员会制定和修改除应当由全国人民代表大会制定的法律以外的其他法律；在全国人民代表大会闭会期间，对全国人民代表大会制定的法律进行部分补充和修改，但是不得同该法律的基本原则相抵触。

① 周华，戴德明．会计确认概念再研究——对若干会计基本概念的反思．会计研究，2015（7）：3-10.

② 周华，戴德明，刘俊海，叶建明．国际会计准则的困境与财务报表的改进——马克思虚拟资本理论的视角．中国社会科学，2017（3）：4-25.

以下简要介绍会计相关的法律，主要是《中华人民共和国会计法》、《中华人民共和国税收征收管理法》、《中华人民共和国公司法》和《中华人民共和国刑法》。

《中华人民共和国会计法》是会计工作的根本大法。该法强调了会计信息的真实、完整，严格禁止虚假信息；明确规定单位负责人对本单位的会计工作和会计资料的真实性、完整性负责；要求各单位强化会计监督，建立健全内部会计监督制度，并提出了内部会计监督制度的具体要求；强调了应在国有和国有资产占控股地位或者主导地位的大中型企业设置总会计师。

专栏2-14　**《中华人民共和国会计法》摘录**

第一章　总则

第一条　为了规范会计行为，保证会计资料真实、完整，加强经济管理和财务管理，提高经济效益，维护社会主义市场经济秩序，制定本法。

第二条　国家机关、社会团体、公司、企业、事业单位和其他组织（以下统称单位）必须依照本法办理会计事务。

第三条　各单位必须依法设置会计账簿，并保证其真实、完整。

第四条　单位负责人对本单位的会计工作和会计资料的真实性、完整性负责。

第五条　会计机构、会计人员依照本法规定进行会计核算，实行会计监督。

任何单位或者个人不得以任何方式授意、指使、强令会计机构、会计人员伪造、变造会计凭证、会计账簿和其他会计资料，提供虚假财务会计报告。

任何单位或者个人不得对依法履行职责、抵制违反本法规定行为的会计人员实行打击报复。

第六条　对认真执行本法，忠于职守，坚持原则，做出显著成绩的会计人员，给予精神的或者物质的奖励。

第七条　国务院财政部门主管全国的会计工作。

县级以上地方各级人民政府财政部门管理本行政区域内的会计工作。

第八条　国家实行统一的会计制度。国家统一的会计制度由国务院财政部门根据本法制定并公布。

国务院有关部门可以依照本法和国家统一的会计制度制定对会计核算和会计监督有特殊要求的行业实施国家统一的会计制度的具体办法或者补充规定，报国务院财政部门审核批准。

中国人民解放军总后勤部可以依照本法和国家统一的会计制度制定军队实施国家统一的会计制度的具体办法，报国务院财政部门备案。

第二章 会计核算

第九条 各单位必须根据实际发生的经济业务事项进行会计核算，填制会计凭证，登记会计账簿，编制财务会计报告。

任何单位不得以虚假的经济业务事项或者资料进行会计核算。

第十条 下列经济业务事项，应当办理会计手续，进行会计核算：

（一）款项和有价证券的收付；

（二）财物的收发、增减和使用；

（三）债权债务的发生和结算；

（四）资本、基金的增减；

（五）收入、支出、费用、成本的计算；

（六）财务成果的计算和处理；

（七）需要办理会计手续、进行会计核算的其他事项。

第十一条 会计年度自公历1月1日起至12月31日止。

第十二条 会计核算以人民币为记账本位币。

业务收支以人民币以外的货币为主的单位，可以选定其中一种货币作为记账本位币，但是编报的财务会计报告应当折算为人民币。

第十三条 会计凭证、会计账簿、财务会计报告和其他会计资料，必须符合国家统一的会计制度的规定。

使用电子计算机进行会计核算的，其软件及其生成的会计凭证、会计账簿、财务会计报告和其他会计资料，也必须符合国家统一的会计制度的规定。

任何单位和个人不得伪造、变造会计凭证、会计账簿及其他会计资料，不得提供虚假的财务会计报告。

第十四条 会计凭证包括原始凭证和记账凭证。

办理本法第十条所列的经济业务事项，必须填制或者取得原始凭证并及时送交会计机构。

会计机构、会计人员必须按照国家统一的会计制度的规定对原始凭证进行审核，对不真实、不合法的原始凭证有权不予接受，并向单位负责人报告；对记载不准确、不完整的原始凭证予以退回，并要求按照国家统一的会计制度的规定更正、补充。

原始凭证记载的各项内容均不得涂改；原始凭证有错误的，应当由出具单位重开或者更正，更正处应当加盖出具单位印章。原始凭证金额有错误的，应当由出具单位重开，不得在原始凭证上更正。

记账凭证应当根据经过审核的原始凭证及有关资料编制。

第十五条 会计账簿登记，必须以经过审核的会计凭证为依据，并符合有关法律、行政法规和国家统一的会计制度的规定。会计账簿包括总账、明细账、日记账和其他辅助性账簿。

会计账簿应当按照连续编号的页码顺序登记。会计账簿记录发生错误或者隔页、缺号、跳行的，应当按照国家统一的会计制度规定的方法更正，并由会计人员和会计机构负责人（会计主管人员）在更正处盖章。

使用电子计算机进行会计核算的，其会计账簿的登记、更正，应当符合国家统一的会计制度的规定。

第十六条　各单位发生的各项经济业务事项应当在依法设置的会计账簿上统一登记、核算，不得违反本法和国家统一的会计制度的规定私设会计账簿登记、核算。

第十七条　各单位应当定期将会计账簿记录与实物、款项及有关资料相互核对，保证会计账簿记录与实物及款项的实有数额相符、会计账簿记录与会计凭证的有关内容相符、会计账簿之间相对应的记录相符、会计账簿记录与会计报表的有关内容相符。

第十八条　各单位采用的会计处理方法，前后各期应当一致，不得随意变更；确有必要变更的，应当按照国家统一的会计制度的规定变更，并将变更的原因、情况及影响在财务会计报告中说明。

第十九条　单位提供的担保、未决诉讼等或有事项，应当按照国家统一的会计制度的规定，在财务会计报告中予以说明。

第二十条　财务会计报告应当根据经过审核的会计账簿记录和有关资料编制，并符合本法和国家统一的会计制度关于财务会计报告的编制要求、提供对象和提供期限的规定；其他法律、行政法规另有规定的，从其规定。

财务会计报告由会计报表、会计报表附注和财务情况说明书组成。向不同的会计资料使用者提供的财务会计报告，其编制依据应当一致。有关法律、行政法规规定会计报表、会计报表附注和财务情况说明书须经注册会计师审计的，注册会计师及其所在的会计师事务所出具的审计报告应当随同财务会计报告一并提供。

第二十一条　财务会计报告应当由单位负责人和主管会计工作的负责人、会计机构负责人（会计主管人员）签名并盖章；设置总会计师的单位，还须由总会计师签名并盖章。

单位负责人应当保证财务会计报告真实、完整。

第二十二条　会计记录的文字应当使用中文。在民族自治地方，会计记录可以同时使用当地通用的一种民族文字。在中华人民共和国境内的外商投资企业、外国企业和其他外国组织的会计记录可以同时使用一种外国文字。

第二十三条　各单位对会计凭证、会计账簿、财务会计报告和其他会计资料应当建立档案，妥善保管。会计档案的保管期限和销毁办法，由国务院财政部门会同有关部门制定。

第三章　公司、企业会计核算的特别规定

第二十四条　公司、企业进行会计核算，除应当遵守本法第二章的规定外，还应当遵守本章规定。

第二十五条　公司、企业必须根据实际发生的经济业务事项，按照国家统

一的会计制度的规定确认、计量和记录资产、负债、所有者权益、收入、费用、成本和利润。

第二十六条　公司、企业进行会计核算不得有下列行为：

（一）随意改变资产、负债、所有者权益的确认标准或者计量方法，虚列、多列、不列或者少列资产、负债、所有者权益；

（二）虚列或者隐瞒收入，推迟或者提前确认收入；

（三）随意改变费用、成本的确认标准或者计量方法，虚列、多列、不列或者少列费用、成本；

（四）随意调整利润的计算、分配方法，编造虚假利润或者隐瞒利润；

（五）违反国家统一的会计制度规定的其他行为。

第四章　会计监督

第二十七条　各单位应当建立、健全本单位内部会计监督制度。单位内部会计监督制度应当符合下列要求：

（一）记账人员与经济业务事项和会计事项的审批人员、经办人员、财物保管人员的职责权限应当明确，并相互分离、相互制约；

（二）重大对外投资、资产处置、资金调度和其他重要经济业务事项的决策和执行的相互监督、相互制约程序应当明确；

（三）财产清查的范围、期限和组织程序应当明确；

（四）对会计资料定期进行内部审计的办法和程序应当明确。

第二十八条　单位负责人应当保证会计机构、会计人员依法履行职责，不得授意、指使、强令会计机构、会计人员违法办理会计事项。

会计机构、会计人员对违反本法和国家统一的会计制度规定的会计事项，有权拒绝办理或者按照职权予以纠正。

第二十九条　会计机构、会计人员发现会计账簿记录与实物、款项及有关资料不相符的，按照国家统一的会计制度的规定有权自行处理的，应当及时处理；无权处理的，应当立即向单位负责人报告，请求查明原因，作出处理。

第三十条　任何单位和个人对违反本法和国家统一的会计制度规定的行为，有权检举。收到检举的部门有权处理的，应当依法按照职责分工及时处理；无权处理的，应当及时移送有权处理的部门处理。收到检举的部门、负责处理的部门应当为检举人保密，不得将检举人姓名和检举材料转给被检举单位和被检举人个人。

第三十一条　有关法律、行政法规规定，须经注册会计师进行审计的单位，应当向受委托的会计师事务所如实提供会计凭证、会计账簿、财务会计报告和其他会计资料以及有关情况。

任何单位或者个人不得以任何方式要求或者示意注册会计师及其所在的会计师事务所出具不实或者不当的审计报告。

财政部门有权对会计师事务所出具审计报告的程序和内容进行监督。

第三十二条　财政部门对各单位的下列情况实施监督：

（一）是否依法设置会计账簿；

（二）会计凭证、会计账簿、财务会计报告和其他会计资料是否真实、完整；

（三）会计核算是否符合本法和国家统一的会计制度的规定；

（四）从事会计工作的人员是否具备专业能力、遵守职业道德。

在对前款第（二）项所列事项实施监督，发现重大违法嫌疑时，国务院财政部门及其派出机构可以向与被监督单位有经济业务往来的单位和被监督单位开立账户的金融机构查询有关情况，有关单位和金融机构应当给予支持。

第三十三条　财政、审计、税务、人民银行、证券监管、保险监管等部门应当依照有关法律、行政法规规定的职责，对有关单位的会计资料实施监督检查。

前款所列监督检查部门对有关单位的会计资料依法实施监督检查后，应当出具检查结论。有关监督检查部门已经作出的检查结论能够满足其他监督检查部门履行本部门职责需要的，其他监督检查部门应当加以利用，避免重复查账。

第三十四条　依法对有关单位的会计资料实施监督检查的部门及其工作人员对在监督检查中知悉的国家秘密和商业秘密负有保密义务。

第三十五条　各单位必须依照有关法律、行政法规的规定，接受有关监督检查部门依法实施的监督检查，如实提供会计凭证、会计账簿、财务会计报告和其他会计资料以及有关情况，不得拒绝、隐匿、谎报。

第五章　会计机构和会计人员

第三十六条　各单位应当根据会计业务的需要，设置会计机构，或者在有关机构中设置会计人员并指定会计主管人员；不具备设置条件的，应当委托经批准设立从事会计代理记账业务的中介机构代理记账。

国有的和国有资产占控股地位或者主导地位的大、中型企业必须设置总会计师。总会计师的任职资格、任免程序、职责权限由国务院规定。

第三十七条　会计机构内部应当建立稽核制度。

出纳人员不得兼任稽核、会计档案保管和收入、支出、费用、债权债务账目的登记工作。

第三十八条　会计人员应当具备从事会计工作所需要的专业能力。担任单位会计机构负责人（会计主管人员）的，应当具备会计师以上专业技术职务资格或者从事会计工作三年以上经历。本法所称会计人员的范围由国务院财政部门规定。

第三十九条　会计人员应当遵守职业道德，提高业务素质。对会计人员的教育和培训工作应当加强。

第四十条　因有提供虚假财务会计报告，做假账，隐匿或者故意销毁会计凭证、会计账簿、财务会计报告，贪污，挪用公款，职务侵占等与会计职务有关的违法行为被依法追究刑事责任的人员，不得再从事会计工作。

第四十一条　会计人员调动工作或者离职，必须与接管人员办清交接手续。

一般会计人员办理交接手续，由会计机构负责人（会计主管人员）监交；会计机构负责人（会计主管人员）办理交接手续，由单位负责人监交，必要时主管单位可以派人会同监交。

《中华人民共和国税收征收管理法》第十九条规定，纳税人、扣缴义务人按照有关法律、行政法规和国务院财政、税务主管部门的规定设置账簿，根据合法、有效凭证记账，进行核算。第二十条规定，从事生产、经营的纳税人的财务、会计制度或者财务、会计处理办法和会计核算软件，应当报送税务机关备案。纳税人、扣缴义务人的财务、会计制度或者财务、会计处理办法与国务院或者国务院财政、税务主管部门有关税收的规定抵触的，依照国务院或者国务院财政、税务主管部门有关税收的规定计算应纳税款、代扣代缴和代收代缴税款。

《中华人民共和国公司法》规定了公司利润分配的程序。

《中华人民共和国刑法》第一百六十一条规定，依法负有信息披露义务的公司、企业向股东和社会公众提供虚假的或者隐瞒重要事实的财务会计报告，或者对依法应当披露的其他重要信息不按照规定披露，严重损害股东或者其他人利益，或者有其他严重情节的，对其直接负责的主管人员和其他直接责任人员，处三年以下有期徒刑或者拘役，并处或者单处二万元以上二十万元以下罚金。第一百六十二条规定，公司、企业进行清算时，隐匿财产，对资产负债表或者财产清单作虚伪记载或者在未清偿债务前分配公司、企业财产，严重损害债权人或者其他人利益的，对其直接负责的主管人员和其他直接责任人员，处五年以下有期徒刑或者拘役，并处或者单处二万元以上二十万元以下罚金。隐匿或者故意销毁依法应当保存的会计凭证、会计账簿、财务会计报告，情节严重的，处五年以下有期徒刑或者拘役，并处或者单处二万元以上二十万元以下罚金。第二百二十九条规定，承担资产评估、验资、验证、会计、审计、法律服务等职责的中介组织的人员故意提供虚假证明文件，情节严重的，处五年以下有期徒刑或者拘役，并处罚金。承担资产评估、验资、验证、会计、审计、法律服务等职责的中介组织的人员严重不负责任，出具的证明文件有重大失实，造成严重后果的，处三年以下有期徒刑或者拘役，并处或者单处罚金。

2.10.2　行政法规

《中华人民共和国立法法》第六十五条规定，国务院根据宪法和法律，制定行政法规。行政法规可以就下列事项作出规定：（1）为执行法律的规定需要制定行政法规的事项；（2）宪法第八十九条规定的国务院行政管理职权的事项。

以下简要介绍会计相关的行政法规，主要是《企业财务会计报告条例》和《总会计师条例》。

《企业财务会计报告条例》对财务会计报告的构成、编制、对外提供、法律责任等作出了规定。

《总会计师条例》对总会计师的设置、职权、任免和奖惩作了规定。全民所有制大、中型企业设置总会计师；事业单位和业务主管部门根据需要，经批准可以设置总会计师。总会计师是单位行政领导成员，协助单位主要行政领导人工作，直接对单位主要行政领导人负责。凡设置总会计师的单位，在单位行政领导成员中，不设与总会计师职权重叠的副职。总会计师组织领导本单位的财务管理、成本管理、预算管理、会计核算和会计监督等方面的工作，参与本单位重要经济问题的分析和决策。总会计师具体组织本单位执行国家有关财经法律、法规、方针、政策和制度，保护国家财产。总会计师的职权受国家法律保护。单位主要行政领导人应当支持并保障总会计师依法行使职权。总会计师有权组织本单位各职能部门、直属基层组织的经济核算、财务会计和成本管理方面的工作。总会计师主管审批财务收支工作。除一般的财务收支可以由总会计师授权的财会机构负责人或者其他指定人员审批外，重大的财务收支，须经总会计师审批或者由总会计师报单位主要行政领导人批准。预算、财务收支计划、成本和费用计划、信贷计划、财务专题报告、会计决算报表，须经总会计师签署。涉及财务收支的重大业务计划、经济合同、经济协议等，在单位内部须经总会计师会签。会计人员的任用、晋升、调动、奖惩，应当事先征求总会计师的意见。财会机构负责人或者会计主管人员的人选，应当由总会计师进行业务考核，依照有关规定审批。

2.10.3 规章

规章包括国务院部门规章和地方政府规章。《中华人民共和国立法法》第八十条规定，国务院各部、委员会、中国人民银行、审计署和具有行政管理职能的直属机构，可以根据法律和国务院的行政法规、决定、命令，在本部门的权限范围内，制定规章。部门规章规定的事项应当属于执行法律或者国务院的行政法规、决定、命令的事项。该法第八十四条规定，部门规章应当经部务会议或者委员会会议决定。该法第八十五条规定，部门规章由部门首长签署命令予以公布。

我国自 1992 年以来的会计改革借鉴国际会计准则和美国证券市场上的公认会计原则（generally accepted accounting principles，GAAP），于 2006 年建立了与国际会计准则[①]“实质性趋同”的企业会计准则体系。2006 年 2 月 15 日，财政部发布了《企业会计准则——基本准则》，为了实现我国企业会计准则与国际

① 国际会计准则与国际财务报告准则系同义语，泛指国际会计准则委员会（International Accounting Standards Committee，IASC）及其后继者国际会计准则理事会（International Accounting Standards Board，IASB）先后制定的国际会计准则（International Accounting Standard，IAS）、国际财务报告准则（International Financial Reporting Standard，IFRS）及其解释公告。为简化表述，一般以“国际准则”统称之。

财务报告准则的持续趋同，财政部于2014年7月23日公布修改后的《企业会计准则——基本准则》（见专栏2-15），对公允价值的定义给出了新的表述。

根据立法动态来看，我国企业会计实务已经初步形成大中型企业执行企业会计准则体系，小型企业执行《小企业会计准则》的局面。

目前，企业会计准则体系由1项《企业会计准则——基本准则》、42项具体会计准则（及其应用指南）和12份会计准则解释组成，推行于国有大中型企业、上市公司。

《企业会计准则——基本准则》是具体准则的制定依据，在整个企业会计准则体系中扮演着概念框架的角色，起着统驭作用。

专栏2-15 《企业会计准则——基本准则》(2014年修改）全文及简要注解

（文中注释内容及英文标注均为本书作者所加。）

（说明：《企业会计准则——基本准则》通常被列入我国会计学教材的第1章。该文件主要是舶来的域外理论，其中不少提法存有争议且与会计学原理相冲突。因此，为了传授更为有用的理论知识，本书正文不拟讲授该文件中的会计理论知识。以后章节将会在专栏中剖析该文件所涉及的理论问题。读者对该文件略作了解即可。）

第一章 总则

第一条 为了规范企业会计确认、计量和报告行为，保证会计信息质量，根据《中华人民共和国会计法》和其他有关法律、行政法规，制定本准则。

第二条 本准则适用于在中华人民共和国境内设立的企业（包括公司，下同）。

第三条 企业会计准则包括基本准则和具体准则，具体准则的制定应当遵循本准则。

第四条 【会计目标】企业应当编制财务会计报告（又称财务报告，下同）。财务会计报告的目标是向财务会计报告使用者提供与企业财务状况、经营成果和现金流量等有关的会计信息，反映企业管理层受托责任履行情况，有助于财务会计报告使用者作出经济决策。

财务会计报告使用者包括投资者、债权人、政府及其有关部门和社会公众等。

第五条 【会计基本假设1：会计主体（accounting entity)】企业应当对其本身发生的交易或者事项进行会计确认、计量和报告。

第六条 【会计基本假设2：持续经营（going concern)】企业会计确认、计量和报告应当以持续经营为前提。

第七条 【会计基本假设3：会计分期（accounting period)】企业应当划分会计期间，分期结算账目和编制财务会计报告。

会计期间分为年度和中期。中期是指短于一个完整的会计年度的报告期间。

第八条　【会计基本假设4：货币计量（monetary unit）】企业会计应当以货币计量。

第九条　企业应当以权责发生制为基础进行会计确认、计量和报告。

第十条　【会计要素（accounting elements）】企业应当按照交易或者事项的经济特征确定会计要素。会计要素包括资产、负债、所有者权益、收入、费用和利润。

第十一条　企业应当采用借贷记账法记账。

第二章　会计信息质量要求

第十二条　【可靠性原则（reliability）】企业应当以实际发生的交易或者事项为依据进行会计确认、计量和报告，如实反映符合确认和计量要求的各项会计要素及其他相关信息，保证会计信息真实可靠、内容完整。

第十三条　【相关性原则（relevance）】企业提供的会计信息应当与财务会计报告使用者的经济决策需要相关，有助于财务会计报告使用者对企业过去、现在或者未来的情况作出评价或者预测。

第十四条　【清晰性原则（clarity）】企业提供的会计信息应当清晰明了，便于财务会计报告使用者理解和使用。

第十五条　【可比性原则（comparability）】企业提供的会计信息应当具有可比性。

同一企业不同时期发生的相同或者相似的交易或者事项，应当采用一致的会计政策，不得随意变更。确需变更的，应当在附注中说明。

不同企业发生的相同或者相似的交易或者事项，应当采用规定的会计政策，确保会计信息口径一致、相互可比。

第十六条　【实质重于形式原则（substance over form）】企业应当按照交易或者事项的经济实质进行会计确认、计量和报告，不应仅以交易或者事项的法律形式为依据。

第十七条　【重要性原则（materiality）】企业提供的会计信息应当反映与企业财务状况、经营成果和现金流量等有关的所有重要交易或者事项。

第十八条　【谨慎性原则（prudence，conservatism）】企业对交易或者事项进行会计确认、计量和报告应当保持应有的谨慎，不应高估资产或者收益、低估负债或者费用。

第十九条　【及时性原则（timeliness）】企业对于已经发生的交易或者事项，应当及时进行会计确认、计量和报告，不得提前或者延后。

第三章　资产

第二十条　资产（asset）是指企业过去的交易或者事项形成的、由企业拥有或者控制的、预期会给企业带来经济利益的资源。

前款所指的企业过去的交易或者事项包括购买、生产、建造行为或其他交易或者事项。预期在未来发生的交易或者事项不形成资产。

由企业拥有或者控制，是指企业享有某项资源的所有权，或者虽然不享有某项资源的所有权，但该资源能被企业所控制。

预期会给企业带来经济利益，是指直接或者间接导致现金和现金等价物流入企业的潜力。

第二十一条　符合本准则第二十条规定的资产定义的资源，在同时满足以下条件时，确认为资产：

（一）与该资源有关的经济利益很可能流入企业；

（二）该资源的成本或者价值能够可靠地计量。

第二十二条　符合资产定义和资产确认条件的项目，应当列入资产负债表；符合资产定义、但不符合资产确认条件的项目，不应当列入资产负债表。

第四章　负债

第二十三条　负债（liability）是指企业过去的交易或者事项形成的、预期会导致经济利益流出企业的现时义务。

现时义务是指企业在现行条件下已承担的义务。未来发生的交易或者事项形成的义务，不属于现时义务，不应当确认为负债。

第二十四条　符合本准则第二十三条规定的负债定义的义务，在同时满足以下条件时，确认为负债：

（一）与该义务有关的经济利益很可能流出企业；

（二）未来流出的经济利益的金额能够可靠地计量。

第二十五条　符合负债定义和负债确认条件的项目，应当列入资产负债表；符合负债定义，但不符合负债确认条件的项目，不应当列入资产负债表。

第五章　所有者权益

第二十六条　所有者权益（owners' equity）是指企业资产扣除负债后由所有者享有的剩余权益。

公司的所有者权益又称为股东权益（stockholders' equity）。

第二十七条　所有者权益的来源包括所有者投入的资本、直接计入所有者权益的利得和损失、留存收益等。

直接计入所有者权益的利得和损失，是指不应计入当期损益、会导致所有者权益发生增减变动的、与所有者投入资本或者向所有者分配利润无关的利得或者损失。

利得是指由企业非日常活动所形成的、会导致所有者权益增加的、与所有者投入资本无关的经济利益的流入。

损失是指由企业非日常活动所发生的、会导致所有者权益减少的、与向所有者分配利润无关的经济利益的流出。

第二十八条　所有者权益金额取决于资产和负债的计量。

第二十九条　所有者权益项目应当列入资产负债表。

第六章　收入

第三十条　收入（revenue）是指企业在日常活动中形成的、会导致所有者权益增加的、与所有者投入资本无关的经济利益的总流入。

第三十一条　收入只有在经济利益很可能流入从而导致企业资产增加或者负债减少、且经济利益的流入额能够可靠计量时才能予以确认。

第三十二条　符合收入定义和收入确认条件的项目，应当列入利润表。

第七章　费用

第三十三条　费用（expense）是指企业在日常活动中发生的、会导致所有者权益减少的、与向所有者分配利润无关的经济利益的总流出。

第三十四条　费用只有在经济利益很可能流出从而导致企业资产减少或者负债增加、且经济利益的流出额能够可靠计量时才能予以确认。

第三十五条　企业为生产产品、提供劳务等发生的可归属于产品成本、劳务成本等的费用，应当在确认产品销售收入、劳务收入等时，将已销售产品、已提供劳务的成本等计入当期损益。

企业发生的支出不产生经济利益的，或者即使能够产生经济利益但不符合或者不再符合资产确认条件的，应当在发生时确认为费用，计入当期损益。

企业发生的交易或者事项导致其承担了一项负债而又不确认为一项资产的，应当在发生时确认为费用，计入当期损益。

第三十六条　符合费用定义和费用确认条件的项目，应当列入利润表。

第八章　利润

第三十七条　利润（profit）是指企业在一定会计期间的经营成果，利润包括收入减去费用后的净额、直接计入当期利润的利得和损失等。

第三十八条　直接计入当期利润的利得和损失，是指应当计入当期损益、会导致所有者权益发生增减变动的、与所有者投入资本或者向所有者分配利润无关的利得或者损失。

第三十九条　利润金额取决于收入和费用、直接计入当期利润的利得和损失金额的计量。

第四十条　利润项目应当列入利润表。

第九章　会计计量

第四十一条　企业在将符合确认条件的会计要素登记入账并列报于会计报表及其附注（又称财务报表，下同）时，应当按照规定的会计计量属性进行计量，确定其金额。

第四十二条　会计计量属性主要包括：

（一）历史成本（historical cost）。在历史成本计量下，资产按照购置时支付的现金或者现金等价物的金额，或者按照购置资产时所付出的对价的公允价值计量。负债按照因承担现时义务而实际收到的款项或者资产的金额，或者承担现时义务的合同金额，或者按照日常活动中为偿还负债预期需要支付的现金或者现金等价物的金额计量。

（二）重置成本（replacement cost）。在重置成本计量下，资产按照现在购买相同或者相似资产所需支付的现金或者现金等价物的金额计量。负债按照现在偿付该项债务所需支付的现金或者现金等价物的金额计量。

（三）可变现净值（net realizable value）。在可变现净值计量下，资产按照其正常对外销售所能收到现金或者现金等价物的金额扣减该资产至完工时估计将要发生的成本、估计的销售费用以及相关税费后的金额计量。

（四）现值（present value）。在现值计量下，资产按照预计从其持续使用和最终处置中所产生的未来净现金流入量的折现金额计量。负债按照预计期限内需要偿还的未来净现金流出量的折现金额计量。

（五）公允价值（fair value）。在公允价值计量下，资产和负债按照市场参与者在计量日发生的有序交易中，出售资产所能收到或者转移负债所需支付的价格计量。

第四十三条　企业在对会计要素进行计量时，一般应当采用历史成本，采用重置成本、可变现净值、现值、公允价值计量的，应当保证所确定的会计要素金额能够取得并可靠计量。

第十章　财务会计报告

第四十四条　财务会计报告是指企业对外提供的反映企业某一特定日期的财务状况和某一会计期间的经营成果、现金流量等会计信息的文件。

财务会计报告包括会计报表及其附注和其他应当在财务会计报告中披露的相关信息和资料。会计报表至少应当包括资产负债表、利润表、现金流量表等报表。

小企业编制的会计报表可以不包括现金流量表。

第四十五条　资产负债表是指反映企业在某一特定日期的财务状况的会计报表。

第四十六条　利润表是指反映企业在一定会计期间的经营成果的会计报表。

第四十七条　现金流量表是指反映企业在一定会计期间的现金和现金等价物流入和流出的会计报表。

第四十八条　附注是指对在会计报表中列示项目所作的进一步说明，以及对未能在这些报表中列示项目的说明等。

第十一章　附则

第四十九条　本准则由财政部负责解释。

第五十条　本准则自2007年1月1起施行。

《企业财务通则》对国有企业财务管理体制、资金筹集、资产营运、成本控制、收益分配、重组清算、信息管理、财务监督等方面进行了规范。

2.10.4　其他规范性文件

广义的规范性文件，泛指《中华人民共和国立法法》所指的立法性文件（具体包括：宪法；法律；行政法规；地方性法规、自治条例和单行条例，国务院部门规章和地方政府规章），以及由国家机关和其他团体、组织制定的具有约束力的非立法性文件的总和。

通常所称规范性文件，乃是取其狭义，指行政机关制定的规范性文件，如国务院主管部门以部门文件形式印发的规范性文件。实务中的会计法规大多属于狭义的规范性文件。

1. 企业会计准则体系中的具体准则

企业会计准则体系由基本准则、具体准则（及其应用指南）和会计准则解释构成。

2006年2月15日，财政部在发布《企业会计准则——基本准则》的同时，发布了《企业会计准则第1号——存货》等38项具体准则。2014年，财政部陆续修订了5项具体准则，发布了3项新制定的具体准则。2017年，发布了1项新制定的具体准则、6项修订的具体准则。2018年发布了1项修订的具体准则。2019年发布了2项修订的具体准则。详见表2-2。

目前，具体准则共有42份（如表2-2所示），会计准则解释共有12份。

表2-2 企业会计准则中的具体准则一栏表

编号	准则名称	发布日期	修订日期
1	存货	2006.02.15	—
2	长期股权投资	2006.02.15	2014.03.13
3	投资性房地产	2006.02.15	—
4	固定资产	2006.02.15	—
5	生物资产	2006.02.15	—
6	无形资产	2006.02.15	—
7	非货币性资产交换	2006.02.15	2019.05.09
8	资产减值	2006.02.15	—
9	职工薪酬	2006.02.15	2014.01.27
10	企业年金基金	2006.02.15	—
11	股份支付	2006.02.15	—
12	债务重组	2006.02.15	2019.05.16
13	或有事项	2006.02.15	—
14	收入	2006.02.15	2017.07.05
15	建造合同	2006.02.15	—
16	政府补助	2006.02.15	2017.05.10
17	借款费用	2006.02.15	—
18	所得税	2006.02.15	—
19	外币折算	2006.02.15	—

续表

编号	准则名称	发布日期	修订日期
20	企业合并	2006.02.15	—
21	租赁	2006.02.15	2018.12.07
22	金融工具确认和计量	2006.02.15	2017.03.31
23	金融资产转移	2006.02.15	2017.03.31
24	套期会计	2006.02.15	2017.03.31
25	原保险合同	2006.02.15	—
26	再保险合同	2006.02.15	—
27	石油天然气开采	2006.02.15	—
28	会计政策、会计估计变更和差错更正	2006.02.15	—
29	资产负债表日后事项	2006.02.15	—
30	财务报表列报	2006.02.15	2014.01.26
31	现金流量表	2006.02.15	—
32	中期财务报告	2006.02.15	—
33	合并财务报表	2006.02.15	2014.02.17
34	每股收益	2006.02.15	—
35	分部报告	2006.02.15	—
36	关联方披露	2006.02.15	—
37	金融工具列报	2006.02.15	2014.06.20 2017.05.02
38	首次执行企业会计准则	2006.02.15	—
39	公允价值计量	2014.01.26	—
40	合营安排	2014.01.27	—
41	在其他主体中权益的披露	2014.03.14	—
42	持有待售的非流动资产、处置组和终止经营	2017.04.28	—

2. 小企业会计准则

2011年10月18日，财政部发布《小企业会计准则》。《小企业会计准则》适用于在我国境内依法设立的、符合相关文件规定的小型企业标准的企业。下列三类小企业除外：（1）股票或债券在市场上公开交易的小企业；（2）金融机构或其他具有金融性质的小企业；（3）企业集团内的母公司和子公司。母公司，是指控制一个或一个以上主体（含企业、被投资单位中可分割的部分，以及企业所控制的结构化主体等）的主体。子公司，是指被母公司控制的主体。

符合相关文件规定的微型企业标准的企业，参照执行《小企业会计准则》。

专栏 2-16　政府会计准则、政府会计制度和事业单位会计准则简介

1. 政府会计准则和政府会计制度

我国的政府会计准则体系由政府会计基本准则、具体准则和应用指南三部分组成。

《国务院关于批转财政部权责发生制政府综合财务报告制度改革方案的通知》（国发〔2014〕63 号）指出，权责发生制政府综合财务报告制度改革是基于政府会计规则的重大改革，其前提和基础任务是建立健全政府会计核算体系，包括制定政府会计基本准则和具体准则及应用指南。2015 年 10 月 23 日，财政部发布《政府会计准则——基本准则》，自 2017 年 1 月 1 日起，在各级政府、各部门、各单位施行。基本准则的出台，对于构建统一、科学、规范的政府会计准则体系，推进政府会计改革，建立现代财政制度都具有重要的基础性作用。2016 年以来，财政部陆续发布《政府会计准则第 1 号——存货》《政府会计准则第 2 号——投资》《政府会计准则第 3 号——固定资产》《政府会计准则第 4 号——无形资产》《政府会计准则第 5 号——公共基础设施》《政府会计准则第 6 号——政府储备物资》《政府会计准则第 7 号——会计调整》《政府会计准则第 8 号——负债》《政府会计准则第 9 号——财务报表编制和列报》。

2017 年 10 月 24 日，财政部发布《政府会计制度——行政事业单位会计科目和报表》。2019 年 7 月 16 日，财政部发布《政府会计准则制度解释第 1 号》。

2. 事业单位会计准则

2012 年 12 月 6 日，财政部修订发布《事业单位会计准则》。2017 年 10 月 24 日，财政部发布《政府会计制度——行政事业单位会计科目和报表》，自 2019 年 1 月 1 日起施行，规范行政事业单位会计核算。

2.11　会计职业发展

2007 年 12 月 31 日，国务院办公厅发布《关于清理规范各类职业资格相关活动的通知》（国办发〔2007〕73 号），要求清理规范职业资格的设置。职业资格必须在职业分类的基础上统一规划、规范设置。对涉及公共安全、人身健康、人民生命财产安全等特定职业（工种），国家依据有关法律、行政法规或国务院决定设置行政许可类职业资格；对社会通用性强、专业性强、技能要求高的职业（工种），根据经济社会发展需要，由国务院人事、劳动保障部门会同国务院有关主管部门制定职业标准，建立能力水平评价制度（非行政许可类职业资格）。

目前，对会计相关职业资格而言，注册会计师考试属于职业准入类职业资格考试，会计专业技术资格考试、注册税务师考试、注册资产评估师考试属于职业水平评价类职业资格考试。

2.11.1 会计专业技术资格的获得

《会计专业技术资格考试暂行规定》（财政部财会〔2000〕11号）把会计专业技术资格分为初级资格（专业职务名称为会计员、助理会计师），中级资格（专业职务名称为会计师，与工程师、讲师、助理研究员等相当），高级资格（专业职务名称为高级会计师，与高级工程师、副教授、副研究员相当，俗称“副高”级）。2017年11月1日，人力资源社会保障部办公厅发布《关于在部分职称系列设置正高级职称有关问题的通知》，决定在会计系列增设正高级会计师（其中审计专业为正高级审计师）。

目前，会计专业技术初级、中级资格（即会计员、助理会计师、会计师职称）实行全国统考的办法。也就是说，会计人员可以通过会计专业技术资格考试获取初级、中级职称。会计专业技术初级资格（即会计员、助理会计师）考试科目为初级会计实务、经济法基础2个科目；中级资格（即会计师）考试科目为中级会计实务、财务管理、经济法3个科目。

会计专业技术高级资格（即高级会计师职称）实行考试与评审结合的评价制度，也就是说，申请人必须考试合格，且通过高级会计师资格评审，方可获得高级会计师资格。

报名参加会计专业技术资格考试的人员，应具备下列基本条件：坚持原则，具备良好的职业道德品质；认真执行《中华人民共和国会计法》和国家统一的会计制度，以及有关财经法律、法规、规章制度，无严重违反财经纪律的行为；履行岗位职责，热爱本职工作。报名参加初级资格考试的人员，还必须具备教育部门认可的高中毕业以上学历。报名参加中级资格考试的人员，还必须具备下列条件之一：取得大学专科学历，从事会计工作满5年；取得大学本科学历，从事会计工作满4年；取得双学士学位或研究生班毕业，从事会计工作满2年；取得硕士学位，从事会计工作满1年；取得博士学位。

财政部会计资格评价中心负责全国会计专业技术资格考试组织实施和会计人才评价工作，具体包括命制试题、组织编写考试用书等职能。考生可以通过财政部会计资格评价中心的全国会计资格评价网（http://kzp.mof.gov.cn/）查询报考信息。

根据上述职称考试报考条件可知，全日制普通高等教育在读大学生是不能报考中级及高级会计职称考试的。但是，在学习会计学系列课程时高标准要求自己，早作准备，这还是值得提倡的。

2.11.2 注册会计师执业资格的获得

《中华人民共和国注册会计师法》规定，注册会计师是依法取得注册会计师证书并接受委托从事审计和会计咨询、会计服务业务的执业人员。会计师事务所是依法设立并承办注册会计师业务的机构。注册会计师执行业务，应当加入会计师事务所。参加注册会计师全国统一考试成绩合格，并从事审计业务工作2年以上的，可以向省、自治区、直辖市注册会计师协会申请注册。

通俗地说，“会计师”是供职于特定单位的会计管理人员；“注册会计师”是面向不特定的客户提供审计和会计咨询等会计专业服务的中介机构执业人员。在我国，注册会计师并不是有些刊物上所宣传的“独立职业”，而是必须在会计师事务所执业。截至2016年12月31日，中国注册会计师协会个人会员达22.5万人，其中，注册会计师103 081人，非执业会员121 987人。目前，全行业从业人员超过30万人。注册会计师行业服务于包括3 000余家上市公司在内的420万家以上企业、行政事业单位。2016年度全行业业务收入超过700亿元。

《注册会计师全国统一考试办法》规定：具有完全民事行为能力且具有高等专科以上学校毕业学历或者具有会计或者相关专业中级以上技术职称的中国公民，可以报名参加注册会计师全国统一考试；考试划分为专业阶段考试和综合阶段考试，考生在通过专业阶段考试的全部科目后，才能参加综合阶段考试。

专业阶段考试设会计、审计、财务成本管理、公司战略与风险管理、经济法、税法6个科目；综合阶段考试设职业能力综合测试1个科目。专业阶段考试的单科考试合格成绩5年内有效。对在连续5个年度考试中取得专业阶段考试全部科目考试合格成绩的考生，财政部考委会颁发注册会计师全国统一考试专业阶段考试合格证书。

综合阶段考试科目应在取得注册会计师全国统一考试专业阶段考试合格证书后5个年度考试中完成。对取得综合阶段考试科目考试合格成绩的考生，财政部考委会颁发注册会计师全国统一考试全科考试合格证书。

注册会计师全国统一考试报名均通过中国注册会计师协会“注册会计师全国统一考试网上报名系统”进行。详情可登录中国注册会计师协会网站（www.cicpa.org.cn）查询。

有所准备的同学在本科毕业后几年内就能够先后通过上述职业资格考试。还有的同学在通过上述考试之后另行考取其他职业资格（如法律职业资格），构筑了复合型的知识结构和能力结构（如金融律师、商事律师等）。这种自主学习的习惯为自己的职业生涯打下了扎实的基础，也为有志于从事科研工作的青年才俊夯实了理论基础。“考证”不是万能的，但完全忽视考证的正当性是万万不能的。概括地说，大学教育要教给青年才俊比考证更多的、有用的知识。

2.11.3 总会计师与财务总监

随着社会经济的发展，总会计师和财务总监（chief financial officer，CFO；又译作首席财务官）作为单位的财务负责人，日益成为受人尊敬、媒体曝光度较高的职业头衔，是人们普遍感兴趣的话题，也是很多会计学专业学子的职业目标。但是，要说清两者的异同还真不大容易。这里结合我国现行法规的规定和管理实践的动态，简要勾勒一下这两个职业头衔的轮廓。

1. 总会计师

总会计师是单位行政领导成员，属于单位的"副总"，协助单位主要行政领导人工作，直接对单位主要行政领导人负责。凡设置总会计师的单位，在单位行政领导成员中，不设与总会计师职权重叠的副职。

《会计法》（2017年修正）第三十六条规定，国有的和国有资产占控股地位或者主导地位的大中型企业必须设置总会计师。该法第二十一条规定，财务会计报告应当由单位负责人和主管会计工作的负责人、会计机构负责人（会计主管人员）签名并盖章；设置总会计师的单位，还须由总会计师签名并盖章。根据《总会计师条例》（2011年修订）第二条的规定，事业单位（如高校、医院）和业务主管部门（如国务院国资委）根据需要，经批准也可以设置总会计师。①

企业的总会计师由本单位主要行政领导人提名，政府主管部门任命或者聘任。② 事业单位和业务主管部门的总会计师依照干部管理权限任命或者聘任。

总会计师组织领导本单位的财务管理、成本管理、预算管理、会计核算和会计监督等方面的工作，参与本单位重要经济问题的分析和决策。总会计师协助单位主要行政领导人对企业的生产经营、行政事业单位的业务发展以及基本建设投资等问题作出决策。总会计师参与新产品开发、技术改造、科技研究、商品（劳务）价格和工资奖金等方案的制定；参与重大经济合同和经济协议的研究、审查。

总会计师负责组织本单位的下列工作：（1）编制和执行预算、财务收支计划、信贷计划，拟订资金筹措和使用方案，开辟财源，有效地使用资金；（2）进行成本费用预测、计划、控制、核算、分析和考核，督促本单位有关部门降低消耗、节约费用、提高经济效益；（3）建立健全经济核算制度，利用财务会计资料进行经济活动分析；（4）承办单位主要行政领导人交办的其他工作。

在国有和国有资产占控股地位或者主导地位的大中型工业企业，人们通常所说的"三总师"，是指总工程师、总经济师、总会计师。

2. 财务总监（或首席财务官）

财务总监（或首席财务官）这一头衔乃是从美国借鉴而来。③ 在我国，这一头衔的应用情形较为复杂，含义差异较大，难以全面罗列，需要结合具体情况来判断。我们在此不揣冒昧，尝试基于我国经济法规的规定来勾勒其职业轮廓。

在企业集团管理实践中，有些企业集团（包括但不限于中央企业集团和地方国有企业集团）为了加强对各级子公司的管控，往往会采取财务总监委派制即派

---

① 可参见教育部、财政部2011年4月1日印发的《高等学校总会计师管理办法》（教人〔2011〕2号）；国家卫生计生委、财政部、国家中医药管理局2017年5月19日印发的《关于加快推进三级公立医院建立总会计师制度的意见》（国卫财务发〔2017〕31号）。

② 对于公司制的企业，通常由政府主管部门或控股股东提名，公司依照公司法履行相应程序后正式任命或者聘任。

③ 在美国，企业界用CFO（chief finance officer）来指称企业的财务负责人。后来，这一头衔被联邦政府机构借鉴，政府部门也通过立法正式采用了这一头衔。在英国，对应的称呼是FD（financial director）。

遣财务总监的办法。

一些省级及以下政府部门向地方国有企业委派的，依法履行财务会计监管职责的高级管理人员，往往明确定名为财务总监。这种做法被称作财务总监委派制，是加强国有资产管理的重要举措。

《公司法》（2018 年修正）第二百一十六条规定，高级管理人员，是指公司的经理、副经理、财务负责人，上市公司董事会秘书和公司章程规定的其他人员。该法所称的“财务负责人”的常见称呼，要么是总会计师，要么是财务总监（或首席财务官）。也就是说，上市公司的财务负责人，如果不是被上级机关任命或聘任的总会计师，则通常称作财务总监（或首席财务官）。

民营企业、外资企业的董事会有的聘任财务总监作为财务负责人。也有的聘任首席财务官或者主管财会工作的副总裁作为财务负责人，在这种情况下，财务总监的含义可能就是指财会部门的负责人。

总之，总会计师、财务总监（或首席财务官）在多数情况下都是指单位的财务负责人。根据单位的性质、规模的不同，有着不同的称谓。① 但无论是叫作总会计师还是财务总监，设立这一会计管理职位的动向本身，就体现着经济监管机构和各单位对会计管理工作的高度重视。

练习题

一、单项选择题

1. 下列各项中，体现实质重于形式这一会计信息质量要求的是（　　）。

A. 确认预计负债

B. 对存货计提跌价准备

C. 对外公布财务报表时提供可比信息

D. 将融资租入固定资产视为自有资产入账

2. 企业取得或生产制造某项财产物资时所实际支付的现金或者其他等价物属于（　　）。

A. 现值　　B. 重置成本　　C. 历史成本　　D. 可变现净值

二、多项选择题

1. 下列各项中，能引起资产与负债同减的有（　　）。

A. 支付现金股利　　B. 取得短期借款

C. 盈余公积补亏　　D. 以现金支付职工工资

2. 下列各项中，一般应采用数量金额式明细账登记的有（　　）。

A. 库存商品　　B. 原材料

---

① 例如，国务院国资委 2006 年 4 月 14 日公布的《中央企业总会计师工作职责管理暂行办法》第七条规定，设置属于企业高管层的财务总监、首席财务官等类似职位的企业或其各级子企业，可不再另行设置总会计师职位，但应当明确指定其履行总会计师工作职责。

C. 应收账款　　　　　　　　　　　　D. 固定资产

三、判断题

1. 会计计量是为了将符合确认条件的会计要素登记入账，并列报于财务报表而确定其金额的过程。（　）

2. 业务收支以人民币以外的货币为主的企业，可以选定其中一种货币作为记账本位币，但编制的财务报表应当折算为人民币金额。（　）

第 3 章 货币资金

Chapter 3

学习目标

1. 掌握：货币资金的会计处理规则。
2. 理解：货币资金项目在资产负债表中的列示方法。
3. 了解：现金管理条例、票据法、支付结算办法等相关金融法规。

本章主要阐述企业对货币资金及各种短期债权的会计处理方法。根据《企业会计准则第 30 号——财务报表列报》（2014 年修订）第十七条的规定，流动资产是指满足下列条件之一的资产：预计在一个正常营业周期中变现、出售或耗用；主要为交易目的而持有；预计在资产负债表日起一年内变现；自资产负债表日起一年内，交换其他资产或清偿负债的能力不受限制的现金或现金等价物。上述“正常营业周期”，是指自企业购买用于加工的资产起，至其实现营业目的（即收取现金、现金等价物或确立相应的债权）的期间，通常短于一年。对于因生产周期较长等原因导致正常营业周期长于一年的情形，虽然相关资产往往超过一年才变现、出售或耗用，但仍应当划分为流动资产。对于难以确定正常营业周期的情形，应当以一年（12 个月）作为正常营业周期。

在资产负债表中，流动资产大类下的“货币资金”（cash and cash equivalents）项目是根据库存现金、银行存款和其他货币资金三个总账科目的借方余额合计数填列的。“库存现金”和“银行存款”科目的核算内容可顾名思义，兹不赘述。“其他货币资金”科目的核算内容是以票据（本票和汇票）、外埠存款、单位信用卡存款、存出投资款和保证金（如信用证存款）等形式存在的资金。

3.1 库存现金

3.1.1 现金收付的日常业务核算

企业设“库存现金”科目核算库存现金的收付、结存情况。该科目借方登记现金的增加数，贷方登记现金的减少数，期末余额在借方，反映库存现金的余额。收取现金时，借记“库存现金”科目，贷记有关科目。支付现金时，借记有关科目，贷记“库存现金”科目。

企业应当设置库存现金总账和库存现金日记账，分别进行库存现金的总分类核算和明细分类核算。库存现金日记账由出纳人员按照业务发生顺序逐笔登记。每日终了，应当在库存现金日记账上计算出当日的现金收入合计额、现金支出合计额和结余额，并将库存现金日记账的账面结余额与实际库存现金数额相核对，保证账款相符；月度终了，库存现金日记账的余额应当与库存现金总账的余额核对，做到账账相符。

例3-1

正则商贸股份有限公司有关现金的日常业务的会计分录如下：

（1）将现金369 000元存入银行。

借：银行存款　　369 000

　　贷：库存现金　　369 000

（2）签发支票，从银行存款账户取出12 000元现金。

借：库存现金　　12 000

　　贷：银行存款　　12 000

3.1.2 现金借支的核算

职工出差预支差旅费，通过“其他应收款”科目核算。职工预支差旅费时，企业应借记“其他应收款”科目，贷记“库存现金”科目。职工凭发票报账时，应按经批准的报销金额，借记“管理费用”科目，贷记原记载的“其他应收款”科目，按照收回的（或者补付的）现金，借记（或贷记）“库存现金”科目。

《会计基础工作规范》规定，职工公出借款凭据，必须附在记账凭证之后。收回借款时，应当另开收据或者退还借据副本，不得退还原借款收据。从外单位取得的原始凭证如有遗失，应当取得原开出单位盖有公章的证明，并注明原来凭证的号码、金额和内容等，由经办单位会计机构负责人、会计主管人员和单位领导人批准后，才能代作原始凭证。如果确实无法取得证明的，如火车、轮船、飞机票等凭证，由当事人写出详细情况，由经办单位会计机构负责人、会计主管人员和单位领导人批准后，代作原始凭证。

在遗失外来原始凭证的情况下，企业通常使用支出证明单等自制原始凭证（如图3-1所示），经批准后代作原始凭证。

支出证明单 第 号

科目________ 账页（ ） 年 月 日

摘要及用途												
金额	（小写）：				（大写）：							
不能取得单据原因												
签署	核准		会计		出纳		主管		验收		经手	

图3-1 支出证明单

例3-2

正则商贸股份有限公司总会计师谢霖因公出差，该公司对相关业务编制的会计分录如下：

（1）谢霖借支现金21 000元。

借：其他应收款——谢霖 21 000

　贷：库存现金 21 000

（2）谢霖差旅费花了15 000元，经批准予以报销。交回相关的发票和现金余款6 000元。

借：库存现金 6 000

　　管理费用 15 000

　贷：其他应收款——谢霖 21 000

上面这个复合分录可以看作下面两个简单会计分录的合成：

借：库存现金 6 000

　贷：其他应收款——谢霖 6 000

借：管理费用 15 000

　贷：其他应收款——谢霖 15 000

3.1.3 现金盘点发生短缺或溢余时的核算

《会计基础工作规范》规定，现金应当定期盘点，实地盘点时出纳人员应在场。企业应当按规定进行现金的清查，一般采用实地盘点法，对于清查的结果应当编制现金盘点报告单。如果有挪用现金、白条顶库的情况，应及时予以纠正；对于超限额留存的现金应及时送存银行。

现金的账面余额必须与库存数相符。若账款不符，则应通过“待处理财产损溢——待处理流动资产损溢”科目核算现金短缺或溢余，按管理权限报经批准后进行账务处理。

企业设“待处理财产损溢——待处理流动资产损溢”科目核算企业在财产清查过程中查明的各种流动资产盘盈、盘亏和毁损的处理情况。该科目可按盘盈、盘亏的资产种类和项目进行明细核算。企业的财产损溢，应查明原因，在期末结账前处理完毕，处理后该科目无余额。在现金短缺的情形下，对于应由责任人赔偿或保险公司赔偿的部分，应记入“其他应收款”科目。对于无法查明原因的现金短缺，企业会计准则体系并未明确规定其会计处理规则，理论上各单位可在管理制度中予以统一规定，例如，可根据管理所需采取如下三种处理方法：一是视为出纳人员失职，因此，出于加强管理、彻底堵住管理漏洞的考虑，可责令其赔偿，记入“其他应收款”科目；二是视为管理水平不高的代价，记入“管理费用”科目，在分析管理质量时可酌情采取针对性措施；三是视为偶然发生的损失，记入“营业外支出”科目。比较而言，第一种处理方法对于加强管理更有效一些，但显得对出纳人员过于苛刻。后两者好像颇有道理，但给管理制度开了口子。

在现金溢余的情形下，对于应支付给有关人员或单位的部分，应记入“其他应付款”科目。对于无法查明原因的现金溢余，现行法规并未明确规定其会计处理规则，在理论上可视为偶然所得，记入“营业外收入”科目。

值得注意的是，财政部会计资格评价中心编写的全国会计专业技术资格考试辅导教材《初级会计实务》一书给出的会计处理规则如下：无法查明原因的现金短缺，记入“管理费用”科目；无法查明原因的现金溢余，记入“营业外收入”科目。

例3-3

正明商贸股份有限公司盘点现金的有关业务的会计分录如下：

(1) 现金短缺的情形（实际款数少于账簿记载金额）。

发现现金短缺900元。

借：待处理财产损溢——待处理流动资产损溢　　900
　贷：库存现金　　900

经查明，有300元须向责任人徐永祚追还。其余600元无从追还，经批准计入管理费用。

借：其他应收款——徐永祚　　300
　　管理费用　　600
　贷：待处理财产损溢——待处理流动资产损溢　　900

(2) 现金溢余的情形（实际款数多于账簿记载金额）。

发现现金溢余500元。

借：库存现金　　500
　贷：待处理财产损溢——待处理流动资产损溢　　500

原因不明，经批准记入“营业外收入”科目。

借：待处理财产损溢——待处理流动资产损溢　　500

贷：营业外收入 500

专栏3-1 《中华人民共和国现金管理暂行条例》的相关规定

本专栏介绍国务院1988年发布的《中华人民共和国现金管理暂行条例》的部分内容（文中“【 】”注释内容为本书作者所加）。

开户单位之间的经济往来，除按该条例规定的范围可以使用现金外，应当通过开户银行进行转账结算。

【现金的使用范围】 现金的使用范围是：(1) 职工工资、津贴；(2) 个人劳务报酬；(3) 根据国家规定颁发给个人的科学技术、文化艺术、体育等各种奖金；(4) 各种劳保、福利费用以及国家规定的对个人的其他支出；(5) 向个人收购农副产品和其他物资的价款；(6) 出差人员必须随身携带的差旅费；(7) 结算起点以下的零星支出；(8) 中国人民银行确定需要支付现金的其他支出。条例规定的结算起点为1 000元。

因采购地点不固定，交通不便，生产或者市场急需，抢险救灾以及其他特殊情况必须使用现金的，开户单位应当向开户银行提出申请，由本单位财会部门负责人签字盖章，经开户银行审核后，予以支付现金。

【库存现金的限额管理】 开户银行应当根据实际需要，核定开户单位3天至5天的日常零星开支所需的库存现金限额。边远地区和交通不便地区的开户单位的库存现金限额，可以多于5天，但不得超过15天的日常零星开支。经核定的库存现金限额，需要增加或者减少的，应当向开户银行提出申请，由开户银行核定。

【送存现金】 现金收入应当于当日送存开户银行。当日送存确有困难的，由开户银行确定送存时间。

【支付】 支付现金，可以从本单位库存现金限额中支付或者从开户银行提取，不得从本单位的现金收入中直接支付（即坐支）。因特殊情况需要坐支现金的，应当事先报经开户银行审查批准，由开户银行核定坐支范围和限额。

从开户银行提取现金，应当写明用途，由本单位财会部门负责人签字盖章，经开户银行审核后，予以支付现金。

3.2 银行存款

企业设“银行存款”科目核算其银行存款的收付和结存情况。该科目借方登记银行存款的增加，贷方登记银行存款的减少，期末余额在借方，反映银行存款的余额。企业应使用银行存款日记账（订本式账簿），按照业务发生顺序逐日逐笔登记。该科目可按银行名称和存款种类进行明细核算。有外币存款的企业，还应分别按人民币和外币进行明细核算。企业的外埠存款、银行本票存款、银行汇票存款、信用证保证金存款等，在“其他货币资金”科目核算，不通过“银行存款”科目核算。日常存款和取款的会计处理示例请见例 3-1。

专栏 3-2　　《企业银行结算账户管理办法》的相关规定

本专栏介绍中国人民银行 2019 年发布的《企业银行结算账户管理办法》的相关内容。

银行结算账户是指银行为存款人开立的办理资金收付结算的人民币活期存款账户。

单位银行结算账户按用途分为基本存款账户、一般存款账户、专用存款账户、临时存款账户。企业开立、变理、撤销基本存款账户、临时存款账户实行备案制度。

基本存款账户是存款人因办理日常转账结算和现金收付需要而开立的银行结算账户。单位银行结算账户的存款人只能在银行开立一个基本存款账户。基本存款账户是存款人的主办账户。存款人日常经营活动的资金收付及其工资、奖金和现金的支取，应通过该账户办理。

一般存款账户是存款人因借款或其他结算需要，在基本存款账户开户银行以外的银行营业机构开立的银行结算账户。一般存款账户用于办理存款人借款转存、借款归还和其他结算的资金收付。该账户可以办理现金缴存，但不得办理现金支取。

专用存款账户是存款人按照法律、行政法规和规章，对其特定用途资金进行专项管理和使用而开立的银行结算账户。专用存款账户用于办理各项专用资金的收付。单位银行卡账户的资金必须由其基本存款账户转账存入。该账户不得办理现金收付业务。

临时存款账户是存款人因临时需要并在规定期限内使用而开立的银行结算账户。临时存款账户用于办理临时机构以及存款人临时经营活动发生的资金收付。临时存款账户的有效期最长不得超过 2 年。临时存款账户支取现金，应按照国家现金管理的规定办理。

3.2.1 转账结算收款人的会计处理

企业接受付款人交付的支票、银行本票、银行汇票时，应在转账收款完毕时，借记“银行存款”科目，根据具体情形贷记“主营业务收入”或“应收账款”等科目。

企业接受付款人通过汇兑方式转账支付的款项，收取通过托收承付方式或委托收款方式结算的款项时，应在收到收款通知书时借记“银行存款”科目，根据具体情形贷记“主营业务收入”或“应收账款”等科目。

专栏3-3　支票的相关规定

本专栏简要介绍《中华人民共和国票据法》（以下简称《票据法》，2004年修订）和《支付结算办法》（中国人民银行1997年发布）关于支票的部分规定。

支票是出票人签发的，委托办理支票存款业务的银行或者其他金融机构在见票时无条件支付确定的金额给收款人或者持票人的票据。单位和个人在同一票据交换区域的各种款项结算，均可以使用支票。支票可以支取现金，也可以转账，用于转账时，应当在支票正面注明。在普通支票左上角划两条平行线的，为划线支票，划线支票只能用于转账，不得支取现金。现金支票只能用于支取现金。转账支票只能用于转账，不得支取现金。

支票必须记载下列事项（如图3-2所示）：（1）表明“支票”的字样；（2）无条件支付的委托；（3）确定的金额；（4）付款人名称；（5）出票日期；（6）出票人签章。支票上未记载上述规定事项之一的，支票无效。支票的金额、收款人名称可以由出票人授权补记，未补记前的支票，不得背书转让和提示付款。出票人签发的支票金额超过其付款时在付款人处实有的存款金额的，为空头支票。禁止签发空头支票。

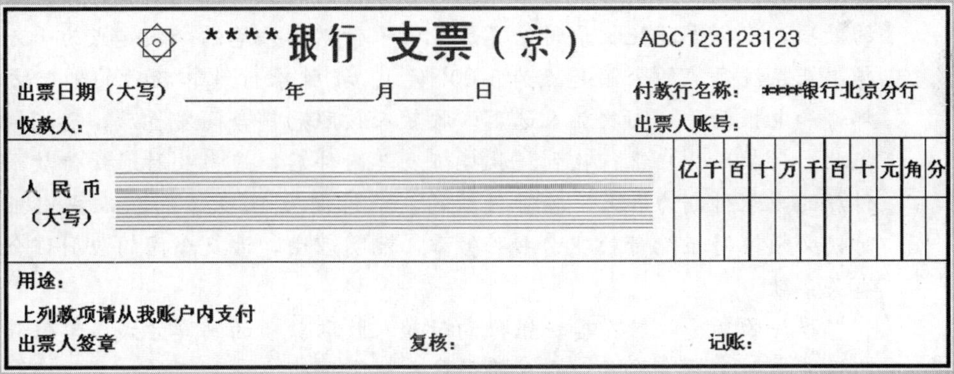
****银行 支票（京）　ABC123123123
出票日期（大写）______年______月______日　付款行名称：****银行北京分行
收款人：　出票人账号：
人民币（大写）　亿 千 百 十 万 千 百 十 元 角 分
用途：
上列款项请从我账户内支付
出票人签章　复核：　记账：

图3-2　支票的必要记载事项

支票限于见票即付，不得另行记载付款日期。支票的提示付款期限为自出票日起10日，但中国人民银行另有规定的除外。

出票人在付款人（银行业金融机构）处的存款足以支付支票金额时，付款人应当在见票当日足额付款。

存款人领购支票，必须填写票据和结算凭证领用单并签章，签章应与预留银行的签章相符。存款账户结清时，必须将全部剩余空白支票交回银行注销。

3.2.2 转账结算付款人的会计处理

企业签发支票支取现金、通过汇兑等转账结算方式支付款项时，借记“库存现金”“在途物资”“库存商品”等科目，贷记“银行存款”科目。

专栏3-4 汇兑、托收承付和委托收款的相关规定

《支付结算办法》规定，企业除了采用《票据法》中所提到的本票、汇票和支票等票据作为支付方式外，还可以采用汇兑、托收承付和委托收款等结算方式。

汇兑是汇款人委托银行将其款项支付给收款人的结算方式。单位和个人的各种款项的结算，均可使用汇兑结算方式。汇兑分为信汇、电汇两种，由汇款人选择使用。汇款人和收款人均为个人，需要在汇入银行支取现金的，应在信汇、电汇凭证的“汇款金额”大写栏中，先填写“现金”字样，后填写汇款金额。

托收承付是根据购销合同由收款人发货后委托银行向异地付款人收取款项，由付款人向银行承认付款的结算方式。办理托收承付结算的款项，必须是商品交易，以及因商品交易而产生的劳务供应的款项。代销、寄销、赊销商品的款项，不得办理托收承付结算。托收承付结算每笔的金额起点为1万元（新华书店系统每笔的金额起点为1 000元）。托收承付结算款项的划回方法，分邮寄和电报两种，由收款人选用。收款人按照购销合同发货后，委托银行办理托收。付款人开户银行收到托收凭证及其附件后，应当及时通知付款人。验单付款的，承付期为3天。验货付款的，承付期为10天。付款人提出拒绝付款时，必须填写拒绝付款理由书并签章，注明理由，涉及合同的应引证合同上的有关条款。

委托收款是收款人委托银行向付款人收取款项的结算方式。单位和个人凭已承兑商业汇票、债券、存单等付款人债务证明办理款项的结算，均可以使用委托收款结算方式。委托收款在同城、异地均可以使用。委托收款结算款项的划回方式，分邮寄和电报两种，由收款人选用。

3.2.3 银行存款的核对

企业银行存款账面余额与银行对账单余额之间如有差额，应通过编制银行存款余额调节表（见表3-1）调节相符。导致两者产生差异的原因多为记账错误或者存在未达账项。发生未达账项的具体情况有四种：（1）企业已收款入账，银行尚未收款入账；（2）企业已付款入账，银行尚未付款入账；（3）银行已收款入账，企业尚未收款入账；（4）银行已付款入账，企业尚未付款入账。编制银行存款余额调节表的目的只是核对账目，调节表本身并不能作为调整银行存款账面余额的会计凭证。

表3-1　银行存款余额调节表

项目	金额	项目	金额
银行对账单余额		企业的银行存款日记账余额	
加：企业记增加银行未记增加的金额 减：企业记减少银行未记减少的金额		加：银行记增加企业未记增加的金额 减：银行记减少企业未记减少的金额	
调节后应有金额		调节后应有金额	

专栏3-5　《正确填写票据和结算凭证的基本规定》摘录

本专栏列示的是《支付结算办法》之附件一《正确填写票据和结算凭证的基本规定》的内容。

银行、单位和个人填写的各种票据和结算凭证是办理支付结算和现金收付的重要依据，直接关系到支付结算的准确、及时和安全。票据和结算凭证是银行、单位和个人凭以记载账务的会计凭证，是记载经济业务和明确经济责任的一种书面证明。因此，填写票据和结算凭证，必须做到标准化、规范化，要素齐全、数字正确、字迹清晰、不错漏、不潦草，防止涂改。

一、中文大写金额数字应用正楷或行书填写，如壹、贰、叁、肆、伍、陆、柒、捌、玖、拾、佰、仟、万、亿、元、角、分、零、整（正）等字样。不得用一、二（两）、三、四、五、六、七、八、九、十、毛、另（或0）填写，不得自造简化字。如果金额数字书写中使用繁体字，如貳、陸、億、萬、圓的，也应受理。

二、中文大写金额数字到“元”为止的，在“元”之后，应写“整”（或“正”）字，在“角”之后可以不写“整”（或“正”）字。大写金额数字有“分”的，“分”后面不写“整”（或“正”）字。

三、中文大写金额数字前应标明“人民币”字样，大写金额数字应紧接“人民币”字样填写，不得留有空白。大写金额数字前未印“人民币”字样的，应加填“人民币”三字。在票据和结算凭证大写金额栏内不得预印固定的“仟、佰、拾、万、仟、佰、拾、元、角、分”字样。

四、阿拉伯小写金额数字中有“0”时，中文大写应按照汉语语言规律、金额数字构成和防止涂改的要求进行书写。举例如下：

（一）阿拉伯数字中间有“0”时，中文大写金额要写“零”字。如¥1 409.50，应写成人民币壹仟肆佰零玖元伍角。

（二）阿拉伯数字中间连续有几个“0”时，中文大写金额中间可以只写一个“零”字。如¥6 007.14，应写成人民币陆仟零柒元壹角肆分。

（三）阿拉伯金额数字万位或元位是“0”，或者数字中间连续有几个“0”，万位、元位也是“0”，但千位、角位不是“0”时，中文大写金额中可以只写一个零字，也可以不写“零”字。如￥1 680.32，应写成人民币壹仟陆佰捌拾元零叁角贰分，或者写成人民币壹仟陆佰捌拾元叁角贰分；又如￥107 000.53，应写成人民币壹拾万柒仟元零伍角叁分，或者写成人民币壹拾万零柒仟元伍角叁分。

（四）阿拉伯金额数字角位是“0”，而分位不是“0”时，中文大写金额“元”后面应写“零”字。如￥16 409.02，应写成人民币壹万陆仟肆佰零玖元零贰分；又如￥325.04，应写成人民币叁佰贰拾伍元零肆分。

五、阿拉伯小写金额数字前面，均应填写人民币符号“￥”。阿拉伯小写金额数字要认真填写，不得连写分辨不清。

六、票据的出票日期必须使用中文大写。为防止变造票据的出票日期，在填写月、日时，月为壹、贰和壹拾的，日为壹至玖和壹拾、贰拾和叁拾的，应在其前加“零”；日为拾壹至拾玖的，应在其前加“壹”。如1月15日，应写成零壹月壹拾伍日。再如10月20日，应写成零壹拾月零贰拾日。

七、票据出票日期使用小写填写的，银行不予受理。大写日期未按要求规范填写的，银行可予受理，但由此造成损失的，由出票人自行承担。

3.3 其他货币资金

会计学中所称的其他货币资金，泛指企业向银行预缴的票据业务存款（即银行汇票存款和银行本票存款）、单位银行卡存款、信用证保证金存款和存出投资款、外埠存款等款项。

企业设“其他货币资金”科目核算其银行汇票存款、银行本票存款、单位银行卡存款、信用证保证金存款、存出投资款、外埠存款等各种其他货币资金。该科目借方登记增加数，贷方登记减少数，期末余额在借方，反映企业持有的其他货币资金余额。该科目可按外埠存款的开户银行，银行汇票或本票、信用证的收款单位，设“外埠存款”、“银行汇票”、“银行本票”、“银行卡存款”（或“信用卡存款”）、“信用证存款”、“存出投资款”等明细科目进行明细核算。

3.3.1 银行汇票存款和银行本票存款

企业申请办理银行汇票、银行本票时，在预先存入款项时，其会计分录可表示为：

借：其他货币资金——银行汇票　　×××
　　　　　　　　——银行本票　　×××
　贷：银行存款　　×××

将银行汇票、银行本票用于实际开支时，其会计分录可表示为：

借：在途物资、库存商品等科目　×××

　贷：其他货币资金——银行汇票　×××

　　　　　　　　——银行本票　×××

例3-4

正则商贸股份公司申请开出100 000元的银行汇票用于异地采购，其相关业务的会计分录如下：

(1) 缴存该笔款项时。

借：其他货币资金——银行汇票　100 000

　贷：银行存款　100 000

(2) 使用银行汇票支付采购款时。

借：在途物资　70 000

　　应交税费——应交增值税（进项税额）　9 100

　贷：其他货币资金——银行汇票　79 100

(3) 收到退回的余款时。

借：银行存款　20 900

　贷：其他货币资金——银行汇票　20 900

增值税的知识用处甚广，建议读者加强练习，详见本书第9章。

由于美国没有增值税制度，因此，美国版本的会计教材与我国教材相比有不少差异，请读者在浏览域外教材时加以留意。

专栏3-6　银行汇票和银行本票的相关规定

本专栏介绍《票据法》和《支付结算办法》的部分内容。

《票据法》所称票据，是指汇票、本票和支票。汇票是出票人签发的，委托付款人在见票时或者在指定日期无条件支付确定的金额给收款人或者持票人的票据。汇票分为银行汇票和商业汇票。

银行汇票是出票银行签发的，由其在见票时按照实际结算金额无条件支付给收款人或者持票人的票据。银行汇票的出票银行为银行汇票的付款人。单位和个人各种款项结算，均可使用银行汇票。银行汇票可以用于转账，填明“现金”字样的银行汇票也可以用于支取现金。银行汇票的提示付款期限自出票日起1个月。持票人超过付款期限提示付款的，代理付款人不予受理。申请人使用银行汇票，应向出票银行填写银行汇票申请书。申请人和收款人均为个人，需要使用银行汇票向代理付款人支取现金的，申请人须在银行汇票申请书上填明代理付款人名称，在“汇票金额”栏先填写“现金”字样，后填写汇票金额。申请人或者收款人为单位的，不得在银行汇票申请书上填明“现金”字样。出票银行受理银行汇票申请书，收妥款项后签发银行汇票，并用压数机压印出票金额，将银行汇票和解讫通知一并交给申请人。申请人应将银行汇票和解讫通知一并交付给汇票上记明的收款人。持票人向银行提示付款时，必须同时提交银行汇票和解讫通知，缺少任何一联，银行不予受理。

《票据法》所称本票，是指银行本票。银行本票是银行签发的，承诺自己在见票时无条件支付确定的金额给收款人或者持票人的票据。单位和个人在同一票据交换区域需要支付各种款项，均可以使用银行本票。银行本票可以用于转账，注明“现金”字样的银行本票可以用于支取现金。银行本票分为不定额本票和定额本票两种。定额银行本票面额为1 000元、5 000元、1万元和5万元。银行本票的出票人，为经中国人民银行当地分支行批准办理银行本票业务的银行机构。银行本票的提示付款期限自出票日起最长不得超过2个月。持票人超过付款期限提示付款的，代理付款人不予受理。银行本票的代理付款人是代理出票银行审核支付银行本票款项的银行。申请人使用银行本票，应向银行填写银行本票申请书。出票银行受理银行本票申请书，收妥款项，签发银行本票。不定额银行本票用压数机压印出票金额。出票银行在银行本票上签章后交给申请人。申请人或收款人为单位的，银行不得为其签发现金银行本票。银行本票见票即付。

3.3.2 银行卡存款

凡在中华人民共和国境内办理银行卡业务的商业银行、持卡人、商户及其他当事人均应遵守中国人民银行1999年发布的《银行卡业务管理办法》的规定。单位人民币卡账户的资金一律从其基本存款账户转账存入，不得存取现金，不得将销货收入存入单位卡账户。单位人民币卡可办理商品交易和劳务供应款项的结算，但不得透支。

企业从基本存款账户向单位人民币卡账户存入资金时，根据相关凭证，借记“其他货币资金——银行卡存款”科目，贷记“银行存款”科目。完成结算支付时，根据具体情形，借记“管理费用”等科目，贷记“其他货币资金——银行卡存款”科目。

专栏3-7　　《银行卡业务管理办法》的相关规定

《银行卡业务管理办法》所称银行卡，是指由商业银行（含邮政金融机构，下同）向社会发行的具有消费信用、转账结算、存取现金等全部或部分功能的信用支付工具。

银行卡包括信用卡和借记卡。银行卡按币种不同分为人民币卡、外币卡；按发行对象不同分为单位卡（商务卡）、个人卡；按信息载体不同分为磁条卡、芯片（IC）卡。

信用卡按是否向发卡银行交存备用金分为贷记卡、准贷记卡两类。贷记卡是指发卡银行给予持卡人一定的信用额度，持卡人可在信用额度内先消费后还款的信用卡。准贷记卡是指持卡人须先按发卡银行要求交存一定金额的备用金，当备用金账户余额不足支付时，可在发卡银行规定的信用额度内透支的信用卡。

借记卡按功能不同分为转账卡（含储蓄卡，下同）、专用卡、储值卡。借记卡不具备透支功能。转账卡是实时扣账的借记卡，具有转账结算、存取现金和消费功能。专用卡是具有专门用途、在特定区域使用的借记卡，具有转账结算、存取现金功能。其中，专门用途是指在百货、餐饮、饭店、娱乐行业以外的用途。储值卡是发卡银行根据持卡人要求将其资金转至卡内储存，交易时直接从卡内扣款的预付钱包式借记卡。

联名/认同卡是商业银行与营利性机构/非营利机构合作发行的银行卡附属产品，其所依附的银行卡品种必须是已经中国人民银行批准的品种，并应当遵守相应品种的业务章程或管理办法。发卡银行和联名单位应当为联名卡持卡人在联名单位用卡提供一定比例的折扣优惠或特殊服务；持卡人领用认同卡表示对认同单位事业的支持。

例3-5

正则商贸股份公司的单位人民币卡业务及其相关会计分录如下：

(1) 从基本存款账户向单位人民币卡账户存入400 000元。

借：其他货币资金——银行卡存款　　400 000

　贷：银行存款　　400 000

(2) 使用单位人民币卡支付业务招待费19 000元。

借：管理费用　　19 000

　贷：其他货币资金——银行卡存款　　19 000

(3) 收到单位人民币卡的利息3 697元。

借：其他货币资金——银行卡存款　　3 697

　贷：财务费用　　3 697

3.3.3 信用证保证金存款

信用证保证金存款是指企业为了开具信用证而存入开证行的信用证保证金专户存款。

专栏3-8　　信用证

信用证（documentary credit；letter of credit）是指开证行依照申请人的申请开出的，凭符合信用证条款的单据支付的付款承诺。信用证结算是国际结算的一种主要方式。国际商会（International Chamber of Commerce，ICC）制定的《跟单信用证统一惯例》是国际金融和国际贸易领域普遍采用的统一惯例（其本身并非国际公约）。采用信用证结算方式的业务程序大致如下：合同约定采用信用证方式；买方到开证行申请开证；开证行将信用证寄交卖方所在地银行（通知行）；收款单位收到信用证后，即备货装运，签发有关发票、账单、提货单，连同运输单据和信用证，送交银行（通知行）获得款项；买方向开证行付款赎单（发票、账单、提货单）。

为适应国内贸易活动的需要，中国人民银行1997年发布了《国内信用证结算办法》，该办法适用于国内企业之间商品交易的信用证结算。该办法所称信用证为不可撤销、不可转让的跟单信用证。经中国人民银行批准经营结算业务的商业银行总行以及经商业银行总行批准开办信用证结算业务的分支机构，可以办理国内信用证结算业务。

下面以国内信用证的相关法规为例，阐释信用证保证金存款的操作规则。

（1）开证申请人使用信用证时，应委托其开户银行办理开证业务。开证申请人申请办理开证业务时，应当填具《开证申请书》《信用证申请人承诺书》（以下简称《承诺书》）并提交有关购销合同。《开证申请书》和《承诺书》记载的事项应完整、明确，并由申请人签章。签章应与预留银行的签章相符。《开证申请书》和《承诺书》是开证银行向受益人开立信用证的依据，也是开证银行与开证申请人之间明确各自权责的契约性文件。

（2）开证行根据申请人提交的《开证申请书》《承诺书》及购销合同，决定是否受理开证业务。开证行在决定受理该项业务时，应向申请人收取不低于开证金额20%的保证金，并可根据申请人资信情况要求其提供抵押、质押或由其他金融机构出具保函。开证行开立信用证，应按规定向申请人收取开证手续费及邮电费。

（3）企业依照约定向开证行缴存信用证保证金时，根据相关凭证，借记“其他货币资金——信用证存款”科目，贷记“银行存款”科目。完成结算支付时，借记“在途物资”等科目，贷记“其他货币资金——信用证存款”科目。

3.3.4 存出投资款

存出投资款是指企业已存入证券公司但尚未进行投资的资金。

企业向证券公司划出资金时，借记“其他货币资金——存出投资款”科目，贷记“银行存款”科目。购买证券时，借记“交易性金融资产”等科目，贷记“其他货币资金——存出投资款”科目。

例3-6

正则商贸股份公司的短期投资及其相关业务的会计分录如下：

（1）向证券公司划出9 000 000元准备进行短期股票投资。

借：其他货币资金——存出投资款　　9 000 000

　贷：银行存款　　9 000 000

(2) 斥资8 880 000元购入某只股票，列为交易性金融资产。

借：交易性金融资产——成本　　8 880 000

　贷：其他货币资金——存出投资款　　8 880 000

3.3.5 外埠存款

外埠存款是指企业为了在外地进行临时或零星采购而汇到设在外地（采购地）的临时存款账户的款项。该账户除了采购人员可从中提取少量现金外，一律转账。

企业委托本地银行向外地汇出款项时，须填列《汇款委托书》，加盖“采购资金”字样。根据相关凭证，借记“其他货币资金——外埠存款”科目，贷记“银行存款”科目。采购业务员报销使用外埠存款支付的货款等款项时，企业根据相关凭证，借记“在途物资”等科目，贷记“其他货币资金——外埠存款”科目。

专栏3-9　会计文化漫谈：数字大写的来历

数字大写在会计和金融领域具有重要的应用价值，《会计基础工作规范》和《支付结算办法》均对数字大写作出了严格的规定。

完整的数字大写的形成年代尚存争议。杨宗义在《“大写数字皆武后时所改”辨》一文（《辞书研究》，1988（2））中考证，“壹、贰、叁”至迟在汉代就已借作“一、二、三”了。文物中使用“壹”的证据有：马王堆汉墓帛书（《老子》乙本卷前古佚书）“天明三以定二，则壹晦壹明”（《马王堆汉墓帛书》（壹），北京，文物出版社，1980）；汉延熹八年《西岳华山庙碑》“五岁壹巡狩”（《隶释》卷三“四部丛刊本”）。文物中使用“贰”的证据有：马王堆汉墓帛书《战国纵横家书·朱己谓魏王章》“今不存韩；贰周、安陵必貤”（《战国纵横家书》，北京，文物出版社，1976）。文物中使用“叁”的证据有：马王堆汉墓帛书《战国纵横家书·苏秦献书赵王章》“韩亡叁川”；银雀山汉墓竹简《孙膑兵法·八陈》“用陈阵叁分”（《孙膑兵法校理》附《银雀山汉墓竹简·孙膑兵法》（原简摹写本），北京，中华书局，1986）。

黄今许在《大写数字起源于何时》一文（《咬文嚼字》，2006（12））中提及，唐代诗人白居易的宋版《白氏长庆集》中使用了数字大写：“况其军一月之费，计实钱贰拾柒捌万贯”（《论行营状请勒魏博等四道兵马却守本界事》）。

朱元璋为了整饬吏治，推行了完整的数字大写写法（壹、贰、叁、肆、伍、陆、柒、捌、玖、拾、佰、仟）。数字大写从此沿用至今。

在资产负债表上，“货币资金”项目是根据“库存现金”、“银行存款”和“其他货币资金”三个总账科目的期末余额的合计数填列的。

思考题

企业办理哪些票据业务和支付结算业务需要向银行预缴款项？哪些业务不需要预缴款项？

练习题

一、单项选择题

1. 下列各项中，不通过“其他货币资金”科目核算的是（　　）。

A. 信用证存款　　B. 预借给职工的出差备用金

C. 信用卡存款　　D. 银行本票存款

2. 下列各项中，不会引起其他货币资金发生变动的是（　　）。

A. 企业销售商品收到商业汇票

B. 企业用银行本票购买办公用品

C. 企业将款项汇往外地开立采购专业账户

D. 企业为购买基金将资金存入在证券公司指定银行开立账户

3. 企业将款项汇往异地银行开立采购专户，编制该业务的会计分录时应当（　　）。

A. 借记“应收账款”科目，贷记“银行存款”科目

B. 借记“其他货币资金”科目，贷记“银行存款”科目

C. 借记“其他应收款”科目，贷记“银行存款”科目

D. 借记“材料采购”科目，贷记“其他货币资金”科目

二、判断题

1. 企业采购商品或接受劳务采用银行汇票结算时，应通过“应付票据”科目核算。（　　）

2. 现金清查中，对于无法查明原因的现金短缺，经批准后应计入营业外支出。（　　）

三、多项选择题

1. 下列各项中，应通过“其他货币资金”科目核算的有（　　）。

A. 银行汇票存款　　B. 信用卡存款

C. 外埠存款　　D. 存出投资款

2. 下列各项中，应确认为其他货币资金的有（　　）。

A. 企业持有的3个月内到期的债券投资

B. 企业为购买股票向证券公司划出的资金

C. 企业汇往外地建立临时采购专户的资金

D. 企业向银行申请银行本票时拨付的资金

四、实务训练题

假设你是某公司主管会计，准备开支票向市农业发展有限责任公司支付农产品采购价款。请根据票据记载事项的相关信息签发支票（只需填写大写日期、大写金额、小写金额）：

(1) 支票出票日期是 2019 年 10 月 20 日；

(2) 支票金额为人民币 3 097 605.40 元。

以下票样仅供参考。

******银行　转账支票（京）**　　ABC123123123

出票日期（大写）______年______月______日　　付款行名称：北京分行

收款人：某某市农业发展有限责任公司　　出票人账号：23010678

人民币（大写）	亿	千	百	十	万	千	百	十	元	角	分

用途：农产品采购

上列款项请从我账户内支付

出票人签章　　复核：　　记账：

第 4 章 存货

Chapter 4

学习目标

1. 掌握：商业企业商品采购和商品销售的会计处理方法；工业企业原料采购、生产加工和产品销售的会计处理方法；增值税的会计处理方法；销货成本的计算方法；存货盘盈盘亏的会计处理方法。

2. 理解：成本与市价孰低法的设计思路。

3. 了解：低值易耗品摊销的会计处理方法。

本章结合工商企业的日常业务，介绍《企业会计准则第 1 号——存货》中所规定的会计处理规则。该准则系借鉴《国际会计准则第 1 号——存货》(International Accounting Standard 1：Inventories) 制定而成。

本章没有照搬会计准则中“法典化”的编写顺序，而是从实用主义的角度出发，本着简洁、直观的原则，结合完整的企业业务流程来阐释会计处理规则。本章所设专栏旨在引导读者拓宽知识面，激发读者的创造性思维。专栏内容不作教学要求。

资产负债表中的存货项目，是按照“在途物资”“原材料”“生产成本”“库存商品”“低值易耗品”等账户的信息汇总列报的。存货 (inventory) 泛指企业所拥有的除货币资金、固定资产 (机器设备及交通工具类) 外的有形动产。如工业制造类企业所持有的原材料、在产品、产成品；商品流通企业所持有的商品、包装物；企业所持有的办公耗材之类的自用物品 (即会计学所称的低值易耗品)；等等。

企业账簿中所记载的存货，应当具备相应的物权证明，如购货发票、买卖合同、支付结算单据、售货方的收款证明等。

4.1 商业企业存货的会计处理

在我国，物 (包括动产和不动产) 的流转 (采购、销售) 以及无形资产 (如土地使用权和知识产权等) 的交易通常都要涉及增值税 (免税的情形除外)，因此，熟练掌握增值税的基本知识是学习资产的会计处理规则的前提。

企业买卖货物时，会在增值税专用发票上注明货物的金额和相应的税额，交易的总价款就是价税合计（增值税专用发票示意图如图4-1所示）。发票上注明的税额对于卖方来讲就是销项税额，对于买方来讲就是进项税额。例如，润生商贸有限责任公司是增值税一般纳税人，该公司采购了一批名贵服装，价税合计为33 900元，其中，金额为30 000元、税额为3 900元。销售时，价税合计为56 500元，其中，金额为50 000元、税额为6 500元。则其增值税应纳税额＝销项税额－进项税额＝6 500－3 900＝2 600元。

也就是说，润生商贸有限责任公司的货物销售实现了增值额20 000元（50 000－30 000），它的增值税应纳税额等于增值额乘以适用税率，这就是增值税的设计原理。

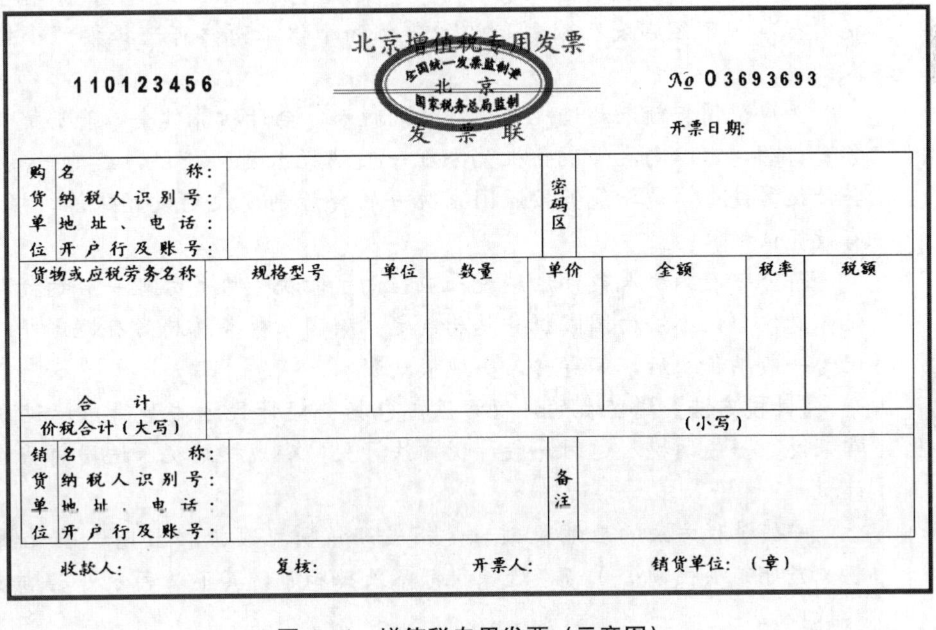
北京增值税专用发票

110123456　　全国统一发票监制章 北京 国家税务总局监制　　№ 03693693

发票联　　开票日期：

购货单位	名称： 纳税人识别号： 地址、电话： 开户行及账号：			密码区			
货物或应税劳务名称	规格型号	单位	数量	单价	金额	税率	税额
合计							
价税合计（大写）					（小写）		
销货单位	名称： 纳税人识别号： 地址、电话： 开户行及账号：			备注			

收款人：　　复核：　　开票人：　　销货单位：（章）

图4-1　增值税专用发票（示意图）

专栏4-1　**增值税的运行机制**

按照增值税的设计原理，企业向税务机关缴纳的增值税税额在理论上是根据其经济业务所实现的增值额乘以适用的税率计算而来的。但在实践中，购销之间可能存在较长的时间差，不可能逐笔针对每一笔业务计算其增值额。于是，就发展出了分别汇总计算进项税额、销项税额，根据两者之差来确定增值税应纳税额的办法。

本专栏简要介绍《中华人民共和国增值税暂行条例》及其实施细则、《营业税改征增值税试点实施办法》的相关规定。为进一步规范税制、公平税负，近年来税收法规一直在进行调整完善，读者在实务工作中需要遵循最新法规的规定。

【征税对象】 在中华人民共和国境内销售货物、服务、无形资产、不动产，提供加工、修理修配劳务，进口货物的单位和个人，为增值税纳税人。单位，是指企业、行政单位、事业单位、军事单位、社会团体及其他单位。个人，是指个体工商户和其他个人。货物是指有形动产，包括电力、热力、气体在内。加工是指受托加工货物，即委托方提供原料及主要材料，受托方按照委托方的要求，制造货物并收取加工费的业务。修理修配是指受托对损伤和丧失功能的货物进行修复，使其恢复原状和功能的业务。

【一般纳税人和小规模纳税人】 纳税人分为一般纳税人和小规模纳税人。年应征增值税销售额（以下称应税销售额）超过财政部和国家税务总局规定标准的纳税人为一般纳税人，未超过规定标准的纳税人为小规模纳税人。年应税销售额超过规定标准的其他个人不属于一般纳税人。年应税销售额超过规定标准但不经常发生应税行为的单位和个体工商户可选择按照小规模纳税人纳税。

年应税销售额未超过规定标准的纳税人，会计核算健全，能够提供准确税务资料的，可以向主管税务机关办理一般纳税人资格登记，成为一般纳税人。会计核算健全，是指能够按照国家统一的会计制度规定设置账簿，根据合法、有效凭证核算。

符合一般纳税人条件的纳税人应当向主管税务机关办理一般纳税人资格登记。具体登记办法由国家税务总局制定。除国家税务总局另有规定外，一经登记为一般纳税人后，不得转为小规模纳税人。

【计税方法】 增值税的计税方法，包括一般计税方法和简易计税方法。通常来说，一般纳税人适用一般计税方法计税，小规模纳税人适用简易计税方法计税。

一般计税方法的应纳税额，是指当期销项税额抵扣当期进项税额后的余额。当期销项税额小于当期进项税额不足抵扣时，其不足部分可以结转下期继续抵扣。

简易计税方法的应纳税额，是指按照销售额和增值税征收率计算的增值税额，不得抵扣进项税额。增值税征收率为3%，财政部和国家税务总局另有规定的除外。应纳税额计算公式：应纳税额＝销售额×征收率。简易计税方法的销售额不包括其应纳税额，纳税人采用销售额和应纳税额合并定价方法的，按照下列公式计算销售额：销售额＝含税销售额÷(1＋征收率)。

【税率】 增值税税率有13%，9%和6%三档（截至2019年3月5日）。

【零税率】 纳税人出口货物或者跨境销售服务、无形资产，税率为零。零税率是指除了在出口或跨境销售环节不征增值税外，还要对该货物和无形资产此前已经缴纳的增值税进行退税，使该货物和服务在出口或跨境销售时完全不含增值税税款，从而以无税的价格进入国际市场。

企业设“应交税费”账户核算企业按照税法等规定计算应缴纳的各种税费，包括增值税、消费税、企业所得税、资源税、土地增值税、城市维护建设税、房产税、土地使用税、车船税、教育费附加、矿产资源补偿费等。企业代扣代缴的个人所得税，也通过该账户核算。该账户属于负债类账户，贷方登记各种应交未交税费的增加额，借方登记实际缴纳的各种税费。期末余额在贷方，反映企业尚未缴纳的税费；期末余额在借方，反映企业多交或尚未抵扣的税费。该账户可按应交的税费项目进行明细核算。

在手工记账的情形下，增值税一般纳税人需购置专用的设有若干专栏的账页，这种账页是专门用于计算增值税应纳税额的（见图 4-2）。

应交税费——应交增值税 明细账

<table>
<tr><th rowspan="3">月</th><th rowspan="3">日</th><th rowspan="3">摘要</th><th colspan="24">借方专栏</th><th colspan="24">贷方专栏</th></tr>
<tr><th colspan="8">进项税额</th><th colspan="8">已交税金</th><th colspan="8">转出未交增值税</th><th colspan="8">销项税额</th><th colspan="8">进项税额转出</th><th colspan="8">转出多交增值税</th></tr>
<tr><th>十</th><th>万</th><th>千</th><th>百</th><th>十</th><th>元</th><th>角</th><th>分</th><th>十</th><th>万</th><th>千</th><th>百</th><th>十</th><th>元</th><th>角</th><th>分</th><th>十</th><th>万</th><th>千</th><th>百</th><th>十</th><th>元</th><th>角</th><th>分</th><th>十</th><th>万</th><th>千</th><th>百</th><th>十</th><th>元</th><th>角</th><th>分</th><th>十</th><th>万</th><th>千</th><th>百</th><th>十</th><th>元</th><th>角</th><th>分</th><th>十</th><th>万</th><th>千</th><th>百</th><th>十</th><th>元</th><th>角</th><th>分</th></tr>
</table>

图 4-2 “应交税费——应交增值税”账页的常用专栏（示意图）

增值税一般纳税人应当在“应交税费”科目下设置“应交增值税”“未交增值税”等明细科目，核算增值税纳税义务的发生及履行情况。在“应交增值税”明细账内，应设置“进项税额”“已交税金”“销项税额”等专栏①，如图 4-2 所示。“进项税额”专栏，记录一般纳税人购进货物、无形资产或不动产，接受加工修理修配劳务、服务，而支付或负担的准予从当期销项税额中抵扣的增值税额。“已交税金”专栏，记录一般纳税人当月已缴纳的应交增值税额。“销项税额”专栏，记录一般纳税人销售货物、无形资产或不动产，提供加工修理修配劳务、服务，应收取的增值税税额。

一般纳税人购进货物、无形资产或不动产，接受加工修理修配劳务、服务时，按应计入相关成本费用或资产的金额，借记“在途物资”“原材料”“库存商品”“生产成本”“无形资产”“固定资产”“管理费用”等科目；按可抵扣增值税税额，借记“应交税费——应交增值税（进项税额）”科目；按应付或实际支付的金额，贷记“应付账款”“银行存款”等科目。

一般纳税人销售货物、无形资产或不动产，提供加工修理修配劳务、服务时，应当按应收或已收的金额，借记“应收账款”“银行存款”等科目；按取得的收入金额，贷记“主营业务收入”“其他业务收入”“固定资产清理”“工程结算”等科目；按根据现行增值税制度规定计算的销项税额，贷记“应交税费——

① 本书将会用到“应交税费——应交增值税”这个明细账户的“进项税额”专栏和“销项税额”专栏，其余专栏本书从略，感兴趣的读者可参阅中级财务会计教材。

应交增值税（销项税额）”科目。

一般纳税人缴纳当月应交的增值税，借记“应交税费——应交增值税（已交税金）”科目，贷记“银行存款”科目。

下面以一个模拟案例演示增值税的账务处理。

例4-1

润生商贸有限责任公司是增值税一般纳税人。该公司20×3年1月2日转账支付11 300元采购一批名贵服装，采购时所收到的增值税专用发票上注明的金额为10 000元、税额为1 300元。同年1月30日（在同一个纳税期间内），以33 900元的价格销售出去，开出的增值税专用发票上注明的金额为30 000元、税额为3 900元。假定在该纳税期间内只发生这两笔业务。

我们称其进货时所支付的增值税额（1 300元）为进项税额，称其销货时收取的增值税税额（3 900元）为销项税额。则，当期应纳税额＝当期销项税额－当期进项税额＝3 900－1 300＝2 600元。可见，进项税额其实是企业垫付的留待从销项税额中抵扣的税额，可以理解为一项债权（用于冲抵当期的销项税额），因此，在发生时直接借记“应交税费——应交增值税”这个负债类账户（记入借方的“进项税额”专栏）。

读者可以尝试为上述业务编制会计分录，以增加感性认识。

（1）采购时。

这项经济业务的发生，一方面使该公司的库存商品增加10 000元、留待以后扣除的进项税额（可理解为一项债权）增加1 300元，另一方面使该公司的银行存款减少11 300元，因此，这项经济业务涉及“库存商品”、“应交税费——应交增值税”和“银行存款”三个账户。“库存商品”属于资产类账户，其增加额应记入借方。进项税额留待抵减纳税义务，属于负债的减少，应记入“应交税费——应交增值税”的借方（记入“进项税额”专栏）。“银行存款”属于资产类账户，其减少额应记入贷方。综合上述分析，这项业务的会计分录如下：

借：库存商品	10 000	
应交税费——应交增值税（进项税额）	1 300	
贷：银行存款		11 300

（2）销售时。

这项经济业务的发生，一方面使该公司的银行存款减少33 900元，另一方面使该公司的主营业务收入增加30 000元、导致纳税义务增加的销项税额增加3 900元，因此，这项经济业务涉及“银行存款”、“主营业务收入”和“应交税费——应交增值税”三个账户。“银行存款”属于资产类账户，其增加额应记入借方。销项税额导致当期纳税义务（负债）增加，应记入“应交税费——应交增值税”的贷方（记入“销项税额”专栏）。“主营业务收入”属于收入类账户，其增加应记入贷方。综合上述分析，这项业务的会计分录如下：

借：银行存款　33 900

　　贷：主营业务收入　30 000

　　　　应交税费——应交增值税（销项税额）　3 900

（3）结转销货成本时。

结转销货成本时，一方面应记载该公司的主营业务成本增加10 000元，另一方面要记载该公司的库存商品减少10 000元。因此，这项经济业务涉及“主营业务成本”和“库存商品”两个账户。“主营业务成本”属于费用类账户，其增加额应记入借方。“库存商品”属于资产类账户，其减少额应记入贷方。综合上述分析，这项业务的会计分录如下：

借：主营业务成本　10 000

　　贷：库存商品　10 000

（4）缴纳增值税时。

这项经济业务的发生，一方面使该公司的增值税纳税义务减少2 600元，另一方面使该公司的银行存款减少2 600元，因此，这项经济业务涉及“应交税费——应交增值税”和“银行存款”两个账户。“应交税费——应交增值税”属于负债类账户，其减少额应记入借方，已交税金记入该账户下的“已交税金”专栏。“银行存款”属于资产类账户，其减少额应记入贷方。综合上述分析，这项业务的会计分录如下：

借：应交税费——应交增值税（已交税金）　2 600

　　贷：银行存款　2 600

此时，“应交税费——应交增值税”明细账的借方专栏合计与贷方专栏合计金额相等（均为3 900元），成为零余额账户（视为关闭），该账户的功能已经履行完毕。在下一个增值税纳税期间，重新开始上述记录。

上述业务可概括如图4-3所示。为帮助读者掌握“应交税费——应交增值税”账户的用法，图中特地绘制了该账户的主要专栏，其余账户以T型账户表示。

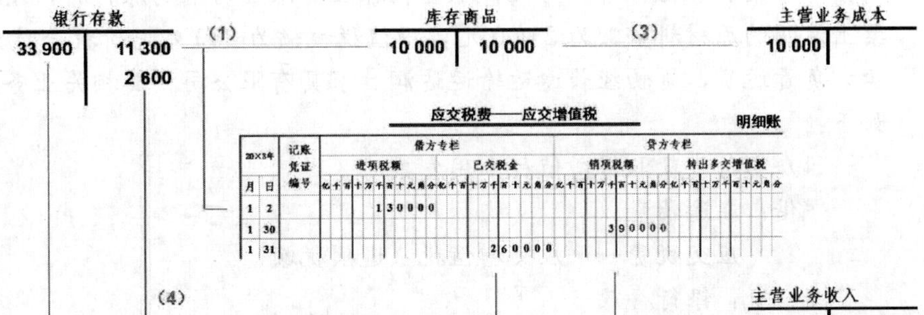

图4-3　增值税的应纳税额的计算（示意图）

现在请你想一想，润生商贸有限责任公司通过此番经营一共新增了多少银行存款？取得了多少营业利润？“应交税费——应交增值税”明细账在其中所起到的“跑龙套”的作用是不是很有意义？回答了这些问题，大家就可以更深刻地理解会计工作的意义和增值税的会计处理方法。

4.2 工业企业存货的会计处理

4.2.1 采购原材料

企业采购的原材料应当按照实际采购成本入账。实际采购成本包括货物金额、除增值税进项税额以外的相关税费、运输费、装卸费、保险费以及其他可归属于存货采购成本的费用。

企业设置“原材料”科目核算其库存的各种材料，包括原料及主要材料、辅助材料、外购半成品（外购件）、修理用备件（备品备件）、包装材料、燃料等的成本。该科目可按材料的类别、品种、规格或保管地点（仓库位置）等进行明细核算。该科目借方登记增加额，贷方登记减少额，期末借方余额反映的是企业库存材料的成本。

如果付款后需要经过一定的时间间隔才能收货入库，则需设“在途物资”科目进行过渡性账务处理。“在途物资”科目核算其采用实际成本（即进价）进行日常核算的，货款已付但尚未验收入库的原材料、商品等物资的采购成本。该科目可按供应单位进行明细核算。该科目借方登记增加额，贷方登记减少额，期末借方余额反映尚未到达或尚未验收入库的在途材料、商品等物资的采购成本。

例4-2

润叶家具有限公司为增值税一般纳税人，20×3年3月接到一份订单，生产一张写字桌和一把椅子。为此，从金秋林业有限公司采购原材料，增值税专用发票上注明的原材料金额为2 000元，增值税税额为260元，价税合计为2 260元。卖方负责运货，货物经长途运输运达润叶家具有限公司。其相关业务的会计分录如下：

（1）支付货款取得增值税专用发票时。

借：在途物资	2 000	
应交税费——应交增值税（进项税额）	260	
贷：银行存款		2 260

（2）原材料验收入库时。

借：原材料	2 000	
贷：在途物资		2 000

上述采购业务的账务处理过程可概括如图4-4所示。

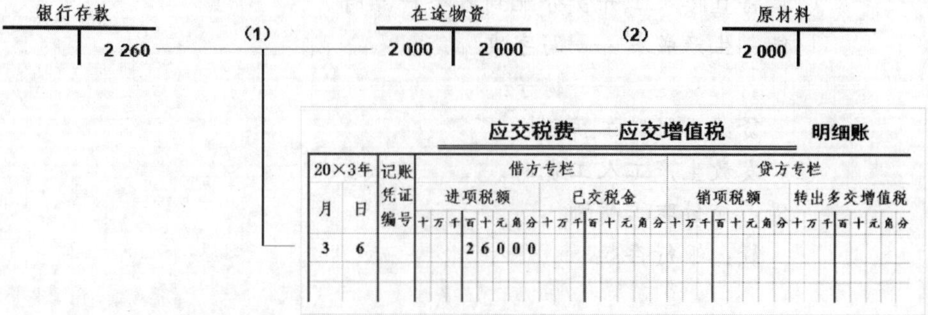

图 4-4 采购业务的账务处理示意图

如果在采购时可直接收货入库，则无须通过“在途物资”科目作过渡性账务处理，可直接借记“原材料”“应交税费——应交增值税（进项税额）”等科目，贷记“银行存款”等科目。

4.2.2 生产过程中的直接代价

企业设置“生产成本”科目核算在产品制造过程中发生的各种代价，该科目可按产品品种或批次进行明细核算。对于生产过程中发生的与某种产品直接相关的代价（如直接负责生产该产品的工人师傅的薪酬、生产过程中使用的原材料等，这些通常称作直接人工、直接材料），可直接记入“生产成本”科目进行归集；对于与多种产品相关、不便直接计入某种产品的代价（如车间发生的水、电、气开支以及车间管理人员的工资等），则需要先行通过“制造费用”科目进行归集，然后按照企业内部管理制度事先确定的成本计算标准分配记入“生产成本”科目。

“生产成本”科目的借方登记增加额，贷方登记减少额。该科目期末余额在借方，反映企业尚未完成全部工序的在产品的成本。

例 4-3

续例 4-2。润叶家具有限公司的定制品生产车间领用该批原材料。写字桌和椅子各用去价值 1 000 元的木料。其会计分录如下：

借：生产成本——写字桌	1 000	
——椅子	1 000	
贷：原材料		2 000

例 4-4

续例 4-2。润叶家具有限公司的定制品生产车间发放从事直接生产的工人师傅的工资1 200 元。按照劳动量分配给写字桌的直接人工成本为 900 元，分配给椅子的直接人工成本为 300 元。其相关业务的会计分录如下：

(1) 将直接人工开支分配到各个产品时。

借：生产成本——写字桌 900

——椅子 300

贷：应付职工薪酬 1 200

(2) 发放生产工人工资时。

借：应付职工薪酬 1 200

贷：银行存款 1 200

4.2.3 生产过程中的间接代价

企业设置“制造费用”科目核算其生产车间、部门为生产产品和提供劳务而发生的各项间接代价，如车间发生的难以直接对应于某种产品而是由多种产品共同分担的水、电、气开支和车间管理人员的工资等。在实务工作中，车间建筑物、机器设备等固定资产的折旧也是先行计入制造费用，然后再分摊计入生产成本。折旧的计算及其相关会计处理参见第7章。

“制造费用”科目可根据管理需要按不同的生产车间、部门和开支项目进行明细核算。该科目借方登记增加额，贷方登记减少额（结转额）。该科目的借方发生额合计数在期末通常应及时结转至“生产成本”科目，因此，除季节性的生产企业外，该科目期末应当无余额。

例4-5

续例4-2至例4-4。润叶家具有限公司的定制品生产车间归集该车间发生的与该订单有关的各项间接代价，其中动用银行存款支付了水、电、气等车间开支100元和车间主任薪酬700元。当月对车间的固定资产计提折旧2 000元。其相关业务的会计分录如下：

(1) 归集车间发生的各种间接代价时。

借：制造费用 2 800

贷：应付职工薪酬 700

银行存款 100

累计折旧 2 000

(2) 发放车间主任薪酬时。

借：应付职工薪酬 700

贷：银行存款 700

例4-6

续例4-5。润叶家具有限公司的定制品生产车间将归集的间接费用分配给各项在产品，分配标准由企业自行确定。按照公司的成本核算办法，公司领导决定由写字桌和椅子平均分摊该车间的制造费用。其会计分录如下：

借：生产成本——写字桌　　1 400
　　　　　　——椅子　　1 400
　贷：制造费用　　2 800

专栏4-2

产品成本的计算规则

2013年8月16日，财政部印发《企业产品成本核算制度（试行）》，自2014年1月1日起在除金融保险业以外的大中型企业范围内施行，鼓励其他企业执行。该制度所称的产品，是指企业日常生产经营活动中持有以备出售的产成品、商品、提供的劳务或服务。该制度所称的产品成本，是指企业在生产产品过程中所发生的材料费用、职工薪酬等，以及不能直接计入而按一定标准分配计入的各种间接费用。该制度适用于大中型企业，包括制造业、农业、批发零售业、建筑业、房地产业、采矿业、交通运输业、信息传输业、软件及信息技术服务业、文化业以及其他行业的企业。其他未明确规定的行业比照以上类似行业的规定执行。该制度不适用于金融保险业的企业。

企业面临着竞争对手在产品功能、结构设计、外观设计、节能性、价格等多方面的竞争，需要通盘考虑在上述诸方面的投入对其产品成本的影响。成本计算对于企业应对激烈的产品市场竞争具有重要的意义。企业需要集中工程管理、市场营销、财务会计等各个业务部门的智慧，设计出合理的成本管理制度，这是企业战略管理的重要内容。

对产品成本的计算方法感兴趣的读者，可以参阅有关成本会计类的专业教材。

4.2.4 加工完成的产成品

工业企业设置“库存商品”科目核算企业库存的产成品的成本。该科目可按库存商品的种类、品种和规格进行明细核算。该科目借方登记增加额，贷方登记减少额，期末余额在借方，反映企业库存商品的成本。

例4-7

续例4-6。润叶家具有限公司的定制产品已经完成全部工序，产成品（一张写字桌和一把椅子）已经从车间运到仓库。

“生产成本”科目中累积的各种产品的加工成本分别为：

写字桌的加工成本＝1 000＋900＋1 400＝3 300(元)
椅子的加工成本＝1 000＋300＋1 400＝2 700(元)

这项经济业务的发生，一方面使该公司的库存商品增加6 000元，另一方面使该公司的生产成本减少6 000元，因此，这项经济业务涉及“库存商品”和

“生产成本”两个账户。这两个账户均属于资产类账户（或成本类账户），增加额应当记入借方，减少额应当记入贷方。综合上述分析，结转产成品（库存商品）的入账价值时编制的会计分录如下：

借：库存商品——写字桌　　3 300
　　　　　　——椅子　　2 700
　贷：生产成本——写字桌　　3 300
　　　　　　　——椅子　　2 700

上述生产业务的账务处理过程可概括如图 4－5 所示。图中括号内的数字对应前面的例题编号。

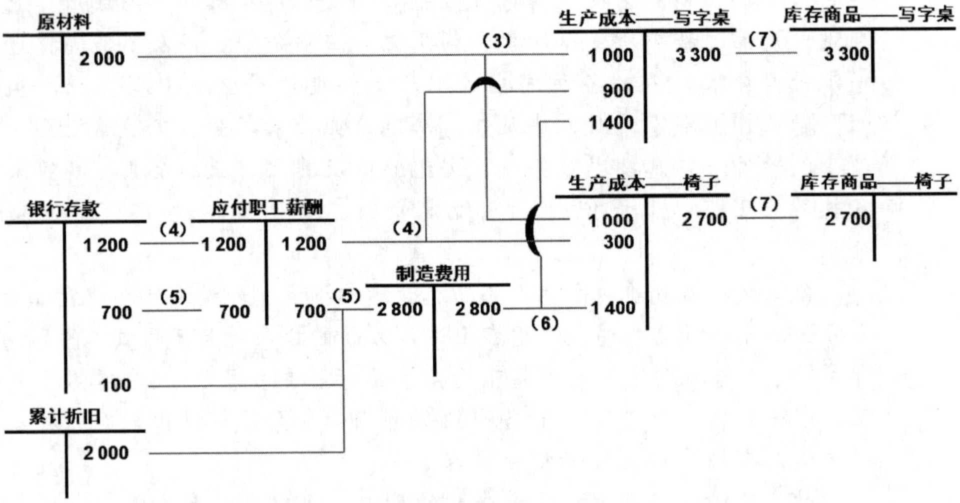

图 4－5　生产业务的账务处理示意图

4.2.5　出售库存商品

出售库存商品时，企业应按所收取的货款（或取得的收款的权利）借记“银行存款”科目（或“应收账款”科目），按库存商品的不含税价格，贷记“主营业务收入”科目，按增值税税额，贷记“应交税费——应交增值税”科目（记入销项税额专栏）。同时，按库存商品的实际成本，借记“主营业务成本”科目，贷记“库存商品”科目。

例 4－8

续例 4－7。20×3 年 3 月 31 日，润叶家具有限公司依合同约定的价格和交货时间将写字桌和椅子销售给客户。增值税专用发票上注明的金额为 10 000 元，税额为 1 300 元。价税合计为 11 300 元，货款已经划入公司的银行账户。写字桌的成本为 3 300 元，椅子的成本为 2 700 元。其相关业务的会计分录如下：

(1) 取得销售收入时。

借：银行存款　　11 300

贷：主营业务收入 10 000

应交税费——应交增值税（销项税额） 1 300

（2）结转销售成本时。

借：主营业务成本 6 000

贷：库存商品——写字桌 3 300

——椅子 2 700

上述销售业务的账务处理过程可概括如图 4－6 所示。

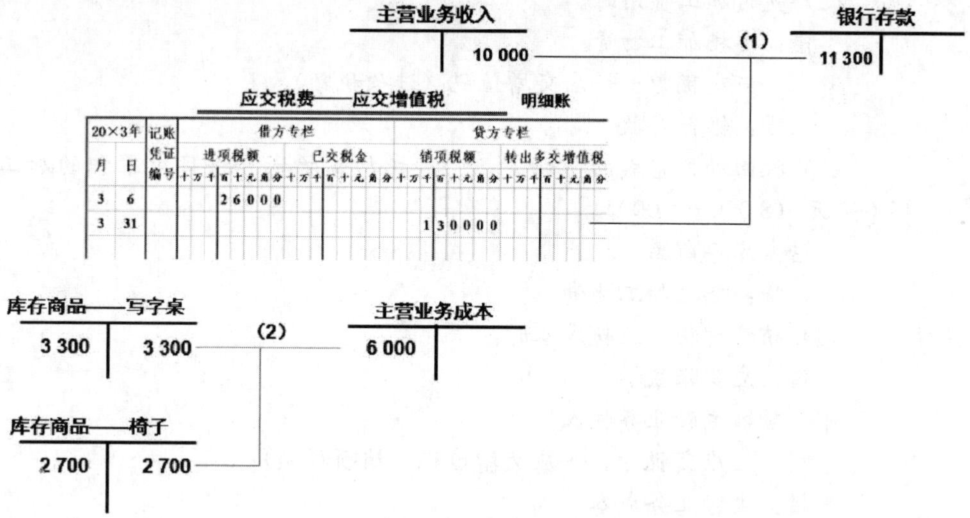

图 4－6 销售业务的账务处理示意图

4.2.6 委托加工物资

企业设置“委托加工物资”科目核算企业委托外单位加工的各种材料、商品等物资的实际成本。该科目可根据管理需要按加工合同、受托加工单位以及加工物资的品种等进行明细核算。

企业交给外单位加工的物资，按实际成本，借记“委托加工物资”科目，贷记“原材料”“库存商品”等科目。支付加工费、运杂费时，借记“委托加工物资”等科目，贷记“银行存款”等科目。加工完成验收入库的物资和剩余物资，按加工收回物资的实际成本和剩余物资的实际成本，借记“原材料”“库存商品”等科目，贷记“委托加工物资”科目。该科目期末余额在借方，反映企业委托外单位加工、尚未完成的物资的实际成本。

例 4－9

福堂农贸有限公司发出外购的一批账面价值 6 000 元的原材料和自己生产的价值 2 000 元的库存商品，委托俊武科工集团公司生产一批货物。福堂农贸有限公司支付加工费价税合计 1 130 元，其中加工费的不含税价格为 1 000 元，增值税税额为130元。收到加工完成的货物后，福堂农贸有限公司以价税合计22 600元将该批货物售出，增值税专用发票上注明的金额为20 000元，税额为2 600元，货款尚未收到。其相关业务的会计分录如下：

（1）交付材料和库存商品时。

借：委托加工物资	8 000	
贷：原材料		6 000
库存商品		2 000

（2）支付加工费用时。

借：委托加工物资	1 000	
应交税费——应交增值税（进项税额）	130	
贷：银行存款		1 130

（3）收回加工完成的货物时。“委托加工物资”科目中累积的加工成本为9 000元（8 000+1 000）。

借：库存商品	9 000	
贷：委托加工物资		9 000

（4）销售货物、结转成本时。

借：应收账款	22 600	
贷：主营业务收入		20 000
应交税费——应交增值税（销项税额）		2 600
借：主营业务成本	9 000	
贷：库存商品		9 000

涉及消费税的委托加工物资的会计处理见第9章。

4.3 发出存货的计价方法

前面我们举例阐释的工商企业销售成本的计算过程比较简单。在实务工作中，本期销售的货物可能是以前分批次以不同的价格采购而来的，那么，在计算销货成本时就存在多种计算方法，计算方法的不同将会直接关系到所计算出的销货成本、当期的利润和期末结存存货的账面价值。因此，会计准则针对实务中多批量采购的实际情况，规定了商品销售成本的计算规则：企业应当选择采用先进先出法（first-in-first-out，FIFO）、加权平均法（weighted-average）、移动加权平均法（moving weighted-average）或者个别计价法（specific identification method）确定发出存货的实际成本。对于性质和用途相似的存货，应当采用相同的成本计算方法确定发出存货的成本。

例4-10a

文豪酒业股份公司某品牌的红葡萄酒购销情况如表4-1所示。

表 4-1 库存商品明细账

数量单位：瓶
品名：红葡萄酒　　　　金额单位：元

20×2年		摘要	收入			发出			结存		
月	日		数量	单价	金额	数量	单价	金额	数量	单价	金额
9	9	采购	①2 000	6	12 000				2 000		
	10	销售				①600			1 400		
	15	采购	②1 000	8	8 000				2 400		
	16	销售				②1 200			1 200		
	20	采购	③2 000	9	18 000				3 200		
	21	销售				③2 000			1 200		
		本月合计	5 000			3 800			1 200		

下面依此例分别介绍上述方法计算销货成本的具体步骤。

4.3.1 先进先出法

先进先出法的理念是假定先购入的存货先发出，按照这样的假设计算发出存货的成本和期末存货的成本。

例 4-10b

文豪酒业股份公司采用先进先出法计算销货成本的情形如表4-2所示。表中以加下划线标示需要计算填列的数据（后面的类似情况亦照此处理）。

表 4-2 库存商品明细账

（采用先进先出法计算）

数量单位：瓶
品名：红葡萄酒　　　　金额单位：元

20×2年		摘要	收入			发出			结存		
月	日		数量	单价	金额	数量	单价	金额	数量	单价	金额
9	9	采购	①2 000	6	12 000				2 000	6	12 000
	10	销售				①600	6	3 600	1 400	6	8 400
	15	采购	②1 000	8	8 000				1 400 1 000	6 8	8 400 8 000
	16	销售				②1 200	6	7 200	200 1 000	6 8	1 200 8 000
	20	采购	③2 000	9	18 000				200 1 000 2 000	6 8 9	1 200 8 000 18 000
	21	销售				③200 1 000 800	6 8 9	1 200 8 000 7 200	1 200	9	10 800
		本月合计	5 000		38 000	3 800		27 200	1 200	9	10 800

第一次销售时，按照第一次进货时每瓶6元的价格计算销货成本。

第二次进货后，可供销售的红葡萄酒有以单价6元购入的1 400瓶和以单价8元购入的1 000瓶。

第二次销货时，用较早进货的单价6元计算发出的1 200瓶红葡萄酒的销售成本。

其余情形以此类推。采用先进先出法计算的本期销售成本为27 200元，期末库存红葡萄酒的账面价值为10 800元。

先进先出法的优点是据此所计算出的期末结存存货的账面价值比较接近最新市价。其缺点是在手工核算的情形下，工作量比较大。

4.3.2 加权平均法

加权平均法的理念是仅在期末计算本期可供销售的存货的平均成本，然后以此计算发出存货的总成本。由于在这种方法下只在月底计算一次平均单价，因此，该方法又称全月一次加权平均法。

例4-10c

文豪酒业股份公司采用加权平均法计算销货成本的情形如表4-3所示。

表4-3 库存商品明细账

（采用加权平均法计算）

数量单位：瓶

品名：红葡萄酒 金额单位：元

20×2年		摘要	收入			发出			结存		
月	日		数量	单价	金额	数量	单价	金额	数量	单价	金额
9	9	采购	①2 000	6	12 000				2 000		
	10	销售				①600	7.6	4 560	1 400		
	15	采购	②1 000	8	8 000				2 400		
	16	销售				②1 200	7.6	9 120	1 200		
	20	采购	③2 000	9	18 000				3 200		
	21	销售				③2 000	7.6	15 200	1 200		
		本月合计	5 000	7.6	38 000	3 800	7.6	28 880	1 200	7.6	9 120

加权平均单位成本的计算公式如下：

$$加权平均单位成本=\frac{本期全部可供销售的存货的实际成本}{全部可供销售的存货数量}$$

在本例中，加权平均单位成本计算如下：

$$加权平均单位成本=\frac{12\,000+8\,000+18\,000}{2\,000+1\,000+2\,000}=\frac{38\,000}{5\,000}=7.6(元/瓶)$$

采用加权平均法计算的本期销售成本为28 880元，期末库存红葡萄酒的价值为9 120元。

采用加权平均法在月末计算得到的平均单价显得比较公道。这种方法的显著特点是，平时只记录发出存货的数量而不记录金额，因此，在手工核算的情形下，该方法有助于减少工作量，但不能随时提供存货的账面价值数据，对于企业管理而言多有不便。

4.3.3 移动加权平均法

移动加权平均法克服了前述加权平均法不能随时提供存货账面价值数据的缺陷。在该方法下，每次进货后都要计算一次当时全部可供销售的存货的加权平均单位成本（即平均单价），从而得以采用该单价计算其后所售货物的销售成本和所结存货物的账面价值。

$$\text{加权平均单位成本}=\frac{\text{每次进货后全部可供销售的存货的实际成本}}{\text{每次进货后全部可供销售的存货数量}}$$

例 4－10d

文豪酒业股份公司采用移动加权平均法计算销货成本的情形如表 4－4 所示。

表 4－4 库存商品明细账

（采用移动加权平均法计算）

数量单位：瓶

品名：红葡萄酒　　　　金额单位：元

20×2 年		摘要	收入			发出			结存		
月	日		数量	单价	金额	数量	单价	金额	数量	单价	金额
9	9	采购	①2 000	6	12 000				2 000		
	10	销售				①600	6	3 600	1 400	6	8 400
	15	采购	②1 000	8	8 000				2 400	6.833 3	16 400
	16	销售				②1 200	6.833 3	8 200	1 200	6.833 3	8 200
	20	采购	③2 000	9	18 000				3 200	8.187 5	26 200
	21	销售				③2 000	8.187 5	16 375	1 200	8.187 5	9 825
		本月合计	5 000		38 000	3 800		28 175	1 200	8.187 5	9 825

在本例中，第二次和第三次采购后计算移动加权平均单位成本的情形如下：

$$\begin{array}{c}\text{9 月 15 日计算的移动}\\\text{加权平均单位成本}\end{array}=\frac{8\,400+8\,000}{1\,400+1\,000}=\frac{16\,400}{2\,400}=6.833\,3\text{(元/瓶)}$$

$$\begin{array}{c}\text{9 月 20 日计算的移动}\\\text{加权平均单位成本}\end{array}=\frac{8\,200+18\,000}{1\,200+2\,000}=\frac{26\,200}{3\,200}=8.187\,5\text{(元/瓶)}$$

采用移动加权平均法计算的本期销售成本为 28 175 元，期末库存红葡萄酒的价值为 9 825 元。

移动加权平均法所计算出的加权平均单位成本也显得比较公道。与全月一次加权平均法相比，该方法还可以使管理层及时了解存货的结存情况，有利于对存货进行适时控制。当然，在手工核算的情形下工作量也比较大。

4.3.4 个别计价法

对于不能替代使用的存货（如大型设备）、价格高昂的存货（如名贵珠宝或钟表）、为特定项目专门购入或制造的存货，通常采用个别计价法确定其销售成本。这种方法可顾名思义，兹不赘述。

显然，这种计算方法是最客观的，但在手工核算的情形下工作量比较大。值得庆幸的是，如今条码技术已经比较成熟，大大减少了个别计价法的工作量。

专栏4-3　　后进先出法

《企业会计准则第1号——存货》取消了后进先出法（last-in-first-out，LIFO）。因此，本专栏仅供读者丰富理论知识使用。后进先出法的理念是假定后购进的存货先发出。

例4-10e

文豪酒业股份公司采用后进先出法计算销货成本的情形如表4-5所示。

表4-5　库存商品明细账

（采用后进先出法计算）

数量单位：瓶

品名：红葡萄酒　　　　金额单位：元

20×2年		摘要	收入			发出			结存		
月	日		数量	单价	金额	数量	单价	金额	数量	单价	金额
9	9	采购	①2 000	6	12 000				2 000	6	12 000
	10	销售				①600	6	3 600	1 400	6	8 400
	15	采购	②1 000	8	8 000				1 400 1 000	6 8	8 400 8 000
	16	销售				②200 1 000	6 8	1 200 8 000	1 200	6	7 200
	20	采购	③2 000	9	18 000				1 200 2 000	6 9	7 200 18 000
	21	销售				③2 000	9	18 000	1 200	6	7 200
		本月合计	5 000		38 000	3 800		30 800	1 200	6	7 200

第一次销售时，按照第一次进货时每瓶6元的价格计算销货成本。

第二次进货后，可供销售的红葡萄酒有以单价6元购入的1 400瓶和以单价8元购入的1 000瓶。

第二次销货时，先用8元的单价计算发出的1 000瓶红葡萄酒的销售成本，再用6元的单价计算发出的200瓶红葡萄酒的销售成本。其余情形以此类推。

采用后进先出法计算的本期销售成本为30 800元，期末库存红葡萄酒的账面价值为7 200元。

后进先出法可以以最接近市价的金额计算销售成本，但期末存货的账面价值可能偏离市价较大。此外，在手工核算的情形下工作量也比较大。

表4-6对比分析了不同计价方法对当期主营业务成本和期末结存金额的影

响。不难看出，在采购价持续上涨的情况下，采用先进先出法、移动加权平均法、加权平均法和后进先出法所计算的当期主营业务成本依次递增，期末结存金额则依次递减（其中，后进先出法下的期末结存金额偏离最新市价最远）。

表4-6 发出存货的不同计价方法对当期主营业务成本和期末结存金额的影响

计价方法	收入			发出			结存		
	数量（瓶）	单价（元）	金额（元）	数量（瓶）	单价（元）	金额（元）	数量（瓶）	单价（元）	金额（元）
先进先出法	5 000	7.6	38 000	3 800	—	27 200	1 200	9	10 800
移动加权平均法					—	28 175		8.187 5	9 825
加权平均法					7.6	28 880		7.6	9 120
后进先出法					—	30 800		6	7 200

会计准则中所称的“发出存货”，兼指发出库存商品（涉及销货成本）和发出原材料（涉及生产成本）等情形。实务中，如果本期生产车间领用的原材料是以前分批次以不同的价格采购而来的，那么，在计算生产过程所耗用的材料成本时也可以选择采用先进先出法、加权平均法、移动加权平均法或者个别计价法进行计算。其操作与前例无异，此处从略。

专栏4-4　　低值易耗品的摊销

企业设置“低值易耗品”科目核算企业的低值易耗品的收发和结存情况。该科目可按低值易耗品的种类，设置“在库”“在用”“摊销”等明细科目进行明细核算。企业购入低值易耗品时，比照“原材料”科目进行账务处理。企业应当采用一次转销法或者五五摊销法对低值易耗品进行摊销，计入相关资产的成本或者当期损益。采用一次转销法的，领用时应按其账面价值，根据具体情形借记“管理费用”“销售费用”等科目，贷记“低值易耗品”科目。采用其他摊销法的，可比照处理。具体管理办法由企业管理层自行确定。本科目期末余额在借方，反映企业在库周转材料的成本以及在用周转材料的摊余价值。包装物、周转材料等比照低值易耗品进行会计处理。

1. 一次转销法

一次转销法，是指在低值易耗品投入使用时一次性注销其账面记录。例如，办公耗材一般适宜采用这种摊销方法。

例4-11

江南制造有限公司购买了一台喷墨打印机作为办公用品。增值税专用发票上注明的金额为2 000元，增值税税额为260元，价税合计为2 260元。购入时应作的会计分录如下：

借：低值易耗品　　2 000

　　应交税费——应交增值税（进项税额）　　260

贷：银行存款 2 260

如果采用一次转销法，则在将该喷墨打印机投入使用时应作的会计分录如下：

借：管理费用 2 000

贷：低值易耗品 2 000

2. 五五摊销法

五五摊销法，是指在低值易耗品投入使用时注销其账面金额的一半，在资产报废时再摊销其账面价值的另一半，即低值易耗品分两次各按50%进行摊销。

例4-12

（与例4-11作对比。）江南制造有限公司购买了一台喷墨打印机作为办公用品。增值税专用发票上注明的金额为2 000元，增值税税额为260元，价税合计为2 260元。购入时应作的会计分录如下：

借：低值易耗品 2 000

应交税费——应交增值税（进项税额） 260

贷：银行存款 2 260

如果采用五五摊销法，则应在将该喷墨打印机投入使用时注销其账面价值的一半。其会计分录为：

借：管理费用 1 000

贷：低值易耗品 1 000

在打印机报废时，再注销其账面价值的另一半。其会计分录为：

借：管理费用 1 000

贷：低值易耗品 1 000

实务中，有些企业根据管理需要将低值易耗品的摊销次数改为两次以上，称为分次摊销法。

4.4 存货跌价准备

4.4.1 存货跌价准备的计提

《企业会计准则第1号——存货》规定，资产负债表日，存货应当按照成本与可变现净值（net realizable value，NRV）孰低计量，存货成本高于其可变现净值的，应当计提存货跌价准备，计入当期损益。其中，资产负债表日是指对外公布财务报表之日，在我国一般是指季末和年末。成本是指存货在本期计提跌价准备前的账面价值。可变现净值，对于已经完工、可立即对外出售的存货（如库存商品以及可直接出售的低值易耗品、原材料等）而言，是指其估计售价减去估计的销售费用和相关税费后的金额；对于不可直接对外出售的存货（如在产品、不可直接出售的原材料）而言，是指该存货加工完成后的产成品的估计售价减去自当前状态加工到可销售状态估计将要发生的成本、估计的销售费用以及相关税费后的金额。

企业在确定存货的可变现净值时，应当以取得的确凿证据为基础，并且考虑持有存货的目的、资产负债表日后事项的影响等因素。其中，确凿证据是指对确定存货的可变现净值有直接影响的客观证明，如产成品或商品的市场销售价格、与产成品或商品相同或类似商品的市场销售价格、销货方提供的有关资料和生产成本资料等。

企业设置“资产减值损失”科目核算其计提各项资产减值准备所形成的损失。该科目可按照发生资产减值损失的项目进行明细核算。该科目借方登记发生额（增加数），贷方登记结转额（减少数）。期末结转后，该科目无余额。

企业设置“存货跌价准备”科目核算企业对存货计提的跌价准备。该科目是存货项目的备抵科目，可按存货项目或类别进行明细核算。该科目贷方登记计提额（存货跌价准备的增加数），借方登记转回额或转销额（存货跌价准备的减少数），期末余额在贷方，反映企业已计提但尚未转销的存货跌价准备。

计提存货跌价准备时，借记“资产减值损失”科目，贷记“存货跌价准备”科目。

专栏4-5　　关于“可变现净值”的计算规则的补充说明

以下规则改编自《企业会计准则第1号——存货》和《〈企业会计准则第1号——存货〉应用指南》，供感兴趣的读者参阅。

对于企业为生产而持有的材料等存货，如果企业确信最终产成品仍然有利可图，则可不再考虑减记存货；如果企业认为材料价格的下降必然导致产成品的可变现净值低于成本，则该材料就应当按照可变现净值计量。

为执行销售合同或者劳务合同而持有的存货，其可变现净值应当以合同价格为基础进行计算。企业持有存货的数量多于销售合同订购数量的，超出部分的存货的可变现净值应当以市场价格为基础进行计算。

企业通常应当按照单个存货项目计提存货跌价准备。对于数量较多、单价较低的存货，可以按照存货类别计提存货跌价准备。与在同一地区生产和销售的产品系列相关、具有相同或类似最终用途或目的，且难以与其他项目分开计量的存货，可以合并计提存货跌价准备。

例4-13

高盛现代农业股份公司生产的所罗门牌干红葡萄酒账面价值为9 000 000元。20×1年12月31日，该公司根据确凿证据计算的该批存货的可变现净值为

6 000 000 元。20×2 年 3 月，该公司以不含税价 10 000 000 元将该批货物全部批发售出，价税合计为 11 300 000 元，款项已经到账，货物已经交付。其会计分录如下：

（1）对该批葡萄酒计提存货跌价准备时。

借：资产减值损失　　3 000 000
　贷：存货跌价准备　　3 000 000

（2）实现销售时。

借：银行存款　　11 300 000
　贷：主营业务收入　　10 000 000
　　　应交税费——应交增值税（销项税额）　　1 300 000

（3）结转销货成本时。

借：主营业务成本　　6 000 000
　　存货跌价准备　　3 000 000
　贷：库存商品　　9 000 000

企业会计准则规定，在结转销售成本时，如果对已售存货计提了存货跌价准备，则应同时结转已计提的存货跌价准备。例 4－13 在结转销售成本时，一并转销了对存货计提的跌价准备。

例 4－14

仁爱建工股份公司为生产而储备的铝材的市价大幅下跌，但该公司使用自有的发明专利生产的具有防盗、隔音、通风、调节亮度、净化空气、安定情绪等多种功效的苏杭牌高科技门窗依然保持较高的市场价格，且行情看好。因此，该批原材料（铝材）不用计提存货跌价准备。

例 4－15

蓝猫玩具股份公司库存有 1 000 个怪物史莱克电动毛绒玩具，成本为每个 800 元。其中 700 个是专供葫芦娃商城股份公司的，买卖合同的签约价格是每个 900 元。由于合同规定有巨额的违约责任，蓝猫公司法律部分析后认为葫芦娃公司一定不会违约。该类产品市场状况不佳，按照市价测算的每个玩具的可变现净值为 400 元。则蓝猫公司应计提的存货跌价准备计算如下：

存货的账面价值＝800×300＝240 000(元)

存货的可变现净值＝400×300＝120 000(元)

应计提的存货跌价准备＝240 000－120 000＝120 000(元)

所以，按照企业会计准则的规定，蓝猫公司需计提存货跌价准备 120 000 元。

4.4.2 存货跌价准备的转回

企业计提存货跌价准备以后，在之后的资产负债表日，如果导致以前减记存货的影响因素已经消失，则应恢复以前已经减记的金额，转回已经计提的存货跌价准备。转回的金额不得超过原已计提的存货跌价准备。

转回存货跌价准备时，借记“存货跌价准备”科目，贷记“资产减值损失”科目。

例4-16a

仁人保健器械有限公司20×7年创立，年末库存商品智能按摩器的账面成本为100 000元，根据确凿证据，以估计售价减去估计的销售费用和相关税费而计算的可变现净值为92 000元，计提的存货跌价准备为8 000元。其会计分录如下：

借：资产减值损失	8 000	
贷：存货跌价准备		8 000

例4-16b

仁人保健器械有限公司的产品尚未打开销路，20×8年年末，以估计售价减去估计的销售费用和相关税费而计算的可变现净值为70 000元，故补提存货跌价准备22 000元。其会计分录如下：

借：资产减值损失	22 000	
贷：存货跌价准备		22 000

例4-16c

仁人保健器械有限公司的产品借用高科技概念进行宣传，虽仍未打开销路，但公司预期市场反应值得期待。20×9年年末，用估计售价减去估计的销售费用和相关税费而计算的可变现净值为120 000元（因存货跌价准备累计余额为30 000元，故只可转回存货跌价准备30 000元）。其会计分录如下：

借：存货跌价准备	30 000	
贷：资产减值损失		30 000

专栏4-6　关于存货期末计量的争论

本节所阐释的存货期末计量方法在教材中一般称为成本与市价孰低法(lower of cost or market，LOCOM；又作“cost or market，whichever is lower”)，学界对此存有争议。早在20世纪30年代，业界前辈潘序伦先生就曾撰文批评该方法，以杨纪琬先生为代表的当代会计学者也曾在90年代初声讨这一舶来品。

计提存货跌价准备时只要求具备“确凿证据”，会计记录本身是缺乏法律事实的，也就是说，计提存货跌价准备的记账行为缺乏原始凭证的佐证。因此，这个规则很容易被企业滥用，成为操纵报表数据的利器。一种常见的情形是用该规则调节各年度的利润：计提存货跌价准备时，可收到调减资产、调减利润的效果；转回存货跌价准备时，可收到调增资产、调增利润的效果。这样，会计利润就可以在各年度间转移。另一种情形是用于修饰财务报表：对于连年略微亏损的企业来说，可能会采用先进行巨额的存货跌价准备做出巨额亏损，再在以后年度转回存货跌价准备做出利润。可见，计提和转回存货跌价准备所记载的资产和利润的增减仅仅是预期，并不代表企业的法律关系或经营业绩的变动。因此，成本与市价孰低法对报表读者的益处有限而危害甚大。这就是潘序伦先生、杨纪琬先生等业界前辈谴责该方法的主要原因。

依《中华人民共和国企业所得税法》规定，企业如有实质性资产损失，可报请税务机关进行资产核销处理。作为对比，在纳税申报时，税法不允许把资产减值损失列入扣除项目。因此，企业需要针对计提的资产减值损失进行纳税调整。

4.5 存货盘盈与盘亏

存货盘盈与盘亏是指企业在财产清查过程中发现账簿中未予记载的账外存货（即存货盘盈）或者发现账簿中记载的存货发生短缺（即存货盘亏）的情形。

企业设置“待处理财产损溢——待处理流动资产损溢”科目核算企业在清查财产过程中查明的各种流动资产盘盈、盘亏和毁损的价值。企业的财产损溢，应查明原因，在期末结账前处理完毕，处理后该科目应无余额。

4.5.1 存货盘盈的会计处理

在存货盘盈的情况下，应按照重置成本将存货登记入账，以使账实相符，借记“原材料”“库存商品”等存货科目，贷记“待处理财产损溢——待处理流动资产损溢”科目。同时，报请企业管理层酌情处理。

查明原因后，应按盘盈原因及处理决定及时入账，借记“待处理财产损溢——待处理流动资产损溢”科目，贷记有关科目。在无法确定具体原因的情形下，一般作冲减企业的管理费用处理，借记“待处理财产损溢——待处理流动资产损溢”科目，贷记“管理费用”科目。

例4-17

润生商贸有限责任公司期末盘点库存商品时，发现副食品盘盈，估计的重置成本是1 000元，盘盈原因待查。其会计分录如下：

借：库存商品　　1 000
　贷：待处理财产损溢——待处理流动资产损溢　　1 000

经调查，盘盈系收发时衡器误差所致，经批准冲减企业的管理费用。

借：待处理财产损溢——待处理流动资产损溢　　1 000
　贷：管理费用　　1 000

4.5.2 存货盘亏的会计处理

在存货盘亏的情况下，应按盘亏的存货的账面价值，借记“待处理财产损溢——待处理流动资产损溢”科目，贷记“原材料”“库存商品”等存货科目。同时，报请企业管理层审查处理。

按管理权限报经批准后，应根据盘亏的原因分别进行处理：如果能够确定保险公司的赔款额或者过失责任人的赔偿额，则应根据相应的债权份额借记“其他应收款”科目；如果是由不可抗力因素引起的，则应借记“营业外支出”科目；如果是由管理不善造成的，则应按责任份额借记“管理费用”科目。相应地，贷记“待处理财产损溢——待处理流动资产损溢”科目。

例4-18

润生商贸有限责任公司期末盘点库存商品时，发现绿豆盘亏1 500元，原因待查（实务中，需要进行增值税进项税额转出的处理，为简化示例，本例从略）。其会计分录如下：

借：待处理财产损溢——待处理流动资产损溢	1 500	
贷：库存商品		1 500

经调查，盘亏是由管理不善造成的，经批准计入管理费用。

借：管理费用	1 500	
贷：待处理财产损溢——待处理流动资产损溢		1 500

在资产负债表上，“存货”项目是按照账面价值列示的。账面价值（carrying amount）是指各个存货科目的借方科目余额（即账面余额）合计数减去存货跌价准备后的净额。

在报表附注中，应单独列示存货跌价准备的年初账面余额、本期增加额、本期减少额（包括转回、转销）和期末账面余额。此外，还应在附注中披露与存货有关的下列信息：(1) 各类存货的期初和期末账面价值。(2) 确定发出存货成本所用的方法。(3) 存货可变现净值的确定依据，存货跌价准备的计提方法，当期计提的存货跌价准备的金额，当期转回的存货跌价准备的金额，以及计提和转回的有关情况。(4) 用于担保的存货账面价值。

思考题

1. 存货采购和销售过程中所涉及的增值税是否在利润表中列示？为什么？
2. 如何评价存货期末计量的成本与市价孰低法？
3. 企业会计准则禁止使用后进先出法计算销货成本，你认为其理由是什么？

练习题

1. 金波实业股份公司为增值税一般纳税人，20×7 年 7 月该公司发生的有关经济业务如下：

(1) 20×7 年 7 月 7 日，采购原材料一批，增值税专用发票上注明的原材料金额为 4 000 000 元，增值税税额为 520 000 元，价税合计为 4 520 000 元。卖方负责运货，货物经长途运输运达公司。

(2) 定制品生产车间领用该批原材料。

(3) 定制品生产车间发放从事直接生产的工人师傅的工资 2 400 000 元。

(4) 定制品生产车间归集该车间发生的与该订单有关的各项间接代价，其中动用银行存款支付了水、电、气等车间开支 200 000 元和车间主任与车间其他管理人员薪酬 1 400 000 元。当月对车间的固定资产计提折旧4 000 000 元。

(5) 定制品生产车间将归集的间接费用分配给各项在产品，分配标准由企业自行确定。按照公司的成本核算办法，公司领导决定由写字桌和椅子平均分摊该车间的制造费用。

(6) 定制产品完成全部工序，产成品已经从车间运到仓库。

(7) 20×7 年 7 月 31 日，金波实业股份公司依合同约定的价格和交货时间将写字桌和椅子销售给客户。增值税专用发票上注明的金额为 20 000 000 元，增值税税额为 2 600 000 元，价税合计为 22 600 000 元，货款已经划入公司的银行账户。

要求：编制金波实业股份公司与上述业务相关的会计分录。

2. 某食品批零股份公司的方便食品进销两旺，资料如下表所示。

数量单位：千克

金额单位：元

20×7 年		摘要	收入			发出			结存		
月	日		数量	单价	金额	数量	单价	金额	数量	单价	金额
7	7	采购	2 000	8							
	10	销售				1 000					
	15	采购	4 000	9							
	16	销售				2 000					
	20	采购	2 000	10							
	21	销售				3 000					
		本月合计	8 000			6 000					

要求：请用下列方法确定当月的销售成本金额，并注明计算过程：

(1) 先进先出法；

(2) 加权平均法；

(3) 移动加权平均法。

第5章

Chapter 5

固定资产

学习目标

1. 掌握：固定资产入账价值、折旧的计算方法；固定资产盘盈与盘亏的核算规则；固定资产的后续支出的核算规则。
2. 理解：固定资产减值准备的计算规则的设计思路。
3. 了解：固定资产的报表列示与附注披露。

本章结合工商企业的日常业务介绍《企业会计准则第4号——固定资产》中规定的会计处理规则。该准则系借鉴《国际会计准则第16号——不动产、厂房和设备》(International Accounting Standard 16：Property，Plant and Equipment) 制定而成，两者仅有少量差异。

5.1 固定资产概述

企业会计准则所称的固定资产，是指企业为生产商品、提供劳务、出租或经营管理而持有的，使用寿命超过一个会计年度的有形资产。读者可以通过与存货、无形资产作对比来理解这一定义。该定义中没有规定金额标准，具体标准由企业根据管理需要自行确定。① 例如，备品备件和维修设备通常确认为存货，但符合固定资产定义和确认条件的（如民用航空运输企业的高价周转件等），应当确认为固定资产。

2014年10月20日，财政部、国家税务总局发布的《关于完善固定资产加速折旧企业所得税政策的通知》(财税〔2014〕75号) 规定，企业持有的单位价

① 2006年以前的会计法规通常规定有具体的金额标准，如2000年12月发布的《企业会计制度》第二十五条规定，“固定资产，是指企业使用期限超过1年的房屋、建筑物、机器、机械、运输工具以及其他与生产、经营有关的设备、器具、工具等。不属于生产经营主要设备的物品，单位价值在2 000元以上，并且使用年限超过2年的，也应当作为固定资产”。

值不超过5 000元的固定资产，允许一次性计入当期成本费用在计算应纳税所得额时扣除，不再分年度计算折旧。据此，企业可以将其固定资产的确认标准界定为5 000元。

企业设置“固定资产”科目核算企业持有固定资产的原价。该科目可按固定资产类别和项目进行明细核算。该科目的期末借方余额，反映的是企业固定资产的账面原价。

企业账簿中所记载的固定资产，应当具备《中华人民共和国物权法》所规定的物权证明。具体而言，对于不动产（房屋、建筑物）而言，企业应当依法办理不动产登记并持有不动产权属证书；对于动产而言（机器、机械、运输工具以及其他与生产、经营有关的设备、工具、器具等），企业应当持有购货发票、买卖合同、支付结算单据等法律证据。

专栏5-1　国际会计准则所规定的固定资产的确认条件

固定资产同时满足下列条件的，才能予以确认：

（1）与该固定资产有关的经济利益很可能流入企业；

（2）该固定资产的成本能够可靠地计量。

如果企业拥有的某项固定资产的各组成部分具有不同的使用寿命或者以不同的方式为企业提供经济利益，适用不同的折旧率或折旧方法，则应当分别将该固定资产的各组成部分确认为单项固定资产。

5.2 固定资产入账时的会计处理

固定资产应当按照实际代价（cost）入账。“入账”，在英美教材中一般称作“初始计量”（initial measurement）。

5.2.1 外购固定资产的入账价值

外购固定资产的入账价值，包括购买价款，相关税费（如契税、印花税等，不包括增值税进项税额），使固定资产达到预定可使用状态前所发生的可归属于该项固定资产的运输费、装卸费、安装费和专业人员服务费等。

1. 购入不需安装的机器设备

购入不需安装的机器设备这类可以抵扣增值税进项税额的固定资产时，需要在“应交税费——应交增值税（进项税额）”科目中记录其进项税额。

例5-1

20×9年9月9日，神农机械股份公司购入一台不需要安装的龙门刨床，取得的增值税专用发票上注明的货物金额为400 000元，税额为52 000元。以上款项已经全部转账付清，机器已经验收。其会计分录如下：

借：固定资产　400 000
　　应交税费——应交增值税（进项税额）　52 000
　贷：银行存款　452 000

2. 购入需要安装的机器设备

购入需要安装的机器设备时，需要通过“在建工程”科目汇总记录机器设备达到预定可使用状态前所发生的全部代价。

例5-2

绿园科技股份公司20×6年购入了一套牛奶灌装设备，须安装调试（改建、扩建）。增值税专用发票上注明的设备金额为3 000 000元，税额为390 000元，价税合计为3 390 000元。另发生装卸费6 000元。安装调试阶段支付了工程项目组的工资80 000元。其会计分录如下：

（1）支付设备价款、装卸费时。

借：在建工程　3 006 000
　　应交税费——应交增值税（进项税额）　390 000
　贷：银行存款　3 396 000

（2）支付工程项目组的工资时。

借：在建工程　80 000
　贷：应付职工薪酬　80 000

（3）安装调试完毕投入使用时。

借：固定资产　3 086 000
　贷：在建工程　3 086 000

3. 购入的房屋、建筑物

一般纳税人购买房屋、建筑物作为固定资产入账时，应按照除增值税进项税额以外的、为使该资产达到预定可使用状态所付出的全部代价入账。

例5-3

仲景医学股份公司20×6年斥资9 810 000元购入销售部专用的独栋小楼。其中，增值税专用发票上注明的金额为9 000 000元，税额为810 000元；印花税、中介费等略。其会计分录如下：

借：固定资产　9 000 000
　　应交税费——应交增值税（进项税额）　810 000
　贷：银行存款　9 810 000

以一笔款项购入多项没有单独标价的固定资产，应当按照各项固定资产的公允价值比例对总成本进行分配，分别确定各项固定资产的成本。示例从略。

4. **分期付款购入的固定资产**

购买固定资产时，如果超过正常信用条件延期支付价款，则被会计准则认为“实质上具有融资性质”，在这种情况下，应按照“购买价款的现值”（即全款交易的现销价格）来确定固定资产的入账价值。

实际支付的价款与购买价款的现值之间的差额，通常应当在信用期间内计入当期损益。按照《企业会计准则第17号——借款费用》的规定应予资本化的除外。

根据增值税相关规定，采取赊销和分期收款方式销售货物，其增值税纳税义务发生时间为书面合同约定的收款日期的当天；无书面合同的或者书面合同没有约定收款日期的，为货物发出的当天。

例5-4

天工机电股份公司从正道地产有限公司处采购独栋楼房作为销售大楼，协议约定，从当年年末起分5年期付款，每次在年末付款2 000 000元，合计10 000 000元。在现销方式下，该独栋楼房的销售价格为8 000 000元。

上述业务的金钱利益，从买方的角度来看，可以简化为：第1年年初得款8 000 000元，从当年年末起，每年年末付款2 000 000元，连续付5次。经测算，这一金融活动的实际利率（即每个付款间隔期所对应的内含报酬率）为7.930 826 116 052 86%。实际利率的含义及计算方法见专栏6-4。摊余成本的计算如表5-1所示。

表5-1 摊余成本计算表 单位：元

	期初摊余成本	借记“财务费用”科目	视同还本	分期付款
	本期①=上期①-上期③	②=①×实际利率	③=④-②	④
第1年	8 000 000	634 466	1 365 534	2 000 000
第2年	6 634 466	526 168	1 473 832	2 000 000
第3年	5 160 634	409 281	1 590 719	2 000 000
第4年	3 569 915	283 124	1 716 876	2 000 000
第5年	1 853 039	146 961	1 853 039	2 000 000

以第1年为例，上表中的计算逻辑如下：第1年年初，天工机电股份公司的长期应付款的摊余成本是8 000 000元（购买的大楼的全款交易价格），可以把它类比为该公司获得的贷款，该项业务的实际利率是7.930 826 116 052 86%，即该公司认可的此项金融活动的内含报酬率，则第1年在理论上应负担的利息费用是634 466元（8 000 000×7.930 826 116 052 86%）。而第1年连本带利实际支付的金额是2 000 000元，因此，超出理论上应负担的利息费用的部分1 365 534元则视为理论上的“偿还本金”。偿还本金之后的摊余成本是6 634 466元（8 000 000－1 365 534）。第2年的情形可以以此类推。

（1）采购成立时。

借：固定资产	8 000 000	
未确认融资费用	2 000 000	
贷：长期应付款		10 000 000

(2) 各期付款时（共5次，以斜线“/”分隔)。

借：长期应付款　2 000 000/2 000 000/2 000 000/2 000 000/2 000 000

　贷：银行存款　2 000 000/2 000 000/2 000 000/2 000 000/2 000 000

(3) 每次计算确认融资费用时（共5次，以斜线“/”分隔)。

借：财务费用　634 466/526 168/409 281/283 124/146 961

　贷：未确认融资费用　634 466/526 168/409 281/283 124/146 961

此例的关键在于，固定资产是按照全款交易现销价格8 000 000元（即准则所称的“购买价款的现值”）入账的。

上述示例为简明起见，没有考虑增值税。若考虑增值税（适用税率为9%)，则每次付款时需要作以下记载：

借：财务费用①　180 000/180 000/180 000/180 000/180 000

　贷：银行存款　180 000/180 000/180 000/180 000/180 000

5.2.2 自行建造固定资产的入账价值

自行建造固定资产的成本，包括使该固定资产达到预定可使用状态所发生的所有必要支出。例如，在建工程相关专用借款的利息应当计入建造成本。

企业设“在建工程”科目核算企业基建、更新改造等在建工程发生的支出。该科目可按“建筑工程”“安装工程”“在安装设备”“单项工程”等进行明细核算。该科目的期末借方余额反映企业尚未达到预定可使用状态的在建工程的价值。在建工程发生减值的，可以单独设置“在建工程减值准备”科目进行处理。

企业设“工程物资”科目核算企业为在建工程准备的各种物资的价值，包括工程用材料、尚未安装的设备以及为生产准备的工具、器具等。

例5-5

神农机械股份公司自行建造产品展销厅，其相关业务与会计分录如下：

(1) 用银行存款购入建筑工程所需材料一批，增值税专用发票上注明的金额为1 000 000元，税额为130 000元，价税合计为1 130 000元。

借：工程物资　1 000 000

　　应交税费——应交增值税（进项税额）　130 000

　贷：银行存款　1 130 000

(2) 建筑工程领用材料1 000 000元。

借：在建工程　1 000 000

　贷：工程物资　1 000 000

(3) 结转建造固定资产应负担的职工工资200 000元。

借：在建工程　200 000

　贷：应付职工薪酬　200 000

① 根据《营业税改征增值税试点实施办法》第二十七条规定，购进的贷款服务的进项税额不得从销项税额中抵扣。利息费用的增值税进项税额计入相关成本费用。

（4）结转建造固定资产应负担的专用借款利息开支84 800元，收到的增值税专用发票上记载的不含税利息金额为80 000元，税额为4 800元，价税合计为84 800元。

借：在建工程　　84 800
　贷：银行存款　　84 800

（5）在建工程发生管理费、监理费等杂项开支6 000元。

借：在建工程　　6 000
　贷：银行存款　　6 000

（6）建造固定资产完工，经验收合格并投入使用。

借：固定资产　　1 286 000
　贷：在建工程　　1 286 000

5.3 固定资产折旧

5.3.1 关于折旧的一般规定

折旧（depreciation），是指在固定资产的使用寿命（useful life）内，按照特定的方法对应计折旧额进行系统分摊。其中，应计折旧额（depreciable amount），是指应当计提折旧的固定资产的原价扣除其预计净残值后的金额（已计提减值准备的固定资产，还应当扣除已计提的固定资产减值准备累计金额）；预计净残值（residual value），是指假定固定资产预计使用寿命已满并处于使用寿命终了时的预期状态，企业处置该项资产的得款数扣除预计处置费用后的金额。

企业应当根据固定资产的性质和使用情况，合理确定固定资产的使用寿命和预计净残值。一经确定，不得随意变更。确定固定资产使用寿命时，应当考虑预计生产能力或实物产量、预计有形损耗和无形损耗以及法律法规对资产使用的限制等因素。

企业应当对所有固定资产计提折旧。固定资产应自达到预定可使用状态时开始计提折旧，终止确认时或划分为持有待售非流动资产时停止计提折旧。已达到预定可使用状态但尚未办理竣工决算的固定资产，应当按照估计价值确认为固定资产，并计提折旧，待办理竣工决算后，再按实际成本调整原来的暂估价值，但不需要调整原已计提的折旧额。

固定资产应当按月计提折旧，当月增加的固定资产，当月不计提折旧，从下月起计提折旧；当月减少的固定资产，当月仍计提折旧，从下月起不计提折旧。

固定资产提足折旧后，不论能否继续使用，均不再计提折旧；提前报废的固定资产，也不再补提折旧。提足折旧，是指已经提足该项固定资产的应计折旧额。

5.3.2　折旧的会计处理

会计准则规定，企业应当按月对所有固定资产计提折旧，并根据用途计入相关资产的成本或者当期损益（为简化起见，以下多以计算年度折旧额为例，不再按月编制会计分录）。

企业设置“累计折旧”科目核算企业对固定资产计提的累计折旧。该科目属于“固定资产”科目的备抵科目。该科目贷方登记计提的固定资产折旧，借方登记减少的固定资产的已提折旧。该科目可按固定资产的类别或项目进行明细核算。该科目期末贷方余额，反映企业固定资产的累计折旧额。

计提折旧时，按照固定资产的使用部门（即受益对象）分别借记“制造费用”（通常针对各车间的固定资产）、“管理费用”（通常针对管理部门使用的固定资产）、“销售费用”（通常针对销售部门使用的固定资产）等科目。

例5-6

20×6年9月，皮皮鲁皮具有限公司的固定资产计提折旧情况如下：车间厂房计提折旧38 000元，机器设备计提折旧45 000元；管理部门房屋、建筑物计提折旧65 000元，运输车辆计提折旧24 000元；销售部门房屋、建筑物计提折旧32 000元，运输车辆计提折旧26 300元。其会计分录如下：

借：制造费用	83 000	（车间受益）
管理费用	89 000	（管理部门受益）
销售费用	58 300	（销售部门受益）
贷：累计折旧	230 300	

5.3.3　折旧方法

会计准则规定，企业应当根据与固定资产有关的经济利益的预期实现方式，合理选择固定资产折旧方法。可选用的折旧方法包括直线法、工作量法、双倍余额递减法、年数总和法等。折旧方法一经确定，不得随意变更。

1. 直线法

直线法（straight-line depreciation method），又称年限平均法，是指在固定资产预计使用寿命内均衡地分摊应计折旧额。这种计算方法下得出的每期折旧额是相等的。其计算公式为：

$$年折旧额=\frac{固定资产原价-预计净残值}{预计使用年限}$$

$$月折旧额=年折旧额\div 12$$

以折旧率的形式表述，各月应计提折旧额的计算公式如下：

$$年折旧率=\frac{固定资产原价-预计净残值}{固定资产原价}\div 预计使用年限\times 100\%$$

$$=\left(1-\frac{预计净残值}{固定资产原价}\right)\div 预计使用年限\times 100\%$$

$$=(1-预计净残值率)\div 预计使用年限\times 100\%$$

$$月折旧额=固定资产原价\times 年折旧率\div 12$$

例5-7

神农机械股份公司有一台数控牛头刨床原价为600 000元，预计使用寿命为5年，预计净残值率为4%；假设没有为该设备计提减值准备。采用直线法计提折旧，则折旧额的计算如下：

该设备的年折旧额＝600 000×(1－4%)÷5＝115 200(元)

该设备的月折旧额＝115 200÷12＝9 600(元)

直线法的优点是计算简便。如果固定资产各期的负荷程度相同、各期应分摊相同的折旧费用，那么采用直线法计算折旧就很合理。

但从资产的使用效益来看，固定资产在不同使用年限的经济效益是不同的，一般来说，前期工作效率相对较高。从资产的使用代价来看，资产在不同的使用年限所需要的维修费用也不一样，维修费用将随着其使用时间的延长而不断增加。直线法没有考虑这些因素，因此，在有些情况下显得不太合理。

2. 工作量法

工作量法（workload depreciation method），是根据固定资产在各个会计期间的实际工作量计算每期应计提折旧额的一种折旧方法。这种方法下折旧额的计算公式为：

$$单位工作量折旧额=\frac{固定资产原价-预计净残值}{预计工作总量}$$

$$月折旧额=当月工作量\times 单位工作量折旧额$$

例5-8

神农机械股份公司的一台数控车床设备原价为680 000元，预计生产产品产量为2 000 000件，预计净残值率为3%，本月生产产品34 000件；假设没有为该机器设备计提减值准备。采用工作量法计算的该机器设备的月折旧额如下：

单位工作量折旧额＝680 000×(1－3%)÷2 000 000＝0.329 8(元/件)

月折旧额＝34 000×0.329 8＝11 213.2(元)

采用工作量法计提固定资产折旧，能够将各期负担的折旧费用与固定资产的损耗程度联系起来。当然，如何估计“预计总工作量”，则是颇有技术难度的问题。

3. 双倍余额递减法

双倍余额递减法（double-declining-balance method，DDB），是指最初不考虑固定资产预计净残值，根据每年年初固定资产净值和双倍直线法折旧率计算；在其折旧年限到期前两年内，将固定资产净值扣除预计净残值后的余额平均摊销。

例 5-9

神农机械股份公司有一台数控牛头刨床原价为 600 000 元，预计使用寿命为 5 年，预计净残值率为 4%；假设没有为该机器设备计提减值准备。采用双倍余额递减法计算的各年折旧额如下：

第 1 年折旧额＝600 000×40%＝240 000(元)

第 2 年折旧额＝(600 000－240 000)×40%＝144 000(元)

第 3 年折旧额＝(360 000－144 000)×40%＝86 400(元)

从第 4 年起改按年限平均法（直线法）计提折旧。

第 4 年、第 5 年折旧额＝(129 600－600 000×4%)÷2＝52 800(元)

各年折旧额的计算结果如表 5-2 所示。

表 5-2 用双倍余额递减法计算各年折旧额 单位：元

年次	年初净值	年折旧率	年折旧额	累计折旧额	年末净值
1	600 000	40%	240 000	240 000	360 000
2	360 000	40%	144 000	384 000	216 000
3	216 000	40%	86 400	470 400	129 600
4		平均	52 800	523 200	76 800
5		平均	52 800	576 000	24 000

4. 年数总和法

年数总和法（sum-of-the-years'-digits method），又称合计年限法，是指将应计折旧额乘以一个以固定资产“尚可使用年限”为分子、以“预计使用年限的年数总和”为分母的逐年递减的分数，来计算每年折旧额的一种方法。这种方法下年折旧率的计算公式如下：

年折旧率＝尚可使用年限÷预计使用年限的年数总和

例 5-10

神农机械股份公司有一台数控牛头刨床原价为 600 000 元，预计使用寿命为 5 年，预计净残值率为 4%；假设没有为该机器设备计提减值准备。采用年数总和法计算的各年折旧额如表 5-3 所示。

表 5-3 用年数总和法计算折旧额 单位：元

年次	原值-净残值	年折旧率	年折旧额	累计折旧
1	576 000	5/15	192 000	192 000
2	576 000	4/15	153 600	345 600

续表

年次	原值-净残值	年折旧率	年折旧额	累计折旧
3	576 000	3/15	115 200	460 800
4	576 000	2/15	76 800	537 600
5	576 000	1/15	38 400	576 000

为便于读者掌握各种折旧方法的计算规则，兹对比如下（见表 5－4）：

表 5－4　各种折旧方法的比较

项目	计提折旧基础	各年折旧率	各年折旧额
直线法	考虑净残值	各年均等	各年均等
工作量法	考虑净残值	—	取决于工作量
双倍余额递减法	年初净值（最后两年改用直线法）	不变（最后两年改用直线法）	递减（最后两年相等）
年数总和法	考虑净残值	递减	递减

专栏 5－2

加速折旧法

加速折旧法（accelerated depreciation method）是一个笼统的概念，泛指在固定资产使用初期计提折旧较多而在后期计提折旧较少，相对于等额折旧来说是“加速”计算折旧的各种方法，就本书而言即指双倍余额递减法和年数总和法。沿用例 5－7、例 5－9 及例 5－10 的资料，将各年折旧额汇总对比如表 5－5 所示。

表 5－5　不同方法下的各年折旧额对比　　单位：元

项目	第 1 年	第 2 年	第 3 年	第 4 年	第 5 年
直线法	115 200	115 200	115 200	115 200	115 200
双倍余额递减法	240 000	144 000	86 400	52 800	52 800
年数总和法	192 000	153 600	115 200	76 800	38 400

可见，加速折旧使得企业在固定资产使用前期费用较大、利润较少。

1. 企业所得税法实施条例的相关规定

虽然会计准则允许企业选择使用加速折旧法（企业应当根据与固定资产有关的经济利益的预期实现方式，合理选择固定资产折旧方法），但是企业所得税法及其实施条例规定了更为严格的条件：固定资产按照直线法计算的折旧，准予扣除。企业应当根据固定资产的性质和使用情况，合理确定固定资产的预计净残值。固定资产的预计净残值一经确定，不得变更。企业的固定资产由于技术进步等原因，确需加速折旧的，可以缩短折旧年限或者采取加速折旧的方法。可以采取缩短折旧年限或者采取加速折旧方法的固定资产包括：(1) 由于技术进步，产品更新换代较快的固定资产；(2) 常年处于强震动、高腐蚀状态的固定资产。采取缩短折旧年限方法的，最低折旧年限不得低于实施条例规定折旧年限的 60%；采取加速折旧方法的，可以采取双倍余额递减法或者年数总和法。

实际上，企业所得税法规定的最低折旧年限已经非常短了，除确有必要且符合税法规定的情形外，企业一般并无必要实施加速折旧法。除国务院财政、税务主管部门另有规定外，固定资产计算折旧的最低年限如下：房屋、建筑物为20年；飞机、火车、轮船、机器、机械和其他生产设备为10年；与生产经营活动有关的器具、工具、家具等为5年；飞机、火车、轮船以外的运输工具为4年；电子设备为3年。

如果企业未经税务机关批准而采用了加速折旧法，则必须在企业所得税汇算清缴时进行纳税调整。

2. 固定资产加速折旧政策的调整

2014年9月24日，国务院常务会议审议通过了完善固定资产加速折旧政策方案，决定完善现行固定资产加速折旧政策，通过减轻税负，加快企业设备更新、科技研发创新，扩大制造业投资，促进大众创业。10月20日，财政部、国家税务总局发布《关于完善固定资产加速折旧企业所得税政策的通知》（财税〔2014〕75号），自2014年1月1日起执行。

（1）一次性扣除的金额标准。对所有行业企业持有的单位价值不超过5 000元的固定资产，允许一次性计入当期成本费用在计算应纳税所得额时扣除，不再分年度计算折旧。

（2）专门用于研发的仪器、设备。对所有行业企业2014年1月1日后新购进的专门用于研发的仪器、设备，单位价值不超过100万元的，允许一次性计入当期成本费用在计算应纳税所得额时扣除，不再分年度计算折旧；单位价值超过100万元的，可缩短折旧年限或采取加速折旧的方法。

（3）针对特定行业的优惠。对以下6个行业的企业2014年1月1日后新购进的固定资产，可缩短折旧年限或采取加速折旧的方法：1）生物药品制造业；2）专用设备制造业；3）铁路、船舶、航空航天和其他运输设备制造业；4）计算机、通信和其他电子设备制造业；5）仪器仪表制造业；6）信息传输、软件和信息技术服务业等。

对上述6个行业的小型微利企业2014年1月1日后新购进的研发和生产经营共用的仪器、设备，单位价值不超过100万元的，允许一次性计入当期成本费用在计算应纳税所得额时扣除，不再分年度计算折旧；单位价值超过100万元的，可缩短折旧年限或采取加速折旧的方法。

企业按上述规定缩短折旧年限的，最低折旧年限不得低于上述最低折旧年限的60%；采取加速折旧方法的，可采取双倍余额递减法或者年数总和法。

5.3.4 折旧的复核

企业至少应当于每年年度终了，对固定资产的使用寿命、预计净残值和折旧方法进行复核。使用寿命预计数与原先估计数有差异的，应当调整固定资产使用寿命。预计净残值预计数与原先估计数有差异的，应当调整预计净残值。

与固定资产有关的经济利益预期实现方式有重大改变的，应当改变固定资产折旧方法。

固定资产使用寿命、预计净残值和折旧方法的改变应当作为会计估计变更。也就是说，从变更当月起直接按照最新的使用寿命、预计净残值和折旧方法计算固定资产的折旧额，但对以往的账务处理不做追溯调整。

5.4 固定资产减值准备

《企业会计准则第8号——资产减值》规定，企业应当在资产负债表日（即结账并编制资产负债表之日）考虑计算固定资产的资产减值损失。长期资产减值的计算规则如图5-1所示。

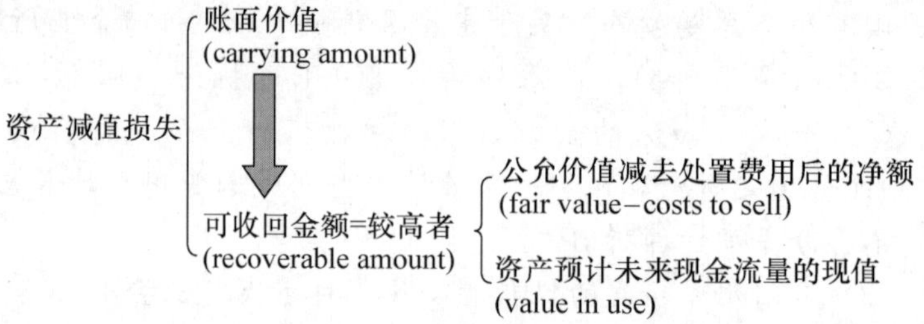

图5-1 长期资产减值的计算规则示意图

资产存在减值迹象的，应当估计其可收回金额。可收回金额（recoverable amount）应当根据“资产的公允价值减去处置费用后的净额”与“资产预计未来现金流量的现值”两者之间较高者确定。这两者颇耐人寻味，通俗地说，前者可称作变卖净价（net selling price），即固定资产如果出售能够卖多少钱；后者可称作在用价值（value in use），即主观上认为该资产价值应为多少。

如果估计结果表明资产的可收回金额低于其账面价值（即账面价值虚高），则应将该资产的账面价值减记至可收回金额。

企业设置“固定资产减值准备”科目核算企业固定资产的减值准备。计算固定资产减值准备时，借记“资产减值损失”科目，贷记“固定资产减值准备”科目。此分录实际上起到了在会计报表上减记资产、减记利润的作用。该科目期末贷方余额，反映企业已计提但尚未转销的固定资产减值准备。

在记载资产减值损失后的会计期间，应当在减值后的账面价值的基础上重新计算该固定资产的折旧额。

例5-11

江南制造股份公司20×2年1月购入一台坐标镗床，原值为200 000元，预计净残值为8 000元，预计使用年限为5年，采用年限平均法计提折旧。20×3年12月31日该机器发生减值，预计可收回金额为110 000元。计提减值准备后，该机器设备的预计使用年限为2年，预计净残值为2 000元。其账务处理如下：

该坐标镗床截至 20×3 年年底的累计折旧 $=(200\,000-8\,000)\div(12\times5)\times(11+12)$
$=73\,600$（元）

该坐标镗床在 20×3 年年底的账面价值 $=200\,000-73\,600=126\,400$（元）

固定资产减值准备 $=126\,400-110\,000=16\,400$（元）

借：资产减值损失　　16 400
　贷：固定资产减值准备　　16 400

记载资产减值损失之后的月折旧额 $=(110\,000-2\,000)\div24=4\,500$（元）

专栏 5-3　如何计算可变现净值

资产减值的理论依据尚存争议。实务工作者在计算现值时往往感到非常困惑。现值的计算需要估计未来的现金流量、折现期间、折现率。依准则的规定，企业管理层需以其最佳估计数确定之。兹分述如下：

（1）现金流量的估计。企业管理层应当在合理和有依据的基础上对资产剩余使用寿命内整个经济状况进行最佳估计。应当以经企业管理层批准的最近财务预算或者预测数据，以及该预算或者预测期之后年份稳定的或者递减的增长率为基础。企业管理层如能证明递增的增长率是合理的，可以以递增的增长率为基础。在对预算或者预测期之后年份的现金流量进行预计时，所使用的增长率除非企业能够证明更高的增长率是合理的，不应当超过企业经营的产品所处的市场、行业或者所在国家或者地区的长期平均增长率。

（2）折现期间的估计。建立在预算或者预测基础上的资产未来现金流量最多涵盖 5 年。企业管理层如能证明更长的期间是合理的，可以涵盖更长的期间。

（3）折现率的估计。折现率是反映当前市场货币时间价值和资产特定风险的税前利率，是企业在购置或者投资资产时所要求的必要报酬率。在预计资产的未来现金流量时已经对资产特定风险的影响作了调整的，估计折现率不需要考虑这些特定风险。如果用于估计折现率的基础是税后的，应当将其调整为税前的折现率。折现率的确定通常应当以该资产的市场利率为依据。无法从市场获得的，可以使用替代利率估计折现率。替代利率可以根据加权平均资本成本、增量借款利率或者其他相关市场借款利率作适当调整后确定。调整时，应当考虑与资产预计未来现金流量有关的特定风险以及其他有关的货币风险和价格风险等。

显然，现值的计算具有很强的主观性。它是一种金融分析方法，不适合作为会计记账的依据。

针对固定资产计算的资产减值损失一经确认，在以后会计期间不得转回。也就是说，即使其可收回金额有所回升，也不应予以记载。处置固定资产时，应当注销原记载的固定资产减值准备。

5.5 固定资产的后续支出

固定资产的后续支出，是指固定资产在使用过程中发生的更新改造支出、修理费用等。满足确认条件的更新改造等后续支出，应当计入固定资产成本，如有被替换的部分，应扣除其账面价值；不满足确认条件的修理开支等，应当在发生时计入当期损益。

1. 计入固定资产成本的后续支出

例5-12

天工机电股份公司采用最新的电气自动化技术，对现有的成套加工设备进行技术改造。其有关账务处理如下：

(1) 原固定资产账面原值为1 800万元，累计折旧为700万元，账面价值（净值）为1 100万元，转入在建工程。

借：在建工程 11 000 000
　　累计折旧 7 000 000
　贷：固定资产 18 000 000

(2) 原固定资产配置的旧电气设备被拆除，该设备被拆除前的账面价值（净值）是30万元。终止确认该电气设备的账面价值，假定作报废处理，无残值。

借：营业外支出 300 000
　贷：在建工程 300 000

(3) 支付技术改造项目的土建工程款200万元。

借：在建工程 2 000 000
　贷：银行存款 2 000 000

(4) 购入一套全新高科技装置，投入技术改造，增值税专用发票上注明的金额为400万元，税额为52万元，价税合计为452万元。该设备已经投入安装。

借：工程物资 4 000 000
　　应交税费——应交增值税（进项税额） 520 000
　贷：银行存款 4 520 000
借：在建工程 4 000 000
　贷：工程物资 4 000 000

(5) 转账支付技术改造工程的设计、绘图、管理以及试运转等费用共计100万元。

借：在建工程 1 000 000
　贷：银行存款 1 000 000

(6) 技术改造工程完工，成套加工设备交付使用，结转在建工程成本。

借：固定资产 17 700 000
　贷：在建工程 17 700 000

2. 费用化的后续支出

固定资产在长期使用过程中，由于自然损耗或使用磨损等原因，往往发生部分零部件的损坏。为了保证固定资产的正常运转及使用，企业往往需要对固定资产进行必要的修理。

例 5-13

天工机电股份公司 20×6 年 5 月对汽车进行日常修理，以银行存款支付修理费 4 480 元。其会计分录如下：

借：管理费用	4 480	
贷：银行存款		4 480

5.6 固定资产的盘盈与盘亏

我国现行会计准则及其应用指南分别针对固定资产的盘盈与盘亏制定了不同的会计处理规则。

5.6.1 固定资产盘盈

为了限制企业利用盘盈固定资产来操纵利润，我国现行会计准则及其应用指南要求企业对固定资产盘盈比照会计差错进行账务处理。

企业设“以前年度损益调整”科目，核算企业本年度发生的调整以前年度损益的事项，以及本年度发现的重要前期差错更正涉及调整以前年度损益的事项。该科目结转后应无余额。

发现盘盈时，借记“固定资产”科目，贷记“以前年度损益调整”科目。

记录由于资产盘盈所导致的企业所得税纳税义务时，借记“以前年度损益调整”科目，贷记“应交税费——应交所得税”科目。

将税后净利计入未分配利润时，借记“以前年度损益调整”科目，贷记“利润分配——未分配利润”科目。

5.6.2 固定资产盘亏

固定资产盘亏可比照存货盘亏进行账务处理，通过“待处理财产损溢”科目进行核算。

发现盘亏时，按固定资产的原值，贷记“固定资产”科目；按已计提的折旧额，借记“累计折旧”科目；按已计提的减值准备，借记“固定资产减值准备”科目；按固定资产的账面价值（即净额），借记“待处理财产损溢——待处理非流动资产损溢”科目。

经批准处理时，借记“营业外支出”科目，贷记“待处理财产损溢——待处理非流动资产损溢”科目。

例5-14

中南电器股份公司年末对固定资产进行清查时，发现丢失一台计量设备，该设备原价48 000元，已计提折旧18 000元。经查，计量设备丢失的原因在于保管员看守不当。经批准，由保管员赔偿10 000元。其有关账务处理如下：

（1）发现用电计量设备丢失时。

借：待处理财产损溢——待处理非流动资产损溢	30 000	
累计折旧	18 000	
贷：固定资产——计量设备		48 000

（2）报经批准后。

借：其他应收款	10 000	
营业外支出	20 000	
贷：待处理财产损溢——待处理非流动资产损溢		30 000

5.7 固定资产的处置

1. 处置因自然灾害导致毁损、已丧失使用功能的固定资产的情形

对于因自然灾害导致毁损、已丧失使用功能等原因而报废清理的固定资产，应当将其损失记入“营业外支出”科目。

例5-15

江南制造股份公司20×7年12月31日盘亏一台机器设备，该设备账面余额（账面原价）为900 000元，累计折旧为500 000元，资产减值准备为300 000元。其有关账务处理如下：

（1）记录盘亏情况时。

借：待处理财产损溢——待处理非流动资产损溢	100 000	
累计折旧	500 000	
固定资产减值准备	300 000	
贷：固定资产		900 000

（2）经批准核销该项设备时。

借：营业外支出	100 000	
贷：待处理财产损溢——待处理非流动资产损溢		100 000

2. 正常处置固定资产的情形

企业设置“资产处置损益”科目核算企业出售划分为持有待售的非流动资产（金融工具、长期股权投资和投资性房地产除外）或处置组时确认的处置利得或损失，以及处置未划分为持有待售的固定资产、在建工程、生产性生物资产及无形资产而产生的处置利得或损失。该科目贷方登记发生额（增加数），借方登记结转额（减少数）。企业记录资产处置收益时，借记“银行存款”“固定资产清理”等科目，贷记“资产处置损益”科目。期末，企业应根据该科目的本期贷方

发生额大于本期借方发生额的差额，借记“资产处置损益”科目，贷记“本年利润”科目，结转后该科目应无余额。

债务重组中因处置非流动资产产生的利得或损失和非货币性资产交换产生的利得或损失也通过“资产处置损益”科目核算。

由于固定资产的清理常常涉及拆卸、搬运等工作，房屋、建筑物的清理往往还会涉及不动产登记等法律程序，因此，需要专门设置账户来完整地反映固定资产清理的全过程。企业设置“固定资产清理”科目核算企业因出售、报废和毁损、对外投资等原因转入清理的固定资产价值以及在清理过程中所发生的清理费用等。该科目可按被清理的固定资产项目进行明细核算。该科目期末若有借方余额，则反映企业尚未清理完毕的固定资产清理净损失。

例5-16

天工机电股份公司有一台万能外圆磨床因使用期满经批准报废。原价为800 000元，累计已计提折旧400 000元，已计提减值准备100 000元。在清理过程中，以银行存款支付清理费用5 000元。残料变价收入为230 000元。其账务处理如下：

(1) 固定资产转入清理时。

借：固定资产清理　　300 000
　　累计折旧　　400 000
　　固定资产减值准备　　100 000
　贷：固定资产　　800 000

(2) 发生清理费用时。

借：固定资产清理　　5 000
　贷：银行存款　　5 000

(3) 收到残料变价收入时。

借：银行存款　　230 000
　贷：固定资产清理　　230 000

(4) 结转处置固定资产净损益时。

借：营业外支出　　75 000
　贷：固定资产清理　　75 000

《企业会计准则第4号——固定资产》第二十二条规定，企业持有待售的固定资产，应当对其预计净残值进行调整。据此，《企业会计准则解释第1号》规定，对于持有待售的固定资产，企业应当调整该项固定资产的预计净残值，使之反映其公允价值减去处置费用后的金额，但不得超过符合持有待售条件时该项固定资产的原账面价值，原账面价值高于调整后预计净残值的差额，应作为资产减值损失计入当期损益。《企业会计准则解释第1号》规定，同时满足下列条件的非流动资产应当划分为持有待售：一是企业已经就处置该非流动资产作出决议；二是企业已经与受让方签订了不可撤销的转让协议；三是该项转让将在一年内完成。符合持有待售条件的无形资产等其他非流动资产，比照上述原则处理，但不包括递延所得税资产、《企业会计准则第22号——金融工具确认和计量》规范的金融资产、以公允价值计量的投资性房地产和生物资产等。持有待售的非流动资产包括单项资产和处置组，处置组是指作为整体出售或其他方式一并处置的一组资产。

资产负债表中的“固定资产”项目，按照“固定资产”总账科目的借方余额，减去“累计折旧”总账科目的贷方余额，再减去“固定资产减值准备”总账科目的贷方余额之后的金额列报。这样的列报金额在会计学中常称作账面价值，在税收征收管理中常称作账载金额。

企业应当在附注中披露与固定资产有关的下列信息：(1) 固定资产的确认条件、分类、计量基础和折旧方法。(2) 各类固定资产的使用寿命、预计净残值和折旧率。(3) 各类固定资产的期初和期末原价、累计折旧额及固定资产减值准备累计金额。(4) 当期确认的折旧费用。(5) 对固定资产所有权的限制及其金额和用于担保的固定资产账面价值。(6) 准备处置的固定资产名称、账面价值、公允价值、预计处置费用和预计处置时间等。此类信息仅供了解，不必死记硬背，实务工作中查阅会计准则即可。固定资产的附注披露可归纳如表5-6所示。

表5-6

项目	年初账面金额	本期增加额	本期减少额	期末账面金额
一、原价合计				
其中：房屋、建筑物				
机器设备、运输工具				
⋮				
二、累计折旧合计				
其中：房屋、建筑物				
机器设备、运输工具				
⋮				
三、固定资产减值准备累计金额合计				
其中：房屋、建筑物				
机器设备、运输工具				
⋮				
四、固定资产账面价值合计				
其中：房屋、建筑物				
机器设备、运输工具				
⋮				

练习题

一、单项选择题

1. 20×3年12月31日，甲公司某项固定资产计提减值准备前的账面价值为 1 000 万元，公允价值为 980 万元，预计处置费用为 80 万元，预计未来现金流量的现值为 1 050 万元。20×3 年 12 月 31 日，甲公司应对该项固定资产计提的减值准备为（ ）万元。

A. 0　　B. 20　　C. 50　　D. 100

2. 甲公司一台用于生产 M 产品的设备预计使用年限为 5 年，预计净残值为零。假定 M 产品各年产量基本均衡。下列折旧方法中，能够使该设备第 1 年计提折旧金额最多的是（ ）。

A. 工作量法　　B. 年限平均法

C. 年数总和法　　D. 双倍余额递减法

二、多项选择题

1. 下列资产中，不需要计提折旧的有（ ）。

A. 已划分为持有待售的固定资产

B. 以公允价值模式进行后续计量的已出租厂房

C. 因产品市场不景气尚未投入使用的外购机器设备

D. 已经完工投入使用但尚未办理竣工决算的自建厂房

2. 下列关于固定资产会计处理的表述中，正确的有（ ）。

A. 已转为持有待售的固定资产不应计提折旧

B. 至少每年年度终了对固定资产的折旧方法进行复核

C. 至少每年年度终了对固定资产的使用寿命进行复核

D. 至少每年年度终了对固定资产的预计净残值进行复核

3. 下列各项中，属于固定资产减值迹象的有（ ）。

A. 固定资产将被闲置

B. 计划提前处置固定资产

C. 有证据表明资产已经陈旧过时

D. 企业经营所处的经济环境在当期发生重大变化且对企业产生不利影响

三、判断题

1. 按暂估价值入账的固定资产在办理竣工结算后，企业应当根据暂估价值与竣工结算价值的差额调整原已计提的折旧金额。（ ）

2. 企业以一笔款项购入多项没有单独标价的固定资产，应将该款项按各项固定资产公允价值占公允价值总额的比例进行分配，分别确定各项固定资产的成本。（ ）

3. 企业持有待售的固定资产，应按账面价值与公允价值减去处置费用后的净额孰低进行计量。（ ）

四、计算分析题

甲公司拥有 A，B，C 三家工厂，分别位于国内、美国和英国，假定各工厂除生产设备外无其他固定资产，20×1 年受国内外经济发展趋缓的影响，甲公司产品销量下降 30%，各工厂的生产设备可能发生减值，该公司 20×1 年 12 月 31 日对其进行减值测试，有关资料如下：

(1) A 工厂负责加工半成品，年生产能力为 100 万件，完工后按照内部转移价格全部发往B，C工厂进行组装，但B，C工厂每年各自最多只能将其中的60万件半成品组装成最终产品，并各自负责其组装完工的产品于当地销售。甲公司根据市场需求的地区分布和B，C工厂的装配能力，将A工厂的半成品在B，C工厂之间进行分配。

（2）12月31日，A，B，C工厂生产设备的预计尚可使用年限均为8年，账面价值分别为人民币6 000万元、4 800万元和5 200万元，以前年度均未计提固定资产减值准备。

（3）由于半成品不存在活跃市场，A工厂的生产设备无法产生独立的现金流量。12月31日，估计该工厂生产设备的公允价值减去处置费用后的净额为人民币5 000万元。

（4）12月31日，甲公司无法估计B，C工厂生产设备的公允价值减去处置费用后的净额以及未来现金流量的现值，也无法合理估计A，B，C三家工厂生产设备在总体上的公允价值减去处置费用后的净额，但根据未来8年最终产品的销量及恰当的折现率得到的预计未来现金流量的现值为人民币13 000万元。

要求：

（1）为减值测试目的，甲公司应当如何确认资产组？请说明理由。

（2）分析计算甲公司20×1年12月31日对A，B，C三家工厂生产设备各应计提的减值准备以及计提减值准备后的账面价值，请将相关计算过程的结果填列在下方的表格中。（不需列出计算过程。）

单位：万元

	工厂A	工厂B	工厂C	甲公司
账面价值				
可收回金额				
资产减值				
资产减值分摊比例				
分摊减值损失				
分摊后账面价值				
尚未分摊的减值损失				
二次分摊比例				
二次分摊减值损失				
二次分摊后应确认的减值损失总额				
二次分摊后账面价值				

（3）编制甲公司20×1年12月31日对A，B，C三家工厂生产设备计提减值准备的会计分录。

第6章 Chapter 6 债 权

学习目标

1. 掌握：短期应收款项的会计处理规则；债权投资、其他债权投资、长期应收款的会计处理规则。

2. 理解：金融资产分类的逻辑；预期损失模型的设计理念及其局限性。

3. 了解：核算应收款项坏账损失的备抵法。

本章扼要讲解《企业会计准则第 22 号——金融工具确认和计量》（2017 年修订）中所规定的以摊余成本①计量的金融资产（financial asset at amortized cost）、以公允价值计量且其变动计入当期损益的金融资产（financial asset at fair value through profit or loss）和以公允价值计量且其变动计入其他综合收益的金融资产（financial asset at fair value through other comprehensive income）的会计处理规则。该准则系借鉴《国际财务报告准则第 9 号——金融工具》（International Financial Reporting Standard 9：Financial Instruments）制定而成。

《国际财务报告准则第 9 号——金融工具》分别为股权和债权规定了多种不同的处理规则，其逻辑比较复杂，缺乏合理依据，初学者往往感到比较费解。为了帮助初学者和实务工作者把握准则的设计理念，增强专业自信，本章 6.2.1 节对国际准则的设计理念进行了通俗化的解读，阐释了金融资产分类的逻辑。在此基础上，6.2.2 节、6.2.3 节和 6.2.4 节讲解债权的三套会计处理规则。本书第 8 章将会融汇《企业会计准则第 22 号——金融工具确认与计量》《企业会计准则第 2 号——长期股权投资》来阐释股权的四套会计处理规则。

首先需要提醒读者的是，不必试图给《国际财务报告准则第 9 号——金融工具》中所称的"金融资产"和"金融负债"下一个妥帖的定义，原因在于，该准则源于美国证券市场上的公认会计原则，这些规则乃是拼凑而成的，并无完善的

① 摊余成本是历史成本的变体，其含义留待 6.2.2 节阐释。

理论基础。① 该准则中所称的“金融资产”和“金融负债”均为特指，与惯常的理解有所不同。其中，金融资产（financial asset）主要是指企业销售商品、提供劳务和对外放款所形成的债权（贷款及应收款项）以及进行证券投资所取得的股票、债券、基金等金融工具；金融负债主要是指企业购买商品、接受劳务或发行证券等业务所形成的债务（应付款项）和所发行的债券等金融工具。

库存现金、银行存款、其他货币资金等原本并不在准则制定者的考虑之列。故而，读者不必试图把现金、银行存款和货币资金等资产项目归入金融资产，否则你很难解释如何对银行存款账户进行公允价值计量或者以摊余成本计量。

长期股权投资也没有被金融工具会计准则的起草者列入金融资产的范畴，而是另由《企业会计准则第2号——长期股权投资》予以规范。

图6-1 会计准则对金融资产的定义（示意图）

为了帮助读者将理论与实践联系起来，培养查阅法规原文的习惯，本章设置专栏阐释了相关的法规和理论背景。专栏内容不作教学要求。

6.1 会计准则中金融资产分类的逻辑

6.1.1 金融资产分类的依据

《企业会计准则第22号——金融工具确认和计量》（2017年修订）第三条所称的金融资产概念，源于国际财务报告准则和美国证券市场上的公认会计原则，是指企业持有的现金、其他方的权益工具以及符合下列条件之一的资产：

（1）从其他方收取现金或其他金融资产的合同权利（contractual right），也

① 金融资产这一概念的困境在于，何谓金融性质的资产，何谓非金融性质的资产，在民商法上是缺乏合理边界的。

就是将会收取金融资产的债权。例如，工商企业的应收账款、应收票据和商业银行发放的贷款等，均属于企业的金融资产；而预付账款这样的以收取商品或服务为给付标的的债权，则不被准则视为金融资产。

(2) 在潜在有利条件下（under conditions that are potentially favourable to the entity），与其他方交换金融资产或金融负债的合同权利。如企业购入的衍生工具（看涨期权、看跌期权等）。

(3) 将来须用或可用企业自身权益工具（the entity's own equity instruments）进行结算的非衍生工具合同（non-derivative contract），且企业根据该合同将收到可变数量的自身权益工具。这是指股票质押的情形。例如，甲公司根据合同约定支付 900 万元给乙公司，半年后收取乙公司按照市价交付的等值的甲公司普通股，则该合同构成甲公司的金融资产。

(4) 将来须用或可用企业自身权益工具进行结算的衍生工具合同（derivative contract），但以固定数量的自身权益工具交换固定金额的现金或其他金融资产的衍生工具合同除外。其中，企业自身权益工具不包括应当按照《企业会计准则第 37 号——金融工具列报》分类为权益工具的可回售工具或发行方仅在清算时才有义务向另一方按比例交付其净资产的金融工具，也不包括本身就要求在未来收取或交付企业自身权益工具的合同。例如，安民实业股份公司购入 1 000 份布劳证券股份公司发行的以安民实业股份公司股票为基础资产、期限为半年的欧式看涨期权，行权价为每股 40 元，行权日根据期权的公允价值以该公司的股票进行结算。假设行权日的股价为 50 元，则该期权的公允价值为 10 000 元（1 000×(50－40)），安民实业股份公司收取布劳证券股份公司交付的股票 200 股。显然，本例中的衍生工具不属于"以固定数量的自身权益工具交换固定金额的现金"。在这种情况下，安民实业股份公司应当将该看涨期权确认为一项（衍生）金融资产。

《企业会计准则第 22 号——金融工具确认和计量》（2017 年修订）第十六条规定，企业应当根据其管理金融资产的业务模式（business model）和金融资产的合同现金流量特征（contractual cash flow characteristics），对金融资产进行分类，然后分别适用不同的会计处理规则。

1. 企业管理金融资产的业务模式

企业管理金融资产的业务模式，是指企业管理其金融资产从而收取现金流量的方式，具体包括三种业务模式：(1) 以收取合同约定的现金流量为目的；(2) 以出售金融资产为目的；(3) 以上二者兼有，即既以收取合同约定的现金流量为目的，又以出售该金融资产为目的。

准则规定，企业确定管理金融资产的业务模式时，应当以关键管理人员（key management personnel）[①] 决定的对金融资产进行管理的特定业务目标为基

① 根据《企业会计准则第 36 号——关联方披露》的定义，关键管理人员是指有权力并负责计划、指挥和控制企业活动的人员。

础，基于客观事实（而不得基于合理预期不会发生的情形）来确定。

2. 金融资产的合同现金流量特征

准则所称金融资产的合同现金流量特征，是指金融工具合同约定的、反映相关金融资产经济特征的现金流量属性。

这一概念比较抽象。结合《企业会计准则第22号——金融工具确认和计量》《国际财务报告准则第9号——金融工具》的内容来看，用法律思维来分析，其含义只不过就是说，金融资产究竟构成债权债务关系，还是构成信托关系。

（1）债权债务关系。我们先来看债权债务关系。工商企业发生应收账款，企业从事债券投资，银行业金融机构发放贷款，这些业务所形成的金融资产，是典型的债权债务关系。债是因法律规定或合同约定所形成的特定主体之间的权利义务关系，拥有权利的一方为债权人，负有义务的一方为债务人。① 债权债务关系的显著特点是，必须要具有明确具体的债权人和债务人，现金流量必须是封闭的、金额是确定的。如果你能够把一项金融资产的现金流量按照时间顺序排列起来，那么这个金融资产就是债权性质的金融资产。如果你无法把一项金融资产的现金流量按照时间顺序排列出来，那么它就不是债权性质的金融资产，这时，它往往构成信托关系。

（2）信托关系。我们再来看信托关系。股票投资、购买基金等行为所形成的法律关系是典型的信托关系。信托关系乃是基于信赖而发生，一方将自己的特定财产交付给另一方，另一方承诺为对方的最佳利益或者为双方的共同利益而作为。

股票就是典型的信托关系，这种信托关系主要存在于股东与公司高级管理人员之间。根据公司法的规定，股东出资后不得抽回出资。股东一旦购买了公司的股票，其所投入的私人财产就转变成了公司的法人财产。公司的法人财产由公司法人的意思表示机关（即股东会或股东大会）来支配。公司股东只能寄希望于公司管理层认真履行信托责任来实现财富增值，但公司并不会为股东提供明确的现金流量的时间表。也就是说，对于股东来说，未来的现金流量是不确定的，既没有明确的到期日，也没有明确的金额。这就与债权债务关系形成了鲜明的对比。

如果债权人发现债务人没有履行合同约定的义务，他是可以向人民法院起诉来主张权利的。而如果是信托关系，那么资产持有人是不大容易去向人民法院主张权利的。

准则对债权性质的金融资产的合同现金流量特征进行了刻画，即相关金融资产在特定日期产生的合同现金流量，仅为对本金以及以未偿付本金金额为基础的利息的支付。通俗地说，债权性质的金融资产的合同现金流量特征是，以后的现金流量就是收取利息、收回本金。其中，本金是指金融资产在初始确认时的公允价值。在金融资产的存续期内，本金金额可能会因提前还款等原因发生变动。利

---

① 债的发生原因，通常包括合同之债、侵权之债、不当得利、无因管理等情形。感兴趣的读者，可参阅王利明、杨立新、梁慧星、谢怀栻、王泽鉴、史尚宽等法学家的论著。

息包括对货币时间价值、与特定时期未偿付本金金额相关的信用风险，以及其他基本借贷风险、成本和利润的对价。其中，货币时间价值是利息要素中仅因为时间流逝而提供对价的部分，不包括为所持有金融资产的其他风险或成本提供的对价，但货币时间价值要素有时可能存在修正。在货币时间价值要素存在修正的情况下，企业应当对相关修正进行评估，以确定其是否满足上述合同现金流量特征的要求。此外，金融资产包含可能导致其合同现金流量的时间分布或金额发生变更的合同条款（如包含提前还款特征）的，企业应当对相关条款进行评估（如评估提前还款特征的公允价值是否非常小），以确定其是否满足上述合同现金流量特征的要求。

6.1.2 金融资产的三分类及其例外条款

1. 金融资产的三分类

准则规定，企业应当根据其管理金融资产的业务模式和金融资产的合同现金流量特征，将金融资产划分为以下三类。对金融资产的分类一经确定，不得随意变更。

（1）以摊余成本计量的金融资产。金融资产同时符合下列条件的，应当分类为以摊余成本计量的金融资产：1）企业管理该金融资产的业务模式是以收取合同现金流量为目标；2）该金融资产的合同条款规定，在特定日期产生的现金流量，仅为对本金和以未偿付本金金额为基础的利息的支付。

（2）以公允价值计量且其变动计入其他综合收益的金融资产。金融资产同时符合下列条件的，应当分类为以公允价值计量且其变动计入其他综合收益的金融资产：1）企业管理该金融资产的业务模式既以收取合同现金流量为目标又以出售该金融资产为目标；2）该金融资产的合同条款规定，在特定日期产生的现金流量，仅为对本金和以未偿付本金金额为基础的利息的支付。

从金融资产的合同现金流量特征来看，以上两类显然都是针对债权性质的金融资产而言的。

（3）以公允价值计量且其变动计入当期损益的金融资产。对于没有划分为前两类的那些金融资产，企业应当将其分类为以公允价值计量且其变动计入当期损益的金融资产。

交易性金融资产应当划分为以公允价值计量且其变动计入当期损益的金融资产。交易性金融资产是指满足下列条件之一的金融资产：1）取得相关金融资产的目的，主要是为了近期出售。例如，企业以赚取差价为目的从二级市场购入的股票、债券和基金等。2）相关金融资产在初始确认时属于集中管理的可辨认金融工具组合的一部分，且有客观证据表明近期实际存在短期获利模式。在这种情况下，即使组合中有某个组成项目持有的期限稍长也不受影响。其中，“金融工具组合”指金融资产组合或金融负债组合。3）相关金融资产属于衍生工具。但符合财务担保合同定义的衍生工具以及被指定为有效套期工具的衍生工具除外。例如，未作为套期工具的利率互换或外汇期权，应当被划分为以公允价值计量且其变动计入当期损益的金融资产。

2. 金融资产分类的例外条款

准则给出了一些例外条款。

（1）将非交易性权益工具指定为以公允价值计量且其变动计入其他综合收益的金融资产。在初始确认时，企业可以将非交易性权益工具投资指定为以公允价值计量且其变动计入其他综合收益的金融资产，并按照准则的规定确认股利收入。该指定一经做出，不得撤销。企业在非同一控制下的企业合并中确认的或有对价构成金融资产的，该金融资产应当分类为以公允价值计量且其变动计入当期损益的金融资产，不得指定为以公允价值计量且其变动计入其他综合收益的金融资产。

（2）将金融资产指定为以公允价值计量且其变动计入当期损益的金融资产。在初始确认时，如果能够消除或显著减少会计错配（accounting mismatch），企业可以将金融资产指定为以公允价值计量且其变动计入当期损益的金融资产。该指定一经做出，不得撤销。会计错配，是指当企业以不同的会计确认方法和计量属性，对在经济上相关的资产和负债进行确认或计量而产生利得或损失时，可能导致的会计确认和计量上的不一致。

这意味着，即使某些金融资产依照上述三分类不属于以公允价值计量且其变动计入当期损益的金融资产的类别，企业也可以出于减少会计错配的考虑，而将其指定为以公允价值计量且其变动计入当期损益的金融资产。

综合所述，金融货产的分类如图6－2所示。

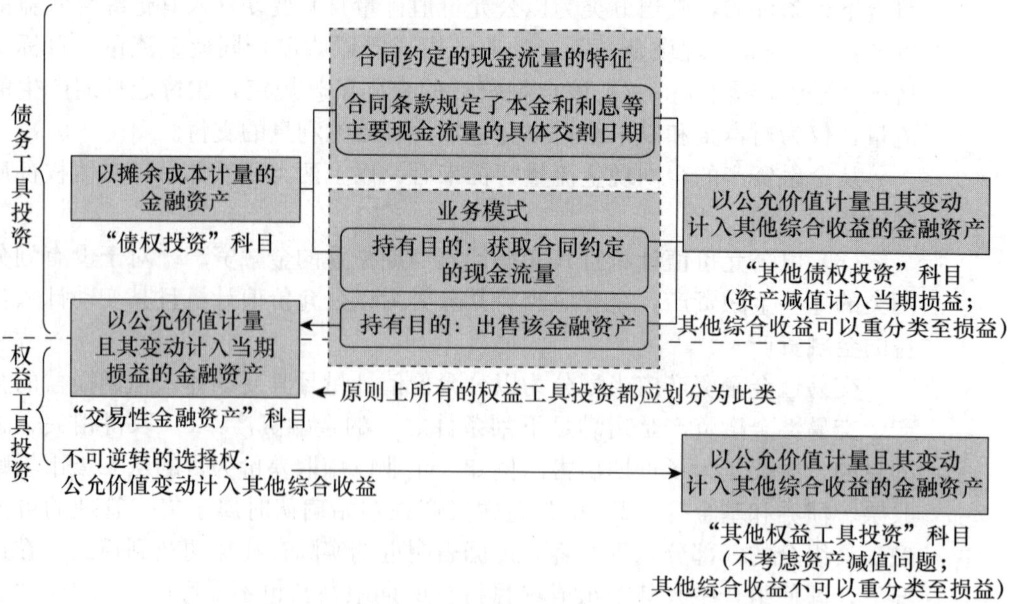

图6－2 金融资产的分类（示意图）

6.1.3 债权和股权在资产负债表中的列报名称

《企业会计准则第 22 号——金融工具确认和计量》(2017 年修订) 借鉴《国际财务报告准则第 9 号——金融工具》所给出的上述分类处理规则相当烦琐。为便于理解，可概括如下。

1. 债权的三种列报名称

对于合同所确立的债权 (即投资人所持有的会计学和金融学所称的债务工具)，企业可以将其分作三类，分别进行会计处理。

(1) 若资产方不以出售该资产为目的，则应划分为以摊余成本计量的金融资产。企业设“债权投资”科目核算企业以摊余成本计量的债权投资的账面余额。该科目可按债权投资的类别和品种，分别“面值”“利息调整”“应计利息”等进行明细核算。

(2) 若资产方持有该资产带有出售该资产的目的，则应划分为以公允价值计量且其变动计入其他综合收益的金融资产。对于划分为“以公允价值计量且其变动计入其他综合收益的金融资产的债权”，其会计规则是：资产减值计入当期损益；所有公允价值变动一律计入其他综合收益；其他综合收益可以在终止确认时转为损益。企业设“其他债权投资”科目核算被划分为以公允价值计量且其变动计入其他综合收益的金融资产的债权。该科目可按金融资产类别和品种，区分“面值”“利息调整”“公允价值变动”等进行明细核算。

(3) 企业可以出于消除或显著减少会计错配的目的，将债权指定为以公允价值计量且其变动计入当期损益的金融资产。企业设“交易性金融资产”科目核算被划分为以公允价值计量且其变动计入当期损益的金融资产，包括债权和股权。该科目可按金融资产的类别和品种，分别“成本”“公允价值变动”等进行明细核算。企业持有的指定为以公允价值计量且其变动计入当期损益的金融资产可在该科目下单设“指定类”明细科目核算。衍生金融资产在“衍生工具”科目核算。

2. 金融工具准则给出的股权的两种列报名称

在《企业会计准则第 22 号——金融工具确认和计量》(2017 年修订) 的规范范围内，对于合同所确立的股东权 (equity instrument，即会计学、金融学所称的权益工具)，企业可以将其分作两类，分别进行会计处理。①

(1) 根据准则给出的三分类规则，在原则上，资产方应当将其取得的权益工具 (即股东权) 划分为以公允价值计量且其变动计入当期损益的金融资产。企业

---

① 除此以外，《企业会计准则第 2 号——长期股权投资》(2014 年修订) 要求企业分别采用权益法和成本法来核算其对被投资方的影响力达到重大影响、共同控制和控制的股权投资。因此，在企业会计准则体系下，股权投资共有四套会计规则。详见本书第 7 章。

设“交易性金融资产”科目核算被划分为以公允价值计量且其变动计入当期损益的金融资产的股权投资。

（2）根据准则给出的例外条款，企业也可以行使选择权（仅限于行使一次，且不可逆转），从而将其取得的权益工具（即股东权）指定为以公允价值计量且其变动计入其他综合收益的金融资产。对于指定归入此类的股东权，其会计规则是：不考虑资产减值问题；所有公允价值变动（收到的作为投资回报的股利除外）一律计入其他综合收益；其他综合收益不可以在终止确认时转为损益，而应计入留存收益（记入“利润分配——未分配利润”“盈余公积——法定盈余公积”等科目）。企业设“其他权益工具投资”科目核算企业指定为以公允价值计量且其变动计入其他综合收益的股权投资。该科目可按其他权益工具投资的类别和品种，分别“成本”“公允价值变动”等进行明细核算。

债权和股权在资产负债表中的列报如图6-3所示。

	资产	期末余额	年初余额
	流动资产：		
	货币资金（含“银行存款”）		
以公允价值计量且其变动计入当期损益的金融资产（债权或股权）→	交易性金融资产		
	衍生金融资产		
	应收票据		
	应收账款		
	预付款项		
	应收利息		
	应收股利		
	其他应收款		
	存货		
	合同资产		
	持有待售资产		
	一年内到期的非流动资产		
	其他流动资产		
	流动资产合计		
	非流动资产：		
以摊余成本计量的金融资产→	债权投资		
以公允价值计量且其变动计入其他综合收益的金融资产（债权）→	其他债权投资		
	长期应收款		
	长期股权投资		
以公允价值计量且其变动计入其他综合收益的金融资产（股权）→	其他权益工具投资		
	投资性房地产		
	固定资产		

图6-3 债权和股权在资产负债表中的列报（示意图）

综上可知，虽然准则在名义上将金融资产分作了三类（即以摊余成本计量的金融资产、以公允价值计量且其变动计入其他综合收益的金融资产和以公允价值计量且其变动计入当期损益的金融资产），但其中的“以公允价值计量且其变动计入其他综合收益的金融资产”却又区分债权和股权而分别规定了不同的规则（即“其他债权投资”和“其他权益工具投资”这两套规则）。这使得该准则呈现出空前的复杂性，其玄妙程度可见一斑。

6.2 以摊余成本计量的金融资产

前已述及，准则规定，金融资产同时符合下列条件的，应当分类为以摊余成本计量的金融资产：（1）企业管理该金融资产的业务模式以收取合同现金流量为目标。（2）该金融资产的合同条款规定，在特定日期产生的现金流量，仅涉及支付本金和利息（该利息是以未偿付本金金额为基础计算的）。

通俗地说，“以摊余成本计量的金融资产”也就是指常规性的债权，其核算基础依然是基于历史成本的，只不过采取了“摊余成本”（amortized cost）这种变体。

以下先来阐释列入流动资产的债权的会计处理，这些债权通常适用简化的处理方法。然后介绍列入非流动资产的债权的会计处理，这些债权完整地采用了以摊余成本计量的金融资产的会计规则。

6.2.1 归类为流动资产的以摊余成本计量的金融资产

本节阐释应收账款、应收票据、预付账款、应收利息、应收股利和其他应收款等的会计处理。上述项目均为短期的债权，单独列示于资产负债表的流动资产项目下。

1. 应收账款

企业设“应收账款”科目核算以摊余成本计量的，企业因销售商品、提供劳务等经营活动应收取的款项。该科目可按债务人进行明细核算。该科目期末借方余额，反映企业尚未收回的应收账款。

（1）应收账款的日常核算。企业的应收账款如果不包含《企业会计准则第14号——收入》所定义的重大融资成分，或者根据该准则的规定而不考虑不超过一年的合同的融资成分，就可以按照根据该准则确定的交易价格进行初始计量。

企业记录应收账款时，按应收金额，借记“应收账款”科目，按确认的营业收入，贷记“主营业务收入”等科目。收回应收账款时，借记“银行存款”等科目，贷记“应收账款”科目。涉及增值税销项税额的，还应进行相应的处理。

代购货单位垫付的包装费、运杂费，借记“应收账款”科目，贷记“银行存款”等科目。收回代垫费用时，借记“银行存款”科目，贷记“应收账款”科目。

例6-1

正明商贸股份公司销售给金波实业有限公司一批产品，按照价目表上标明的价格计算，其不含税售价金额为20 000元，由于是批量销售，正明商贸股份公司给予金波公司10%的商业折扣。适用的增值税税率为13%。正明商贸股份公司为金波公司代垫运费100元。

(1) 销售成立，记录债权时。

借：应收账款	20 440	
贷：主营业务收入		18 000
应交税费——应交增值税（销项税额）		2 340
库存现金		100

(2) 正明商贸股份公司收到上述价款时。

借：银行存款	20 440	
贷：应收账款		20 440

专栏6-1　商业折扣和现金折扣

商业折扣（commercial discount）就是大家所熟悉的“打折”，是指销售方针对商品价目单明示的价格所给予的减价优惠。会计环节所处理的实际结算金额本身已经是扣除商业折扣后的实际成交价款。因此，会计上不需要专门对商业折扣进行账务处理。商业折扣只是销售环节的一种促销策略，而与会计处理环节无关。

现金折扣（cash discount），是指在赊销方式的交易中，销售方为鼓励采购方在约定期限内尽早付款而提供的付款优惠，严格地说就是“提前付款折扣”。例如，购销双方可能会在买卖合同中约定，购货方应在30天内付款，如果在10天内付款，则可享受2%的折扣，如果在20天内付款，则可享受1%的折扣。这样的付款条件在国际商务中常常简写为“2/10，1/20，n/30”，但此类付款条件在我国的合同实务中不大常见。可见，现金折扣是实际成交价格形成之后销售方推出的鼓励采购方提前付款的收款策略，因此，销售方（和采购方）需要对现金折扣进行会计处理。

(2) 现金折扣的会计处理。现金折扣属于《企业会计准则第14号——收入》(2017年修订）所称的可变对价。根据该准则第十六条的规定，合同中存在可变对价的，企业应当按照期望值（the expected value）或最可能发生金额（the most likely amount）确定可变对价的最佳估计数，但包含可变对价的交易价格，应当不超过在相关不确定性消除时累计已确认收入极可能不会发生重大转回的金额。企业在评估累计已确认收入是否极可能不会发生重大转回时，应当同时考虑收入转回的可能性及其比重。

每一资产负债表日，企业应当重新估计应计入交易价格的可变对价金额。对于已履行的履约义务，其分摊的可变对价后续变动额应当调整变动当期的收入。

例 6-2a

超人时装股份公司 20×7 年 6 月 1 日向白雪商贸有限公司销售一批夏装，不含税售价为 10 000 000 元，增值税税额为 1 300 000 元，价税合计为 11 300 000 元。

为了使货款尽快到账，超人时装股份公司给出的现金折扣条款是：白雪商贸有限公司应当在 8 月 31 日前付款。若在 6 月 30 日前付款，则可享受 2%的现金折扣；若在 7 月 31 日前付款，则可享受 1%的现金折扣。

6 月 1 日，超人时装股份公司预计白雪商贸有限公司最有可能在 6 月 30 日前付款，按照最可能发生金额 226 000 元（11 300 000×2%）确定可变对价的最佳估计数，包含可变对价的价格为 9 774 000 元（10 000 000－226 000）。

6 月 19 日，超人时装股份公司收到了货款。

（1）6 月 1 日销售时。

借：应收账款（11 300 000×98%）　　11 074 000
　贷：主营业务收入（10 000 000－226 000）　　9 774 000
　　　应交税费——应交增值税（销项税额）　　1 300 000

（2）6 月 19 日收到货款时。

借：银行存款　　11 074 000
　贷：应收账款　　11 074 000

例 6-2b

沿用例 6-2a 的资料。假定白雪商贸有限公司未在 6 月 30 日前付款。

6 月 30 日，超人时装股份公司重新估计应计入交易价格的可变对价金额。预计白雪商贸有限公司最有可能在 7 月 31 日前付款，按照最可能发生金额 113 000 元（11 300 000×1%）确定可变对价的最佳估计数，包含可变对价的价格为 9 887 000 元（10 000 000－113 000）。因此，需要调增应收账款和主营业务收入 113 000 元（9 887 000－9 774 000）。

7 月 19 日，超人时装股份公司收到了货款。

（1）6 月 1 日销售时。

借：应收账款（11 300 000×98%）　　11 074 000
　贷：主营业务收入（10 000 000－226 000）　　9 774 000
　　　应交税费——应交增值税（销项税额）　　1 300 000

（2）6 月 30 日重新估计应计入交易价格的可变对价金额时。

借：应收账款　　113 000
　贷：主营业务收入　　113 000

（3）7 月 19 日收到货款时。

借：银行存款　　11 187 000
　贷：应收账款　　11 187 000

2. 应收票据

企业设“应收票据”科目核算以摊余成本计量的，企业因销售商品、提供劳务等而收到的商业汇票（包括银行承兑汇票和商业承兑汇票）。该科目可按债务人（开出或承兑商业汇票的单位）进行明细核算。该科目期末借方余额，反映企业持有的商业汇票的票面金额。

企业应当设置“应收票据备查簿”，逐笔登记商业汇票的种类、号数和出票日、票面金额、交易合同号和付款人、承兑人、背书人的姓名或单位名称、到期日、背书转让日、贴现日、贴现率和贴现净额以及收款日和收回金额、退票情况等资料。商业汇票到期结清票款或退票后，在备查簿中应予以注销。

（1）接受商业汇票和收款时的会计处理。企业因销售商品、提供劳务等而收到开出、承兑的商业汇票，按商业汇票的票面金额，借记“应收票据”科目，按确认的营业收入，贷记“主营业务收入”等科目。涉及增值税销项税额的，还应进行相应的处理。

商业汇票到期，应按实际收到的金额，借记“银行存款”科目，按商业汇票的票面金额，贷记“应收票据”科目。

（2）商业汇票贴现时的会计处理。持未到期的商业汇票向银行贴现，应按实际收到的金额（即减去贴现息后的净额），借记“银行存款”等科目，按贴现息部分，借记“财务费用”等科目，按商业汇票的票面金额，贷记“应收票据”科目（适用于不带追索权的情形）或者贷记“短期借款”科目（适用于带有追索权的情形）。

（3）商业汇票背书的会计处理。将持有的商业汇票背书转让以取得所需物资，按应计入取得物资成本的金额，借记“材料采购”或“原材料”“库存商品”等科目，按商业汇票的票面金额，贷记“应收票据”科目，如有差额，借记或贷记“银行存款”等科目。涉及增值税进项税额的，还应进行相应的处理。

例 6-3

立信实业股份公司销售一批商品给正明商贸股份公司，货已发出，增值税专用发票上注明的商品价款为200 000元，增值税税额为26 000元。立信实业股份公司当日收到正明商贸股份公司签发的不带息商业承兑汇票一张。

借：应收票据	226 000	
贷：主营业务收入		200 000
应交税费——应交增值税（销项税额）		26 000

以下分别设计不同情形阐释相应的会计处理。

A. 应收票据到期，立信实业股份公司收回款项226 000元，存入银行。

借：银行存款	226 000	
贷：应收票据		226 000

B. 应收票据到期，正明商贸股份公司无力偿还票款，立信实业股份公司将到期票据的票面金额转入“应收账款”科目。

借：应收账款	226 000	
贷：应收票据		226 000

C1. 应收票据到期前，立信实业股份公司因急需资金，持商业汇票向银行贴现。假定附带追索权。

借：银行存款 222 000
　　财务费用 4 000
　贷：短期借款 226 000

C2. 贴现后，应收票据到期时出现拒付情况，银行要求立信实业股份公司退回上述款项。

借：短期借款 226 000
　　贷：银行存款 226 000
借：应收账款 226 000
　贷：应收票据 226 000

3. 预付账款

企业设“预付账款”科目核算企业依照合同约定预付的款项。该科目可按供货单位进行明细核算。该科目期末借方余额，反映企业预付的款项。

企业因购货而预付的款项，借记“预付账款”科目，贷记“银行存款”等科目。

收到所购物资，按应计入购入物资成本的金额，借记“材料采购”或“原材料”“库存商品”等科目，按应支付的金额，贷记“预付账款”科目。补付的款项，借记“预付账款”科目，贷记“银行存款”等科目；退回多付的款项作相反的会计分录。涉及增值税进项税额的，还应进行相应的处理。

例6-4

苏菲商贸有限公司向邦德实业股份公司支付预付账款1 000 000元。

借：预付账款 1 000 000
　贷：银行存款 1 000 000

邦德实业股份公司发货，开出的增值税专用发票上注明的价税合计为5 650 000元。苏菲商贸有限公司补付4 650 000元。

借：库存商品 5 000 000
　　应交税费——应交增值税（进项税额） 650 000
　贷：预付账款 1 000 000
　　　银行存款 4 650 000

4. 应收利息和应收股利

企业设“应收利息”科目核算企业发放的贷款、各类债权投资、存放中央银行款项、拆出资金、买入返售金融资产等应收取的利息。该科目可按借款人或被投资单位进行明细核算。记录应收利息时，借记“应收利息”科目，贷记相关科目（如“投资收益”科目等）；实际收到利息时，借记“银行存款”等科目，贷记“应收利息”科目。该科目期末借方余额，反映企业尚未收回的利息。企业购入的一次还本付息的债权投资持有期间取得的利息，在“债权投资”

科目核算。

企业设“应收股利”科目核算企业应收取的现金股利和应收取的被投资单位分配的利润。该科目可按被投资单位进行明细核算。该科目的期末余额在借方，反映企业尚未收回的现金股利或利润。投资方在被投资单位宣告发放现金股利或利润时，按应享有的份额，借记“应收股利”科目，贷记“投资收益”等科目。实际收到现金股利或利润时，借记“银行存款”等科目，贷记“应收股利”科目。

5. 其他应收款

企业设“其他应收款”科目核算分类为以摊余成本计量的，企业除存出保证金、买入返售金融资产、应收票据、应收账款、预付账款、应收股利、应收利息、应收代位追偿款、应收分保账款、应收分保未到期责任准备金、应收分保保险责任准备金、长期应收款等经营活动以外的其他各种应收、暂付的款项，如应收的各种赔款、罚款，职工因公出差借支的现金，为职工垫付的款项等。该科目可按债务人（单位或个人）进行明细核算。企业发生其他各种应收、暂付款项时，借记“其他应收款”科目，贷记“银行存款”“库存现金”等科目；收回或转销该债权时，借记“库存现金”“银行存款”等科目，贷记“其他应收款”科目。该科目期末借方余额，反映企业尚未收回的其他应收款。

6. 坏账准备

《企业会计准则第22号——金融工具确认和计量》（2017年修订）规定，企业应当以预期信用损失为基础进行减值会计处理并确认损失准备（loss allowance）。为避免重复，本章在第6.2.2节集中阐释以摊余成本计量的金融资产的资产减值规则。

专栏6-2　坏账损失核算的直接转销法和备抵法

会计学中称采用“坏账准备”科目核算坏账损失的方法为“备抵法”（allowance method）。这种方法要求企业预计债权发生的损失，对债权计提坏账准备并把预计损失计入当期损益；当实际损失发生时，再把实际损失超出坏账准备的金额计入当期损益。备抵法、坏账准备体现了谨慎性原则的要求。《企业会计准则——基本准则》第十八条规定，企业对交易或者事项进行会计确认、计量和报告应当保持应有的谨慎，不应高估资产或者收益、低估负债或者费用。但根据谨慎性原则所做的记录缺乏法律事实的支持，学界对谨慎性原则存有争议。

我国会计法规在1992年引入了备抵法。在此之前，企业所采用的坏账损失核算方法是“直接转销法”（direct write-off method），即在坏账损失实际发生时，直接注销发生损失的债权，同时记录该项实际损失。

虽然现行会计法规要求企业采用备抵法核算其可能发生的坏账损失，但企业所得税法不允许企业在所得税前扣除其依照备抵法所计算的坏账损失。这是因为，备抵法下所记录的信用减值损失仅仅是一种预期信用损失而不是实际损失。所以，在纳税申报时，企业必须按照企业所得税法的规定进行纳税调整。

对于由《企业会计准则第 14 号——收入》规范的交易所形成的应收款项或合同资产，企业应当始终按照相当于整个存续期内预期信用损失的金额计量其损失准备。该应收款项或合同资产应符合下列条件之一：(1) 该项目未包含《企业会计准则第 14 号——收入》所定义的重大融资成分，或企业根据《企业会计准则第 14 号——收入》规定不考虑不超过一年的合同中的融资成分。(2) 该项目包含《企业会计准则第 14 号——收入》所定义的重大融资成分，同时企业做出会计政策选择，按照相当于整个存续期内预期信用损失的金额计量损失准备。企业应当将该会计政策选择适用于所有此类应收款项和合同资产，但可对应收款项类和合同资产类分别做出会计政策选择。

简单地说，对于应收账款（trade receivables）和租赁合约中的应收款项（lease receivables）等短期性的债权，由于其通常不包含重大融资成分，因此，企业在报告日可以简单地按照该资产在其后续存续期限内的预期信用损失计提坏账准备。

企业可在计量预期信用损失时运用简便方法。例如，对于应收账款的预期信用损失，企业可参照历史信用损失经验，编制应收账款逾期天数与固定准备率对照表（如：若未逾期，为1%；若逾期不到30日，为2%；若逾期天数为30～90（不含）日，为3%；若逾期天数为90～180（不含）日，为20%等）。以此为基础计算预期信用损失。

企业设“信用减值损失”科目核算企业按照《企业会计准则第 22 号——金融工具确认和计量》（2017 年修订）的要求，针对债权计提减值准备所记录的预期信用损失。该科目借方登记发生额（增加数），贷方登记结转额（减少数）。期末结转后，该科目无余额。

企业设“坏账准备”科目核算企业以摊余成本计量的应收款项等金融资产以预期信用损失为基础计提的损失准备。

资产负债表日，应收款项发生减值的，按应减记的金额，借记“信用减值损失”科目，贷记“坏账准备”科目。以后期间，如果当期应计提的坏账准备大于期初账面余额，则应按其差额计提；如果应计提的坏账准备小于期初账面余额，则应按其差额冲减已计提的坏账准备。

对于确实无法收回的应收款项，按管理权限报经批准后作为坏账处理，转销应收款项时，借记“坏账准备”科目，贷记“应收账款”“应收票据”“预付账款”“其他应收款”等科目。

以前期间已转销的应收款项以后又收回时，应按实际收回的金额，借记“应收账款”“应收票据”“预付账款”“其他应收款”等科目，贷记“坏账准备”科目；同时，借记“银行存款”科目，贷记“应收账款”“应收票据”“预付账款”“其他应收款”等科目。也可以将以上两步分录合为一步，即按照实际收回的金额，借记“银行存款”科目，贷记“坏账准备”科目。

下面以应收账款为例阐释计提和转销坏账准备的会计处理。其他债权的坏账准备可比照处理。

例6-5

正明商贸股份公司从20×1年开始计提坏账准备。最近三年的情形如下。

(1) 20×1年年末应收账款余额为1 200 000元。按照相当于整个存续期内预期信用损失的金额计量其损失准备，计提比例为5‰。则

当年的坏账准备提取额=1 200 000×5‰=6 000(元)

借：信用减值损失　　6 000

　贷：坏账准备　　6 000

上述处理的结果是，通过借记“信用减值损失”科目把预期信用损失计入利润表，同时通过贷记“坏账准备”科目降低应收账款的列报金额（因为资产负债表上的“应收账款”项目是按照“应收账款”总账余额减去“坏账准备”账户的贷方余额后的净额列报的）。

(2) 20×2年9月，企业发现有1 600元的应收账款（东南实业）无法收回，经批准后作坏账处理。

借：坏账准备　　1 600

　贷：应收账款——东南实业　　1 600

上述处理的结果表明，在实际损失发生后，企业借记的是“坏账准备”科目而不是“信用减值损失”科目。原因在于，情形（1）中已经通过借记“信用减值损失”科目把预期信用损失计入利润表，因此，即便本期发生了实际损失，也不可再度把实际损失计入利润表。

(3) 20×2年12月31日，企业应收账款余额为1 440 000元。按照相当于整个存续期内预期信用损失的金额计量其损失准备，计提比例为5‰。则应计提的坏账准备金额为7 200元（1 440 000×5‰）。这是20×2年年末坏账准备的应有余额。而在年末计提坏账准备前，“坏账准备”科目的贷方余额为4 400元(6 000−1 600)。则

本年度应补提的坏账准备金额=7 200−4 400=2 800(元)

借：信用减值损失　　2 800

　贷：坏账准备　　2 800

(4) 20×3年6月，接银行通知，企业上年度已冲销的1 600元应收账款又收回了，款项已存入银行。

此时，需要以相反方向记录原已注销的债权，从而在应收账款中恢复债权人的信用记录。然后，按照常规对实现的债权作账务处理。

有关会计分录如下：

借：应收账款——东南实业 1 600
　贷：坏账准备 1 600
借：银行存款 1 600
　贷：应收账款——东南实业 1 600

有的书上将上述两个分录合并为一个分录：

借：银行存款 1 600
　贷：坏账准备 1 600

但这种合成的会计分录不便于在“应收账款——东南实业”账户中完整地如实反映该客户的信用状况。

专栏6-3　坏账准备记账规则的设计理念

1. 根据法律事实记账的情形

第一年年末，某公司的应收账款余额为10万元。第二年，上述应收账款发生5万元的坏账损失，计入营业外支出（借记“营业外支出”科目5万元，贷记“应收账款”科目5万元）。根据法律事实记账的情形如图6-4所示。

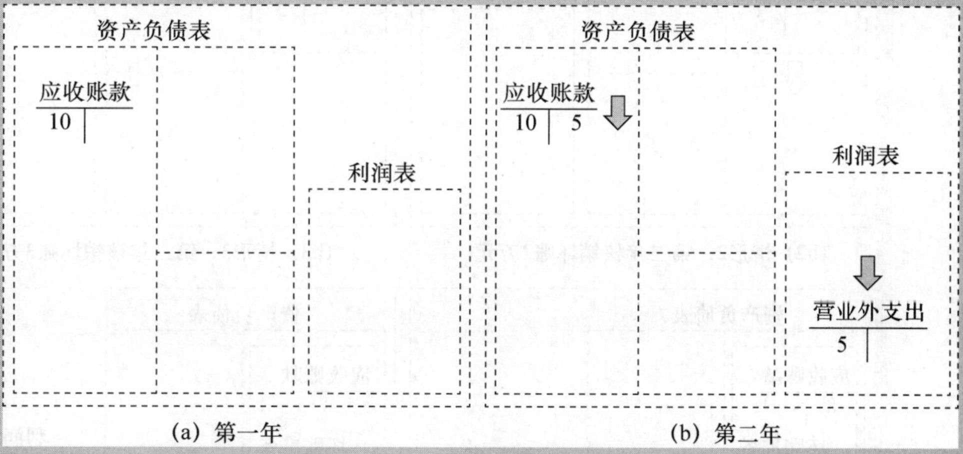

图6-4　根据法律事实记账的情形

2. 计提坏账准备的情形

该公司在第一年年末计提坏账准备5万元（借记“信用减值损失”科目5万元，贷记“坏账准备”科目5万元）。不考虑所得税，这个账务处理的结果是，资产负债表中的资产减少5万元、所有者权益减少5万元，利润表中净利润减少5万元，如图6-5（a）所示。这种账务处理在本质上是把预期信用损失当作实际损失计入了会计报表，计提多少坏账准备，就意味着以后给管理层核销应收账款而不计入利润表留下了多少空间。

以下分别以核销坏账1万元、2万元、3万元、4万元、5万元，来直观地展示坏账准备账户的使用效果。

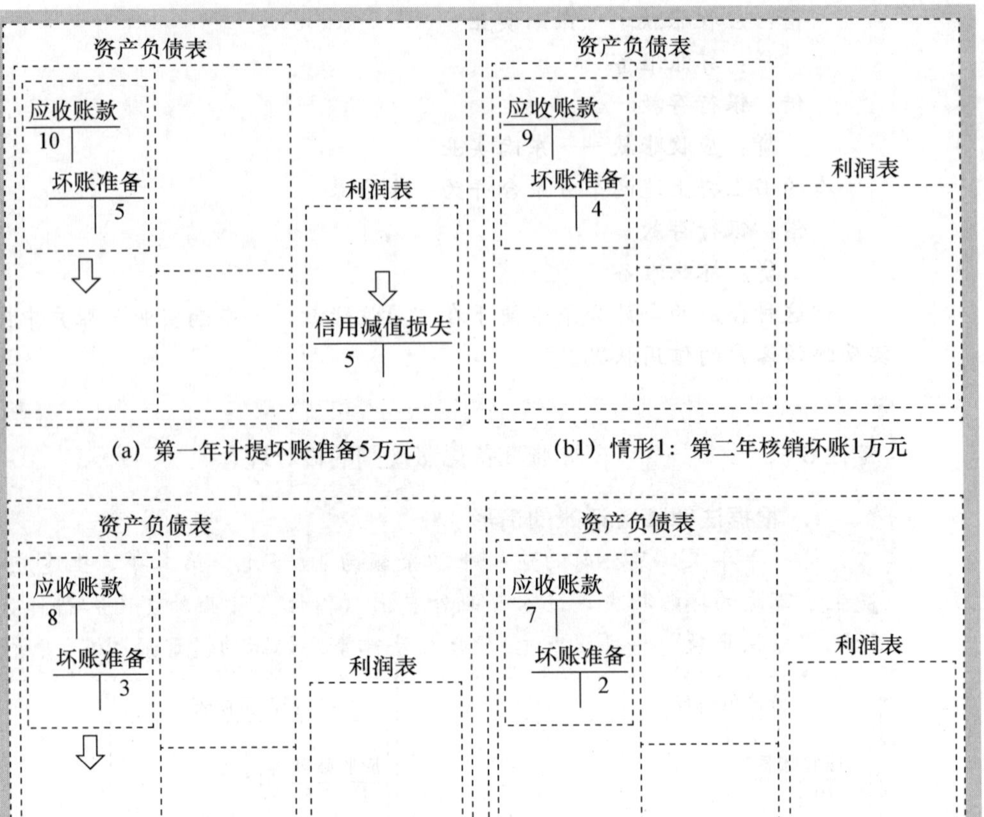

图6-5 计提坏账准备的情形

情形1：第二年年末，该公司实际发生坏账损失1万元。此时，直接使用以前已经准备好的、用于以后核销坏账的额度，注销坏账准备1万元、注销应收账款1万元（即借记“坏账准备”科目1万元，贷记“应收账款”科目1万元)。账务处理如图 6-5 (b1) 所示。如此处理之后,"应收账款"科目借方余额为 9 万元,"坏账准备"科目贷方余额为 4 万元,在资产负债表上列示的"应收账款"项目的账面价值为 5 万元。

情形 2:第二年年末,该公司实际发生坏账损失 2 万元,此时,直接使用以前已经准备好的、用于以后核销坏账的额度,注销坏账准备 2 万元、注销应收账款 2 万元(即借记"坏账准备"科目 2 万元,贷记"应收账款"科目 2 万元)。账务处理如图 6-5 (b2) 所示。如此处理之后,"应收账款"科目借方余额为 8 万元,"坏账准备"科目贷方余额为 3 万元,在资产负债表上列示的"应收账款"项目的账面价值为 5 万元。

情形 3:第二年年末,该公司实际发生坏账损失 3 万元,此时,直接使用以前已经准备好的、用于以后核销坏账的额度,注销坏账准备 3 万元、注销应收账款 3 万元(即借记"坏账准备"科目 3 万元,贷记"应收账款"科目 3 万元)。账务处理如图 6-5 (b3) 所示。如此处理之后,"应收账款"科目借方余额为 7 万元,"坏账准备"科目贷方余额为 2 万元,在资产负债表上列示的"应收账款"项目的账面价值为 5 万元。

情形 4:第二年年末,该公司实际发生坏账损失 4 万元,此时,直接使用以前已经准备好的、用于以后核销坏账的额度,注销坏账准备 4 万元、注销应收账款 4 万元(即借记"坏账准备"科目 4 万元,贷记"应收账款"科目 4 万元)。账务处理如图 6-5 (b4) 所示。如此处理之后,"应收账款"科目借方余额为 6 万元,"坏账准备"科目贷方余额为 1 万元,在资产负债表上列示的"应收账款"项目的账面价值为 5 万元。

情形 5:第二年年末,该公司实际发生坏账损失 5 万元,此时,直接使用以前已经准备好的、用于以后核销坏账的额度,注销坏账准备 5 万元、注销应收账款 5 万元(即借记"坏账准备"科目 5 万元,贷记"应收账款"科目 5 万元)。账务处理如图 6-5 (b5) 所示。如此处理之后,"应收账款"科目借方余额为 5 万元,"坏账准备"科目贷方余额为 0,在资产负债表上列示的"应收账款"项目的账面价值为 5 万元。

总之,第一年计提了 5 万元的坏账准备之后,以后期间任何不超过 5 万元的坏账损失均不再对利润表造成影响,只需要动用坏账准备核销应收账款即可。银行业监管规则中的"贷款拨备"(即贷款损失准备)就是根据这种逻辑设计的。

3. 超预期的坏账损失的账务处理

如果第二年年末该公司实际发生的坏账损失超过了原已计提的坏账准备,那么,超出的部分将会出现在利润表中。

例如,在第一年计提坏账准备 5 万元之后,如果第二年年末该公司实际发生的坏账损失为 6 万元,那么,企业先动用以前已经准备好的、用于以后核销坏账的额度,注销坏账准备 5 万元、注销应收账款 5 万元(即借记"坏账准备"科目 5 万元,贷记"应收账款"科目 5 万元)。然后,按照实际发生的坏账损失超出原已计提的坏账准备的差额，借记“营业外支出”科目1万元，贷记“应收账款”科目1万元。账务处理如图6-6（b）所示。

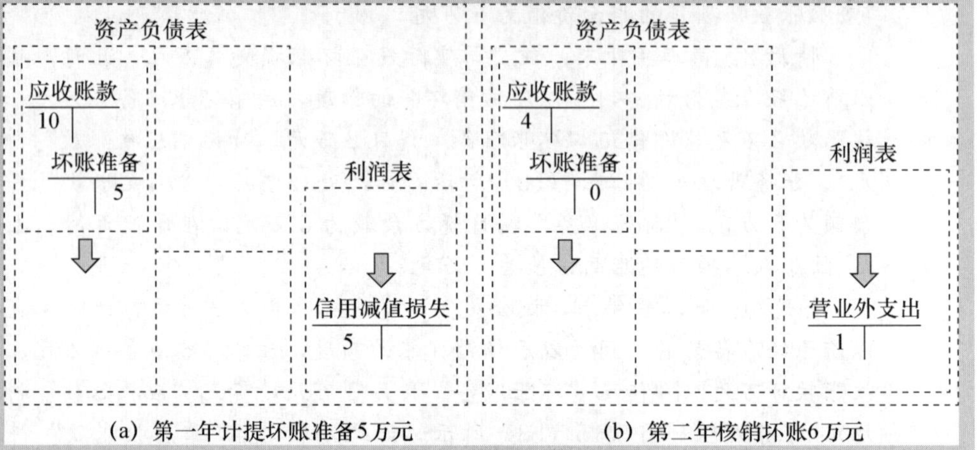

图6-6 发生超预期信用损失的情形

可见，计提坏账准备（即记录以后将予以核销的应收账款的额度）之后，如果所发生的坏账损失未超出上述额度，则可以直接据实冲减坏账准备和应收账款；如果所发生的坏账损失超出了上述额度，则计入利润表的损失仅为该超出的部分。这里，大家可以看出，第一年年末计提的坏账准备的作用，是使得以后年度尽量少记载超出预期的坏账损失。

4. 对坏账准备记账规则的辩证分析

从上述示例中可以看出，坏账准备的实质，是指那些未来可以直接用于核销债权却又不影响当期利润的核销额度。这意味着，坏账准备给银行业金融机构的管理层提供了滥用债权核销制度寻租的可能。

6.2.2 归类为非流动资产的以摊余成本计量的金融资产

本书所涉及的以摊余成本计量的金融资产（包括长期应收款、债权投资、贷款）和以摊余成本计量的金融负债（包括长期应付款、应付债券，参见本书第10章）的会计处理规则均需要按照准则的规定，采用实际利率法来计算投资方的投资收益或者筹资方的财务费用。

为便于后续内容的学习，专栏6-4先对实际利率的含义给出了通俗的解读。

专栏6-4　实际利率的含义及其计算方法

一、何谓“实际利率”

实际利率（effective interest）是会计准则中的专用术语，特指某个特定的报酬率，使用该报酬率，可以使某项活动的未来现金流入的现值恰好等于其未来现金流出的现值。

实际利率的含义可以借助一个简单的设问而通俗地予以解释。在金融投资活动中，债权人（或投资方）为什么愿意现在投入一定的资产、在以后期间再收回本金和利息呢？那一定是因为他相信存在"某个特定的、内在的报酬率"，使得他未来的现金流入的现值恰好等于他现在投入的资产的价值。同样地，债务人（或被投资方）为什么愿意现在接受某种资产、在以后期间再偿付本金和利息呢？那一定是因为他相信存在"某个特定的、内在的报酬率"，使得他未来的现金流出的现值恰好等于他现在收到的资产的价值。这个所谓的"某个特定的、内在的报酬率"，就是会计准则中所说的实际利率。

可以用公式将上述思想简要表达如下：如果某个特定的报酬率 r，使得某项业务的未来现金流入的现值恰好等于其未来现金流出的现值，即

$$\sum_{t=0}^{n}\frac{\text{第 }t\text{ 期的现金流入}}{(1+r)^t}=\sum_{t=0}^{n}\frac{\text{第 }t\text{ 期的现金流出}}{(1+r)^t}$$

则称 r 为该业务的实际利率。

企业会计准则所称的"实际利率"，其含义等价于管理会计或财务管理等学科中所称的"内含报酬率"（internal rate of return，IRR），也等价于金融学等学科中所称的"到期收益率"（yield to maturity，YTM）。

准则规定，实际利率，是指将金融资产（或金融负债）在预计存续期的估计未来现金流量，折现为该金融资产账面余额（或该金融负债）的摊余成本所使用的利率。在确定实际利率时，应当在考虑金融资产或金融负债所有合同条款（如提前还款、展期、看涨期权或其他类似期权等）的基础上估计预期现金流量，但不应当考虑预期信用损失。

注意：实际利率总是针对特定的现金流的间隔期而言的。如果现金流的计算间隔期是一个季度，则所计算出的实际利率便是就一个季度而言的报酬率；如果现金流的计算间隔期是半年，则所计算出的实际利率便是就半年而言的报酬率。

二、实际利率的计算方法

（一）采用插值法计算实际利率

有的教材上提到了使用插值法计算实际利率。其思路是，将计算实际利率的公式，改写成计算净现值的公式，然后求出使得净现值为零的那个报酬率，就得到了实际利率。

净现值（net present value，NPV）是指未来各期现金流入的现值减去各期现金流出的现值后的余额。

$$\begin{aligned}NPV&=\text{各期现金流入的现值}-\text{各期现金流出的现值}\\&=\sum_{t=0}^{n}\frac{\text{第 }t\text{ 期的现金流入}}{(1+r)^t}-\sum_{t=0}^{n}\frac{\text{第 }t\text{ 期的现金流出}}{(1+r)^t}\end{aligned}$$

由上式可知，使净现值为零的那个报酬率就是我们所要计算的实际利率。这样，我们就可以用试错的方法近似地算出实际利率，如果一个较高的报酬率使得净现值略小于零，而一个较低的报酬率使得净现值略大于零，那么我们就可以运用比和比例的关系式求出使得净现值为零的报酬率。这种方法就是插值法。使用插值法的优点是，会计师不必依赖于计算机软件或者带科学计算功能的计算器，仅仅借助于普通计算器或者算盘就能进行计算。

如果某个项目需要现在投资200美元，该项目在之后三年的每年年底分别会带来50美元、100美元和150美元的现金流入。那么该项目的实际利率是多少？

$$NPV=\text{各期现金流入的现值}-\text{各期现金流出的现值}$$
$$=\frac{50}{(1+r)^1}+\frac{100}{(1+r)^2}+\frac{150}{(1+r)^3}-200$$

我们很难一眼就看出使净现值为零的报酬率究竟应该是多少。只好用试错的方法逐个测试每个可能的报酬率，来求得最有可能使净现值为零的那个报酬率。采用试错法寻找使得净现值为零的报酬率的过程如表6-1和图6-7所示。

表6-1　采用试错法寻找使得净现值为零的报酬率

折现率	净现值	折现率	净现值	折现率	净现值
1%	93.12	14%	22.05	27%	−25.40
2%	86.48	15%	17.72	28%	−28.38
3%	80.07	16%	13.52	29%	−31.27
4%	73.88	17%	9.44	30%	−34.09
5%	67.90	18%	5.49	31%	−36.84
6%	62.11	19%	1.65	32%	−39.51
7%	56.52	20%	−2.08	33%	−42.12
8%	51.11	21%	−5.71	34%	−44.65
9%	45.87	22%	−9.22	35%	−47.13
10%	40.80	23%	−12.64	36%	−49.54
11%	35.89	24%	−15.97	37%	−51.89
12%	31.13	25%	−19.20	38%	−54.18
13%	26.52	26%	−22.34	39%	−56.42

注意到，使用19%的报酬率计算出的净现值为1.65美元，而使用20%的报酬率计算出的净现值是−2.08美元。我们猜想，使净现值为零的报酬率应该在19%～20%之间。

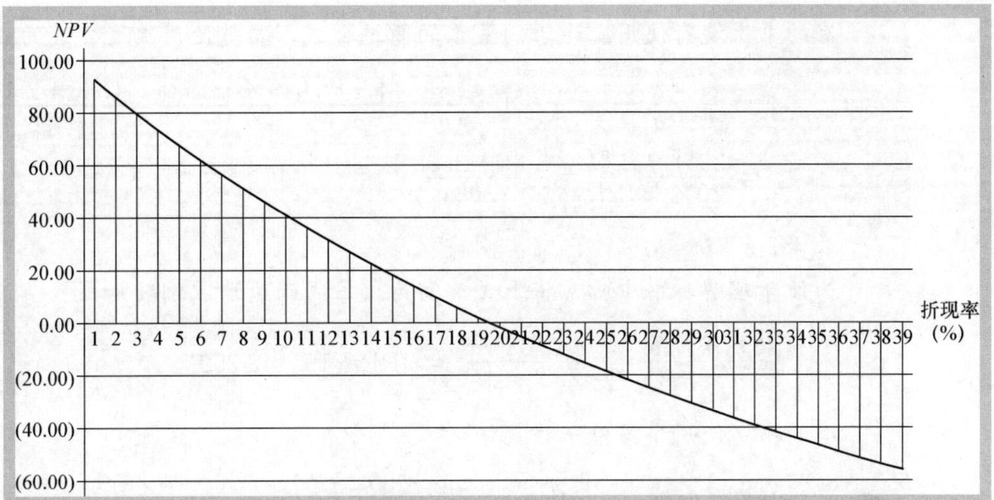

图 6-7 使用不同的折现率（报酬率）计算的净现值

为了近似地计算内含报酬率（IRR），可以把19%、IRR（有待求解）、20%及其所对应的净现值1.65、0、−2.08列示如图6-8所示。这样，就可以看出，插值法的本质就是借助于相似三角形的性质来求解IRR。

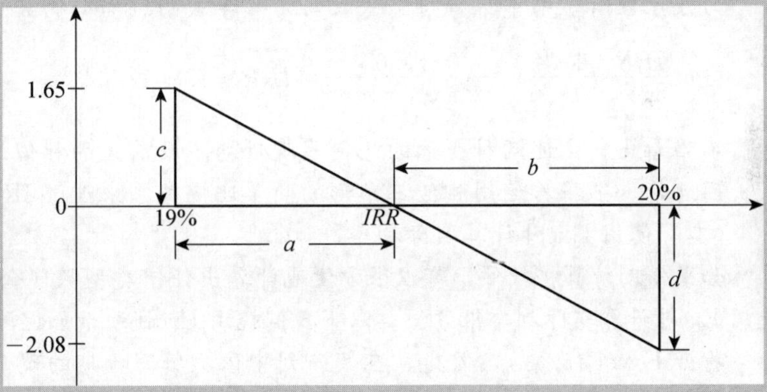

图 6-8 插值法示意图

根据相似三角形的性质，有

$$\frac{a}{b}=\frac{c}{d}$$

运用上述比例关系，便可求解IRR。以下插值法的计算结果保留六位小数。

上述示例中，已知：$a=IRR-19\%$，$b=20\%-IRR$，$c=1.65$，$d=2.08$，所以，有

$$\frac{a}{b}=\frac{c}{d}\Rightarrow\frac{IRR-19\%}{20\%-IRR}=\frac{1.65}{2.08}\Rightarrow IRR\approx 19.442\,359\%$$

有的书上没有使用上述比例关系的简练公式，而是使用上述公式的变体：

$$\frac{a}{b}=\frac{c}{d}\Rightarrow\frac{a}{b}+1=\frac{c}{d}+1\Rightarrow\frac{a+b}{b}=\frac{c+d}{d}\Rightarrow\frac{20\%-19\%}{\mathrm{b}}=\frac{1.65+2.08}{2.08}$$

$$\Rightarrow\frac{20\%-19\%}{20\%-IRR}=\frac{1.65+2.08}{2.08}$$

其中，$a+b=20\%-19\%=1\%$。

为便于理解，书中常常将上式改写为（等式两边均取倒数）：

$$\frac{20\%-IRR}{20\%-19\%}=\frac{-2.08-0}{-2.08-1.65}\Rightarrow \mathrm{IRR}\approx 19.442\,359\%$$

有的书上使用了另外一种变体：

$$\frac{b}{a}=\frac{d}{c}\Rightarrow\frac{b}{a}+1=\frac{d}{c}+1\Rightarrow\frac{b+a}{a}=\frac{d+c}{c}$$

$$\Rightarrow\frac{20\%-16\%}{a}=\frac{1.74+11.65}{11.65}$$

$$\Rightarrow\frac{20\%-19\%}{IRR-19\%}=\frac{2.08+1.65}{1.65}$$

为便于理解，书中常常将上式改写为（等式两边均取倒数）：

$$\frac{IRR-19\%}{20\%-19\%}=\frac{0-1.65}{-2.08-1.65}\Rightarrow IRR\approx 19.442\,359\%$$

不难看出，上述两种变体的几何直观性均不及前述的相似三角形的简练公式。因此，本书推荐运用相似三角形的简单比例关系来理解 IRR 的插值法。

（二）使用 Excel 计算实际利率

如果借助计算机软件，可以很方便地计算出任何类型的现金流的实际利率。使用 Excel 计算实际利率很方便。以下我们就用 Excel 演示如何计算实际利率。

打开 Excel 程序后，首先，在某一列中依次填写各期的现金流入或现金流出金额。在图 6-9 中，我们在 B2、B3、B4、B5 单元格中分别填写了首次的现金流−200 美元（用负号注明是现金流出）、后续第 1 次的现金流 50 美元、后续第 2 次的现金流 100 美元、后续第 3 次的现金流 150 美元。

然后，把某个单元格定义为上一步使用的几个单元格的函数，计算实际利率。在图 6-9 中，我们在 B6 单元格中键入"=IRR(B2：B5)"，其含义是，调用 IRR 函数（这是一个比较常用的财务函数），计算在单元格 B2 到 B5 中所列示的现金流的实际利率。键入该函数后，按"回车"键，B6 单元格中就立即得出了我们想要计算的实际利率，即 19.437 709 962 413 7%。读者可以根据需要设定小数点的位数。使用 IRR 函数时，必须用负号把现金流入和现金流出的数字区分开来，否则系统会显示出错信息。

对比上述计算结果不难看出，使用 Excel 计算比使用插值法算出的实际利率更精确一些。

B6 =IRR(B2:B5)

	A	B	C
1	现金流量	数据与计算结果	
2	首次的现金流	-200	
3	后续第1次的现金流	50	
4	后续第2次的现金流	100	
5	后续第3次的现金流	150	
6	基于上述现金流所计算的内含报酬率	19.43770996241370000000000000000%	
7			
8			
9			

图 6－9 使用 Excel 计算实际利率

说明：上图中显示的汉字是编者为了帮助读者理解每一单元格的数字的含义而键入的文字，在实际应用时，读者可以自行设计方便实用的会计函数。

除了使用插值法和使用计算机软件计算实际利率，读者还可以使用带有数值计算功能的科学计算器计算实际利率。具备编程功能的计算器可以方便地用于计算各种财务和金融指标。

1. 债权投资

通俗地解释，债权投资是企业以获取利息为目的而进行的债券投资。

前已述及，企业设“债权投资”科目核算企业以摊余成本计量的债权投资的账面余额。该科目可按债权投资的类别和品种，区分“面值”“利息调整”“应计利息”等进行明细核算。该科目期末借方余额，反映债权投资的摊余成本。

（1）入账金额的确定。以摊余成本计量的金融资产的入账金额，应当按照公允价值计量。但是，企业初始确认的应收账款未包含《企业会计准则第 14 号——收入》所定义的重大融资成分，或根据《企业会计准则第 14 号——收入》规定不考虑不超过一年的合同中的融资成分的，应当按照该准则定义的交易价格进行初始计量。

以摊余成本计量的金融资产的相关交易费用（transaction costs）①，应当计入初始确认金额。

取得债权投资时，企业应按照债券的面值，借记“债权投资——面值”科目；如果所支付的价款中包含已宣告发放的债券利息，则应按已宣告发放的利息，借记“应收利息”科目；按照投资时所支付的全部代价（债券的交易价格和相关交易费用之和），贷记“银行存款”等科目。上述账户借方合计与贷方合计如有差额，则该差额应借记或贷记“债权投资——利息调整”科目。

（2）持有期间的投资收益的处理。对于以摊余成本计量的金融资产，应当按照摊余成本进行后续计量。准则规定，摊余成本应当以该金融资产的初始确认金

---

① 交易费用，是指企业因购买、发行或者处置金融工具所发生的增量费用，即若未购买、发行或者处置金融工具就不会发生的费用，如支付给代理机构、咨询公司、券商、证券交易所、政府有关部门等的手续费、佣金、相关税费，以及其他必要支出。作为对比，增量费用不包括债券溢价、折价、融资费用、内部管理成本、持有成本等因素。

额经下列调整后的结果确定：1）扣除已偿还的本金。2）加上或减去采用实际利率法将该初始确认金额（initial amount）与到期日金额（maturity amount）之间的差额进行摊销形成的累计摊销额。3）扣除累计计提的损失准备。①

实际利率法，是指计算金融资产（或金融负债）的摊余成本以及将利息收入（或利息费用）分摊计入各会计期间的方法。实际利率，是指将金融资产或金融负债在预计存续期的估计未来现金流量，折现为该金融资产账面余额（即未扣除减值准备的摊余成本）或该金融负债摊余成本所使用的利率。在确定实际利率时，应当在考虑金融资产或金融负债所有合同条款（如提前还款、展期、看涨期权或其他类似期权等）的基础上估计预期现金流量，但不应当考虑预期信用损失。

企业应当按照实际利率法确认利息收入。利息收入应当根据金融资产账面余额（即未扣除减值准备的摊余成本）乘以实际利率计算确定。

合同各方之间支付或收取的、属于实际利率或经信用调整的实际利率组成部分的各项费用、交易费用及溢价或折价等，应当在确定实际利率或经信用调整的实际利率时予以考虑。

企业通常能够可靠估计金融工具（或一组类似金融工具）的现金流量和预计存续期。在极少数情况下，金融工具（或一组金融工具）的估计未来现金流量或预计存续期无法可靠估计的，企业在计算确定其实际利率（或经信用调整的实际利率）时，应当基于该金融工具在整个合同期内的合同现金流量。

以下区分分期付息、一次还本的债券和一次还本付息的债券，分别举例说明债权投资的入账金额和投资收益的会计处理。

对于分期付息、一次还本的债券投资，应按票面利率计算确定的应收未收利息，借记“应收利息”科目，按债权投资摊余成本和实际利率计算确定的利息收入，贷记“投资收益”科目，按其差额，借记或贷记“债权投资——利息调整”科目。

例6-6

分期付息一次还本债券：溢价购入债券的情形。

舒克旅游股份公司20×3年1月1日购入贝塔隧道有限公司当天发行的5年期债券，作为债权投资。该债券的面值总额为1 000 000元，票面年利率为10%，每半年付息一次，付息日为6月30日和12月31日，到期一次还本。

舒克旅游股份公司实际支付价款和交易费用共计1 207 000元。该公司按照摊余成本和实际利率计算确认利息收入，计入投资收益。经测算，每个收款间隔期（即半年）所对应的实际利率为2.620 137 417 349 36%。

其相关会计分录如下：

(1) 购入债券时。

借：债权投资——面值	1 000 000	
——利息调整	207 000	
贷：银行存款		1 207 000

① 准则所述的摊余成本的计算规则比较抽象，需要结合后面的示例来理解。

投资收益的计算结果如表6-2所示。

表6-2 投资收益的计算 单位：元

日期	票面利息额	投资收益	视同还本的金额	摊余成本
	借：应收利息	贷：投资收益	贷：债权投资——利息调整	
	①按票面利率计算	②＝摊余成本×实际利率	③＝①－②	④＝上期④－③
20×3.01.01				1 207 000
20×3.06.30	50 000	31 625	18 375	1 188 625
20×3.12.31	50 000	31 144	18 856	1 169 769
20×4.06.30	50 000	30 650	19 350	1 150 418
20×4.12.31	50 000	30 143	19 857	1 130 561
20×5.06.30	50 000	29 622	20 378	1 110 183
20×5.12.31	50 000	29 088	20 912	1 089 271
20×6.06.30	50 000	28 540	21 460	1 067 811
20×6.12.31	50 000	27 978	22 022	1 045 789
20×7.06.30	50 000	27 401	22 599	1 023 190
20×7.12.31	50 000	26 809*	23 191*	1 000 000
合计	500 000	293 000	207 000	—

*含尾差调整。

上表中的金融分析的逻辑如下：第1年年初，舒克旅游股份公司债权投资的成本是1 207 000元，该项投资每半年的实际利率是2.620 137 417 349 36%（各期现金流的间隔期为半年），即该公司所认可的此项金融活动的内含报酬率。则在第一个半年，投资方（舒克旅游股份公司）在理论上应享有的投资收益是31 625元（1 207 000×2.620 137 417 349 36%），而它在第一个半年连本带利实际收取的现款是50 000元，因此，超出理论上应享有的投资收益的部分18 375元则视为理论上的“收回本金”。在理论上，收回本金之后的摊余成本（即调整后的成本）便为1 188 625元（1 207 000－18 375）。此时，舒克旅游股份公司的债权投资账户余额恰为1 188 625元，这就是说，债权投资是以摊余成本计量的金融资产。其余每半年的情形可以此类推。

（2）第一次计算投资收益时（其余各次可比照处理）。

借：应收利息　　50 000

　贷：投资收益　　31 625

　　　债权投资——利息调整　　18 375

（3）实际收到利息时，借记“银行存款”等科目，贷记“应收利息”科目。

（4）一次性收回本金时。

借：银行存款　　1 000 000

　贷：债权投资——面值　　1 000 000

例6-7

分期付息一次还本债券：折价购入债券的情形。

东北重工股份公司20×3年1月1日购入中原轻工股份公司当天发行的5年期债券。该公司根据其管理该债券投资的业务模式和该债券的合同现金流量特征，将该债券分类为以摊余成本计量的金融资产，采用“债权投资”科目核算。该债券的面值总额为1 000 000元，票面年利率为10%，每半年付息一次，付息日为6月30日和12月31日，到期还本。

东北重工股份公司实际支付价款和交易费用共计936 526元。该公司采用实际利率法进行摊销，经测算，每个收款间隔期（即半年）所对应的实际利率为5.856 556 940 232 37%。

其相关会计分录如下：

(1) 购入债券时。

借：债权投资——面值　　1 000 000

　贷：债权投资——利息调整　　63 474

　　银行存款　　936 526

投资收益的计算结果如表6-3所示。

表6-3　投资收益的计算　　单位：元

日期	票面利息额	投资收益	调整额	摊余成本
	借：应收利息	贷：投资收益	借：债权投资——利息调整	
	①按票面利率计算	②=摊余成本×实际利率	③=②-①	④=上期④+③
20×3.01.01				936 526
20×3.06.30	50 000	54 848	4 848	941 374
20×3.12.31	50 000	55 132	5 132	946 506
20×4.06.30	50 000	55 433	5 433	951 939
20×4.12.31	50 000	55 751	5 751	957 690
20×5.06.30	50 000	56 088	6 088	963 778
20×5.12.31	50 000	56 444	6 444	970 222
20×6.06.30	50 000	56 822	6 822	977 044
20×6.12.31	50 000	57 221	7 221	984 265
20×7.06.30	50 000	57 644	7 644	991 909
20×7.12.31	50 000	58 091*	8 091*	1 000 000
合计	500 000	563 474	63 474	

*含尾差调整。

上表中的金融分析逻辑如下：第1年年初，东北重工股份公司债权投资的成本是936 526元，该项投资每半年的实际利率是5.856 556 940 232 37%（各期现金流的间隔期为半年），即该公司所认可的此项金融活动的内含报酬率。则在第一个半年，投资方（东北重工股份公司）在理论上应享有的投资收益是54 848元（936 526×5.856 556 940 232 37%），而它在第一个半年连本带利实际收取的现款是50 000元。因此，投资方在理论上新增债权4 848元，将它加到投资本金中去，可知其摊余成本（即调整后的成本）为941 374元。此时，东北重工股份公司的债权投资账户余额恰为941 374元，这就是说，债权投资是以摊余成本计量的金融资产。其余每半年的情形可以此类推。

(2) 第一次计算投资收益时（其余各次可比照处理）。

借：应收利息　　　　　　　　　　　　　　　　　50 000
　　债权投资——利息调整　　　　　　　　　　　　4 848
　贷：投资收益　　　　　　　　　　　　　　　　　　54 848

(3) 实际收到利息时，借记“银行存款”等科目，贷记“应收利息”科目。

(4) 一次性收回本金时。

借：银行存款　　　　　　　　　　　　　　　　1 000 000
　贷：债权投资——面值　　　　　　　　　　　　　1 000 000

对于一次还本付息的债券投资，企业应于资产负债表日，按票面利率计算确定的应收未收利息，借记“债权投资——应计利息”科目，按债权投资摊余成本和实际利率计算确定的利息收入，贷记“投资收益”科目，按其差额，借记或贷记“债权投资——利息调整”科目。

例6-8

到期一次还本付息债券：溢价购入债券的情形。

范鑫商贸股份公司20×6年1月1日购入西子服装股份公司当天发行的3年期债券。该公司根据其管理该债券投资的业务模式和该债券的合同现金流量特征，将该债券分类为以摊余成本计量的金融资产，采用“债权投资”科目核算。该债券的票面价值总额为200 000元，票面年利率为10%，每半年计息一次，到期一次还本付息。

范鑫商贸股份公司用银行存款支付价款和交易费用共计210 000元。该公司每半年计算一次投资收益。经测算，此项目的实际利率（即付款间隔为半年的内含报酬率）为3.623 679 402 673 98%。

其相关会计分录如下：

(1) 购入债券时。

借：债权投资——面值　　　　　　　　　　　　　200 000
　　　　　　——利息调整　　　　　　　　　　　　10 000
　贷：银行存款　　　　　　　　　　　　　　　　　210 000

投资收益的计算结果如表6-4所示。

表6-4 投资收益的计算　　　　单位：元

日期	票面利息额	投资收益	调整额	摊余成本
	借：债权投资——应计利息	贷：投资收益	贷：债权投资——利息调整	
	①按票面利率计算	②=摊余成本×实际利率	③=①-②	④=上期④+①-③=上期④+②
20×6.01.01				210 000
20×6.06.30	10 000	7 610	2 390	217 610

续表

日期	票面利息额	投资收益	调整额	摊余成本
	借：债权投资——应计利息	贷：投资收益	贷：债权投资——利息调整	
	①按票面利率计算	②＝摊余成本×实际利率	③＝①－②	④＝上期④＋①－③＝上期④＋②
20×6.12.31	10 000	7 885	2 115	225 495
20×7.06.30	10 000	8 171	1 829	233 666
20×7.12.31	10 000	8 467	1 533	242 133
20×8.06.30	10 000	8 774	1 226	250 907
20×8.12.31	10 000	9 093*	907*	260 000
合计	60 000	50 000	10 000	—

*含尾差调整。

上表中的金融分析逻辑如下：第1年年初，范鑫商贸股份公司债权投资的成本是210 000元，该项投资每半年的实际利率是3.623 679 402 673 98%（各期现金流的间隔期为半年），即该公司所认可的此项金融活动的内含报酬率。则在第一个半年，投资方（范鑫商贸股份公司）在理论上应享有的投资收益是7 610元（210 000×3.623 679 402 673 98%）。但它未收到一分一毫的现款，因此，将7 610元加到投资本金中去，可知其摊余成本（即调整后的成本）为217 610元（210 000＋7 610）。摊余成本的计算也可以用另外一种思路去理解。由于在理论上投资方（范鑫商贸股份公司）有权在第一个半年收取10 000元的利息（只不过需要等到债券到期才能兑现），因此，投资方在“债权投资——应计利息”账户中借记的金额为10 000元。而采用实际利率法计算的、理论上应享有的投资收益是7 610元。因此，两者之差2 390元视为投资成本的收回。按照这种思路，摊余成本同样为217 610元（210 000＋10 000－2 390）。此时，范鑫商贸股份公司的债权投资账户余额恰为217 610元，这就是说，债权投资是以摊余成本计量的金融资产。其余每半年的情形可以此类推。

（2）每半年确认一次投资收益时（共6次）。

借：债权投资——应计利息 10 000/10 000/10 000/10 000/10 000/10 000

　　贷：债权投资——利息调整　　2 390/2 115/1 829/1 533/1 226/907

　　　　投资收益　　7 610/7 885/8 171/8 467/8 774/9 093

到期日，“债权投资”科目余额为260 000元，其中，“面值”为200 000元，“应计利息”为60 000元。

（3）到期收回本息时。

借：银行存款　　260 000

　　贷：债权投资——面值　　200 000

　　　　　　　　——应计利息　　60 000

例6-9

到期一次还本付息债券：折价购入债券的情形。

中原钢铁股份公司20×6年1月1日支付价款和交易费用共计190 000元购入洛阳机械股份公司当天发行的3年期债券。该公司根据其管理该债券投资的业务模式和该债券的合同现金流量特征，将该债券分类为以摊余成本计量的金融资产，采用“债权投资”科目核算。该债券的面值总额为200 000元，票面年利率为10%，到期一次还本付息。中原钢铁股份公司每半年计算一次投资收益。经测算，此项目的实际利率（即付款间隔为半年的内含报酬率）为5.366 678 809 522 7%。

其相关会计分录如下：

(1) 购入债券时。

借：债权投资——面值　　200 000

　贷：银行存款　　190 000

　　债权投资——利息调整　　10 000

投资收益的计算结果如表6-5所示。

表6-5　投资收益的计算　　单位：元

日期	票面利息额	投资收益	调整额	摊余成本
	借：债权投资——应计利息	贷：投资收益	借：债权投资——利息调整	
	①按票面利率计算	②＝摊余成本×实际利率	③＝②－①	④＝上期④＋①＋③＝上期④＋②
20×6.01.01				190 000
20×6.06.30	10 000	10 197	197	200 197
20×6.12.31	10 000	10 744	744	210 941
20×7.06.30	10 000	11 321	1 321	222 261
20×7.12.31	10 000	11 928	1 928	234 189
20×8.06.30	10 000	12 568	2 568	246 757
20×8.12.31	10 000	13 242*	3 242*	260 000*
合计	60 000	70 000	10 000	—

*含尾差调整。

上表中的金融分析逻辑如下：第1年年初，中原钢铁股份公司债权投资的成本是190 000元，该项投资每半年的实际利率是5.366 678 809 522 7%（各期现金流的间隔期为半年），即该公司所认可的此项金融活动的内含报酬率。则在第一个半年，投资方（中原钢铁股份公司）在理论上应享有的投资收益是10 197元（190 000×5.366 678 809 522 7%）。但它未收到一分一毫的现款，因此，将10 197元加到投资本金中去，可知其摊余成本（即调整后的成本）为200 197元（190 000＋10 197）。摊余成本的计算也可以用另一种思路去理解。由于在理论上投资方（中原钢铁股份公司）有权在第一个半年收取10 000元的利息（只不过需要等到债券到期才能兑现），因此，投资方在“债权投资——应计利息”账户中借记的金额为10 000元。而采用实际利率法计算的理论上应享有的投资收益是10 197元。因此，两者之差197元（债权）视为追加的投资成本。按照这种思路，摊余成本同样为200 197元（190 000＋10 000＋197）。此时，中原钢铁股份公司的债权投资账户余额恰为200 197元，这就是说，债权投资是以摊余成本计量的金融资产。其余每半年的情形可以此类推。

（2）每半年确认一次投资收益时（共6次）。

借：债权投资——应计利息 10 000/10 000/10 000/10 000/10 000/10 000
　　　　　　——利息调整 197/744/1 321/1 928/2 568/3 242
　贷：投资收益 10 197/10 744/11 321/11 928/12 568/13 242

到期日，“债权投资”科目余额为260 000元，其中，“面值”为200 000元，“应计利息”为60 000元。

（3）到期收回本息时。

借：银行存款 260 000
　贷：债权投资——面值 200 000
　　　　　　——应计利息 60 000

（3）持有期间的利得或损失的处理。以摊余成本计量且不属于任何套期关系的一部分的金融资产所产生的利得或损失，应当在终止确认、按照准则规定重分类、按照实际利率法摊销或按照准则规定确认减值时，计入当期损益。如果企业将以摊余成本计量的金融资产重分类为其他类别，应当按照准则的规定处理其利得或损失。

以摊余成本计量且不属于任何套期关系的一部分的金融负债所产生的利得或损失，应当在终止确认时计入当期损益或在按照实际利率法摊销时计入相关期间损益。

（4）出售债权投资时的处理。企业应当将出售所取得价款与该投资账面价值之间的差额确认为投资收益。应按实际收到的金额，借记“银行存款”等科目，按其账面余额，以相反方向登记“债权投资”及其各明细科目，按其差额，贷记或借记“投资收益”科目。已计提减值准备的，还应同时结转债权投资减值准备。

2. 长期应收款

我们已经在分期付款采购固定资产的示例中了解了长期应付款的会计处理规则。长期应收款的会计处理规则可以根据该示例进行类推。

企业设置“长期应收款”科目核算其分类为以摊余成本计量的长期应收款，以及包含《企业会计准则第14号——收入》所定义的重大融资成分的应收款项。该科目可按债务人进行明细核算，期末借方余额反映企业尚未收回的长期应收款。

企业设置“未实现融资收益”科目核算企业尚未计入损益的未实现融资收

益。该科目可按未实现融资收益的具体项目进行明细核算，期末贷方余额反映企业尚未转入当期收益的未实现融资收益。

(1) 长期应收款的入账处理。长期应收款的入账金额应当按照本金和交易费用之和确定。采用递延方式分期收款销售商品或提供劳务等经营活动产生的长期应收款，满足收入确认条件的，按应收的合同或协议价款，借记“长期应收款”科目，按应收合同价款的公允价值（折现值），贷记“主营业务收入”等科目，按其差额，贷记“未实现融资收益”科目。涉及增值税的，还应进行相应的处理。

(2) 未实现融资收益的处理。如前所述，企业按照实际利率法（即采用“摊余成本×实际利率”的公式）计算利息收入（或投资收益）。

在收款期内采用实际利率法按期计算确定利息收入时，借记“未实现融资收益”科目，贷记“财务费用”科目。

例6-10

正道地产有限公司向天工机电股份公司销售一栋楼盘。买卖合同约定从当年年末起分5年收款，每年收款2 000 000元，合计10 000 000元。在现销方式下，该独栋楼房的销售价格为8 000 000元。经测算，此项业务的实际利率（即每个付款间隔期所对应的内含报酬率）为7.930 826 116 052 86%。

对于合同中的长期应收款，正道地产有限公司根据其管理该债权的业务模式和该债权的合同现金流量特征，将其分类为以摊余成本计量的金融资产，采用“长期应收款”科目核算。

正道地产有限公司的会计分录如下：

(1) 销售成立时。

借：长期应收款	10 000 000
贷：主营业务收入	8 000 000
未实现融资收益	2 000 000

上述示例为简明起见，没有考虑增值税。若考虑增值税（适用税率为9%），则每次收款时需要做以下记载（增值税纳税义务发生时间为合同约定的收款日）：

借：银行存款	180 000
贷：应交税费——应交增值税（销项税额）	180 000

(2) 每次收到分期收款时。

借：银行存款	2 000 000
贷：长期应收款	2 000 000

(3) 每次计算融资收益时（共5次）。

借：未实现融资收益	634 466/526 168/409 281/283 124/146 961
贷：财务费用	634 466/526 168/409 281/283 124/146 961

采用实际利率法计算期初摊余成本的结果如表6-6所示。

表 6-6 采用实际利率法计算摊余成本 单位：元

	期初摊余成本	当期记录的“财务费用”（理论上应得的利息收入）	理论上视为收回本金的金额	实际现金流入
	本期①=上期①－上期③	②=①×实际利率	③=④－②	④
销售日	8 000 000	—	—	—
第 1 年	8 000 000	634 466	1 365 534	2 000 000
第 2 年	6 634 466	526 168	1 473 832	2 000 000
第 3 年	5 160 634	409 281	1 590 719	2 000 000
第 4 年	3 569 915	283 124	1 716 876	2 000 000
第 5 年	1 853 039	146 961	1 853 039	2 000 000
合计		2 000 000	8 000 000	10 000 000

为帮助读者理解上表所示的金融活动的逻辑，此处特地给出了通俗的解读。第 1 年年初，正道地产有限公司长期应收款的摊余成本是 8 000 000 元（出售的楼盘的现值），可以将它类比为该公司发放的贷款。该项业务的实际利率是 7.930 826 116 052 86%，即该公司所认可的此项金融活动的内含报酬率。则第 1 年它在理论上应享有的利息收入是 634 466 元（8 000 000×7.930 826 116 052 86%）（鉴于工商企业不适用“利息收入”科目，因此以贷记“财务费用”科目的方式来代替）。而它第 1 年连本带利实际收现金额是 2 000 000 元，因此，超出理论上应享有的利息收入的部分 1 365 534 元则视为理论上的“收回本金”。收回本金之后的摊余成本是 6 634 466 元（8 000 000－1 365 534）。第 2 年的情形可以此类推。

资产负债表上的“长期应收款”项目是按照“长期应收款”科目的借方余额减去“未实现融资收益”科目的贷方余额之后的金额列报的（计提有坏账准备的，还应减去“坏账准备”科目的贷方余额）。例如，本例中第 1 年年末，“长期应收款”科目的借方余额为 8 000 000 元（10 000 000－2 000 000）；“未实现融资收益”科目的贷方余额 1 365 534 元（2 000 000－634 466）。如此，资产负债表上的“长期应收款”项目的列报金额为 6 634 466 元（8 000 000－1 365 534）。恰为上表中所列示的第 1 年年末的摊余成本 6 634 466 元。

综上可知，长期应收款是采用实际利率法以摊余成本计量的金融资产。

（3）长期应收款发生减值时的处理。对于包含重大融资成分的应收账款（即长期应收款）、合同资产和租赁合约中的应收款项等债权，在报告日，企业可以做出会计政策选择，既可以比照债权投资按照一般模型进行减值处理，也可以简单地按照该资产在整个存续期内的预期信用损失进行减值处理。

在记录长期应收款的减值准备时，企业应按减记的金额借记“信用减值损失”科目，贷记“坏账准备”科目。

（4）处置或者收回长期应收款时的处理。企业处置长期应收款时，按取得的价款与长期应收款账面价值之间的差额确认当期损益。收到债务人支付的价款时，借记“银行存款”等科目，贷记“长期应收款”科目。以前计提有减值准备的，还应作相应的注销处理。

贷款、委托贷款的会计处理，在原理上与债权投资、长期应收款相同。限于篇幅，本书从略。

6.3 以公允价值计量且其变动计入其他综合收益的金融资产（其他债权投资）

实际上，《企业会计准则第 22 号——金融工具确认和计量》（2017 年修订）在“以公允价值计量且其变动计入其他综合收益的金融资产”名义下，分别针对债权和股权，给出了两套不同的处理规则。本节先讲解债权被划分为“以公允价值计量且其变动计入其他综合收益的金融资产”的情形下的会计处理，即“其他债权投资”的会计处理。①

前已述及，企业设“其他债权投资”科目，核算被划分为以公允价值计量且其变动计入其他综合收益的金融资产的债权。该科目可按金融资产类别和品种，区分“面值”“利息调整”“公允价值变动”等进行明细核算。

1. 入账金额的确定

以公允价值计量且其变动计入其他综合收益的金融资产的入账金额，应当按照公允价值计量。但是，企业初始确认的应收账款未包含《企业会计准则第 14 号——收入》所定义的重大融资成分或根据《企业会计准则第 14 号——收入》规定不考虑不超过一年的合同中的融资成分的，应当按照该准则定义的交易价格进行初始计量。

其他债权投资的相关交易费用，应当计入初始确认金额。

2. 持有期间的利得或损失

（1）采用实际利率法计算的该金融资产的利息，计入当期损益。

（2）减值损失（或利得）和汇兑损益，计入当期损益。

（3）除减值损失（或利得）和汇兑损益之外的其他利得或损失，计入其他综合收益，直至该金融资产终止确认或被重分类。②

其他债权投资计入各期损益的金额应当与视同其一直按摊余成本计量（即按照债权投资处理）而计入各期损益的金额相等。

3. 终止确认时的处理

其他债权投资终止确认时，之前计入其他综合收益的累计利得（或损失）应

---

① 股权投资被划分为“以公允价值计量且其变动计入其他综合收益的金融资产”时，通过“其他权益工具投资”科目核算。详见第 8.4 节。

② 企业将该金融资产重分类为其他类别金融资产的，应当根据准则的相应规定，对之前计入其他综合收益的累计利得或损失进行相应处理。

当从其他综合收益中转出，计入当期损益。

例 6-11

2×13 年 1 月 1 日，汝州实业有限公司支付 9 100 000 元从证券交易所购入正阳农商有限公司同日发行的 5 年期公司债券 10 000 000 元。该债券的票面年利率为 5%，每年年末支付利息（500 000 元），本金在债券到期时偿还。债券发行方有权在遇到特定情况时将债券赎回，且无须为提前赎回支付额外款项。

汝州实业有限公司在购买该债券时，预计发行方不会提前赎回。该公司根据其管理该项债券投资的业务模式和该债券的合同现金流量特征，将该债券分类为以公允价值计量且其变动计入其他综合收益的金融资产。

经测算，该债券投资的实际利率（下表中以 IRR 表示）为 7.207 208 092 249 71%。

假定由于利率波动，导致该债券的市场交易价格（在表 6-7 中以“公允价值”表示）出现较大的波动，资料如表 6-7 所示。

2×17 年 3 月 6 日，汝州实业有限公司售出该项投资，得款 10 100 000 元。

表 6-7 其他债权投资的会计处理　　单位：元

付息日期	票面利息	投资收益	折价摊销	摊余成本	公允价值	公允价值变动	公允价值变动累计额
	借：应收利息	贷：投资收益	借：其他债权投资——利息调整			借：其他债权投资——公允价值变动 贷：其他综合收益	
	①	②=上期④×IRR	③=②-①	④=上期④+③	⑤	⑥=⑤-④-上期⑦	⑦=上期⑦+⑥
2×13.01.01				9 100 000	9 100 000	0	0
2×13.12.31	500 000	655 856	155 856	9 255 856	9 300 000	44 144	44 144
2×14.12.31	500 000	667 089	167 089	9 422 945	9 600 000	132 911	177 055
2×15.12.31	500 000	679 131	179 131	9 602 076	9 500 000	-279 131	-102 076
2×16.12.31	500 000	692 042	192 042	9 794 118	9 800 000	107 958	5 882
2×17.03.06	0	—	—	9 794 118	10 100 000	-5 882	0
合计	2 000 000	2 694 118	694 118	—	—	—	—

汝州实业有限公司的有关账务处理如下：

（1）2×13 年 1 月 1 日，购入公司债券时。

借：其他债权投资——面值　　10 000 000

　贷：其他债权投资——利息调整　　900 000

　　银行存款　　9 100 000

（2）2×13 年至 2×16 年每年年底，采用实际利率法记录投资收益时。

借：应收利息　　500 000/500 000/500 000/500 000

　其他债权投资——利息调整　　155 856/167 089/179 131/192 042

　贷：投资收益　　655 856/667 089/679 131/692 042

实际收到债券利息时，借记“银行存款”等科目，贷记“应收利息”科目。

(3) 2×13 年至 2×16 年每年年底，记录公允价值变动时。

借：其他债权投资——公允价值变动 44 144/132 911/－279 131/107 958

　　贷：其他综合收益——其他债权投资公允价值变动

　　　　44 144/132 911/－279 131/107 958

(4) 2×17 年 3 月 6 日，按照销售价格与摊余成本之差记载转让价差（投资收益）时。

借：银行存款　10 100 000

　　其他债权投资——利息调整　205 882

　　贷：其他债权投资——面值　10 000 000

　　　　投资收益　305 882

（其他债权投资——利息调整 205 882 与其他债权投资——面值 10 000 000 合计：摊余成本：9 794 118 元）

(5) 注销其他综合收益时。

借：其他综合收益——其他债权投资公允价值变动　5 882

　　贷：其他债权投资——公允价值变动　5 882

上述会计分录（4）（5）也可以采用一种比较烦琐的方式来理解和操作，以下以（4s）（5s）标示。

(4s) 2×17 年 3 月 6 日，按照当日的销售价格与 2×16 年 12 月 31 日的公允价值之差，记载转让价差（投资收益）时。

借：银行存款　10 100 000

　　其他债权投资——利息调整　205 882

　　贷：其他债权投资——面值　10 000 000

　　　　——公允价值变动　5 882

　　　　投资收益　300 000

（其他债权投资——利息调整、面值、公允价值变动合计：公允价值：9 800 000 元）

(5s) 将其他综合收益转入投资收益时。

借：其他综合收益——其他债权投资公允价值变动　5 882

　　贷：投资收益　5 882

如图 6－10 所示，上述两种操作方式的最终结果是一样的。在本质上，债券出售的价差就是 305 882 元，会计处理方法的不同不会改变交易的实质。从最终结果来看，公允价值信息是可有可无的信息。

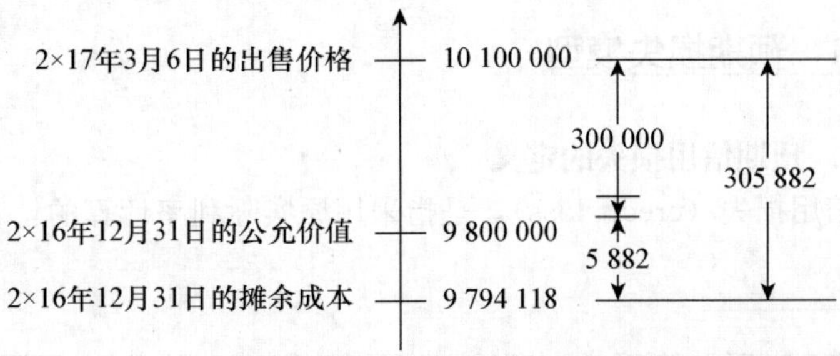

图 6－10　其他债权投资出售时的投资收益的计算（示意图）

综合上述所有损益类科目的信息，可计算汝州实业有限公司该项其他债权投资的盈亏水平如下：

按照实际利率法计算的投资收益 + 转让该项投资时的投资收益 = 2 694 118 + 305 882

= 3 000 000(元)

持有期间实际收到的利息 + 买卖价差 = 2 000 000 + (10 100 000 − 9 100 000)

= 2 000 000 + 1 000 000

= 3 000 000(元)

以上两种计算方法的结果是一样的。

6.4 金融工具的减值

现行企业会计准则体系针对不同类别的资产，分别规定有不同的资产减值会计处理规则。①

准则规定，企业应当以预期信用损失为基础进行减值会计处理并确认损失准备。损失准备，泛指针对以摊余成本计量的金融资产、租赁应收款和合同资产的预期信用损失计提的准备，针对以公允价值计量且其变动计入其他综合收益的金融资产计提的累计减值金额，以及针对贷款承诺和财务担保合同的预期信用损失计提的准备。

金融工具准则对金融资产减值的规定通常称为“预期信用损失模型”（Expected Credit Loss Model）。该方法与《国际会计准则第39号——金融工具确认和计量》（同《企业会计准则第22号——金融工具确认和计量》（2006年版））所主张的、根据实际已发生减值损失确认减值准备的方法，即已发生损失模型（Incurred Loss Model），有着根本性不同。在预期信用损失法下，减值准备的计提不以减值的实际发生为前提，而是以未来可能的违约事件造成的损失的期望值，来计量当前（资产负债表日）应当确认的减值准备。

本节阐释的是以摊余成本计量的金融资产（即债权投资）的减值规则。

6.4.1 预期损失模型

1. 预期信用损失的定义

信用损失（credit loss），是指采用原实际利率计算的，各期根据合同约定应

① 业界对资产减值会计存有争议，在银行业监管领域，围绕贷款损失准备的争议更是旷日持久。感兴趣的读者可参阅：周华，戴德明. 贷款损失准备的监管规则：问题与可能解. 中国人民大学学报，2011（4）；周华，戴德明. 资产减值会计的合理性辨析. 经济管理，2016（3）.

收取的现金流量与预期收取的现金流量之间的差额[①]的现值（或者称为二者现值之差）。

预期信用损失（expected credit losses），是指以金融工具的违约风险（或称信用风险、违约概率）[②] 为权重所计算的信用损失的加权平均值。

由于预期信用损失的计算考虑了付款的金额和时间分布，因此即使企业预计可以全额收款，但如果收款时间晚于合同规定的到期期限，也会产生信用损失。

（1）现金流量的估计。在估计现金流量时，企业应当将金融工具预计存续期内的提前还款、展期、看涨期权（或类似期权）等所有合同条款考虑在内，此外，还应将出售担保物以及其他信用增级措施所产生的现金流量考虑在内。

（2）预计存续期的估计。会计准则假定企业能够可靠估计金融工具的预计存续期。

在极少数情况下，企业可能无法可靠估计该预计存续期，这时，可以使用剩余合同期限来代替。

2. 对信用风险自初始确认后是否已显著增加的判断

《国际财务报告准则第 9 号——金融工具》准则要求企业在每一个报告日（reporting date）[③] 对金融工具的信用风险进行评估，并根据评估结果进行预期信用损失的计量。

《国际财务报告准则第 7 号——金融工具披露》所定义的信用风险（credit risk），是指因金融工具的一方当事人不履行义务而对另一方当事人造成财产损失的风险。

企业在对信用风险自初始确认后是否已显著增加进行评估时，应当注意以下方面。

（1）企业应当通过对比金融工具的违约风险在资产负债表日与初始确认日之间的变化，来评估信用风险是否已经显著增加。对比时所采用的违约的界定标准，应当与企业的金融工具信用风险管理目标相一致，并应考虑财务限制条款等其他定性指标的影响。

（2）应当考虑所有合理且有依据的信息，包括前瞻性信息（如就业率等）。

（3）评估时应当关注的是金融工具在后续存续期间发生违约的风险的变化，而不是预期信用损失金额的变化。也就是说，应当关注违约风险的相对变化，而不是违约风险变动的绝对值。例如，在同一资产负债表日，对于违约风险变动的绝对值相同的两项金融资产，初始确认时违约风险较低的金融工具比初始确认时违约风险较高的金融工具的信用风险变化更为显著。

（4）评价基础存在多样性。有的情况下可能需要在以单项金融工具为基础进行评估后，继续以金融工具组合为基础进行评估。例如，对于零售贷款，商

---

① 即现金流缺口（cash shortfalls）。

② 准则所称信用风险、违约风险与违约概率系同义语。

③ 该准则所称的“报告日”，即我国企业会计准则体系所称的资产负债表日。

业银行可能无法跟踪每个借款人的个人信用变化，从而无法在逾期前识别出信用风险的显著变化。然而，如果所有零售贷款的整体信用风险受当地经济社会环境的影响，银行就应当通过就业率等前瞻性经济指标在组合基础上进行信用风险变化的评估。企业可能采用的共同信用风险特征包括：1）金融工具类型；2）信用风险评级；3）担保物类型；4）初始确认日期；5）剩余合同期限；6）借款人所处行业；7）借款人所处地理位置；8）贷款抵押率（loan-to-collateral，LTC）；等等。

（5）慎重使用“逾期”信息。逾期是指债务人未按合同规定时间支付约定的款项的情形。企业通常应当在金融工具逾期前确认其整个存续期的预期信用损失。如果企业无须付出不必要的额外成本或努力即可获得①合理且有依据的前瞻性信息，那么，逾期信息就不适合用作唯一的评价标准。

如果企业必须付出不必要的额外成本或努力才能获得逾期信息之外的合理且有依据的前瞻性信息，那么，逾期信息就可以用作唯一的评价标准。

通常认为，逾期超过30日（含）的金融工具的信用风险已经显著增加，除非企业在无须付出不必要的额外成本或努力的情况下即可获得合理且有依据的信息作为反证。如果企业在债务人逾期30日内就已认定该金融工具的信用风险已显著增加，那么，在作出该认定之时就应当按照整个存续期的预期信用损失确认损失准备。

通常认为，逾期超过90日（含）的金融工具已发生违约。除非企业有合理且有依据的信息，表明以更长的逾期时间作为违约标准更为恰当。

逾期天数与信用风险显著增加以及违约的关系可概括如图6-11所示。

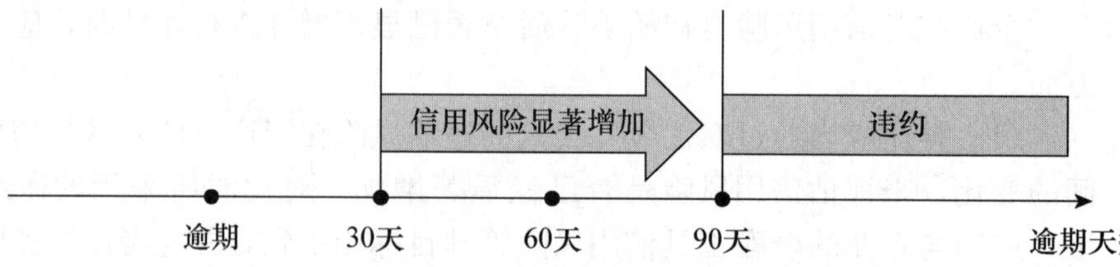

图6-11 逾期天数与信用风险显著增加以及违约的关系

（6）合同修改时的评估方法。企业与交易对手方修改或重新议定合同后，虽未导致金融资产终止确认，但导致合同现金流量发生变化的，企业在评估相关金融工具的信用风险是否已经显著增加时，应当将基于变更后的合同条款在资产负债表日发生违约的风险，与基于原合同条款在初始确认时发生违约的风险进行比较。

总之，在确定金融工具的信用风险水平时，企业应当考虑以合理成本即可获得（即无须付出不必要的额外成本或努力）的、可能影响金融工具信用风险的、合理且有依据的信息。

① 以“合理成本”即可获得。

3. 预期信用损失的确认规则和利息收入的计量规则

准则规定，在每个资产负债表日，企业应当评估相关金融工具的信用风险自初始确认后是否已显著增加，并按照下列三阶段预期损失模型，计量其预期信用损失和损失准备，并计算相应的利息收入。见表 6-8。

企业应当将损失准备的增加（或转回）金额作为减值损失（或利得）计入当期损益。

表 6-8　预期信用损失的确认和利息收入的计量

<table>
<tr><th colspan="2">具体情形</th><th>信用损失准备的确认</th><th>利息收入的计算</th></tr>
<tr><td rowspan="3">三阶段模型</td><td>第一阶段（首次取得金融资产，或者其后期间信用风险未发生显著上升）</td><td>未来 12 个月的预期信用损失</td><td rowspan="2">账面余额×实际利率</td></tr>
<tr><td>第二阶段（信用风险在本期发生显著上升但未发生信用减值）</td><td>后续存续期限内的预期信用损失</td></tr>
<tr><td>第三阶段（存在已发生信用减值的证据）</td><td>后续存续期限内的预期信用损失</td><td>摊余成本×实际利率（初始确认时确定的实际利率）</td></tr>
<tr><td colspan="2">简化处理的金融资产</td><td>后续存续期限内的预期信用损失</td><td>账面余额×实际利率</td></tr>
</table>

（1）第一阶段：金融工具的信用风险自初始确认后未显著增加的情形。

1）会计规则。对于这种情形，企业应按照相当于该金融工具未来 12 个月内的预期信用损失的金额计量其损失准备，按照该金融资产的账面余额采用实际利率法计算利息收入。

未来 12 个月内的预期信用损失，是指因资产负债表日后 12 个月（或者短于 12 个月的预计存续期）内可能发生的违约事件而导致的金融工具在整个存续期内现金流缺口的加权平均现值，而非发生在 12 个月内的现金流缺口的加权平均现值。该预期信用损失属于整个存续期的预期信用损失的一部分。

账面余额，是未扣除预期信用损失的金额。

2）适用情形。在资产负债表日，对于具有较低信用风险的金融工具（如具有“投资级”以上的外部信用评级的金融工具），企业可以直接将其信用风险视为自初始确认后并未显著增加，而无须与其初始确认时的信用风险进行比较。见图 6-12。

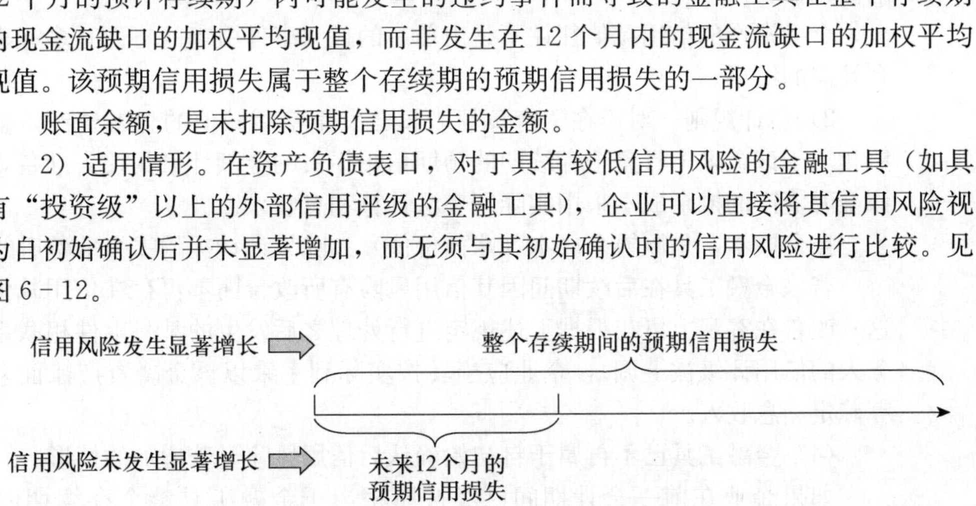

图 6-12　预期信用损失的覆盖期间

如果金融工具的违约风险较低，从近期来看借款人具有较强的偿付合同现金流量义务的能力，从长期来看经济环境和企业经营环境的不利变化可能会、但并不必然会降低其偿付合同现金流量义务的能力，那么，企业可以将该金融工具视为具有较低信用风险的金融工具。作为对比，必须附加担保物才能具有较低信用风险的金融工具，不属于具有较低信用风险的金融工具。

（2）第二阶段：金融工具的信用风险自初始确认后已显著增加但未发生信用减值的情形。

对于这种情形，企业应按照相当于该金融工具整个存续期的预期信用损失的金额计量其损失准备，按照该金融资产的账面余额采用实际利率法计算利息收入。

整个存续期预期信用损失，是指因金融工具整个预计存续期内所有可能发生的违约事件而导致的预期信用损失。

（3）第三阶段：金融工具在资产负债表日发生信用减值的情形。

1）金融资产已发生信用减值的证据。已发生信用减值的金融资产，是指发生有一项（或多项）对金融资产预期未来现金流量具有不利影响的事件的金融资产。

金融资产已发生信用减值的证据，包括下列可观察信息（observable data）：

①发行人（或债务人）发生重大财务困难；

②债务人违约，如利息的支付或本金的偿付出现拖欠或逾期等状况；

③债权人针对债务人的财务困境，出于经济上的或合同上的考虑，而做出了专门的让步；

④债务人很可能进入破产重整或其他财务重组程序；

⑤财务困境导致该金融资产的活跃市场不复存在；

⑥该金融资产是以较大折扣购入的债权或发放的贷款，该折扣体现了已发生的信用损失。

金融资产的信用减值往往不是由单一的孤立事件引起的，而是多起事件的综合效应的结果。

2）会计规则。对于在资产负债表日已发生信用减值的金融资产，企业应按照相当于该金融工具整个存续期的预期信用损失的金额计量其损失准备，并按照该金融资产的摊余成本采用实际利率法计算利息收入。

摊余成本，是原摊余成本（账面价值）扣除累计计提的损失准备后的金额。

若该金融工具在后续期间因其信用风险有所改善而不再存在信用减值，并且这一改善在客观上可与根据上述规定进行处理之后发生的某一事件相联系（如债务人的信用评级被上调），企业应当转按实际利率乘以该金融资产账面余额来计算确定利息收入。

（4）金融工具已不再属于自初始确认后信用风险显著增加的情形。

如果企业在前一会计期间已经按照相当于金融工具整个存续期内的预期信用损失的金额计量了损失准备，但在当期资产负债表日，发现该金融工具已不再属于自初始确认后信用风险显著增加的情形，那么，就应当在当期资产负债表日按照相当于未来12个月内的预期信用损失的金额，计量该金融工具的损失准备。由此形成的损失准备的转回金额，应当作为减值利得计入当期损益。

4. 预期信用损失的计量

（1）计量预期损失时的考虑因素。企业在计量金融工具的预期信用损失的金额时，应当注意以下方面：

1）该金额应当是通过评估可能的结果范围而确定的一个无偏的概率加权金额（unbiased and probability-weighted amount）；

2）该金额的计算应当将货币的时间价值考虑在内；

3）企业为计算该金额无须付出不必要的额外成本或努力，即可获得关于过去事项、当前状况以及未来经济状况预测的合理且有依据的信息。

（2）对发生信用损失的各种可能场景的假设。企业不必识别导致信用损失的每个可能的场景，但无论发生信用损失的风险有多低，都应当明确区分可能会发生信用损失的风险或概率，以及不会发生信用损失的风险或概率。

（3）计算期限的选择。企业在计量预期信用损失时采用的最长期限，是其承担信用风险的最长合同期限。如有续约选择权（extension options），则应把该续约选择权所包含的期限计算在内。

5. 对应收账款、合同资产和租赁应收款的简化处理

准则针对短期债权规定了简化处理办法：对于应收账款和租赁合约中的应收款项等债权，在报告日，企业可以简单地按照该资产在其后续存续期限内的预期信用损失计提坏账准备。

专栏6-5　　预计信用损失模型的设计理念

《国际财务报告准则第9号——金融工具》引入了“预期信用损失”概念，从而使得贷款损失准备（loan loss allowance）的计算摆脱了此前《国际会计准则第39号——金融工具确认和计量》要求只有在具备“客观证据”（objective evidence）时才能对“已发生损失”（incurred loss）计提贷款损失准备的规定。

预期信用损失模型的设计理念是，计算实际利率时，预计现金流量的计算需要把预期信用损失考虑在内。换言之，企业只要存在金融资产，就要在报告日（reporting date，即资产负债表日）估计其预期信用损失，预期信用损失的变化也应记载于账簿。

此后期间，如果实际情况果然与最初的预期相同，则只需按先前确定的实际利率确认各期利息收入即可，各期不再记录减值损失。在这种情况下，减值

准备科目（如“坏账准备”“债权投资减值准备”“贷款损失准备”等）只是过渡性的科目（在收回本金时会自然冲销）。

如果以后期间企业所预计的预期信用损失与先前有异，则需按照最新的预期信用损失，将金融资产的账面价值调整为未来现金流量现值（仍使用最初的实际利率），同时调整当期损益。具体而言：如果最新预计的预期信用损失比先前预计的预期信用损失多，则应将因资产减值额的变化而发生的损失（impairment loss）记入“信用减值损失”科目；如果最新预计的预期信用损失比先前预计的预期信用损失少，则应将因资产减值额的变化而形成的利得（impairment gain）确认为当期利润。

6.4.2 债权投资的信用减值损失

企业设置“债权投资减值准备”科目核算企业以摊余成本计量的债权投资以预期信用损失为基础计提的损失准备。该科目可按债权投资类别和品种进行明细核算。该科目期末贷方余额，反映企业已计提但尚未转销的债权投资减值准备。

计提债权投资减值准备时，按应减记的金额，借记“信用减值损失”科目，贷记“债权投资减值准备”科目。如果资产负债表日计算的预期信用损失小于该金融工具（或组合）当前减值准备的账面金额（例如，从按照整个存续期预期信用损失计量损失准备转为按照未来12个月预期信用损失计量损失准备时，可能会出现这种情况），则应当将差额确认为减值利得，作相反的会计分录，即借记“债权投资减值准备”科目，贷记“信用减值损失”科目。

例6-12

本例与例6-11作对比。为便于读者阅读，这里将沿用的题干加下划线表示。

2×13年1月1日，汝州实业有限公司支付9 100 000元从证券交易所购入正阳农商有限公司同日发行的5年期公司债券10 000 000元。该债券的票面年利率为5%，每年年末支付利息（500 000元），本金在债券到期时偿还。债券发行方有权在遇到特定情况时将债券赎回，且无须为提前赎回支付额外款项。

汝州实业有限公司在购买该债券时，根据其管理该项债券投资的业务模式和该债券的合同现金流量特征，将该债券分类为以摊余成本计量的金融资产（即债权投资）。

经测算，该债券投资的实际利率（下表中以IRR表示）为7.207 208 092 249 71%。

资料如表6-9所示。

表6-9 债权投资的会计处理 单位：元

日期	票面利息	投资收益	折价摊销	摊余成本
	借：应收利息	贷：投资收益	借：债权投资——利息调整	
	①	②=上期④×IRR	③=②-①	④=上期④+③
2×13.01.01				9 100 000
2×13.12.31	500 000	655 856	155 856	9 255 856
2×14.12.31	500 000	667 089	167 089	9 422 945
2×15.12.31	500 000	679 131	179 131	9 602 076
2×16.12.31	500 000	692 042	192 042	9 794 118
2×17.12.31	500 000	705 882	205 882	10 000 000
合计	2 500 000	3 400 000	900 000	—

汝州实业有限公司的有关账务处理如下：

(1) 2×13年1月1日，购入公司债券时。

借：债权投资——面值 10 000 000

贷：债权投资——利息调整 900 000

银行存款 9 100 000

(2) 2×13年至2×17年每年年底，采用实际利率法记录投资收益时。

借：应收利息 500 000/500 000/500 000/500 000/500 000

债权投资——利息调整 155 856/167 089/179 131/192 042/205 882

贷：投资收益 655 856/667 089/679 131/692 042/705 882

(3) 实际收到债券利息时，借记“银行存款”等科目，贷记“应收利息”科目。

(4) 2×17年12月31日，收回债券面值时。

借：银行存款 10 000 000

贷：债权投资——面值 10 000 000

例6-13

计提损失准备后又转回的情形。

沿用例6-12的资料。为便于读者阅读，这里将沿用的题干加下划线表示。

2×13年1月1日，汝州实业有限公司支付9 100 000元从证券交易所购入正阳农商有限公司同日发行的5年期公司债券10 000 000元。该债券的票面年利率为5%，每年年末支付利息（500 000元），本金在债券到期时偿还。

汝州实业有限公司在购买该债券时，根据其管理该项债券投资的业务模式和该债券的合同现金流量特征，将该债券分类为以摊余成本计量的金融资产（即债权投资）。

经测算，该债券投资的实际利率（下表中以IRR表示）为7.207 208 092 249 71%。

资料如表6-10所示。

表 6-10 债权投资的会计处理 单位：元

付息日期	票面利息	投资收益	折价摊销	摊余成本
	借：应收利息	贷：投资收益	借：债权投资——利息调整	
	①	②=上期④×IRR	③=②-①	④=上期④+③
2×13.01.01				9 100 000
2×13.12.31	500 000	655 856	155 856	9 255 856
2×14.12.31	500 000	667 089	167 089	9 422 945
2×15.12.31	500 000	679 131	179 131	9 602 076 （减值）2 000 000
2×16.12.31	500 000	692 042	192 042	9 794 118 （转回减值）2 000 000
2×17.12.31	500 000	705 882	205 882	10 000 000
合计	2 500 000	3 400 000	900 000	—

汝州实业有限公司的有关账务处理如下：

(1) 2×13 年 1 月 1 日，购入公司债券时。

借：债权投资——面值 10 000 000

　贷：债权投资——利息调整 900 000

　　银行存款 9 100 000

(2) 2×13 年至 2×15 年投资收益和减值准备的计算。

在 2×13 年、2×14 年年底，汝州实业有限公司认为，其所购入的金融工具（债券）的违约风险较低，从近期来看发行人具有较强的偿付合同现金流量义务的能力，从长期来看经济环境和企业经营环境的不利变化可能会、但并不必然会降低发行人偿付合同现金流量义务的能力，因此，汝州实业有限公司将该金融工具视为具有较低信用风险的金融工具。这种情形，属于金融工具的信用风险自初始确认后未显著增加的情形，该公司应按照相当于该金融工具未来 12 个月内的预期信用损失的金额计量其损失准备，按照该金融资产的账面余额采用实际利率法计算利息收入。

假定汝州实业有限公司在 2×13 年、2×14 年年底确定的该金融工具未来 12 个月内的预期信用损失的金额均为 0。

假定 2×15 年年底，汝州实业有限公司认为该债券的信用风险自初始确认后已显著增加但未发生信用减值。按照准则的规定，汝州实业有限公司应按照相当于该金融工具整个存续期的预期信用损失的金额计量损失准备 2 000 000 元，但继续按照该金融资产的账面余额采用实际利率法计算利息收入。

2×13 年至 2×15 年按照账面余额计算投资收益的分录如下：

借：应收利息 500 000/500 000/500 000

　　债权投资——利息调整 155 856/167 089/179 131

　贷：投资收益 655 856/667 089/679 131

实际收到债券利息时，借记“银行存款”等科目，贷记“应收利息”科目。

2×13 年至 2×15 年确认损失准备的分录如下：

借：信用减值损失　　0/0/2 000 000

　贷：债权投资减值准备　　0/0/2 000 000

(3) 2×16 年 12 月 31 日，汝州实业有限公司发现该金融工具已不再属于自初始确认后信用风险显著增加的情形，于是就依照准则的规定，在当日改为按照相当于未来 12 个月内的预期信用损失的金额，计量该金融工具的损失准备。

该公司计算确定的该金融工具未来 12 个月内的预期信用损失的金额为 0。因此，应当转回以前计提的 2 000 000 元的损失准备，作为减值利得计入当期损益。

借：债权投资减值准备　　2 000 000

　贷：信用减值损失　　2 000 000

(4) 2×16 年、2×17 年年底，采用实际利率法记录投资收益时。

借：应收利息　　500 000/500 000

　　债权投资——利息调整　　192 042/205 882

　贷：投资收益　　692 042/705 882

实际收到债券利息时，借记"银行存款"等科目，贷记"应收利息"科目。

(5) 到期收回债券面值时。

借：银行存款　　10 000 000

　贷：债权投资——面值　　10 000 000

例 6-14

发生信用减值的情形。

沿用例 6-12 的资料。为便于读者阅读，这里将沿用的题干加下划线表示。

2×13 年 1 月 1 日，汝州实业有限公司支付 9 100 000 元从证券交易所购入正阳农商有限公司同日发行的 5 年期公司债券 10 000 000 元。该债券的票面年利率为 5%，每年年末支付利息（500 000 元），本金在债券到期时偿还。

汝州实业有限公司在购买该债券时，根据其管理该项债券投资的业务模式和该债券的合同现金流量特征，将该债券分类为以摊余成本计量的金融资产（即债权投资）。

经测算，该债券投资的实际利率（下表中以 IRR 表示）为 7.207 208 092 249 71%。

资料如表 6-11 所示。

表 6-11　债权投资的会计处理　　单位：元

付息日期	票面利息	投资收益	折价摊销	摊余成本
	借：应收利息	贷：投资收益	借：债权投资——利息调整	
	①	②=上期④×IRR	③=②-①	④=上期④+③
2×13.01.01				9 100 000
2×13.12.31	500 000	(按账面余额计算) 655 856	155 856	9 255 856

续表

日期	票面利息	投资收益	折价摊销	摊余成本
	借：应收利息	贷：投资收益	借：债权投资——利息调整	
	①	②=上期④×IRR	③=②-①	④=上期④+③
2×14.12.31	500 000	（按账面余额计算）667 089	167 089	9 422 945
2×15.12.31	500 000	（按账面余额计算）679 131	179 131	9 602 076 －（减值额）3 000 000 =6 602 076
2×16.12.31	500 000	（按摊余成本计算）475 825	-24 175	6 577 901 －（减值额）4 000 000 =2 577 901
2×17.12.31	500 000	（按摊余成本计算）185 795	-314 205	10 000 000
合计	2 500 000	2 663 696	163 696	—

汝州实业有限公司的有关账务处理如下：

(1) 2×13年1月1日，购入公司债券时。

借：债权投资——面值　　10 000 000

　贷：债权投资——利息调整　　900 000

　　银行存款　　9 100 000

(2) 在2×13年、2×14年年底，汝州实业有限公司认为，其所购入的金融工具（债券）的违约风险较低，从近期来看发行人具有较强的偿付合同现金流量义务的能力，从长期来看经济环境和企业经营环境的不利变化可能会、但并不必然会降低发行人偿付合同现金流量义务的能力，因此，汝州实业有限公司将该金融工具视为具有较低信用风险的金融工具。这种情形，属于金融工具的信用风险自初始确认后未显著增加的情形，该公司应按照相当于该金融工具未来12个月内的预期信用损失的金额计量其损失准备，按照该金融资产的账面余额采用实际利率法计算利息收入。

假定汝州实业有限公司在2×13年、2×14年年底计算确定的该金融工具未来12个月内的预期信用损失的金额均为0。

假定2×15年12月31日，该债券发生信用减值。按照准则的规定，汝州实业有限公司应按照相当于该金融工具整个存续期的预期信用损失的金额（假定为3 000 000元）计量其损失准备。后续期间，按照该金融资产的摊余成本采用实际利率法计算利息收入。

2×13年至2×15年按照账面余额计算投资收益的分录如下：

借：应收利息　　500 000/500 000/500 000

　　债权投资——利息调整　　155 856/167 089/179 131

　贷：投资收益（按"账面余额×实际利率"计算）

　　655 856/667 089/679 131

实际收到债券利息时，借记“银行存款”等科目，贷记“应收利息”科目。

2×13 年至 2×15 年确认损失准备的分录如下：

借：信用减值损失　　0/0/3 000 000

　贷：债权投资减值准备　　0/0/3 000 000

(3) 2×16 年 12 月 31 日，确认投资收益时。根据准则的规定，在发生信用减值后，应按照该金融资产的摊余成本（6 602 076 元）采用实际利率法计算利息收入。

借：应收利息　　500 000

　贷：投资收益（按“摊余成本×实际利率”计算）　　475 825

　　债权投资——利息调整　　24 175

(4) 2×16 年 12 月 31 日，该债券发生信用减值。按照准则的规定，汝州实业有限公司按照相当于该金融工具整个存续期的预期信用损失的金额（假定为 7 000 000 元）计量其损失准备，因此，补提 4 000 000 元的损失准备。

借：信用减值损失　　4 000 000

　贷：债权投资减值准备　　4 000 000

(5) 2×17 年 12 月 31 日，根据准则的规定，应按照该金融资产的摊余成本（2 577 901 元）采用实际利率法计算已发生信用减值的金融资产的利息收入。

借：应收利息　　500 000

　贷：投资收益（按“摊余成本×实际利率”计算）　　185 795

　　债权投资——利息调整　　314 205

(6) 债券到期时，假定汝州实业有限公司仅收回面值 2 000 000 元。

“债权投资——利息调整”明细科目的贷方余额 ＝900 000－163 696＝763 304(元)

借：银行存款　　2 000 000

　投资收益　　1 263 696

　债权投资——利息调整　　763 304

　债权投资减值准备　　7 000 000

　贷：债权投资——面值　　10 000 000

　　应收利息　　1 000 000

上述会计处理所记载的投资收益 ＝ 2 663 696（持有期间的投资收益）－ 1 263 696（处置损失）－ 7 000 000（信用减值损失）

＝－5 600 000(元)

从现金流量的角度分析的投资收益 ＝ 2 000 000（收回的部分面值本金）＋ 1 500 000（持有期间的利息）－ 9 100 000（投资额）

＝－5 600 000(元)

专栏6-6 **关于预期信用损失模型的反思**

预期信用损失都是预期损失而不是实际损失。因此，无论如何都设计不出科学合理的预期信用损失计量模型。

次贷危机爆发后，国际会计准则理事会曾经设计过一个非常复杂的计算方法，但受到广泛的抵制。于是，该机构就推出了目前的这个版本。目前的算法也很复杂，而且在发生信用减值时还涉及对利息收入的计算口径的调整，因此，读者理解起来势必会感到非常蹊跷。这种算法缺乏合理依据，说明国际财务报告准则和银行业审慎监管规则等金融监管规则仍然缺乏合理的理论支撑。

6.5 债权被指定为“以公允价值计量且其变动计入当期损益的金融资产”的情形

企业设“交易性金融资产”科目核算企业分类为以公允价值计量且其变动计入当期损益的金融资产。该科目可按金融资产的类别和品种，设置“成本”（用于核算投资所付出的代价，不包含交易费用）、“公允价值变动”（用于核算债券的公允价值变动）等明细科目进行明细核算。企业持有的指定为以公允价值计量且其变动计入当期损益的金融资产可在该科目下单设“指定类”明细科目核算。衍生金融资产在“衍生工具”科目核算。

交易性金融资产的交易费用计入当期损益（借记“投资收益”科目），不计入资产的入账价值。

取得交易性金融资产时，投资方应当将债券发行人已宣告但尚未发放的利息记入“应收利息”科目，不计入资产的入账价值。

在持有交易性金融资产的期间，应收利息计入当期损益。

例6-15

本例与例6-11作对比。为便于读者阅读，这里将沿用的题干加下划线表示。

<u>2×13年1月1日，汝州实业有限公司支付9 100 000元（其中含有交易费用100 000元）从证券交易所购入正阳农商有限公司同日发行的5年期公司债券10 000 000元。该债券的票面年利率为5%，每年年末支付利息（500 000元），本金在债券到期时偿还。债券发行方有权在遇到特定情况时将债券赎回，且无须为提前赎回支付额外款项。</u>

汝州实业有限公司在购买该债券时，预计发行方不会提前赎回。该公司根据其管理该债券的业务模式和该债券的合同现金流量特征，将该债券分类为以公允价值计量且其变动计入当期损益的金融资产。

假定利率波动导致该债券的市场交易价格（在表6-12中以“公允价值”表示）出现较大的波动，资料如表6-12所示。

表6-12 交易性金融资产的会计处理 单位：元

日期	票面利息	公允价值	公允价值变动	累计公允价值变动
2×13.01.01		9 000 000	—	—
2×13.12.31	500 000	9 300 000	300 000	300 000
2×14.12.31	500 000	9 600 000	300 000	600 000
2×15.12.31	500 000	9 500 000	−100 000	500 000
2×16.12.31	500 000	9 800 000	300 000	800 000
2×17.03.06	0	10 100 000	—	—
合计	2 000 000	—	—	—

汝州实业有限公司的有关账务处理如下：

(1) 2×13年1月1日，购入公司债券时。

借：交易性金融资产——成本 9 000 000
　　投资收益 100 000
　贷：银行存款 9 100 000

(2) 2×13年至2×16年每年年底，收取利息时。

借：应收利息 500 000
　贷：投资收益 500 000
借：银行存款 500 000
　贷：应收利息 500 000

(3) 2×13年至2×16年每年年底，记录公允价值变动时。

借：交易性金融资产——公允价值变动
　　300 000/300 000/−100 000/300 000
　贷：公允价值变动损益 300 000/300 000/−100 000/300 000

(4) 2×17年3月6日，按照销售价格与账面价值之差记载转让价差（投资收益）时。

借：银行存款 10 100 000
　贷：交易性金融资产——成本 9 000 000
　　　　　　　　　——公允价值变动 800 000
　　　投资收益 300 000

(5) 将公允价值变动损益转入投资收益时。

借：公允价值变动损益 800 000
　贷：投资收益 800 000

综合上述所有损益类科目的信息，可计算汝州实业有限公司该项交易性金融资产的盈亏水平如下：

利息收入＋买卖价差－交易费用
＝2 000 000＋(10 100 000－9 800 000＋800 000)－100 000
＝3 000 000(元)

上述计算结果与例6-11的结果一致。显然，无论将该项债券投资分类为以公允价值计量且其变动计入其他综合收益的金融资产（即“其他债权投资”），还是分类为以公允价值计量且其变动计入当期损益的金融资产（即“交易性金融资产”），其计算结果都是一样的。两者的主要区别在于是否把持有期间的公允价值变动计入利润表。

6.6 金融资产的重分类及其核算方法的转换

《企业会计准则第22号——金融工具确认和计量》（2017年修订）规定，企业改变其管理金融资产的业务模式时，应当按规定对所有受影响的相关金融资产进行重分类（reclassification）。以下情形不属于业务模式变更：（1）企业持有特定金融资产的意图改变。企业即使在市场状况发生重大变化的情况下改变对特定资产的持有意图，也不属于业务模式变更。（2）金融资产特定市场暂时性消失从而暂时影响金融资产出售。（3）金融资产在企业具有不同业务模式的各部门之间转移。

企业对金融资产进行重分类，应当自重分类日①起采用未来适用法进行相关会计处理，不得对以前已经确认的利得、损失（包括减值损失或利得）或利息进行追溯调整。

为便于读者理解和识记，这里特地在图6-2的基础上，将债权重分类的六种情形概括如图6-13所示。

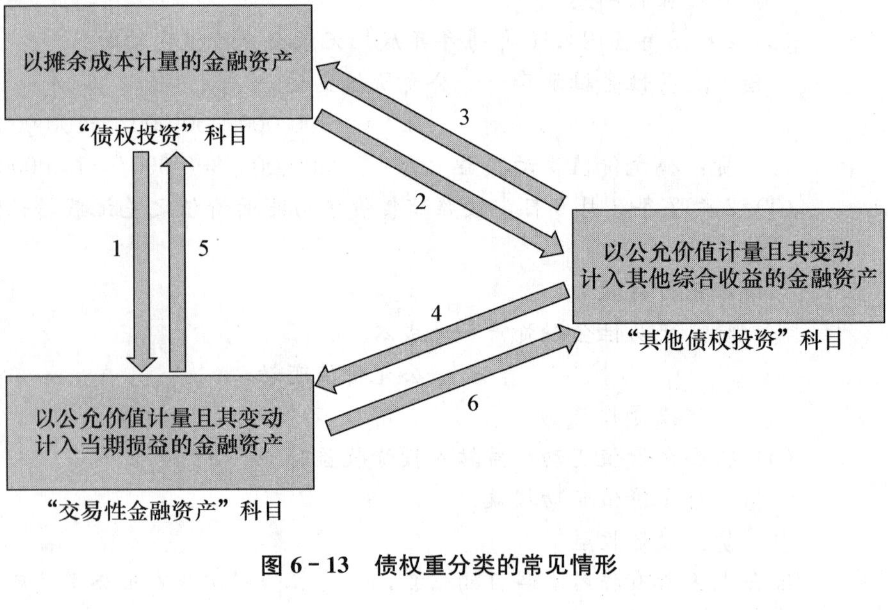

图6-13 债权重分类的常见情形

① 重分类日，是指导致企业对金融资产进行重分类的业务模式发生变更后的首个报告期间的第一天。例如，某上市公司于2×17年3月15日改变了某金融资产的业务模式，则重分类日是指2×17年4月1日（即下一个季度会计期间的期初）。又如，某上市公司于2×17年8月9日改变了某金融资产的业务模式，则重分类日是指2×17年10月1日（即下一个季度会计期间的期初）。

1. 将债权投资转换为交易性金融资产

企业将一项以摊余成本计量的金融资产重分类为以公允价值计量且其变动计入当期损益的金融资产的，应当按照该资产在重分类日的公允价值进行计量。原账面价值与公允价值之间的差额计入当期损益（公允价值变动损益）。

2. 将债权投资转换为其他债权投资

企业将一项以摊余成本计量的金融资产重分类为以公允价值计量且其变动计入其他综合收益的金融资产的，应当按照该金融资产在重分类日的公允价值进行计量。原账面价值与公允价值之间的差额计入其他综合收益。该金融资产重分类不影响其实际利率和预期信用损失的计量。

3. 将其他债权投资转换为债权投资

企业将一项以公允价值计量且其变动计入其他综合收益的金融资产重分类为以摊余成本计量的金融资产的，应当将之前计入其他综合收益的累计利得或损失转出，调整该金融资产在重分类日的公允价值，并以调整后的金额作为新的账面价值，即视同该金融资产一直以摊余成本计量。该金融资产重分类不影响其实际利率和预期信用损失的计量。

4. 将其他债权投资转换为交易性金融资产

企业将一项以公允价值计量且其变动计入其他综合收益的金融资产重分类为以公允价值计量且其变动计入当期损益的金融资产的，应当继续以公允价值计量该金融资产。同时，企业应当将之前计入其他综合收益的累计利得或损失从其他综合收益转入当期损益。

5. 将交易性金融资产转换为债权投资

企业将一项以公允价值计量且其变动计入当期损益的金融资产重分类为以摊余成本计量的金融资产的，应当以其在重分类日的公允价值作为新的账面余额，并根据该金融资产在重分类日的公允价值确定其实际利率。同时，企业应当自重分类日起对该金融资产适用准则关于金融资产减值的相关规定，并将重分类日视为初始确认日。

6. 将交易性金融资产转换为其他债权投资

企业将一项以公允价值计量且其变动计入当期损益的金融资产重分类为以公允价值计量且其变动计入其他综合收益的金融资产的，应当继续以公允价值计量该金融资产，并根据该金融资产在重分类日的公允价值确定其实际利率。同时，企业应当自重分类日起对该金融资产适用准则关于金融资产减值的相关规定，并将重分类日视为初始确认日。

思考题

如何评价坏账损失核算的“备抵法”?

练习题

一、单项选择题

1. 企业销售商品确认收入后，对于客户实际享受的现金折扣，应当（　　）。

A. 确认当期财务费用　　B. 冲减当期主营业务收入

C. 确认当期管理费用　　D. 确认当期主营业务成本

2. 企业已计提坏账准备的应收账款确实无法收回，按管理权限报经批准作为坏账转销时，应编制的会计分录是（　　）。

A. 借记“信用减值损失”科目，贷记“坏账准备”科目

B. 借记“管理费用”科目，贷记“应收账款”科目

C. 借记“坏账准备”科目，贷记“应收账款”科目

D. 借记“坏账准备”科目，贷记“信用减值损失”科目

3. 20×8年7月1日，甲公司从二级市场以2 100万元（含已到付息日但尚未领取的利息100万元）购入乙公司发行的债券，另发生交易费用10万元，划分为交易性金融资产。当年12月31日，该交易性金融资产的公允价值为2 200万元。假定不考虑其他因素，当日，甲公司应就该资产确认的公允价值变动损益为（　　）万元。

A. 90　　B. 100　　C. 190　　D. 200

4. 某企业20×8年8月1日赊销一批商品，售价为120 000元（不含增值税），适用的增值税税率为13%. 规定的现金折扣条件为“2/10，1/20，n/30”，计算现金折扣时考虑增值税。客户于20×8年8月15日付清货款，该企业收款金额为（　　）元。

A. 118 800　　B. 137 592　　C. 134 244　　D. 140 400

5. 甲公司20×8年7月1日购入乙公司20×8年1月1日发行的债券，支付价款为2 100万元（含已到付息期但尚未领取的债券利息40万元），另支付交易费用15万元。该债券面值为2 000万元。票面年利率为4%（票面利率等于实际利率），每半年付息一次，甲公司将其划分为交易性金融资产。甲公司20×8年度该项交易性金融资产应确认的投资收益为（　　）万元。

A. 25　　B. 40　　C. 65　　D. 80

6. 某企业于20×7年7月1日按面值发行5年期、到期一次还本付息的公司债券，该债券面值总额为8 000万元，票面年利率为4%，自发行日起计息。假定票面利率与实际利率一致，不考虑相关税费，20×8年12月31日该应付债

券的账面余额为（ ）万元。

A. 8 000 B. 8 160 C. 8 320 D. 8 480

二、多项选择题

1. 下列各项中，影响债权投资摊余成本因素的有（ ）。

A. 确认的减值准备

B. 分期收回的本金

C. 利息调整的累计摊销额

D. 对到期一次付息债券确认的票面利息

2. 下列各项中，会引起应收账款账面价值发生变化的有（ ）。

A. 计提坏账准备

B. 收回应收账款

C. 转销坏账准备

D. 收回已转销的坏账

第 7 章

Chapter 7 无形资产

学习目标

1. 掌握：研发支出的会计处理规则；无形资产摊销、处置的会计处理规则。
2. 理解：无形资产的常见种类；无形资产减值准备的计算规则的设计思路。
3. 了解：无形资产的报表列示与附注披露。

本章结合工商企业的日常业务介绍《企业会计准则第 6 号——无形资产》中所规定的会计处理常用规则。该准则系借鉴《国际会计准则第 38 号——无形资产》(International Accounting Standard 38：Intangible Assets) 制定而成。

7.1 无形资产概述

无形资产 (intangible asset)，是指企业拥有或者控制的没有实物形态的可辨认非货币性资产。主要是指：(1) 知识产权，如专利（或购入的专利使用权）、商标（或购入的商标使用权）、著作权等；(2) 用益物权，一般是指土地使用权；(3) 其他财产权利，如非专利技术（或购入的非专利技术使用权）、特许经营权等。现行会计准则所称的无形资产不包括商誉。其中，"可辨认"是指满足下列条件之一：(1) 能够从企业中分离或者划分出来，并能单独或者与相关合同、资产或负债一起，用于出售、转移、授予许可、租赁或者交换。(2) 根据合同约定或法律规定，该项权利是可以单独辨认的。

专栏 7-1　　知识产权法概览

我国现行的知识产权法主要由《中华人民共和国商标法》(以下简称《商标法》，1982 年制定，2013 年修正)、《中华人民共和国专利法》(以下简称《专利法》，1984年制定，2008年修正)、《中华人民共和国著作权法》(以下简称《著作权法》，1990年制定，2010年修正)、《计算机软件保护条例》(2001年制定，2013年修订)、《集成电路布图设计保护条例》(2001年制定)等法律法规构成。以下简要介绍知识产权的相关法律规定。

一、商标法

国务院工商行政管理部门商标局主管全国商标注册和管理的工作。国务院工商行政管理部门设立商标评审委员会，负责处理商标争议事宜。经商标局核准注册的商标为注册商标，包括商品商标、服务商标和集体商标、证明商标；商标注册人享有商标专用权，受法律保护。法律、行政法规规定必须使用注册商标的商品，必须申请商标注册，未经核准注册的，不得在市场销售。

申请注册和使用商标，应当遵循诚实信用原则。商标使用人应当对其使用商标的商品质量负责。各级工商行政管理部门应当通过商标管理，制止欺骗消费者的行为。

任何能够将自然人、法人或者其他组织的商品与他人的商品区别开的标志，包括文字、图形、字母、数字、三维标志、颜色组合和声音等，以及上述要素的组合，均可以作为商标申请注册。申请注册的商标，应当有显著特征，便于识别，并不得与他人在先取得的合法权利相冲突。商标注册人有权标明“注册商标”或者注册标记。

注册商标的有效期为10年，自核准注册之日起计算。每次续展注册的有效期为10年。

转让注册商标经核准后，予以公告。受让人自公告之日起享有商标专用权。经许可使用他人注册商标的，必须在使用该注册商标的商品上标明被许可人的名称和商品产地。

为相关公众所熟知的商标，持有人认为其权利受到侵害时，可以依法请求驰名商标保护。

二、专利法

《专利法》所称的发明创造是指发明、实用新型和外观设计。发明，是指对产品、方法或者其改进所提出的新的技术方案。实用新型，是指对产品的形状、构造或者其结合所提出的适于实用的新的技术方案。外观设计，是指对产品的形状、图案或者其结合以及色彩与形状、图案的结合所作出的富有美感并适于工业应用的新设计。

国务院专利行政部门负责管理全国的专利工作；统一受理和审查专利申请，依法授予专利权。省、自治区、直辖市人民政府管理专利工作的部门负责本行政区域内的专利管理工作。

执行本单位的任务或者主要是利用本单位的物质技术条件所完成的发明创造为职务发明创造。职务发明创造申请专利的权利属于该单位；申请被批准后，该单位为专利权人。

专利申请权和专利权可以转让。转让专利申请权或者专利权的，当事人应当订立书面合同，并向国务院专利行政部门登记，由国务院专利行政部门予以公告。专利申请权或者专利权的转让自登记之日起生效。

授予专利权的发明和实用新型，应当具备新颖性、创造性和实用性。新颖性，是指该发明或者实用新型不属于现有技术；也没有任何单位或者个人就同样的发明或者实用新型在申请日以前向国务院专利行政部门提出过申请，并记载在申请日以后公布的专利申请文件或者公告的专利文件中。创造性，是指与现有技术相比，该发明具有突出的实质性特点和显著的进步，该实用新型具有实质性特点和进步。实用性，是指该发明或者实用新型能够制造或者使用，并且能够产生积极效果。现有技术，是指申请日以前在国内外为公众所知的技术。

授予专利权的外观设计，应当不属于现有设计，也没有任何单位或者个人就同样的外观设计在申请日以前向国务院专利行政部门提出过申请，并记载在申请日以后公告的专利文件中。授予专利权的外观设计与现有设计或者现有设计特征的组合相比，应当具有明显区别。授予专利权的外观设计不得与他人在申请日以前已经取得的合法权利相冲突。现有设计，是指申请日以前在国内外为公众所知的设计。

发明专利权的期限为20年，实用新型专利权和外观设计专利权的期限为10年，均自申请日起计算。专利权人应当自被授予专利权的当年开始缴纳年费。

三、著作权法

中国公民、法人或者其他组织的作品，不论是否发表，依法享有著作权。该法所称的著作权即版权。该法所称的“作品”，包括以下列形式创作的文学、艺术和自然科学、社会科学、工程技术等作品：文字作品；口述作品；工程设计图、产品设计图、地图、示意图等图形作品和模型作品；计算机软件等。下列各项不适用著作权法：（1）法律、法规，国家机关的决议、决定、命令和其他具有立法、行政、司法性质的文件及其官方正式译文；（2）时事新闻；（3）历法、通用数表、通用表格和公式。

作者的署名权、修改权、保护作品完整权的保护期不受限制。公民的作品，其发表权等权利的保护期为作者终生及其死亡后50年，截止于作者死亡后第50年的12月31日；如果是合作作品，截止于最后死亡的作者死亡后第50年的12月31日。

使用他人作品应当同著作权人订立许可使用合同，法律另有规定的除外。转让《著作权法》规定的权利，应当订立书面合同。

在下列情况下使用作品，可以不经著作权人许可，不向其支付报酬，但应当指明作者姓名、作品名称，并且不得侵犯著作权人依照《著作权法》享有的其他权利：（1）为个人学习、研究或者欣赏，使用他人已经发表的作品；（2）为介绍、评论某一作品或者说明某一问题，在作品中适当引用他人已经发表的作品；(3) 为学校课堂教学或者科学研究，翻译或者少量复制已经发表的作品，供教学或者科研人员使用，但不得出版发行；(4) 免费表演。

四、法律责任

《中华人民共和国民法通则》第九十四条规定，“公民、法人享有著作权（版权），依法有署名、发表、出版、获得报酬等权利”。第一百一十八条规定，“公民、法人的著作权（版权）、专利权、商标专用权、发现权、发明权和其他科技成果权受到剽窃、篡改、假冒等侵害的，有权要求停止侵害，消除影响，赔偿损失”。《中华人民共和国刑法》第二百一十七条规定，以营利为目的，未经著作权人许可，复制发行其文字作品、音乐、电影、电视、录像作品及其他作品，违法所得数额较大或者有其他严重情节的，处3年以下有期徒刑或者拘役，并处或者单处罚金；违法所得数额巨大或者有其他特别严重情节的，处3年以上7年以下有期徒刑，并处罚金。第二百一十八条规定，以营利为目的，销售明知是侵权的复制品，违法所得数额巨大的，处3年以下有期徒刑或者拘役，并处或者单处罚金。

企业设置“无形资产”科目核算企业持有的无形资产，包括专利（或购入的专利使用权）、商标（或购入的商标使用权）、著作权、非专利技术（或购入的非专利技术使用权）、土地使用权等。该科目可按无形资产项目进行明细核算。该科目期末借方余额，反映企业无形资产的成本。

企业账簿中所记载的无形资产，应当具备相应的法律证据。具体而言，对于知识产权，应当取得知识产权法所规定的知识产权证明文件；对于用益物权（土地使用权），应当依法办理不动产登记并持有不动产权属证书；对于其他合同上的财产权利（如非专利技术、特许经营权等），企业应当持有相应的合同、公证书等法律证据。

专栏7-2　　国际会计准则所规定的无形资产的确认条件

无形资产同时满足下列条件的，才能予以确认：

(1) 与该无形资产有关的经济利益很可能流入企业；

(2) 该无形资产的成本能够可靠地计量。

企业在判断无形资产产生的经济利益是否很可能流入时，应当对无形资产在预计使用寿命内可能存在的各种经济因素作出合理估计，并且应当有明确证据支持。

7.2 无形资产入账价值的确定

无形资产应当以实际成本作为入账价值。企业自创商誉以及内部产生的品牌、报刊名等，不应确认为无形资产。原因在于，很难确切地界定它们的实际成本。

7.2.1 外购的无形资产

外购无形资产的成本，包括购买价款、相关税费以及直接归属于使该项资产达到预定用途所发生的其他支出。

1. 购入土地使用权和自然资源使用权的情形

自然资源使用权是指海域使用权、探矿权、采矿权、取水权和其他自然资源使用权（不含土地使用权）。

根据营改增的相关规定，购买土地使用权的增值税适用税率为9%，购买自然资源使用权的增值税适用税率为6%。

企业应当按照除增值税进项税额以外的，为购入土地使用权和自然资源使用权所发生的全部代价入账。

例7-1

天良科技股份公司购入某地块的土地使用权，共转账支付价税合计数65 400 000元，其中，金额为60 000 000元，税额为5 400 000元。其他税费略。根据上述资料，编制会计分录如下：

借：无形资产	60 000 000	
应交税费——应交增值税（进项税额）	5 400 000	
贷：银行存款		65 400 000

2. 购入知识产权（商标、专利、著作权）、非专利技术的情形

根据营改增的相关规定，购买知识产权（商标、专利、著作权）、非专利技术的交易涉及增值税，适用税率为6%。企业应将增值税进项税额记入"应交税费——应交增值税（进项税额）"科目，将其余全部代价计入无形资产的入账价值。

例7-2

润叶家具有限公司为增值税一般纳税人，该公司购入德艺高科有限公司的一项发明专利，增值税专用发票上注明的金额为5 000 000元，税额为300 000元，价税合计为5 300 000元。已经通过银行转账支付全部价款。其会计分录如下：

借：无形资产	5 000 000	
应交税费——应交增值税（进项税额）	300 000	
贷：银行存款		5 300 000

购买无形资产的价款超过正常信用条件延期支付，实质上具有融资性质的，无形资产的成本以购买价款的现值为基础确定。实际支付的价款与购买价款的现值之间的差额，应当在信用期间内计入当期损益（按照《企业会计准则

第 17 号——借款费用》的规定应予资本化的除外）。此情形下的会计处理原理同例 5-4。限于篇幅，兹不赘述。

7.2.2　研发支出

研发支出究竟应当如何进行会计处理，是国际上的一大难题。理论上，存在三种可能。一是全部计入当期损益，此即“费用化”（expensing）。其结果往往是“丑化”了当期利润表。二是全部以某种名目（如“无形资产”）列入资产，作挂账处理，此即“资本化”（capitalization）。其结果往往是“美化”了当期利润表，但资产数字显然过于浮夸。三是在以上两者之间进行折中，实行“附条件的资本化”。我国的企业会计准则和国际会计准则采取的做法是方法三。

准则规定，企业内部研究开发项目，应当区分为研究阶段与开发阶段。研究阶段的支出全部作“费用化”处理，应当于发生时记入“管理费用”科目。无法区分研究阶段支出和开发阶段支出的，应当将其所发生的研发支出全部费用化，记入“管理费用”科目。开发阶段的支出，实行“附条件的资本化”，同时满足下列条件才能确认为无形资产：（1）完成该无形资产以使其能够使用或出售在技术上具有可行性；（2）具有完成该无形资产并使用或出售的意图；（3）无形资产产生经济利益的方式，包括能够证明运用该无形资产生产的产品存在市场或无形资产自身存在市场，无形资产将在内部使用的，应当证明其有用性；（4）有足够的技术、财务资源和其他资源支持，以完成该无形资产的开发，并有能力使用或出售该无形资产；（5）归属于该无形资产开发阶段的支出能够可靠地计量。

专栏 7-3　　区分研究阶段与开发阶段的困难性

国际准则规定了区分研究阶段与开发阶段的操作指南。

研究（research）是指为获取并理解新的科学或技术知识而进行的独创性的有计划调查。研究阶段是探索性的，为进一步开发活动进行资料及相关方面的准备，已进行的研究活动将来是否会转入开发、开发后是否会形成无形资产等均具有较大的不确定性。比如，意在获取知识而进行的活动，研究成果或其他知识的应用研究、评价和最终选择，材料、设备、产品、工序、系统或服务替代品的研究，新的或经改进的材料、设备、产品、工序、系统或服务的可能替代品的配制、设计、评价和最终选择等，均属于研究活动。

开发（development）是指在进行商业性生产或使用前，将研究成果或其他知识应用于某项计划或设计，以生产出新的或具有实质性改进的材料、装置、产品等。相对于研究阶段而言，开发阶段应已完成研究阶段的工作，在很大程度上已具备形成一项新产品或新技术的基本条件。比如，生产前或使用前的原型和模型的设计、建造和测试，不具有商业性生产经济规模的试生产设施的设计、建造和运营等，均属于开发活动。

读罢国际会计准则，人们往往会感到困惑。显然，上述规定并不能帮助实务工作者很好地区分研究阶段与开发阶段，因为根本不存在作此区分的证据。因此，也就不难理解为何研发支出的会计处理会成为一大难题。

企业设置“研发支出”科目核算企业进行研究与开发无形资产过程中发生的各项支出。该科目期末借方余额，反映企业正在进行中的研究开发项目的支出。

例7-3

中兴科技股份公司的研究开发项目本年度共发生开支9 600 000元，均以银行存款支付。其中，符合资本化条件的开发阶段支出为9 000 000元，且已获得发明专利；其余均作费用化处理。其账务处理如下：

（1）发生研发支出时。

借：研发支出	9 600 000	
贷：银行存款		9 600 000

（2）作资本化处理时。

借：无形资产	9 000 000	
贷：研发支出		9 000 000

（3）作费用化处理时。

借：管理费用	600 000	
贷：研发支出		600 000

7.2.3 土地使用权的处理规则

企业取得的土地使用权通常应确认为无形资产。但改变土地使用权用途，用于赚取租金或资本增值的，应当将其转为投资性房地产。

自行开发建造厂房等建筑物，相关的土地使用权与建筑物应当分别进行处理。外购土地使用权及建筑物所支付的价款应当在建筑物与土地使用权之间进行分配；难以合理分配的，应当全部作为固定资产。

房地产开发企业所取得的用于建造对外出售的房屋建筑物的土地，相关的土地使用权账面价值应当计入所建造的房屋建筑物的成本。

例7-4

20×7年1月，新农实业股份公司斥资65 400 000元购入一块土地的使用权，收到的增值税专用发票上注明的金额为60 000 000元，税额为5 400 000元，价税合计为65 400 000元。该公司在该土地上自行建造管理总部大楼，工程造价为96 000 000元。20×8年12月31日，工程完工并达到预定可使用状态。假设土地使用权使用年限为50年，管理总部大楼的使用年限为100年。残值均为0，都采用直线法进行摊销和计提折旧。其账务处理如下：

（1）支付土地使用权购买价款。

借：无形资产　　60 000 000

　　应交税费——应交增值税（进项税额）　　5 400 000

　贷：银行存款　　65 400 000

（2）在该土地上自行建造办公大楼。

借：在建工程　　96 000 000

　贷：银行存款　　96 000 000

（3）建筑工程达到预定可使用状态时。

借：固定资产　　96 000 000

　贷：在建工程　　96 000 000

（4）每月分期摊销土地使用权时（从取得土地使用权当月起）。

借：管理费用　　100 000

　贷：累计摊销　　100 000

（5）每月计提折旧时（从固定资产入账的次月起）。

借：管理费用　　80 000

　贷：累计折旧　　80 000

7.3 无形资产的摊销

企业应当于取得无形资产时分析判断其使用寿命。无形资产的使用寿命有限的，应当估计该使用寿命的年限或者构成使用寿命的产量等类似计量单位数量。其应摊销金额应当在使用寿命内以系统合理的方式予以摊销。应摊销金额为其成本扣除预计残值后的金额（已计提减值准备的，还应扣除已计提的减值准备累计金额）。预计残值一般为零。

使用寿命有限的无形资产，其常见情形是：企业拥有的著作权、专利；购入的商标使用权等。

摊销期间自可供使用时起至不再作为无形资产确认时止。摊销方法应当反映与该项无形资产有关的经济利益的预期实现方式，具体计算方法可比照固定资产的折旧方法处理。无法可靠确定预期实现方式的，应当采用直线法摊销。

摊销金额一般应当计入当期损益。若无形资产包含的经济利益通过所生产的产品或其他资产而实现，则可将摊销金额计入产品或其他资产的成本。

企业设置“累计摊销”科目核算对使用寿命有限的无形资产计提的累计摊销。该科目期末贷方余额，反映企业无形资产累计摊销额。

例7-5

神农机械股份公司20×5年1月转账支付6 360 000元购得一项商标的使用权，使用期限为10年。增值税专用发票上注明的金额为6 000 000元，税额为

360 000元，价税合计为6 360 000元。其会计分录如下：

（1）取得无形资产时。

借：无形资产	6 000 000	
应交税费——应交增值税（进项税额）	360 000	
贷：银行存款		6 360 000

（2）当月摊销时。

借：管理费用	50 000	
贷：累计摊销		50 000

专栏7-4　　使用寿命的确定及其复核

1. 确定使用寿命的参照标准

来源于合同性权利或其他法定权利的，其使用寿命不应超过合同性权利或其他法定权利的期限；如果合同性权利或其他法定权利能够在到期时因续约等实现延续，且有证据表明企业续约不需要付出大额成本，续约期应当计入该资产的使用寿命。

合同或法律没有规定的，应综合各方面情况判断。比如，与同行业的情况进行比较、参考历史经验，或聘请相关专家进行论证等。

按照上述方法仍无法合理确定经济利益期限的，应作为使用寿命不确定的无形资产。

2. 确定使用寿命的考虑因素

确定使用寿命时，应当考虑如下因素：运用该资产生产的产品通常的寿命周期、可获得的类似资产使用寿命的信息；技术、工艺等方面的现阶段情况及对未来发展趋势的估计；以该资产生产的产品或提供服务的市场需求情况；现在或潜在的竞争者预期采取的行动；为维持该资产带来经济利益能力的预期维护支出，以及企业预计支付有关支出的能力；对该资产控制期限的法律规定或类似限制，如特许使用期间、租赁期等；与企业持有其他资产使用寿命的关联性等。

3. 使用寿命的复核

对于使用寿命有限的无形资产，企业至少应当于每年年度终了对其使用寿命及摊销方法进行复核。使用寿命及摊销方法与以前估计不同的，应当改变摊销期限和摊销方法。

对于使用寿命不确定的无形资产，企业应当在每个会计期间复核其使用寿命。如果有证据表明其使用寿命是有限的，应当估计其使用寿命，并按使用寿命有限的无形资产进行会计处理。

使用寿命不确定的无形资产，不应摊销。无法预见无形资产为企业带来经济利益期限的，应当视为使用寿命不确定的无形资产。

7.4 无形资产的减值

按照《企业会计准则第8号——资产减值》的规定，企业应当在资产负债表日（即结账、编制资产负债表之日）考虑计算无形资产的资产减值损失。

资产存在减值迹象的，应当估计其可收回金额。可收回金额应当根据“资产的公允价值减去处置费用后的净额”与“资产预计未来现金流量的现值”两者之间较高者确定。如果估计结果表明无形资产的可收回金额低于其账面价值（即账面价值虚高），则应将该无形资产的账面价值减记至可收回金额（见图7-1）。

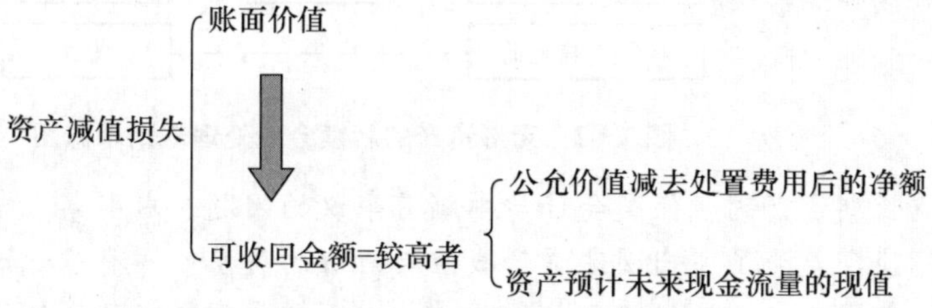

图7-1 无形资产减值损失的计算

企业设置“无形资产减值准备”科目核算企业无形资产发生减值时计提的减值准备。该科目可按无形资产项目进行明细核算。计算无形资产减值准备时，借记“资产减值损失”科目，贷记“无形资产减值准备”科目。此分录实际上起到了在会计报表上减记资产、减记利润的作用。该科目期末贷方余额，反映企业已计提但尚未转销的无形资产减值准备。

如果涉及摊销，则在记载资产减值损失后的会计期间，应当在减值后的账面价值的基础上重新计算该无形资产的摊销额。

例7-6

沿用例7-5的资料。20×8年12月31日，神农机械股份公司认为该专利存在减值迹象。计算的预计未来现金流量为1 800 000元，公允价值为1 600 000元。预计该专利的使用年限为3年。其会计分录如下：

(1) 计算该项商标权在计提减值准备前的账面价值。

账面价值＝6 000 000－(6 000 000÷10×4)＝3 600 000(元)

(2) 计提减值准备。

应计提的减值准备＝3 600 000－1 800 000＝1 800 000(元)

借：资产减值损失	1 800 000	
贷：无形资产减值准备		1 800 000

(3) 计算剩余使用年限内年摊销额。

剩余使用年限内的年摊销额＝1 800 000÷3＝600 000(元)

针对无形资产计算的资产减值损失一经确认，在以后会计期间不得转回。也就是说，即使其可收回金额有所回升，也不应予以记载。处置无形资产时，应当注销原记载的无形资产减值准备。

专栏7-5 **无形资产的摊销和减值**

概括准则条文可知，寿命有限的无形资产（如专利、著作权、购入的商标使用权等）应当先摊销再考虑减值，寿命不确定的无形资产（如企业拥有的商标等）不考虑摊销事宜，只需考虑减值（如图7-2所示）。

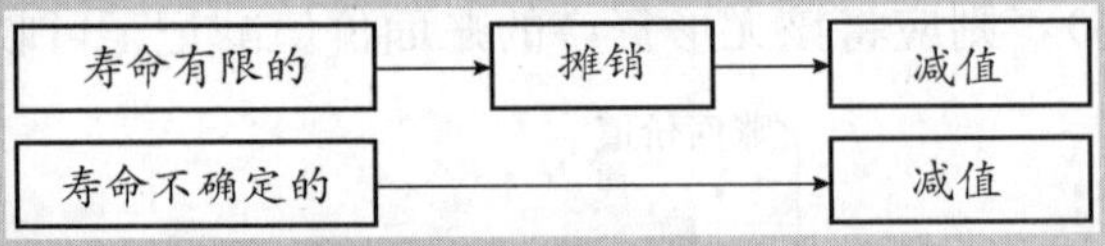

图7-2 无形资产的后续会计处理规则示意图

长期资产的减值是会计学中颇有争议的问题。本书第5章避开这一敏感话题不谈，是为了突出固定资产减值与折旧的关系，并有意让读者对之存疑。本着"不愤不启，不悱不发"的理念，以下简要阐释减值算法的理论问题。

可收回金额是资产的公允价值减去处置费用后的净额和资产预计未来现金流量的现值两者之中的较高者。两者的计算均具有一定的主观性。由于长期资产通常不具有同质性，新旧程度、色彩差异等细微因素均会影响固定资产的"公允价值"，在实际处置之前"处置费用"也是估计确定的，因此，"净额"的主观性是显而易见的。"现值"的计算更是令会计管理工作者感到困惑，因为现值存在逻辑上的问题，它实际上要求企业在不知道现在的公允价值的情况下必须知道未来的现金流量、时间和折现率。这些参数又要借助于管理层的最佳估计。总之，管理层只能通过估计来得到可收回金额，资产减值损失的主观性可想而知。就原理而论，资产减值会计是缺乏原始凭证支持的会计行为。

《国际会计准则第36号——资产减值》大量地借鉴了美国证券市场上的所谓"公认会计原则"（《财务会计准则公告第145号——长期资产的减值》），所推出的现值算法无疑给了管理层更大的自由度。

7.5 无形资产的处置

1. 转销无形资产时的会计处理

无形资产预期不能为企业带来经济利益的，应当将该无形资产的账面价值予以转销。

转销无形资产时，冲销与该无形资产有关的全部账户记录，即贷记"无形资产”科目，同时，借记“累计摊销”“无形资产减值准备”科目。

例7-7

江南制造有限公司决定注销某项发明专利。账面原价为1 000 000元，累计摊销额为500 000元，无形资产减值准备为300 000元。残值为0。其账务处理如下：

借：累计摊销	500 000	
无形资产减值准备	300 000	
营业外支出	200 000	
贷：无形资产		1 000 000

2. 出售无形资产时的会计处理

企业出售无形资产，应当将取得的价款与该无形资产账面价值的差额计入当期损益。按照收到的对价，借记“银行存款”等资产类科目，同时注销该无形资产有关的全部账户记录（即贷记“无形资产”科目，同时，借记“累计摊销”“无形资产减值准备”科目）。按所收对价与所付代价之差，借记或贷记“资产处置损益”科目。

例7-8

江南制造有限公司转让一项发明专利。账面原值为390 000元，累计摊销为300 000元，未计提减值准备。增值税专用发票上注明的交易金额为100 000元，税额为6 000元，价税合计为106 000元。款项已存入银行。其会计分录如下：

借：银行存款	106 000	
累计摊销	300 000	
贷：无形资产		390 000
应交税费——应交增值税（销项税额）		6 000
资产处置损益		10 000

专栏7-6　“甜饼罐”和“大洗澡”

1. 甜饼罐

甜饼罐（Cookie Jar）是指企业管理层利用资产减值会计规则，计提各种资产减值准备，即减记计提当年的资产和利润，留待以后年份需要“做大”时增记资产和利润，从而达到随意调节各期利润数据的目的。例如，某公司以900万元入账的库存商品，在下一年以1 000万元售出，则在如实记账的情况下，其利润总额在购入当年为0，在下一年为100万元（见图7-3）。若其在购入库存商品的当年年底记录资产减值损失和存货跌价准备300万元，则下一年的利润总额就会是400万元。显然，该公司所计提的存货跌价准备（如图7-4中第1年的阴影部分所示）可以随时用于“做大”后续年份的利润总额——这不就是“欲扬先抑”的手法吗？故而，存货跌价准备就像是甜饼罐，可供“饥饿”的企业管理层用于满足其对利润数据的欲望。

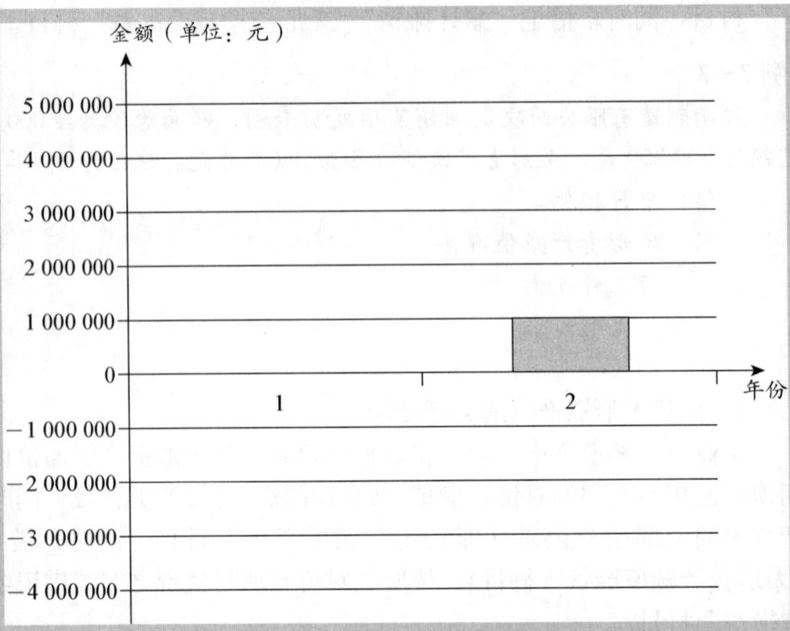

图 7－3　未计提存货跌价准备的情形

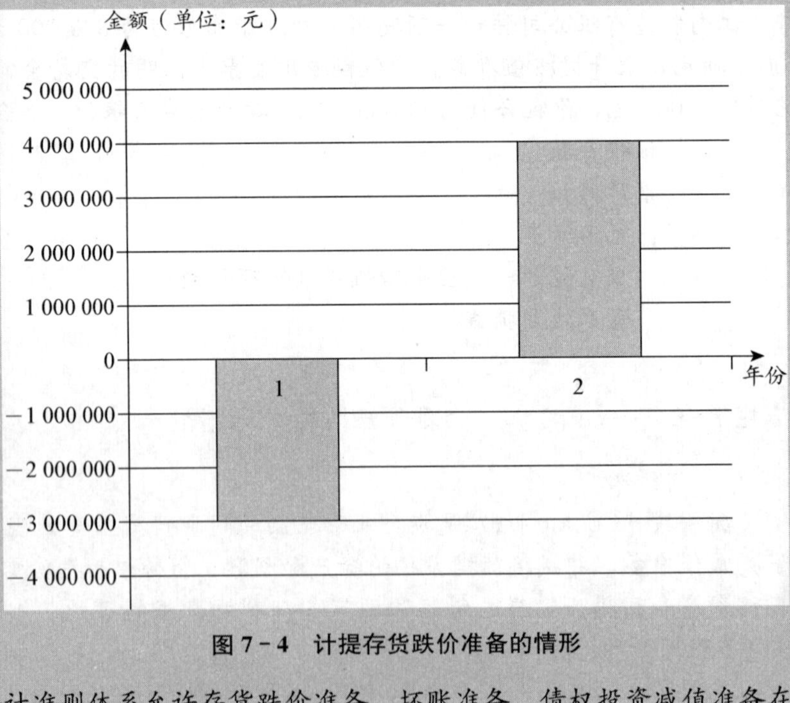

图 7－4　计提存货跌价准备的情形

会计准则体系允许存货跌价准备、坏账准备、债权投资减值准备在以后期间转回，也就是说，企业甚至不必出售资产也能在账上“做出”利润。至于固定资产减值准备、无形资产减值准备等准则不允许转回的项目，企业也可以通过出售资产的方式“做出来”资产处置损益。显然，会计准则一旦允许企业在没有法律证据（即原始凭证）的情况下计提减值准备，则必然陷入难以遏制企业造假的被动境地。

2. 大洗澡

大洗澡（Big Bath）是指企业管理层利用资产减值会计规则，计提巨额的各种资产减值准备，从而记录巨额的亏损，然后在以后年份逐步转回资产减值准备。例如，某公司新一届管理层刚刚上任，预测该公司未来10年每年均亏损10万元（见图7-5）。如何使业绩变得更为好看？管理层决定，在第一年计提存货跌价准备1 000万元，然后在后续的9年每年都转回存货跌价准备100万元，如此，就可以把"连续十年亏损"转变为"一年亏损、九年盈利"（见图7-6）。看到这里，读者大概就能理解为什么新官上任三把火大多会选择"让我一次亏个够"了。

由于会计规则的弹性化，利润数据就变成了任人打扮的小姑娘。

图7-5 实际的业绩

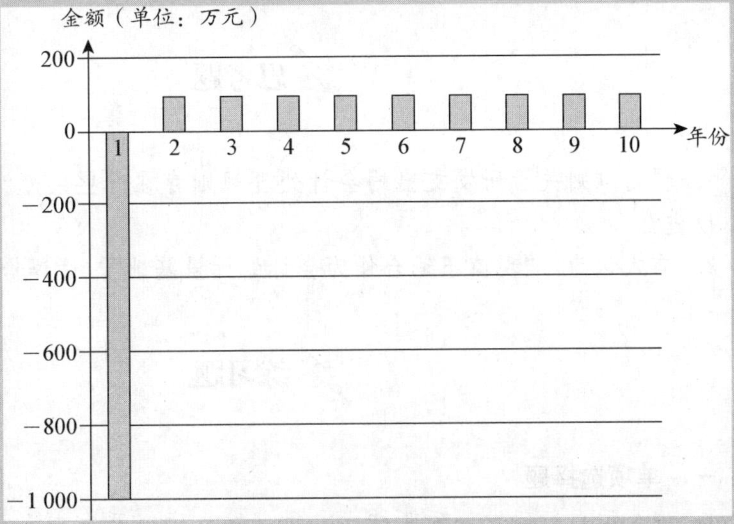

图7-6 "大洗澡"之后的"业绩"

资产负债表中的“无形资产”项目，是按照“无形资产”总账科目的借方余额，减去“累计摊销”总账科目的贷方余额，再减去“无形资产减值准备”总账科目的贷方余额之后的金额列报的。

企业应当按照无形资产的类别在附注中披露与无形资产有关的下列信息：无形资产的期初和期末账面余额、累计摊销额及减值准备累计金额；使用寿命有限的无形资产，其使用寿命的估计情况；使用寿命不确定的无形资产，其使用寿命不确定的判断依据；无形资产的摊销方法；用于担保的无形资产账面价值、当期摊销额等情况；计入当期损益和确认为无形资产的研究开发支出金额。

无形资产附注披露的信息可归纳如表7-1所示。

表7-1 无形资产附注披露的信息

项目	期初账面金额	本期增加额	本期减少额	期末账面金额
一、原价合计				
1.				
2.				
⋮				
二、累计摊销额				
1.				
2.				
⋮				
三、无形资产减值准备				
1.				
2.				
⋮				
四、无形资产账面价值合计				

思考题

1. 现行准则关于研发支出的会计处理规则存在哪些问题？你认为应当如何予以改进？

2. 有人认为，“现值不适合作为会计的计量基础”。试评价之。

练习题

一、单项选择题

1. 甲公司自行研发一项新技术，累计发生研究开发支出800万元，其中符合资本化条件的支出为500万元。研发成功后向国家专利局提出专利权申请并获得批准，实际发生注册登记费8万元；为使用该项新技术发生的有关人员培训费为6万元。不考虑其他因素，甲公司该项无形资产的入账价值为（　　）万元。

A. 508　　B. 514　　C. 808　　D. 814

2. 2018年1月1日起，企业对其确认为无形资产的某项非专利技术按照5年的期限进行摊销，由于替代技术研发进程的加快，2019年1月，企业将该无形资产的剩余摊销年限缩短为2年，这一变更属于（　　）。

A. 会计政策变更　　B. 会计估计变更

C. 前期差错更正　　D. 本期差错更正

二、多项选择题

1. 下列关于使用寿命有限的无形资产摊销的表述中，正确的有（　　）。

A. 自达到预定用途的下月起开始摊销

B. 至少应于每年年末对使用寿命进行复核

C. 有特定产量限制的经营特许权，应采用产量法进行摊销

D. 无法可靠确定与其有关的经济利益预期实现方式的，应采用直线法进行摊销

2. 下列关于无形资产后续计量的表述中，正确的有（　　）。

A. 至少应于每年年度终了对以前确定的无形资产残值进行复核

B. 应在每个会计期间对使用寿命不确定的无形资产的使用寿命进行复核

C. 至少应于每年年度终了对使用寿命有限的无形资产的使用寿命进行复核

D. 至少应于每年年度终了对使用寿命有限的无形资产的摊销方法进行复核

三、判断题

1. 企业用于生产某种产品的、已确认为无形资产的非专利技术，其摊销金额应计入当期管理费用。（　　）

2. 使用寿命有限的无形资产应自取得的次月起摊销。（　　）

四、计算分析题

甲公司自2×18年6月开始自行研究开发一项新产品专利技术，2×19年7月专利技术获得成功，达到预定用途。2×18年在研究开发过程中发生材料费用300万元、人工工资150万元，以及支付的相关费用50万元，共计500万元，其中，符合资本化条件的支出为200万元；2×19年在研究开发过程中发生材料费220万元、人工工资80万元，以及支付的相关费用20万元，共计320万元，其中，符合资本化条件的支出为160万元。

要求：编制甲公司2×18年度和2×19年度有关研究开发专利权的会计分录。

第8章 股权投资

Chapter 8

学习目标

1. 掌握：交易性金融资产、其他权益工具投资的核算方法；长期股权投资会计核算的成本法和权益法。

2. 理解：交易性金融资产、其他权益工具投资的会计规则的来历；权益法的设计思路。

3. 了解：长期股权投资减值准备的计算方法。

现行企业会计准则体系要求投资方根据其对被投资单位的影响程度，以及其股权投资是否存在活跃市场、公允价值能否可靠计量等因素，分别采用“成本法”（cost method）和“权益法”（equity method）、“以公允价值计量且其变动计入当期损益的金融资产”①、“以公允价值计量且其变动计入其他综合收益的金融资产”② 四套规则进行股权投资的会计处理。

上述四套会计规则中，成本法、权益法这两套会计规则，是《企业会计准则第2号——长期股权投资》（2014年修订）从私立机构国际会计准则理事会公布的《国际会计准则第28号——在联营企业和合营企业中的投资》借鉴而来的。其中，权益法起源于20世纪70年代初美国证券市场的公认会计原则，即《会计原则委员会意见书第18号——普通股投资的权益法》。

交易性金融资产、其他权益工具投资这两套会计规则，是《企业会计准则第22号——金融工具确认和计量》（2017年修订）从《国际财务报告准则第9号——金融工具》借鉴而来的。这两套会计规则起源于20世纪90年代初美国证券市场的公认会计原则，即《财务会计准则公告第115号——特定债券和权益证券的会计处理》。

① 企业设“交易性金融资产”科目核算其分类为“以公允价值计量且其变动计入当期损益的金融资产”的股权投资，以下将此类金融资产及其会计规则简称为“交易性金融资产”。

② 企业设“其他权益工具投资”科目核算其分类为“以公允价值计量且其变动计入其他综合收益的金融资产”的股权投资，以下将此类金融资产及其会计规则简称为“其他权益工具投资”。

由于国际准则原文中存在缺乏理论依据乃至缺乏合理逻辑的问题，我国的会计管理工作者在这一领域多有困扰，故有必要对之予以辩证分析。

本章将沿着时间线索，即按照会计规则在美国证券市场的公认会计原则中的出场顺序，依次讲解成本法、权益法、交易性金融资产和其他权益工具投资的设计理念、操作要点及其理论缺陷。本章对相关理论缺陷的探讨采取启而不发的态度，冀望引起读者的深入思考。本章所设专栏旨在引导读者拓宽知识面，激发创造性思维，专栏内容不作教学要求。

8.1 股权投资概述

8.1.1 解读“股东权”

依法理而论，企业以股东的身份对外投资所形成的财产权利统称为股东权(shareholder's rights)。股东权的产生历史晚于物权和债权，关于股东权的理论研究亟待加强。[①]

第一，股东权是民事权利的一种，是一种特殊的社员权。[②] 广义的股东权，泛指股东得以向公司主张的各种权利，故股东依据合同、侵权行为、不当得利和无因管理对公司享有的债权亦包括在内；狭义的股东权，则仅指股东基于股东资格而享有的、从公司获取经济利益并参与公司经营管理的权利。[③] 股东权既包含财产权利，也包含非财产权利。会计学所涉及的股东权概念仅为狭义的股东权，且侧重于财产权利。

第二，股东权与物权既有联系又有区别。对于投资方来说，通常是从股权投资所代表的股东权的意义上去理解，而不是从物权的意义上去理解的。实际上，结合股权流通的便利性来说，对有限责任公司的股权投资是难以从物权的意义上去理解的。[④] 因此，企业财务会计报告中所提及的股权投资，应当从股东权（而不是物权）的角度来理解。

第三，会计程序只能定位于记载股东权的取得成本，而难以定位于反映股东权的确切价值。这是因为，股东权是多种抽象的财产权利和人身权的总称，对它很难给出定价。这与债权形成鲜明对照。在真实交易价格形成之前，并不存在公认的股东权定价规则。记账者所能观测到的只是股东权的实际成交价格，此即“历史成本”。至于股票的最新市价，它所反映的仅仅是边际投资者（marginal

① 作为对比，法学理论的通说认为，物权和债权是保护财产静态安全和动态安全的两大民事权利，具有成熟的理论体系。

② 社员权又称成员权，是指社团法人的社员（成员）对社团法人享有的独特的民事权利，有别于物权和债权。社员对社团法人出资、取得社员资格后，即对其出资丧失了所有权。社团法人作为独立民事主体对社员的全部出资及其孳息享有民法上的所有权。

③ 刘俊海．股份有限公司股东权的保护（修订本）．北京：法律出版社，2004：45-49．

④ 刘俊海．现代公司法．北京：法律出版社，2008：178-187．

investor）或者说少数转让股权的投资者所形成的交易价格，并非就全部股权而言的股权价值。因此，股票的最新市价既非“公允”亦非“价值”。

当今时代，没有哪一个学科能够科学地计算股权的价值，林林总总的金融估值手法中没有哪一个是普遍接受的。[①] 在这种背景下，四种适用于股权投资的会计处理规则陆续设计出台。

8.1.2 企业会计准则体系所规定的股权投资的会计处理规则

1.《企业会计准则第2号——长期股权投资》（2014年修订）所规定的会计规则

《企业会计准则第2号——长期股权投资》（2014年修订）所称的长期股权投资，并非字面意义上的期限较长的股权投资，[②] 而是特指以下三种情形的股权投资。

（1）投资方能够对被投资单位实施控制（control）的权益性投资（equity investment），即对子公司的投资。控制，是指投资方拥有对被投资单位的权力，通过参与被投资单位的相关活动而享有可变回报，并且有能力运用对被投资单位的权力影响其回报金额。

准则规定，投资方应当采用成本法核算其能够对被投资单位实施控制的长期股权投资（即对子公司的股权投资）。在成本法下，投资方按照其股权投资的成本列报其长期股权投资，除计提长期股权投资减值准备的情形外，对其账面价值不作调整。

企业设“长期股权投资”科目核算其采用成本法核算的股权投资（即对子公司的股权投资）。该科目为资产类科目，借方登记增加数，贷方登记减少数，余额在借方。

（2）投资方能够与其他合营方一起，对被投资单位实施共同控制（joint control）的权益性投资，即对合营企业（joint venture）的投资。共同控制，是指按照相关约定对某项安排所共有的控制，并且该安排的相关活动必须经过分享控制权的参与方一致同意后才能决策。投资方与其他方对被投资单位实施共同控制的，被投资单位为其合营企业。合营企业，是指合营方仅对该安排的净资产享有权利的合营安排。

（3）投资方对被投资单位具有重大影响（significant influence）的权益性投资，即对联营企业（associate）的投资。重大影响，是指投资方对被投资单位的财务和经营政策有参与决策的权力，但并不能够控制或者与其他方一起共同控制

---

① 在名为“金融学”、“公司财务”（corporate finance，又译公司金融）、“财务管理”的学科中，充斥着花式繁多的估值模型（pricing model，常常不恰当地译作“定价模型”），其本质是根据特定的假设进行估计。

② “长期股权投资”这一词汇是我国会计准则制定者在20世纪90年代借鉴美国证券市场上的公认会计原则的时候，所设计的一个缺乏合理论证的词汇。当时的会计规则区分短期投资、长期投资（进一步区分为长期债权投资与长期股权投资）分别设计了会计规则，与现在的会计规则存在较大差异。但“长期股权投资”这个名不符实的词汇一直延用至今。

这些政策的制定。投资方能够对被投资单位施加重大影响的，被投资单位为其联营企业。在确定能否对被投资单位施加重大影响时，应当考虑投资方和其他方持有的被投资单位当期可转换公司债券、当期可执行认股权证等潜在表决权因素。

准则规定，投资方应当采用权益法核算其对合营企业和联营企业的投资。在权益法下，长期股权投资的账面价值要随着被投资单位的所有者权益变动而相应变动，大体上反映投资方在被投资单位所有者权益中占有的份额。

企业设“长期股权投资”科目，并在该科目下设“成本”“损益调整”“其他权益变动”“其他综合收益”等明细科目，核算其采用权益法核算的股权投资（即对合营企业、联营企业的股权投资）。

值得注意的是，根据上述定义，《企业会计准则第 2 号——长期股权投资》（2014 年修订）不涉及投资方对被投资单位不具有控制、共同控制或重大影响的股权投资，那些股权投资一律遵照《企业会计准则第 22 号——金融工具确认和计量》（2017 年修订）进行账务处理。

为便于初学者理解，这里将《企业会计准则第 2 号——长期股权投资》（2014 年修订）所规定的会计规则归纳如图 8-1 所示。值得注意的是，图中所示的概念和术语大多是会计准则特有的提法，与日常生活用语不完全对应，也不是法律用语。

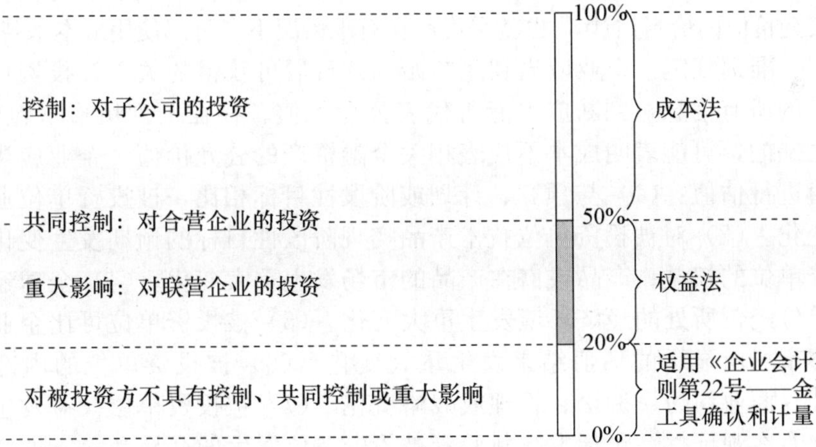

图 8-1　长期股权投资的“成本法”与“权益法”的适用情形（示意图）

2.《企业会计准则第 22 号——金融工具确认和计量》（2017 年修订）所规定的适用于股权投资的规则

如本书第 6 章所述，《企业会计准则第 22 号——金融工具确认和计量》（2017 年修订）要求企业根据其管理金融资产的业务模式，和金融资产的合同现金流量特征，将金融资产划分为以下三类，并分别给出了会计处理规则。

（1）以摊余成本计量的金融资产。企业设“债权投资”科目核算其分为此类的债权。

（2）以公允价值计量且其变动计入其他综合收益的金融资产。这一类资产又分别债权和股权，给出了不同的会计规则。企业设“其他债权投资”核算其分为此类的债权，设“其他权益工具投资”核算其分为此类的股权投资。

（3）以公允价值计量且其变动计入当期损益的金融资产。企业设“交易性金融资产”科目核算其分为此类的股权或债权。

这意味着，该准则所规范的股权的会计规则实际上有两个，一个是划分为以公允价值计量且其变动计入当期损益的金融资产（即“交易性金融资产”），另一个是划分为以公允价值计量且其变动计入其他综合收益的金融资产（即“其他权益工具投资”）。这两套会计规则均采用公允价值计量属性，所不同的是，前者将公允价值变动计入当期损益（即公允价值变动损益），后者将公允价值变动计入其他综合收益。

8.1.3 以成本替代公允价值的情形

如果企业所持有的股权投资不是上市公司，也没有市价可以参考，那么企业该怎么来按照公允价值计量呢？对于这样的问题，现行准则规定：“企业对权益工具的投资和与此类投资相联系的合同应当以公允价值计量。但在有限情况下，如果用以确定公允价值的近期信息不足，或者公允价值的可能估计金额分布范围很广，而成本代表了该范围内对公允价值的最佳估计的，该成本可代表其在该分布范围内对公允价值的恰当估计。”也就是说，在有限情况下，可以使用成本来替代公允价值。

准则规定，企业应当利用初始确认日后可获得的关于被投资单位业绩和经营的所有信息，判断成本能否代表公允价值。存在下列情形（包含但不限于）之一的，可能表明成本不代表相关金融资产的公允价值，企业应当对其公允价值进行估值：（1）与预算、计划或阶段性目标相比，被投资单位业绩发生重大变化。（2）对被投资单位技术产品实现阶段性目标的预期发生变化。（3）被投资单位的权益、产品或潜在产品的市场发生重大变化。（4）全球经济或被投资单位经营所处的经济环境发生重大变化。（5）被投资单位可比企业的业绩或整体市场所显示的估值结果发生重大变化。（6）被投资单位的内部问题，如欺诈、商业纠纷、诉讼、管理或战略变化。（7）被投资单位权益发生了外部交易并有客观证据，包括发行新股等被投资单位发生的交易和第三方之间转让被投资单位权益工具的交易等。

权益工具投资或合同存在市场报价的，企业不应当将成本作为对其公允价值的最佳估计。

8.2 长期股权投资

8.2.1 长期股权投资入账价值的确定

1. 支付现款取得的长期股权投资

对于支付现款取得的长期股权投资，投资方应按实际支付的购买价款（包括手续费等必要支出）作为入账价值，借记“长期股权投资”科目，贷记“银行存款”科目。

2. 发行权益性证券换得的长期股权投资

对于发行权益性证券换得的长期股权投资，应当按照发行权益性证券的公允价值作为入账价值，借记“长期股权投资”科目，贷记“股本”“资本公积——股本溢价”科目。

3. 投资时筹资方已宣告但尚未领取的现金股利或利润的处理

企业无论以何种方式取得长期股权投资，实际支付的价款或对价中包含的已宣告但尚未领取的现金股利或利润，应作为应收项目单独核算，不作为取得的长期股权投资的成本。

例 8-1

天安商城股份公司于 20×7 年 3 月 1 日从证券市场购入地王置业股份公司 10%的股份，共计 40 000 000 股，实际支付价款 90 000 000 元。另外，在购买过程中支付手续费等相关费用 2 000 000 元。地王置业股份公司已于 20×7 年 2 月 3 日宣告每 10 股派发现金股利 0.30 元，股权登记日至 20×7 年 3 月 1 日尚未公布。天安商城股份公司取得该部分股权后能够对地王置业股份公司的财务及经营政策施加重大影响。

投资时，享有已宣告尚未派发的现金股利为 1 200 000 元（40 000 000÷10×0.30）。

借：长期股权投资　　90 800 000
　　应收股利　　1 200 000
　贷：银行存款　　92 000 000

例 8-2

20×6 年 3 月，高盛现代农业股份公司通过增发 90 000 000 股取得汇润肉联有限公司 15%的股权，双方认定的该股份的公允价值（按增发前后的平均股价计算）为 156 000 000 元。高盛现代农业股份公司为此支付了 6 000 000 元的交易费用（手续费、佣金）。

（1）发行股票换得长期股权投资时。

借：长期股权投资　　156 000 000
　贷：股本　　90 000 000
　　　资本公积——股本溢价　　66 000 000

（2）支付佣金和手续费时。

借：资本公积——股本溢价　　6 000 000
　贷：银行存款　　6 000 000

如果股权投资实现了对被投资单位的控制，则需要按照现行会计法规编制合并报表。为便于编制合并报表，此种情形下，会计准则区分同一控制下的企业合并和非同一控制下的企业合并，规定了长期股权投资的入账价值的特殊算法。鉴于合并报表在理论上颇具争议，因此，本章对其不作教学要求。感兴趣的读者可参考专栏8-1。

专栏8-1　　合并报表情境下的长期股权投资

1. 同一控制下的企业合并所取得的长期股权投资

合并方以支付资产或承担债务方式作为合并对价的，应当在合并日按照“取得被合并方所有者权益账面价值的份额”作为长期股权投资的入账价值，借记“长期股权投资”科目，按照所付出的资产（或所承担的债务）的账面价值，贷记该资产或负债科目。两者之差若为有利差异，则贷记“资本公积”科目；若为不利差异，则依次冲减资本公积、盈余公积、未分配利润。

合并方以发行权益性证券作为合并对价的，应当在合并日按照“取得被合并方所有者权益账面价值的份额”作为长期股权投资的入账价值，借记“长期股权投资”科目，按照发行股份的面值总额作为股本，贷记“股本”科目。两者之差若为有利差异，则贷记“资本公积”科目；若为不利差异，则依次冲减资本公积、盈余公积、未分配利润。

例8-3

P公司与S公司为同一控制下的两家公司。根据集团总公司的指示，P公司于20×7年1月1日，以银行存款40 000 000元、股票5 000 000份（每股面值1元）与S公司老股东交换得到该公司90%的股份。P公司报表项目的账面价值，S公司报表项目的账面价值及公允价值信息如表8-1所示，其中，公允价值信息为冗余信息（实务中非经评估也很难获得此类信息），仅供与下例对比使用。

表8-1　相关的账面价值及公允价值信息　　单位：元

项目	P公司 账面价值	S公司		
		账面价值	公允价值	差异
银行存款	60 000 000	30 000 000	30 000 000	0
库存商品	120 000 000	60 000 000	80 000 000	20 000 000
固定资产	180 000 000	50 000 000	90 000 000	40 000 000
无形资产	80 000 000	40 000 000	70 000 000	30 000 000
资产合计	440 000 000	180 000 000	270 000 000	90 000 000
长期借款	100 000 000	50 000 000	50 000 000	0
股本	20 000 000	10 000 000		
资本公积	160 000 000	20 000 000		
盈余公积	100 000 000	70 000 000		
未分配利润	60 000 000	30 000 000		
所有者权益合计	340 000 000	130 000 000	220 000 000	90 000 000

P公司合并日的会计分录：

借：长期股权投资（90%×130 000 000）　　117 000 000

　贷：银行存款　　40 000 000

　　股本　　5 000 000

　　资本公积　　72 000 000

S公司不需要作会计分录，资产负债表上账面价值不变，该公司只需在备查簿中登记股权结构变更即可。因为交易只涉及老股东个人的股东权转移，企业的法人财产权没有变化，因而不影响公司本身的资产负债状况。

2. 非同一控制下的企业合并所取得的长期股权投资

非同一控制下的企业合并，购买方应按企业合并成本作为长期股权投资的入账价值。企业合并成本包括购买方付出的资产、发生（承担）的负债、发行的权益性证券的公允价值以及为进行企业合并所发生的各项直接相关费用。

例8-4

东方实业有限公司和西方商贸有限公司为非同一控制下的两家公司。东方实业有限公司于20×7年1月1日，以银行存款40 000 000元（含各项直接相关费用）、发行股票公允价值180 000 000元（其中计入股本10 000 000元）从西方商贸有限公司老股东处购得90%的股权。相关信息如表8-2所示。

表8-2　相关的账面价值及公允价值信息　　单位：元

项目	东方实业有限公司	西方商贸有限公司		
	账面价值	账面价值	公允价值	差异
银行存款	60 000 000	30 000 000	30 000 000	0
库存商品	120 000 000	60 000 000	80 000 000	20 000 000
固定资产	180 000 000	50 000 000	90 000 000	40 000 000
无形资产	80 000 000	40 000 000	70 000 000	30 000 000
资产合计	440 000 000	180 000 000	270 000 000	90 000 000
长期借款	100 000 000	50 000 000	50 000 000	0
股本	20 000 000	10 000 000		
资本公积	160 000 000	20 000 000		
盈余公积	100 000 000	70 000 000		
未分配利润	60 000 000	30 000 000		
所有者权益合计	340 000 000	130 000 000	220 000 000	90 000 000

东方实业有限公司购买日的会计分录：

借：长期股权投资　　220 000 000

　贷：银行存款　　40 000 000

　　股本　　10 000 000

　　资本公积　　170 000 000

会计法规不允许持续经营的会计主体对其资产账面价值进行重估增值，故西方商贸有限公司不需要作会计分录，资产负债表上账面价值不变。该公司只需在备查簿中登记股权结构变更即可，因为交易只涉及老股东个人的股东权转移，而不影响公司本身的资产负债状况。

上述会计规则显得有点“古怪”。其奥妙在于，这种入账手法纯粹是为了给编制合并报表提供便利。感兴趣者可参阅合并报表编报方面的书籍。对本专栏的内容略作了解即可。

8.2.2 成本法

准则规定，长期股权投资入账后，投资方应当根据其对被投资单位的影响程度，分别采用成本法与权益法核算其长期股权投资。

企业应当采用成本法核算其持有的能够对被投资单位实施控制的权益性投资。

成本法的要点有二：第一，初始投资（或追加投资）时，按照初始投资（或追加投资）的代价（成本）记录长期股权投资的账面价值，借记“长期股权投资”科目，贷记“银行存款”等科目。第二，当被投资单位宣告分派现金股利或利润时，投资方把应收数额确认为当期的投资收益，借记“应收股利”科目，贷记“投资收益”科目。

例8-5a

东北制药股份公司20×1年4月1日以每股12.12元的价格购入西南制药股份公司股份50 000股，占其享有表决权资本的3%，并准备长期持有。另支付相关税费3 200元。

初始投资成本=50 000×12.12+3 200=609 200(元)

借：长期股权投资	609 200	
贷：银行存款		609 200

例8-5b

续例8-5a。西南制药股份公司于20×1年5月6日宣告分派现金股利，每股0.20元。

借：应收股利	10 000	
贷：投资收益		10 000

8.2.3 权益法

准则规定，投资方应当采用权益法核算其持有的、能够与其他合营方一起对被投资单位实施共同控制的权益性投资（即对合营企业的投资），以及其持有的能够对被投资单位施加重大影响的权益性投资（即对联营企业的投资）。

在确定能否对被投资单位实施控制或施加重大影响时，应当考虑投资方和其他方持有的被投资单位当期可转换公司债券、当期可执行认股权证等潜在表决权因素。

在权益法下，长期股权投资的账面价值要随着被投资单位的所有者权益变动而相应变动，大体上反映在被投资单位所有者权益中占有的份额。

专栏8-2　　如何判断是否具有“重大影响”？

实务界普遍感到难以判断股权投资是否对被投资单位具有重大影响。为了尽可能地统一操作口径，国际会计准则给出了参考标准。

如果投资方直接地或通过子公司间接地拥有被投资单位20%以上、50%以下的表决权股份，国际会计准则就认为该投资方对被投资单位具有重大影响，除非有相反的证据存在。

如果投资方拥有被投资单位有表决权股份的比例低于20%，国际会计准则就认为该投资方对被投资单位不具有重大影响，但下列情形除外：(1) 投资方在被投资单位的董事会或类似的权力机构中派有代表，并享有相应的实质性的参与决策权；(2) 投资方参与被投资单位的政策制定过程，并且在制定政策过程中可以为其自身利益提出建议和意见，由此可以对被投资单位施加重大影响；(3) 投资方与被投资单位之间发生重要交易，有关的交易因对被投资单位的日常经营具有重要性，由此可以对被投资单位施加重大影响；(4) 投资方向被投资单位派出管理人员，并且该管理人员有权力并负责被投资单位的财务和经营活动，从而对被投资单位施加重大影响；(5) 被投资单位的生产经营依赖投资方的技术资料，从而表明投资方对被投资单位具有重大影响；(6) 投资方其他足以证明投资方对被投资单位具有重大影响的情形。

不难看出，即便如此，“重大影响”的判断仍然存在相当大的主观性。会计理论界至今仍无法对“为何以20%作为权益法的起始适用标准”给出合理的解释，这导致权益法成了理论界以讹传讹的典型。实践中，也的确存在围绕这一比例做文章的现象。

采用权益法核算时，企业在“长期股权投资”科目下设置“成本”“损益调整”“其他综合收益”“其他权益变动”等明细科目。作为对比，在成本法下，不需要设置这些明细科目。

专栏8-3　　“权益法”名称的由来

我们先用一个例子来了解权益法最初的设计思路。中恒投资股份公司斥资3 000 000元对德意商贸有限公司投资，占后者表决权比例30%。在投资时，后者的股东权益（又称净资产，下同）为10 000 000元。

（1）投资时的会计处理。

借：长期股权投资——成本　　3 000 000

　贷：银行存款　　3 000 000

此时，“长期股权投资”总账金额为3 000 000元，恰为被投资单位净资产（10 000 000元）的30%。

（2）分享被投资单位的净利润（或分担被投资单位的净亏损）时的会计处理。

投资后，德意商贸有限公司的年度财务会计报告显示其实现的净利润为5 000 000元，其净资产增长15 000 000元。据此，中恒投资股份公司根据假想的对被投资单位净利润的分享额作如下记载：

借：长期股权投资——损益调整　　1 500 000

　贷：投资收益　　1 500 000

如此，“长期股权投资”总账金额为4 500 000元，恰为被投资单位股东权益（15 000 000元）的30%。

（3）收到利润或现金股利时的会计处理。

德意商贸有限公司宣布利润分配方案，共向有表决权的股东分配现金股利2 000 000元，分配后，其净资产将减少至13 000 000元。中恒投资股份公司的应收股利为600 000元。据此，中恒投资股份公司作如下记载：

借：应收股利　　600 000

　贷：长期股权投资——损益调整　　600 000

如此，“长期股权投资”总账金额为3 900 000元，恰为被投资单位股东权益（13 000 000元）的30%。计算结果如表8-3所示。

表8-3

	投资方的“长期股权投资”账面价值	被投资单位的所有者权益账面价值
投资时	3 000 000	10 000 000
被投资单位实现净利润时	4 500 000	15 000 000
被投资单位分配净利润时	3 900 000	13 000 000

权益法的效果是以“持股比例×被投资单位的股东权益”的金额来列报股权投资。权益法因此而得名。如图8-2所示。

不难看出，权益法实质上是要求投资方按照合并报表的编制思路进行会计处理。因此，域外理论将权益法称作“单行合并”（one-line consolidation），以区别于合并报表的“逐行合并”（line-by-line consolidation）的做法（即把母公司和子公司的资产及负债逐行进行合并）。但是，根据会计原理可知，关于“损益调整”的记录是缺乏法律证据（原始凭证）支持的，所记载的“投资收益”也仅仅是当时的预期而非真实的投资收益，因此，权益法漏洞多多，很难算得上是国际先进经验。

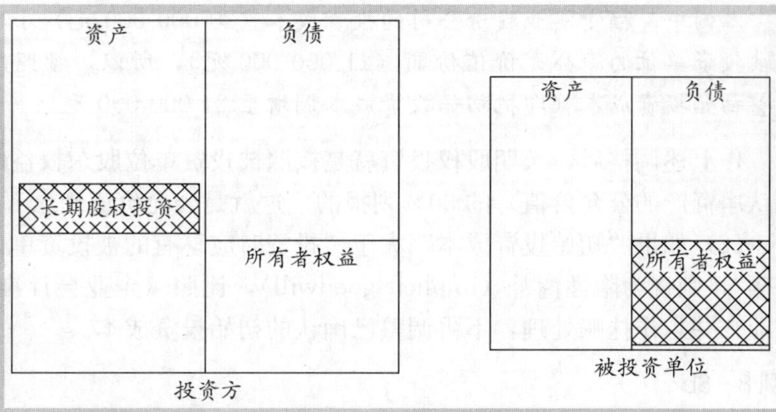

图 8-2 权益法示意图

国际会计准则所推行的权益法的最新版本更加令人费解。原因在于，过去的权益法要求按照"被投资单位股东权益的账面价值×投资方的持股比例"记载股权投资，如今的权益法却是要求按照"被投资单位股东权益的公允价值×投资方的持股比例"记载股权投资。

1. 长期股权投资入账价值的调整

对合营企业或联营企业投资后，投资方应比较"初始投资成本"与"投资时应享有的被投资单位的净公允价值份额"（有的书上称作"投资时应享有被投资单位可辨认净资产公允价值份额"），对于两者之间的差额，应区别情况处理。

（1）如果"初始投资成本"小于"投资时应享有的被投资单位的净公允价值份额"，则视为负商誉（negative goodwill），比照《企业会计准则第20号——企业合并》作营业外收入处理，按其差额，借记"长期股权投资—成本"科目，贷记"营业外收入"科目。①

例 8-6a

福堂实业股份公司以20 000 000元取得金波电子股份公司30%的股权，取得投资时被投资单位可辨认净资产的公允价值为70 000 000元。福堂实业股份公司对金波电子股份公司具有重大影响。

（1）取得投资时。

借：长期股权投资——成本　　20 000 000
　贷：银行存款　　20 000 000

（2）调整初始投资成本。

借：长期股权投资——成本　　1 000 000
　贷：营业外收入　　1 000 000

① 准则制定者认为，"两者之间的差额体现为双方在交易作价过程中转让方的让步，该部分经济利益流入应计入取得投资当期的营业外收入，同时调整增加长期股权投资的账面价值"。参见《企业会计准则第2号——长期股权投资》。

本例中，福堂实业股份公司的投资成本（20 000 000 元）小于投资时应享有的被投资单位的净公允价值份额（21 000 000 元），所以，按照准则的规定，应调整初始投资成本（即把初始投资成本调增至 21 000 000 元）。

作上述调整后，长期股权投资就是按照被投资单位股东权益的公允价值（可辨认净资产的公允价值）的 30%列报的。这就是公允价值理念下的权益法。

（2）如果“初始投资成本”大于“投资时应享有的被投资单位的净公允价值份额”，则视为隐性商誉（implicit goodwill），比照《企业会计准则第 20 号——企业合并》作挂账处理，不再调整已确认的初始投资成本。①

例 8 - 6b

福堂实业股份公司以 20 000 000 元取得西方股份公司 30%的股权，取得投资时被投资单位可辨认净资产的公允价值为 60 000 000 元。福堂实业股份公司对西方股份公司具有重大影响。

取得投资时的会计分录：

借：长期股权投资——成本	20 000 000	
贷：银行存款		20 000 000

本例中，福堂实业股份公司的投资成本（20 000 000 元）大于投资时应享有的被投资单位的净公允价值份额（18 000 000 元），所以，按照准则的规定，不应调整初始投资成本，也即应把该差额（即隐性商誉）隐藏在长期股权投资中。②

2. 分享或分担被投资单位的净损益

准则规定，投资方取得长期股权投资后，应当按照理论上应享有（或应分担）的被投资单位净损益的份额，确认投资损益并调整长期股权投资的账面价值。根据被投资单位的净利润（或经调整的净利润）计算应享有的份额时，借记“长期股权投资——损益调整”科目，贷记“投资收益”科目。分担亏损的情形反之。

投资方应当按照被投资单位宣告分派的利润或现金股利计算应分得的部分，相应减少长期股权投资的账面价值。按照应收的股利，借记“应收股利”科目，贷记“长期股权投资——损益调整”科目。

投资方在账上分享或分担被投资单位的净损益时，应考虑下列因素，对被投资单位的账面净利润进行适当的调整，以调整后的净利润确认应享有的份额。

（1）被投资单位采用的会计政策及会计期间与投资方不一致的，应当按照投

---

① 准则制定者认为，“该部分差额是投资方在取得投资过程中通过作价体现出的与所取得股权份额相对应的商誉价值，这种情况下不要求对长期股权投资的成本进行调整”。参见《企业会计准则第 2 号——长期股权投资》。

② 这体现的是证券行业（即投资银行业）等金融中介的独特逻辑：对于账面上摆不平的不利差额，应想方设法予以掩盖。如果实在找不到合适的资产科目来掩盖，那就凭空捏造一个科目，“商誉”（goodwill）科目就是这么硬造出来的。后来，会计准则制定者干脆就把能找到资产科目来掩盖的不利差额称作“隐性商誉”了。如此一来，凡是金融中介主导的业务，利润数据就决不能走低。

资方的会计政策及会计期间对被投资单位的财务报表进行调整，并据以确认投资损益。①

(2) 应当以取得投资时被投资单位的固定资产、无形资产的公允价值为基础，重新计算折旧额或者摊销额，并结合以投资方取得投资时的公允价值为基础计算确定的资产减值准备等信息，对被投资单位报告的净利润进行调整，并据以确认投资损益。② 其逻辑相当蹊跷。有观点认为，这种调整“从基本的会计理论来讲，是要落实资本保全原则。在有关股权性交易发生在股东之间，并未影响到被投资单位作为一个独立的会计主体日常核算的情况下，其自身原已持有的资产、负债在持续经营情况下应保持原有账面价值不变，而该账面价值如与新的投资方进入时所确定的相应资产、负债的公允价值不同，则对投资方来讲，其所获得的投资背后包含的被投资单位每一单项资产、负债的成本为投资取得时点的公允价值，如以被投资单位的资产、负债账面价值为基础计算确认投资损益，则可能产生投资方的有关成本未能得到完全补偿的情况，进而违背资本保全原则”。③ 这种解释的逻辑仍然颇似关公战秦琼。

例8-7

中恒投资股份公司于20×7年1月1日取得对联营企业30%的股权，取得投资时被投资单位的固定资产公允价值为14 000 000元，账面价值为6 000 000元，固定资产的预计剩余使用年限为10年，净残值为0，按照直线法计提折旧。假定不考虑所得税影响。

被投资单位20×7年度利润表中净利润为5 000 000元，其当期利润表中已按固定资产账面价值计算的折旧费用为600 000元。

按照取得投资时固定资产的公允价值计算确定的折旧费用为1 400 000元。

投资方据此计算的被投资单位的净利润被调整为4 200 000元（5 000 000—800 000），按照持股比例计算确认的当期投资收益应为1 260 000元（4 200 000×30%）。

例8-8

甲公司于20×7年1月10日购入乙公司30%的股份，购买价款为3 300万元，并自取得投资之日起派人参与乙公司的财务和生产经营决策。取得投资当日，乙公司可辨认净资产公允价值为9 000万元，除表8-4所列项目外，乙公司

① 准则制定者认为，“权益法下，是将投资方与被投资单位作为一个整体对待，作为一个整体其所产生的损益，应当在一致的会计政策基础上确定，被投资单位采用的会计政策与投资方不同的，投资方应当基于重要性原则，按照本企业的会计政策对被投资单位的损益进行调整”。参见《企业会计准则第2号——长期股权投资》。

② 准则制定者认为，“被投资单位利润表中的净利润是以其持有的资产、负债账面价值为基础持续计算的，而投资方在取得投资时，是以被投资单位有关资产、负债的公允价值为基础确定投资成本，取得投资后应确认的投资收益代表的是被投资单位资产、负债在公允价值计量的情况下在未来期间通过经营产生的损益中归属于投资方的部分。投资方取得投资时，被投资单位有关资产、负债的公允价值与其账面价值不同的，未来期间，在计算归属于投资方应享有的净利润或应承担的净亏损时，应考虑被投资单位计提的折旧额、摊销额以及资产减值准备金额等进行调整”。参见《企业会计准则第2号——长期股权投资》。

③ 中国注册会计师协会. 会计. 北京：中国财政经济出版社，2017：129.

其他资产、负债的公允价值与账面价值相同。

假定乙公司于20×7年实现净利润900万元，其中，在甲公司取得投资时的账面存货有80%对外出售。甲公司与乙公司的会计年度及采用的会计政策相同。固定资产、无形资产均按年限平均法（直线法）提取折旧或摊销，预计净残值均为0。假定甲、乙公司间未发生任何内部交易。

表8-4 权益法下的投资收益的计算 单位：万元

项目	账面原价	已提折旧或摊销	乙公司预计使用年限	公允价值	甲公司取得投资后剩余使用年限
存货	750			1 050	
固定资产	1 800	360	20	2 400	16
无形资产	1 050	210	10	1 200	8
合计	3 600	570		4 650	

甲公司在确定因持有乙公司投资应享有的投资收益时，应在乙公司实现净利润的基础上，根据取得投资时乙公司有关资产的账面价值与其公允价值差额的影响进行调整（假定不考虑所得税影响）：

存货账面价值与公允价值的差额应调整减少的利润$=(1\ 050-750)\times 80\%=240$(万元)

固定资产公允价值与账面价值的差额应调整增加的折旧额$=2\ 400\div 16-1\ 800\div 20=60$(万元)

无形资产公允价值与账面价值的差额应调整增加的摊销额$=1\ 200\div 8-1\ 050\div 10=45$(万元)

调整后的净利润$=900-240-60-45=555$(万元)

甲公司应享有份额$=555\times 30\%=166.50$(万元)

确认投资收益的会计分录如下：

借：长期股权投资——损益调整　　1 665 000

　贷：投资收益　　1 665 000

鉴于上述“公允价值调整”甚为复杂且在理论上存有争议，因此《企业会计准则——应用指南》制定了豁免条款。存在下列情况之一的，可以不再进行公允价值调整，而是仍然按照被投资单位的账面净损益与持股比例计算确认投资损益，但应当在附注中说明这一事实及其原因：（1）无法可靠确定投资时被投资单位各项可辨认资产等的公允价值；（2）投资时被投资单位可辨认资产等的公允价值与其账面价值之间的差额较小；（3）其他原因导致无法对被投资单位净损益进行调整。

3. 被投资单位出现超额亏损

（1）被投资单位出现超额亏损时的会计处理。

首先，冲减长期股权投资的账面价值（以减记至零为限），借记“投资收益”

科目，贷记“长期股权投资——损益调整”科目。

其次，对于未确认的投资损失，在长期股权投资的账面价值减记至零的情况下，需冲减其他实质上构成对被投资单位净投资的长期权益（通常是指长期应收项目，比如，长期债权若没有明确的清收计划，且在可预见的未来期间不准备收回，则实质上构成对被投资单位的净投资。但不包括投资方与被投资单位之间因销售商品、提供劳务等日常活动所产生的长期债权），借记“投资收益”科目，贷记“长期应收款”科目。

再次，因合同约定导致投资方需要承担额外损失弥补等义务的，应继续确认当期损失，同时应按预计将会承担的义务金额确认预计负债，借记“投资收益”科目，贷记“预计负债”科目。

最后，如果仍然存在未确认的应分担被投资单位的损失，则只需在账外的备查簿中登记。

例 8-9a

范鑫儒商股份公司持有西子服装有限公司 30%的股权，采用权益法核算该项长期股权投资。20×7 年 12 月 31 日，范鑫儒商股份公司长期股权投资的账面价值为 1 200 000 元（其中，“成本”为 1 000 000 元，“损益调整”为 200 000 元）；长期应收款账面价值为 300 000 元，属于实质上构成对西子服装有限公司净投资的长期权益。

假定范鑫儒商股份公司在取得该投资时，西子服装有限公司各项可辨认资产、负债的公允价值与其账面价值相等，双方所采用的会计政策及会计期间也相同。

20×7 年度，西子服装有限公司发生巨额亏损，以可辨认资产等的公允价值为基础调整后的净亏损为 5 300 000 元。

应分担的投资损失＝5 300 000×30%＝1 590 000(元)

未确认的投资损失＝1 590 000－1 500 000＝90 000(元)

未确认的投资损失在备查簿中登记。

范鑫儒商股份公司 20×7 年年末在账上反映被投资单位的净亏损的分担份额时应作会计分录如下：

借：投资收益	1 500 000	
贷：长期股权投资——损益调整		1 200 000
长期应收款		300 000

20×7 年年末，与被投资单位西子服装有限公司有关的长期股权投资、长期应收款账面价值均为 0。

（2）以后期间被投资单位恢复盈利时的会计处理。

在确认了有关的投资损失以后的期间，被投资单位以后实现净利润的，投资方在其收益分享额弥补未确认的亏损分担额后，应按与上述顺序相反的顺序处理，减记已确认预计负债的账面余额，恢复其他实质上构成对被投资单位净投资的长期权益及长期股权投资的账面价值，同时确认投资收益。即应当按顺序分别借记“预计负债”“长期应收款”“长期股权投资”等科目，贷记“投资收益”科目。

例 8-9b

20×8 年度，西子服装有限公司以可辨认资产等公允价值为基础调整后实现的净利润为 3 300 000 元。

范鑫儒商股份公司 20×8 年度相关会计处理如下：

应享有的投资收益＝3 300 000×30％＝990 000(元)

实际确认的投资收益＝990 000－90 000＝900 000(元)

借：长期应收款　300 000

　　长期股权投资——损益调整　600 000

　贷：投资收益　900 000

20×8 年年末，长期股权投资账面价值为 600 000 元，长期应收款账面价值为 300 000 元。

4. 被投资单位其他综合收益变动

采用权益法核算时，被投资单位其他综合收益发生变动的，投资方应当按照持股比例计算在理论上归属于本企业的部分，从而调整长期股权投资的账面价值，同时增加或减少其他综合收益。

例 8-10

华生高科股份公司持有安盛化工股份公司 30％的股份，能够对其施加重大影响。当期安盛化工股份公司因持有的其他权益工具投资的公允价值变动而计入其他综合收益的金额为 2 000 万元。假定两家公司的会计政策、会计期间相同，投资时被投资单位各项可辨认资产、负债的公允价值与其账面价值亦相同。双方在当期及以前期间未发生任何内部交易。不考虑所得税等其他因素。

华生高科股份公司的相关会计处理如下：

应计入其他综合收益的金额＝2 000×30％＝600(万元)

借：长期股权投资——其他综合收益　6 000 000

　贷：其他综合收益　6 000 000

5. 被投资单位所有者权益的其他变动

采用权益法核算时，投资方对于被投资单位除净损益、其他综合收益以及股利分配以外所有者权益的其他变动（主要包括：被投资单位接受其他股东的资本性投入、被投资单位发行可分离交易的可转换公司债券中包含的权益成分、以权益结算的股份支付等），应按照持股比例计算在理论上归属于本企业的部分，从而调整长期股权投资的账面价值，同时增加或减少资本公积（其他资本公积），即借记（或贷记）“长期股权投资——其他权益变动”科目，同时调整资本公积，即贷记（或借记）“资本公积——其他资本公积”科目。

例8-11

能人投资股份公司20×7年9月1日出资30 000 000元取得民智实业股份公司30%的股权，对其有重大影响。取得投资后民智实业股份公司可辨认净资产的公允价值为100 000 000元。

民智实业股份公司20×7年的净利润为30 000 000元，因持有的其他权益工具投资公允价值的变动计入其他综合收益的金额为6 000 000元，接受其他股东的资本性投入20 000 000元。

20×8年3月1日，民智实业股份公司分配现金股利10 000 000元。能人投资当日收到现金股利3 000 000元。

假定两家公司适用的会计政策、会计期间相同，投资时被投资单位有关资产、负债的公允价值与其账面价值亦相同，双方当期及以前期间未发生任何内部交易。

能人投资股份公司上述业务的账务处理如下：

(1) 20×7年9月1日，取得投资时。

借：长期股权投资——成本　30 000 000

　贷：银行存款　30 000 000

(2) 根据被投资单位的净利润调整长期股权投资的账面价值时。投资后，被投资单位20×7年的利润表显示其净利润为30 000 000元。据此，投资方根据假想的对被投资单位净利润的分享额作如下记载：

借：长期股权投资——损益调整　9 000 000

　贷：投资收益　9 000 000

(3) 根据被投资单位其他综合收益的变动调整长期股权投资的账面价值时。

借：长期股权投资——其他综合收益　1 800 000

　贷：其他综合收益　1 800 000

(4) 根据被投资单位的其他权益变动调整长期股权投资的账面价值时。

借：长期股权投资——其他权益变动　6 000 000

　贷：资本公积——其他资本公积　6 000 000

(5) 收到现金股利时。

借：银行存款　3 000 000

　贷：长期股权投资——损益调整　3 000 000

注意到，长期股权投资的账面价值一直是按照“被投资单位的股东权益×投资方的持股比例”列报的，如表8-5所示。

表8-5　权益法的操作示例　　单位：元

	投资方的“长期股权投资”科目					被投资单位的所有者权益账面价值
	成本	损益调整	其他综合收益	其他权益变动	合计数	
投资时	30 000 000				30 000 000	100 000 000
+分享被投资单位的净利润	30 000 000	9 000 000			39 000 000	130 000 000

续表

	投资方的“长期股权投资”科目					被投资单位的所有者权益账面价值
	成本	损益调整	其他综合收益	其他权益变动	合计数	
+被投资单位其他综合收益的变动	30 000 000	9 000 000	1 800 000		40 800 000	136 000 000
+被投资单位的其他权益变动	30 000 000	9 000 000	1 800 000	6 000 000	46 800 000	156 000 000
−被投资单位分配的净利润	30 000 000	6 000 000	1 800 000	6 000 000	43 800 000	146 000 000

实务操作中，持股比例的变化会导致成本法与权益法之间的转换，可参考前述成本法与权益法的设计思路，按照企业会计准则的规定操作。本书从略。

专栏8-4 长期股权投资会计规则的理论问题

长期股权投资的核算规则是很奇妙的，爱思考的读者可能会感到十分蹊跷。流行的会计理论认为国际会计准则是最先进的会计规则。然而实际情况表明，国际会计准则虽然已经在证券市场中沉浮数十年，但它却连股权投资的会计处理规则这样的基本问题都没有阐释清楚。若要说国际会计准则是国际先进的会计规则，那就需要解释如下一系列的问题。

(1) 为什么要考虑投资方对被投资单位的影响力？同样是股权投资，难道影响力大和影响力小的情形下会计规则就应该不一样吗？理由何在？当然，也有人反问：“影响力大的投资方和影响力小的投资方，难道会计处理就不应该有所不同吗？”就会计学原理而言，影响力大的投资方没有理由采用与影响力小的投资方不同的会计核算规则。因为，影响力大的投资方预期其占据更有利的地位，但是这并非能够用证据证明的现实的权利，故而，没有原始凭证能够证明这种预期，会计规则没有理由要求企业在缺乏法律证据的情况下记账。

(2) 为什么要制定出“三节棍”式的规则？国际会计准则为长期股权投资制定了一个被坊间戏称为“三节棍”式的会计规则（如图8-1所示）：1）如果能够控制被投资单位（通常指持股比例超过50%），则应采用成本法核算；2）如果能够与他人联手对被投资单位实施共同控制或者对被投资单位具有重大影响（通常指持股比例不低于20%、不超过50%），则应采用权益法核算，权益法实质上把企业合并的公允价值规则推广到了20%～50%的持股区间。在成本法下，长期股权投资在入账后其账面价值不再增加，以后收到的股利原则上按应享有份额计入投资收益。而权益法则十分复杂且存在不少问题：在权益法之始，需要处理前文所述的隐性商誉、负商誉；之后，需在每个会计期间调整长期股权投资的账面价值，使之恰等于被投资单位的股东权益（净公允价值）乘以持股比例所得到的净公允价值份额（权益法正是因此而得名）。

然而，为什么同样的业务却同时存在两种不同的会计规则呢？为什么以20%、50%作为分界点呢？此规则的合理性迄今尚存争议。

(3) 权益法的大量记录是缺乏法律证据的，如何保证会计信息的证据力？在贷记"投资收益"科目时，并没有任何法律证据能够证明企业资产的增加、利润的增加。权益法下贷记的投资收益是典型的黄粱美梦般的利润。

(4) 公允价值规则与权益法的捆绑使用更加剧了问题的严重性。新的权益法的操作规则与之前相比，最大的变化在于，新准则套用企业合并的思路，引入了隐性商誉、负商誉的规则。如果说原准则的权益法是把长期股权投资的账面价值盯到"持股百分比×被投资单位股东权益的账面价值"，那么新准则的权益法就是把长期股权投资的账面价值盯到"持股百分比×被投资单位股东权益的公允价值"。权益法本身就广受争议，公允价值思路的引入显然使问题变得更为复杂。

目前并不存在统一的投资核算规则。由于准则的调整范围存在交叉现象，因此，如果不给出合理的界定，投资方将会有理由选择使用会计准则。在国际会计准则下，针对股权投资实际上并存着成本法、权益法、交易性金融资产、其他权益工具投资等四套会计规则，如表8-6所示。

表8-6 股权投资的四种会计处理规则

	成本法	权益法	交易性金融资产	其他权益工具投资
入账金额	全部代价	全部代价	不包括手续费佣金	全部代价
适用情形	能够控制被投资方的情形	能够与第三方联合对被投资单位实施共同控制或者对被投资方具有重大影响	投机性的且公允价值能够可靠取得的股权投资	非投机性的且公允价值能够可靠取得的股权投资
持股比例参考标准	(50%，100%]	[20%，50%]	—	—

面对这一局面，为避免企业管理层自行选择会计规则，国际会计准则索性给出规定：如果所投资的股票已上市交易，就不能采用成本法或权益法。这在理论上更是无法进行合理解释。如何设计统一的股权投资核算规则，是很有研究价值的重要问题。

资料来源：周华，刘俊海，戴德明. 质疑国际财务报告准则的先进性. 财贸经济，2010 (1).

8.2.4 长期股权投资减值准备的计提

1. 对子公司、合营企业及联营企业的股权投资的减值

对子公司、合营企业及联营企业的股权投资若存在减值迹象，则应按《企业会计准则第8号——资产减值》的规定计提减值准备。

长期股权投资的可收回金额低于其账面价值时，应按两者的差额计提长期投股权资减值准备。可回收金额，是指长期股权投资的公允价值减去其处置费用的净额与长期股权投资预计未来现金流量的现值中的较高者。

例8-12

范鑫儒商股份公司持有西子服装有限公司30%的股权，能够对西子服装有限公司实施重大影响。截至20×7年12月31日，范鑫儒商股份公司对西子服装有限公司上述股权投资的账面价值为40 000 000元，经测算，20×7年12月31日范鑫儒商股份公司持有西子服装有限公司的股权的可收回金额为33 000 000元。

范鑫儒商股份公司20×7年12月31日计提减值的会计分录为：

借：资产减值损失	7 000 000	
贷：长期股权投资减值准备		7 000 000

2. 对不具有重大影响且公允价值不能可靠计量的长期股权投资的减值

对于不具有重大影响，在活跃市场上没有报价且公允价值不能可靠计量的长期股权投资，若有客观证据表明该项投资发生减值，则应当按照该类投资的账面价值与按类似金融资产当时市场收益率对其未来现金流量折现所确定的现值的差额，计提减值准备。

例8-13

天龙地产股份公司持有京海科技有限公司10%的股权，不能够对京海科技有限公司实施重大影响且京海科技有限公司的股权不存在活跃市场，其公允价值不能可靠取得。截至20×7年12月31日，天龙地产股份公司对京海科技有限公司上述股权投资的账面价值为20 000 000元，该项投资按类似金融资产当时市场收益率对其未来现金流量折现金额为18 000 000元。

天龙地产股份公司20×7年12月31日计提减值的会计分录为：

借：资产减值损失	2 000 000	
贷：长期股权投资减值准备		2 000 000

8.2.5 长期股权投资的处置

处置长期股权投资时，其账面价值与实际取得价款的差额，应当计入当期损益。采用权益法核算的长期股权投资，因被投资单位除净损益以外所有者权益的其他变动而计入所有者权益的，处置该项投资时应当将原计入所有者权益的部分按相应比例转入当期损益。

例8-14

高盛畜产股份公司原持有三汇食品有限公司40%的股权。20×6年9月9日，高盛畜产股份公司决定出售对三汇食品有限公司10%的股权，出售所得价款1 410万元。出售时其长期股权投资的相关明细账信息如下：“成本”3 600万元，“损益调整”（借方）960万元，“其他权益变动”（借方）600万元。假定不考虑其他因素，其账务处理为：

（1）确认处置损益。

借：银行存款	14 100 000	
贷：长期股权投资——成本		9 000 000
——损益调整		2 400 000
——其他权益变动		1 500 000
投资收益		1 200 000

（2）结转资本公积。

借：资本公积——其他资本公积	1 500 000	
贷：投资收益		1 500 000

8.2.6 长期股权投资的报表列报与附注披露

1. 报表列报

在资产负债表上，“长期股权投资”项目是按照“长期股权投资”总账借方余额减去“长期股权投资减值准备”科目贷方余额之后的净额列报的。

2. 附注披露

企业应在会计报表附注中披露如下信息：子公司、合营企业和联营企业清单，包括企业名称、注册地、业务性质、投资方的持股比例和表决权比例；合营企业和联营企业当期的主要财务信息，包括资产、负债、收入、费用等合计金额；被投资单位向投资方转移资金的能力受到严格限制的情况；当期及累计未确认的投资损失金额；与对子公司、合营企业及联营企业投资相关的或有负债。

专栏8-5 关于列报股权投资的三种思路和四套规则的小结

不难看出，《企业会计准则第2号——长期股权投资》（2014年修订）与《企业会计准则第22号——金融工具确认和计量》（2017年修订）的调整范围存在一定的重叠。如果某企业购买了上市公司的股权且准备长期持有，那么它究竟该遵照哪一个准则进行会计处理呢？为什么分别针对短期持有的股权投资与长期持有的股权投资设计会计处理规则呢？对此，尚无合理解释。这启示人们，在借鉴域外规则时宜采取质疑的态度。

当前并存的四种会计处理规则体现了在会计报表中列报股权投资的三种思路。第一种思路是用付出的成本（cost）来列示，此即成本法，属于典型的历史成本会计理念。第二种思路是用股权投资的市价来反映，这种思路体现为“交易性金融资产”和“其他权益工具投资”这两种会计处理规则。第三种思路是用投资方的持股比例乘以被投资单位股东权益的账面价值（或公允价值）所计算出的理论价值来反映，此即权益法。权益法往往被视为历史成本会计的一种变体，采用权益法时也要考虑减值测试。但实际上，权益法下的会计信息既不是历史成本，也不是公允价值。[1]股权投资的三种会计处理理念、四种操作规则并存的事实反映了会计准则的体系性缺陷，迄今尚无文件能够给出合理的解释。如何设计统一的股权投资核算规则，仍有待求解。

实务中对长期股权投资的会计处理规则一直存在争议，即“相较于对联营企业和合营企业投资，企业持有的对子公司投资，因能够控制被投资单位，影响程度更深一些，在个别财务报表中反而采用成本法，与联营企业、合营企业的核算理念不尽一致，也无法类比”。[2]对于这种疑问，准则制定者指出，之所以要求投资方对子公司的长期股权投资采用成本法核算，主要是为了避免在子公司实际宣告发放现金股利或利润之前，母公司垫付资金发放现金股利或利润等情况，解决了原来权益法核算下投资收益不能足额收回导致超分配的问题。[3]但这种解释缺乏合理逻辑，限制超分配这一目的，不见得只有修改会计规则这一种手段才能达成。

注：

[1] 美国证券交易委员会. 市值会计研究——遵照《2008年紧急经济稳定法》第133节的报告和建议. 财政部会计准则委员会，译. 北京：中国财政经济出版社，2009：25.

[2] 中国注册会计师协会. 会计. 北京：中国财政经济出版社，2017：126.

[3] 财政部会计司. 企业会计准则第2号——长期股权投资. 北京：经济科学出版社，2014：38.

8.3 股权投资被分类为“以公允价值计量且其变动计入当期损益的金融资产”的情形

1. 概述

准则规定，对于以公允价值计量且其变动计入当期损益的金融资产，要在资产负债表日将原账面价值调整为公允价值，同时将调整额计入利润表。

企业应当将其所持有的交易性金融资产划分为以公允价值计量且其变动计入当期损益的金融资产。交易性金融资产，是指满足下列条件之一的金融资产：（1）取得该金融资产的目的，主要是为了近期内出售，比如企业以赚取差价为目的从二级市场购入的股票、债券、基金等。（2）属于进行集中管理的可辨认金融工具组合的一部分，且有客观证据表明企业近期采用短期获利方式对该组合进行管理，比如企业基于其投资策略和风险管理的需要，将某些金融资产进行组合从事短期获利活动。（3）未用于套期保值的衍生工具，如远期、期货、期权、互换等。

企业可以把某些不符合交易性金融资产定义的金融资产指定为以公允价值计量且其变动计入当期损益的金融资产。这主要是针对基金公司等金融机构而言的，不感兴趣者可以忽略此部分内容。

企业设“交易性金融资产”科目核算企业以公允价值计量且其变动计入当期

损益的金融资产，包括债权和股权。该科目可按金融资产的类别和品种，下设“成本”“公允价值变动”等明细科目。该科目期末借方余额，反映企业持有的以公允价值计量且其变动计入当期损益的金融资产的公允价值。

2. 会计处理规则

（1）入账时的处理。企业取得的交易性金融资产，按其公允价值，借记“交易性金融资产——成本”科目，按发生的交易费用，借记“投资收益”科目，按已到付息期但尚未领取的利息或已宣告但尚未发放的现金股利，借记“应收利息”或“应收股利”科目，按实际支付的金额，贷记“银行存款”科目。

（2）取得股利和利息时的处理。交易性金融资产持有期间被投资单位宣告发放的现金股利，或在资产负债表日按分期付息、一次还本债券的票面利率计算的利息，借记“应收股利”或“应收利息”科目，贷记“投资收益”科目。

（3）期末盯市的处理。资产负债表日，交易性金融资产的公允价值高于其账面余额的差额，借记“交易性金融资产——公允价值变动”科目，贷记“公允价值变动损益”科目；公允价值低于其账面余额的差额作相反的会计分录。

（4）出售时的处理。出售交易性金融资产时，应将取得的价款与该金融资产账面价值之间的差额，计入投资损益。按实际收到的金额，借记“银行存款”等科目，按账面余额，注销（即以相反方向记录）“交易性金融资产”及其各明细科目，按其差额，贷记或借记“投资收益”科目。同时，将原记载的公允价值变动损益转入投资收益，借记或贷记“公允价值变动损益”科目，贷记或借记“投资收益”科目。

3. 实务处理

例8－15

20×5年1月初，京都实业股份公司用闲置的银行存款在证券市场购入拟短期持有的正阳科技股份公司的股票10 000股，每股成交价100元。交易费用略。

（1）投资时。

借：交易性金融资产——成本　　1 000 000

　贷：银行存款　　1 000 000

（2）3月初，收到正阳科技股票发放的现金股利，每股股利0.50元。

借：银行存款　　5 000

　贷：投资收益　　5 000

（3）6月30日，正阳科技的股票市价飙升至收盘价每股180元。

借：交易性金融资产——公允价值变动　　800 000

　贷：公允价值变动损益　　800 000

（4）8月初，公司将正阳科技股票以每股190元全部售出。

借：银行存款	1 900 000	
贷：交易性金融资产——成本		1 000 000
——公允价值变动		800 000
投资收益		100 000

同时，将原记载的公允价值变动损益转入投资收益。

借：公允价值变动损益	800 000	
贷：投资收益		800 000

例8-16

20×5年1月初，京都实业股份公司用闲置的银行存款在证券市场购入拟短期持有的正阳科技股份公司股票20 000股，每股成交价100元。购入前，已宣告但未发放的现金股利为每股1元。另发生交易费用300元。

（1）投资时。

借：交易性金融资产——成本	1 980 000	
投资收益	300	
应收股利	20 000	
贷：银行存款		2 000 300

（2）1月中旬，收到上述已经宣告发放的现金股利。

借：银行存款	20 000	
贷：应收股利		20 000

（3）3月初，正阳科技股票发放现金股利，每股股利0.50元。

借：银行存款	10 000	
贷：投资收益		10 000

（4）6月30日，正阳科技的股票市价下跌至收盘价每股90元。

借：公允价值变动损益	180 000	
贷：交易性金融资产——公允价值变动		180 000

（5）8月初，公司将正阳科技股票以每股140元全部售出。

借：银行存款	2 800 000	
交易性金融资产——公允价值变动	180 000	
贷：交易性金融资产——成本		1 980 000
投资收益		1 000 000

同时，将原记载的公允价值变动损益转入投资收益。

借：投资收益	180 000	
贷：公允价值变动损益		180 000

专栏8-6　公允价值会计的倡导者——美国证监会前主席布里登

公允价值会计，又称盯市会计、现行价值会计（current value accounting）、现行成本会计（current cost accounting）、市场价值会计（market value accounting)，主张以公允价值记载资产和负债。律师出身的美国证监会（Securities Exchange Commission，SEC）前主席布里登（Richard C. Breeden）是盯市会计的主推手。布里登曾协助布什总统处理美国80年代储贷危机的遗留问题。他认为，为了及时观测金融机构的证券投资的风险程度，有必要让金融机构以公允价值（最新市场价值）列报其证券投资，并将浮动盈亏计入利润表。这就是"交易性金融资产"的处理规则。

后来，由于美联储和美国联邦财政部等机构的强烈反对，布里登的设想有所改变，增加了"可供出售金融资产"（我国现行准则所称的"其他权益工具投资""其他债权投资"）的处理规则。

4. 报表列示与附注披露

资产负债表上的"交易性金融资产"项目，是按照"交易性金融资产"总账借方余额列报的。

在报表附注中，按照以下格式披露相关信息（见表8-7）。

表8-7 交易性金融资产的附注披露

项目	期末账面价值	年初账面价值
1. 交易性债券投资		
2. 交易性权益工具投资		
3. 其他交易性金融资产		
4. 指定为以公允价值计量且其变动计入当期损益的金融资产		
合计		

专栏8-7　"公允价值既非公允，亦非价值"

金融资产的价格的形成机制与微观经济学上价格取决于价值并受供求关系影响而上下波动的规律不同。金融资产的价格是由交易各方的预期决定的，至于影响预期的因素有多少，则很难予以穷尽。林林总总的估值模型，很难说哪一个更可靠。

金融资产的最新市价并不是全体投资者意思表示一致的结果，而仅仅是一部分投资者（即边际投资者）预期达到一致所形成的成交价格。以股票为例，一只股票的当期最新市价并不是全体股东所认可的价格，而仅仅是一部分股东基于各自的预期进行买卖所形成的价格。就此而论，媒体上常见的说法"市值蒸发若干万亿"，其隐含的思想是用边际投资者的成交价格乘以全部股本来估算全部股份的市值，那种说法在理论上缺乏合理依据，在实践中的作用往往是引发市场恐慌。

8.4 股权投资被分类为“以公允价值计量且其变动计入其他综合收益的金融资产”的情形（其他权益工具投资）

1. 会计处理规则

如第6章以及本章前文所述，现行会计准则实际上在“以公允价值计量且其变动计入其他综合收益的金融资产”这个名目下，分别针对债权投资和股权投资，设计了“其他债权投资”和“其他权益工具投资”这两套会计处理规则。本节阐释“其他权益工具投资”的会计处理规则。

企业设“其他权益工具投资”科目核算被分类为以公允价值计量且其变动计入其他综合收益的金融资产的股权投资的成本及其公允价值变动。该科目可按投资对象的类别和品种设“成本”“公允价值变动”等明细科目进行核算。该科目期末借方余额，反映企业其他权益工具投资的公允价值。

企业设“其他综合收益”科目核算其他权益工具投资（即被分类为以公允价值计量且其变动计入其他综合收益的金融资产）的公允价值变动所形成的直接计入所有者权益的利得。该科目贷方登记增加额，借方登记减少额，期末贷方余额反映的是其他综合收益的累计额。

（1）入账时的会计处理。其他权益工具投资的入账价值，按照取得时所支付的全部对价确定。支付的价款中所包含的已宣告而尚未发放的债券利息或现金股利，应单独确认为应收项目。按其公允价值与交易费用之和，借记“其他权益工具投资——成本”科目，按支付的价款中包含的已宣告但尚未发放的现金股利，借记“应收股利”科目，按实际支付的金额，贷记“银行存款”等科目。

（2）资产负债表日的盯市处理。对于公允价值变动形成的利得或损失，应当直接记入“其他综合收益”科目。资产负债表日，其他权益工具投资的公允价值高于其账面余额的差额，借记“其他权益工具投资——公允价值变动”科目，贷记“其他综合收益”科目；公允价值低于其账面余额的差额，作相反的会计分录。

（3）持有期间的现金股利的处理。其他权益工具投资的现金股利，应当在被投资单位宣告发放股利时计入当期损益。

（4）出售时的会计处理。出售其他权益工具投资时，应将原直接计入所有者权益的公允价值变动累计额对应处置部分的金额转出，调整留存收益。按实际收到的金额，借记“银行存款”等科目，按其账面余额，以相反方向记录“其他权益工具投资”及其明细科目，以相反方向记录“其他综合收益”科目，按其差额，贷记或借记“利润分配——未分配利润”“盈余公积——法定盈余公积”等所有者权益项目。

“其他权益工具投资”这个概念，源于美国证券市场上的公认会计原则所创设的“可供出售金融资产”这一概念。它就是一个“筐”的名字，装到这个“筐”的证券投资的会计处理规则，是“以公允价值计量且其变动计入其他综合收益”。对它的名称切不可望文生义。可见，经过这么一番定义后，其他权益工具投资与交易性金融资产的相同点是，二者均为公允价值会计规则（即在资产负债表日把资产和负债的账面价值调整为公允价值）；不同点是，交易性金融资产的调整额计入利润表（“公允价值变动收益”项目），而其他权益工具投资的调整额列入资产负债表（“其他综合收益”项目）。这在本质上属于“管理层意图导向”（management intention approach）的弹性化会计规则。实务工作者常常对此感到困惑。

2. 实务处理示例

以下举例分析购入股票分别划分为交易性金融资产或其他权益工具投资，在账务处理方面的主要区别。

例 8－17

北方电器股份公司20×1年5月6日支付10 160 000元（含交易费用10 000元，已宣告现金股利150 000元）购入江南制造股份公司发行的股票2 000 000股，占该公司有表决权股份的0.5%。

20×1年5月10日，收到投资时已宣告现金股利150 000元。

20×1年6月30日，该股票市价为每股5.20元。

20×1年12月31日，该股票市价为每股4.80元。

20×2年5月9日，江南制造股份公司宣告现金股利40 000 000元。

20×2年5月13日，收到现金股利200 000元。

20×2年5月20日，北方电器股份公司以每股4.90元转让全部股票。

假定该公司每年在分配当年税后利润时均提取10%的法定盈余公积。

表 8－8 会计规则的比较 单位：元

日　期	交易性金融资产	其他权益工具投资
20×1.05.06	借：应收股利 150 000 交易性金融资产——成本 10 000 000 投资收益 10 000 贷：银行存款 10 160 000	借：应收股利 150 000 其他权益工具投资——成本 10 010 000 贷：银行存款 10 160 000
20×1.05.10	收到时，借记“银行存款”科目，贷记“应收股利”科目。	收到时，借记“银行存款”科目，贷记“应收股利”科目。
20×1.06.30	借：交易性金融资产——公允价值变动 400 000 贷：公允价值变动损益 400 000	借：其他权益工具投资——公允价值变动 390 000 贷：其他综合收益——其他权益工具投资公允价值变动 390 000
20×1.12.31	借：公允价值变动损益 800 000 贷：交易性金融资产——公允价值变动 800 000	借：其他综合收益——其他权益工具投资公允价值变动 800 000 贷：其他权益工具投资——公允价值变动 800 000
20×2.05.09	借：应收股利 200 000 贷：投资收益 200 000 收到时，借记“银行存款”科目，贷记“应收股利”科目。	借：应收股利 200 000 贷：投资收益 200 000 收到时，借记“银行存款”科目，贷记“应收股利”科目。

续表

日期	交易性金融资产	其他权益工具投资
20×2.05.20	借：银行存款 9 800 000 交易性金融资产——公允价值变动 400 000 贷：交易性金融资产——成本 10 000 000 投资收益 200 000	借：银行存款 9 800 000 其他权益工具投资——公允价值变动 410 000 贷：其他权益工具投资——成本 10 010 000 盈余公积——法定盈余公积 20 000 利润分配——未分配利润 180 000
	借：投资收益 400 000 贷：公允价值变动损益 400 000	借：盈余公积——法定盈余公积 41 000 利润分配——未分配利润 369 000 贷：其他综合收益——其他权益工具投资公允价值变动 410 000

专栏8-8　令人费解的“其他权益工具投资”

“其他权益工具投资”这个概念，源于美国证券市场上的公认会计原则所创设的“可供出售金融资产”这一概念。既然所有的金融资产都是可供出售的，为什么还要单独规定“可供出售”的金融资产呢？原来，这是美国资本市场上银行业和证券业“斗法”的结果。

美国证监会前主席布里登的本意是要求证监会所管辖的公众公司在会计报表中一律按照市价列报其证券投资，即全面推行“交易性金融资产”的处理规则，但盯市记账本身是缺乏法律证据（原始凭证）的。交易性金融资产的规则导致资产和利润数字随同证券市场行情而波动，这势必迫使企业管理当局关注短期的业绩波动，干扰它们生产优质产品和提供优质服务。因此，以美联储前主席格林斯潘（Allen Greenspan）为代表的商业银行业坚决反对，他们担心那样的会计处理所导致的利润波动会影响商业银行发挥其授信职能。当时负责制定美国证券市场的会计准则的财务会计准则委员会（Financial Accounting Standard Board，FASB）于是从中调停，设计出了一个新的项目——“其他权益工具投资”，其规则是“以公允价值计量且其变动计入当期股东权益”。这样就一举解决了证监会和美联储的“面子”问题：既推行了布里登所倡导的公允价值会计规则，又打消了格里斯潘担心利润表随证券行情而波动的顾虑。这套有趣的折中规则就这样出台了。

这个故事启示我们，没有理由盲目崇拜美国的“经验”，“国际先进经验”未必就是先进的。本质上，美国证监会所推行的规则并不符合会计原理，直接计入所有者权益的利得或损失往往是预期的好处或坏处而不是实际的收入或亏损。因此，其他资本公积缺乏法律证据的支持，通常是不能用于转增资本（股本）的。

资产负债表上的“其他权益工具投资”项目，是按照“其他权益工具投资”总账借方余额列报的。

企业应当遵循《企业会计准则第37号——金融工具列报》在会计报表附注

中进行信息披露。

8.5 股权投资核算方法的转换

股权投资的四种处理方法中，仅有成本法是符合会计原理的，其他三种方法本质上都是金融分析规则而不是会计规则。在这套拼装而成的规则下，股权投资持股比例的增减变动会带来处理方法的转换。如图 8-3 所示。

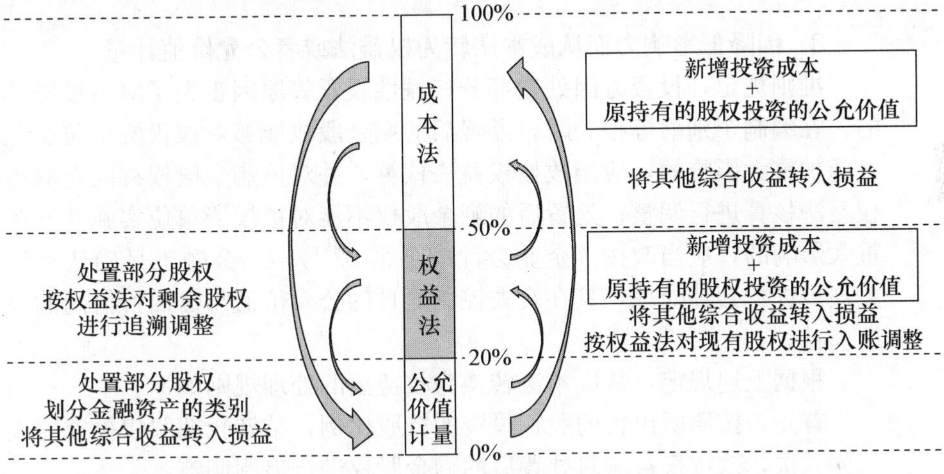

图 8-3

1. 因提高影响力而从公允价值计量转为权益法

投资方由于追加投资等原因能够对被投资单位施加重大影响或实施共同控制但不构成控制的，应当按照《企业会计准则第 22 号——金融工具确认和计量》确定的原持有的股权投资的公允价值加上新增投资成本之和，作为改按权益法核算的初始投资成本。原持有的股权投资分类为以公允价值计量且其变动计入其他综合收益的金融资产（其他权益工具投资）的，其公允价值与账面价值之间的差额，以及原计入其他综合收益的累计公允价值变动应当转入改按权益法核算的当期损益。

在此基础上，比较初始投资成本与采用权益法核算时理论上应享有被投资单位可辨认净资产公允价值份额之间的差额，前者大于后者的，视为隐性商誉，不调整长期股权投资的账面价值；前者小于后者的，视为负商誉，调整长期股权投资的账面价值，并计入当期营业外收入。

2. 因提高影响力而从公允价值计量或者权益法转为成本法

（1）权益法转成本法。因追加投资导致原持有联营企业或合营企业的投资转换为对子公司投资时，对于同一控制下企业合并，投资方按照其对被合并方所有者权益在最终控制方合并财务报表中的账面价值份额所享有的理论上的分享份额，作为成本法下的初始投资成本。对于非同一控制下的企业合并，按照原持有的股权投资账面价值加上新增投资成本之和，作为改按成本法核算的初始投资成本。购买日之前持有的股权投资因采用权益法核算而确认的其他综合收益，应当在处置该项投资时采用与被投资单位直接处置相关资产或负债相同的基础进行会计处理。

（2）公允价值计量转成本法。对于原分类为以公允价值计量且其变动计入当期损益的金融资产或者以公允价值计量且其变动计入其他综合收益的金融资产，在其转换为采用成本法核算时，应按照转换时的公允价值确认为长期股权投资，公允价值与其原账面价值之间的差额计入当期损益。此外，还应把原计入其他综合收益的前期累计公允价值变动结转计入当期损益。

3. 因降低影响力而从成本法转为权益法或者公允价值计量

准则规定，投资方因处置部分权益性投资等原因丧失了对被投资单位的控制的，在编制个别财务报表时，处置后的剩余股权能够对被投资单位实施共同控制或施加重大影响的，应当改按权益法核算，并对该剩余股权视同自取得时即采用权益法核算进行调整；处置后的剩余股权不能对被投资单位实施共同控制或施加重大影响的，应当改按《企业会计准则第22号——金融工具确认和计量》的有关规定进行会计处理，其在丧失控制之日的公允价值与账面价值间的差额计入当期损益。

根据上述规定，从成本法转换为权益法的处理规则如下。

首先，按照所出售的股权投资的持股比例，结转长期股权投资的成本。

其次，改按权益法对处置后的剩余股权进行追溯调整。

（1）比较剩余股权的初始投资成本与理论上应享有的被投资单位可辨认净资产公允价值份额。前者大于后者的差额，视为投资作价中包含的商誉，不调整长期股权投资的账面价值。前者小于后者的差额，视为投资作价时的负商誉，调整长期股权投资成本以及留存收益。

（2）计算对被投资单位净损益的理论上的分享份额。投资方应针对被投资单位自初始投资至转变为采用权益法核算之间的净损益，计算其理论上应享有的份额，从而调整长期股权投资的账面价值。同时，对于自初始投资至处置投资当期期初的理论上应享有的份额，调整留存收益；对于自处置投资当期期初至处置投资之日的理论上应享有的份额，调整当期损益。

（3）计算对被投资单位除净损益以外的其他权益变动的理论上的分享份额。对于其他原因导致的被投资单位的所有者权益变动，投资方根据其在理论上应享有的份额，在调整长期股权投资账面价值的同时，应当计入其他综合收益或资本公积（其他资本公积）。

4. 因降低影响力而从权益法转为公允价值计量

投资方因处置部分股权投资等原因丧失了对被投资单位的共同控制或重大影响的，处置后的剩余股权应当改按《企业会计准则第22号——金融工具确认和计量》核算，其在丧失共同控制或重大影响之日的公允价值与账面价值之间的差额计入当期损益。原股权投资因采用权益法核算而确认的其他综合收益，应当在终止采用权益法核算时采用与被投资单位直接处置相关资产或负债相同的基础进行会计处理。

思考题

1. 股权投资共有哪几种会计处理方法？

2. 从活跃市场上买入公司债券时，根据会计准则的规定，可以使用哪几种处理方法？

3.《企业会计准则第2号——长期股权投资》(2014年修订) 与《企业会计准则第22号——金融工具确认和计量》(2017年修订) 中的会计规则有何联系与区别？

4. 根据不同的分类分别采用不同的会计处理规则，这种立法理念对会计信息质量有何影响？

练习题

一、单项选择题

1. 20×1年5月20日，甲公司以银行存款200万元（其中包含乙公司已宣告但尚未发放的现金股利5万元）从二级市场购入乙公司100万股普通股股票，另支付相关交易费用1万元，甲公司将其划分为交易性金融资产。20×1年12月31日，该股票投资的公允价值为210万元。假定不考虑其他因素，该股票投资对甲公司20×1年营业利润的影响金额为（　　）万元。

A. 14　　B. 15　　C. 19　　D. 20

2. 下列各项中，关于交易性金融资产表述不正确的是（　　）。

A. 取得交易性金融资产所发生的相关交易费用应当在发生时计入投资收益

B. 资产负债表日交易性金融资产公允价值与账面余额的差额计入当期损益

C. 收到交易性金融资产购买价款中已到付息期但尚未领取的债券利息计入当期损益

D. 出售交易性金融资产时应将其公允价值与账面余额之间的差额确认为投资收益

3. 20×2年1月1日，甲公司从二级市场购入丙公司面值为200万元的债券，支付的总价款为195万元（其中包括已到付息期但尚未领取的利息4万元），另支付相关交易费用1万元，甲公司将其划分为其他债权投资。该资产入账时“其他债权投资——利息调整”科目的金额为（　　）万元。

A. 4（借方）　　B. 4（贷方）　　C. 8（借方）　　D. 8（贷方）

4. 下列各项中，影响长期股权投资账面价值增减变动的是（　　）。

A. 采用权益法核算的长期股权投资，持有期间被投资单位宣告分派股票

股利

B. 采用权益法核算的长期股权投资，持有期间被投资单位宣告分派现金股利

C. 采用成本法核算的长期股权投资，持有期间被投资单位宣告分派股票股利

D. 采用成本法核算的长期股权投资，持有期间被投资单位宣告分派现金股利

5. 20×1年1月1日，甲公司以1 600万元购入乙公司30%的股份，另支付相关费用8万元，采用权益法核算。取得投资时，乙公司所有者权益的账面价值为5 000万元（与可辨认净资产的公允价值相同）。乙公司20×1年度实现净利润300万元。假定不考虑其他因素，甲公司该长期股权投资20×1年12月31日的账面余额为（　　）万元。

A. 1 590　　B. 1 598　　C. 1 608　　D. 1 698

6. 甲公司将其持有的交易性金融资产全部出售，售价为3 000万元；出售前该金融资产的账面价值为2 800万元（其中，成本2 500万元，公允价值变动300万元）。假定不考虑其他因素，甲公司对该交易应确认的投资收益为（　　）万元。

A. 200　　B. −200　　C. 500　　D. −500

7. 下列各项中，不应计入相关金融资产或金融负债初始入账价值的是（　　）。

A. 发行长期债券发生的交易费用

B. 取得交易性金融资产发生的交易费用

C. 取得债权投资发生的交易费用

D. 取得其他权益工具投资发生的交易费用

8. 甲公司长期持有乙公司10%的股权，采用成本法核算。20×9年1月1日，该项投资账面价值为1 300万元。20×9年度乙公司实现净利润2 000万元，宣告发放现金股利1 200万元。假设不考虑其他因素，20×9年12月31日该项投资的账面价值为（　　）万元。

A. 1 300　　B. 1 380　　C. 1 500　　D. 1 620

9. 20×8年3月20日，甲公司以银行存款1 000万元及一项土地使用权取得其母公司控制的乙公司80%的股权，并于当日起能够对乙公司实施控制。合并日，该土地使用权的账面价值为3 200万元，公允价值为4 000万元；乙公司净资产的账面价值为6 000万元，公允价值为6 250万元。假定甲公司与乙公司的会计年度和采用的会计政策相同，不考虑其他因素，甲公司的下列会计处理中，正确的是（　　）。

A. 确认长期股权投资5 000万元，不确认资本公积

B. 确认长期股权投资5 000万元，确认资本公积800万元

C. 确认长期股权投资4 800万元，确认资本公积600万元

D. 确认长期股权投资4 800万元，冲减资本公积200万元

10. 甲公司20×8年1月5日支付价款2 000万元购入乙公司30%的股份，准备长期持有，另支付相关税费20万元，购入时乙公司可辨认净资产公允价值为12 000万元。甲公司取得投资后对乙公司具有重大影响。假定不考虑其他因素，甲公司因确认投资而影响利润的金额为（　　）万元。

A. －20　　B. 0　　C. 1 580　　D. 1 600

11. 甲公司20×7年12月25日支付价款2 040万元（含已宣告但尚未发放的现金股利60万元）取得一项股权投资，另支付交易费用10万元，划分为其他权益工具投资。20×7年12月28日，收到现金股利60万元。20×7年12月31日，该项股权投资的公允价值为2 105万元。假定不考虑所得税等其他因素。甲公司20×7年因该项股权投资应直接计入其他综合收益的金额为（　　）万元。

A. 55　　B. 65　　C. 115　　D. 125

12. 20×7年3月20日，甲公司合并乙企业，该项合并属于同一控制下的企业合并。合并中，甲公司发行本公司普通股1 000万股（每股面值1元，市价为2.10元），作为对价取得乙企业60%的股权。合并日，乙企业的净资产账面价值为3 200万元，公允价值为3 500万元。假定合并前双方采用的会计政策及会计期间均相同。不考虑其他因素，甲公司对乙企业长期股权投资的初始投资成本为（　　）万元。

A. 1 920　　B. 2 100　　C. 3 200　　D. 3 500

二、多项选择题

1. 下列关于长期股权投资会计处理的表述中，正确的有（　　）。

A. 对子公司长期股权投资应采用成本法核算

B. 处置长期股权投资时应结转其已计提的减值准备

C. 成本法下，按被投资单位实现净利润应享有的份额确认投资收益

D. 成本法下，按被投资单位宣告发放现金股利应享有的份额确认投资收益

2. 下列各项中，权益法下会导致长期股权投资账面价值发生增减变动的有（　　）。

A. 确认长期股权投资减值损失

B. 投资持有期间被投资单位实现净利润

C. 投资持有期间被投资单位提取盈余公积

D. 投资持有期间被投资单位宣告发放现金股利

3. 长期股权投资采用权益法核算的，下列各项中，属于投资方确认投资收益应考虑的因素有（　　）。

A. 被投资单位实现净利润

B. 被投资单位资本公积增加

C. 被投资单位宣告分派现金股利

D. 投资方与被投资单位之间的未实现内部交易损益

4. 采用成本法核算长期股权投资，下列各项中，会导致长期股权投资账面价值发生增减变动的有（　　）。

A. 长期股权投资发生减值损失

B. 持有长期股权投资期间被投资单位实现净利润

C. 被投资单位宣告分派属于投资企业投资前实现的净利润

D. 被投资单位宣告分派属于投资企业投资后实现的净利润

5. 20×7年1月2日，甲公司以货币资金取得乙公司30%的股权，初始投资成本为4 000万元；当日，乙公司可辨认净资产公允价值为14 000万元，与其账面价值相同。甲公司取得投资后即派人参与乙公司的生产经营决策，但未能对乙公司形成控制。乙公司20×7年实现净利润1 000万元。假定不考虑所得税等其他因素，20×7年甲公司下列各项与该项投资相关的会计处理中，正确的有（ ）。

A. 确认商誉200万元　　B. 确认营业外收入200万元

C. 确认投资收益300万元　　D. 确认资本公积200万元

6. 下列各项中，能引起权益法核算的长期股权投资账面价值发生变动的有（ ）。

A. 被投资单位实现净利润

B. 被投资单位宣告发放股票股利

C. 被投资单位宣告发放现金股利

D. 被投资单位除净损益外的其他所有者权益变动

三、判断题

1. 长期股权投资采用成本法核算，因被投资单位除净损益以外的所有者权益其他变动，投资企业应按其享有份额增加或减少资本公积。（ ）

2. 企业持有的证券投资基金通常划分为交易性金融资产，不应划分为贷款和应收款项。（ ）

3. 企业为取得交易性金融资产发生的交易费用应计入交易性金融资产初始确认金额。（ ）

4. 投资企业对其实质上控制的被投资单位进行的长期股权投资，应采用权益法核算。（ ）

5. 企业对长期股权投资计提的减值准备，在该长期股权投资价值回升期间应当转回，但转回的金额不应超过原计提的减值准备。（ ）

6. 采用权益法核算的长期股权投资，其初始投资成本大于投资时应享有被投资单位可辨认净资产公允价值份额的，应调整已确认的初始投资成本。（ ）

四、计算分析题

1. 20×7年3—5月，甲上市公司发生的交易性金融资产业务如下：

(1) 3月1日，向D证券公司划出投资款1 000万元，款项已通过开户行转入D证券公司银行账户。

(2) 3月2日，委托D证券公司购入A上市公司股票100万股，每股8元，另发生相关的交易费用2万元，并将该股票划分为交易性金融资产。

(3) 3月31日，该股票在证券交易所的收盘价格为每股7.70元。

(4) 4月30日，该股票在证券交易所的收盘价格为每股8.10元。

(5) 5月10日，将所持有的该股票全部出售，所得价款825万元，已存入银行。假定不考虑相关税费。

要求：逐笔编制甲上市公司上述业务的会计分录（会计科目要求写出明细科目，答案中的金额单位用万元表示）。

2. 20×1 年 1 月初，企业用闲置的银行存款购入艺庵科技股票 20 000 股，作为交易性金融资产核算。每股成交价 100.80 元。其中 0.80 元为已宣告但尚未发放的现金股利。另发生 300 元的交易费用。

1 月中旬，收到上述已经宣告发放的现金股利。

3 月初，艺庵科技股票发放现金股利，每股股利 0.50 元。

6 月 30 日，艺庵科技的股票市价下跌至收盘价每股 90 元。

8 月初，企业将艺庵科技股票以每股 120 元全部售出。

要求：逐笔编制上述业务的会计分录。

第 9 章 Chapter 9 负　债

学习目标

1. 掌握：应交税费、预收账款、应付账款、应付票据、应付职工薪酬、应付利息、长期应付款等的会计处理方法。
2. 理解：价内税与价外税的区别。
3. 了解：交易性金融负债、长期借款的会计处理方法。

负债是指企业因法律规定或合同约定而承担的债务。

《企业会计准则第 30 号——财务报表列报》（2014 年修订）规定：负债满足下列条件之一的，应当归类为流动负债（current liabilities）：（1）预计在一个正常营业周期中清偿；（2）主要为交易目的而持有；（3）自资产负债表日起一年内到期应予以清偿；（4）企业无权自主地将清偿推迟至资产负债表日后一年以上。负债在其对手方选择的情况下可通过发行权益进行清偿的条款与负债的流动性划分无关。企业对资产和负债进行流动性分类时，应当采用相同的正常营业周期。一般来说，流动负债包括应付账款（accounts payables）、应付票据（notes payables）、预收账款（advance on sales）、应付职工薪酬、应付利息（interest payable）、应付股利（dividend payable）和其他应付款（other payables）等。企业正常营业周期中的经营性负债项目（如应付账款、应付职工薪酬等）属于企业正常营业周期中使用的营运资金的一部分，这些项目即使在资产负债表日后超过一年才予清偿的，仍应当划分为流动负债。

流动负债以外的负债应当归类为非流动负债（non-current liabilities），并应当按其性质分类列示。被划分为持有待售的非流动负债应当归类为流动负债。一般来说，非流动负债包括长期应付款（long-term accounts payables）、应付债券（bonds payable）、长期借款（long-term loan）等。

对于在资产负债表日起一年内到期的负债，企业有意图且有能力自主地将清偿义务展期至资产负债表日后一年以上的，应当归类为非流动负债；不能自主地将清偿义务展期的，即使在资产负债表日后、财务报告批准报出日前签订了重新安排清偿计划协议，该项负债仍应当归类为流动负债。

企业在资产负债表日或之前违反了长期借款协议，导致贷款人可随时要求清偿的负债，应当归类为流动负债。贷款人在资产负债表日或之前同意提供在资产负债表日后一年以上的宽限期，在此期限内企业能够改正违约行为，且贷款人不能要求随时清偿的，该项负债应当归类为非流动负债。

9.1 流动负债

9.1.1 短期借款

企业设“短期借款”科目核算企业向银行或其他金融机构等借入的期限在一年以下（含一年）的各种借款。该科目可按借款种类、贷款人和币种进行明细核算。该科目期末贷方余额，反映企业尚未偿还的短期借款的本金。

企业从银行或其他金融机构取得短期借款时，借记“银行存款”科目，贷记“短期借款”科目。在资产负债表日按照计算确定的短期借款利息费用，借记“财务费用”科目，贷记“应付利息”科目。实际支付利息时，根据已预提的利息，借记“应付利息”科目，根据应予补记的应计利息，借记“财务费用”科目，根据应付利息总额，贷记“银行存款”科目。到期偿还本金时，借记“短期借款”科目，贷记“银行存款”科目。

例9-1

天良粮油有限公司20×6年1月向银行借入期限为6个月的借款100万元，年利率为6%。利息按季度结算支付。有关账务处理如下：

（1）取得借款时。

借：银行存款　　1 000 000

　贷：短期借款　　1 000 000

（2）利息的预提和支付。

1）每月计提利息时。

借：财务费用　　5 000

　贷：应付利息　　5 000

2）每季度末支付利息时。

借：应付利息　　15 000

　贷：银行存款　　15 000

（3）到期偿还本金时。

借：短期借款　　1 000 000

　贷：银行存款　　1 000 000

9.1.2 应交税费

企业设“应交税费”科目核算按照税法规定计算应缴纳的各种税费，包括：增值税、消费税、所得税、资源税、土地增值税、城市维护建设税、房产税、城镇土地使用税、车船税、教育费附加、矿产资源补偿费等。代扣代缴的个人所得税，也通过该科目核算。该科目可按应交的税费项目进行明细核算。应交增值税还应设置专栏进行明细核算。该科目期末贷方余额，反映企业尚未缴纳的税费；期末如为借方余额，反映企业多交或尚未抵扣的税金。不需要预计应交数额的税金，如印花税、契税、耕地占用税等，不在该科目核算。

1. 增值税

鉴于流转税在企业实践中的特殊重要性，本书特地着以笔墨，帮助读者比较全面地把握增值税和消费税的理论要点和操作要领。

（1）增值税的税制运行原理。增值税是以货物或者加工、修理修配劳务、服务、无形资产、不动产在流转过程中产生的增值额作为征税对象而征收的一种流转税。在中华人民共和国境内销售货物或者加工、修理修配劳务，销售服务、无形资产、不动产以及进口货物的单位和个人，为增值税的纳税人。参见第4章专栏4-1。

我国现行税法将纳税人区分为一般纳税人和小规模纳税人，分别规定了不同的征税措施。

一般纳税人是指年应征增值税销售额超过财政部、国家税务总局规定的小规模纳税人标准的企业和企业性单位。它们有资格申领增值税专用发票（见图9-1）。请注意与普通发票作对比。

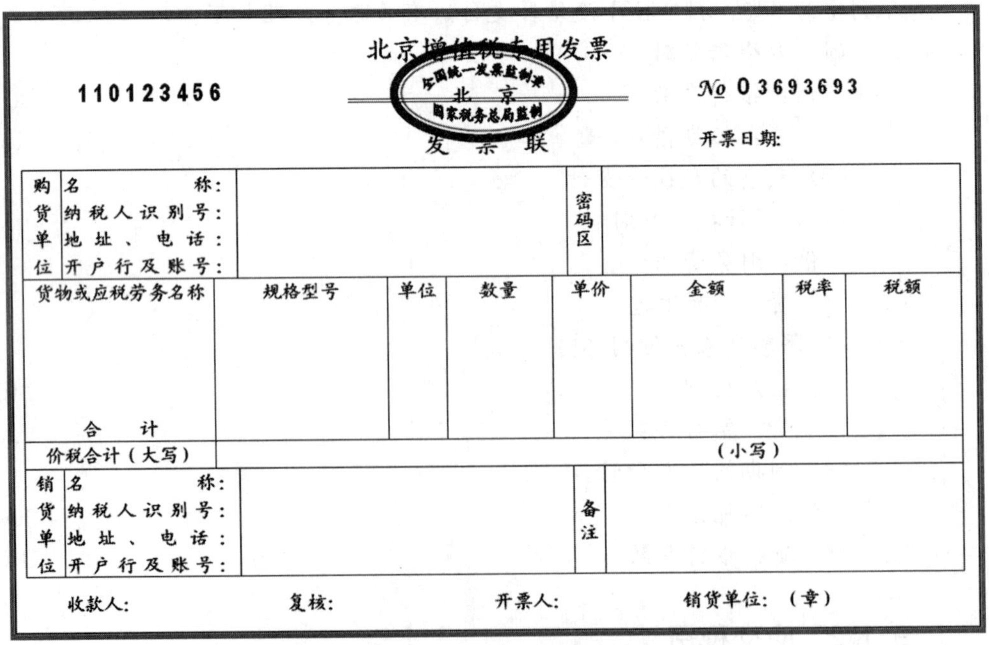
北京增值税专用发票

全国统一发票监制章 北京 国家税务总局监制

110123456　　№ 03693693

发票联　　开票日期：

购货单位	名称： 纳税人识别号： 地址、电话： 开户行及账号：	密码区	

货物或应税劳务名称	规格型号	单位	数量	单价	金额	税率	税额
合计							
价税合计（大写）					（小写）		

销货单位	名称： 纳税人识别号： 地址、电话： 开户行及账号：	备注	

收款人：　　复核：　　开票人：　　销货单位：（章）

图9-1　增值税专用发票（机打发票）示例

专栏9-1　　增值税相关法规概要（1）

专用发票，是增值税一般纳税人销售货物或者提供应税劳务开具的发票，是购买方支付增值税税额并可按照增值税有关规定据以抵扣增值税进项税额的凭证。

一般纳税人应通过增值税防伪税控系统使用专用发票。使用，包括领购、开具、缴销、认证纸质专用发票及其相应的数据电文。防伪税控系统，是指经国务院同意推行的，使用专用设备和通用设备、运用数字密码和电子存储技术管理专用发票的计算机管理系统。专用设备，是指金税卡、IC卡、读卡器和其他设备。通用设备，是指计算机、打印机、扫描器具和其他设备。

专用发票由基本联次或者基本联次附加其他联次构成，基本联次为三联：发票联、抵扣联和记账联。发票联，作为购买方核算采购成本和增值税进项税额的记账凭证；抵扣联，作为购买方报送主管税务机关认证和留存备查的凭证；记账联，作为销售方核算销售收入和增值税销项税额的记账凭证。其他联次用途，由一般纳税人自行确定。

一般纳税人销售货物或者提供应税劳务，应向购买方开具专用发票。商业企业一般纳税人零售的烟、酒、食品、服装、鞋帽（不包括劳保专用部分）、化妆品等消费品不得开具专用发票。小规模纳税人需要开具专用发票的，可向主管税务机关申请代开。销售免税货物不得开具专用发票，法律、法规及国家税务总局另有规定的除外。

一般纳税人设置“应交税费——应交增值税”科目计算每个纳税期限内的增值税应纳税额。在手工记账的情形下，需购置专用的、设有若干专栏的账页，这种账页是专门用于计算增值税应纳税额的（见图9-2）。计算机账务处理环境下的打印账页与之基本相同。它是会计制度遵循税收法规的范例，请仔细观摩其账页结构，以便理解设置专栏的意义。该科目通常无余额，若有余额则只会在借方（即留待抵扣的增值税进项税额），这是负债类账户中的特例，提醒读者留意。根据本书所设定的难度，本小节将会用到“应交税费——应交增值税”账户中常设的“进项税额”“已交税金”“转出未交增值税”“销项税额”“进项税额转出”“转出多交增值税”等专栏。实务中，涉及出口业务的企业还需要设置“出口退税”“出口抵减应纳税额”等专栏，本书从略，需要时可参考相关税收法规。

应交税费——应交增值税　　明细账

月	日	摘要	借方专栏																								贷方专栏																							
			进项税额								已交税金								转出未交增值税								销项税额								进项税额转出								转出多交增值税							
			十	万	千	百	十	元	角	分	十	万	千	百	十	元	角	分	十	万	千	百	十	元	角	分	十	万	千	百	十	元	角	分	十	万	千	百	十	元	角	分	十	万	千	百	十	元	角	分

图9-2　“应交税费——应交增值税”账页的常用专栏示意图

一般纳税人按照“应纳税额＝当期销项税额－当期进项税额”的办法来申报纳税。当期销项税额小于当期进项税额（即销项税额不足抵扣）时，其不足部分可以结转下期继续抵扣。

例9-2

蓝猫玩具股份公司转账支付11 300元采购了一批杰瑞牌电动毛绒玩具，采购时所收到的增值税专用发票上注明的价款为10 000元，税额为1 300元。在同一个纳税期间内，以33 900元的价格将该玩具卖给双安商场有限公司，开出的增值税专用发票上注明的价款为30 000元，税额为3 900元。假定在该纳税期间内只发生这两笔业务。

我们称进货时所支付的增值税税额（1 300元）为进项税额，称销货时收取的增值税税额（3 900元）为销项税额。则当期应纳税额＝当期销项税额－当期进项税额＝3 900－1 300＝2 600元。

读者可以尝试为如图9-3所示的相关业务编制会计分录，以增强感性认识。

为帮助读者掌握“应交税费——应交增值税”账户的用法，图中特地绘制了该账户的主要专栏，其余账户以T型账户（丁字账户）表示。

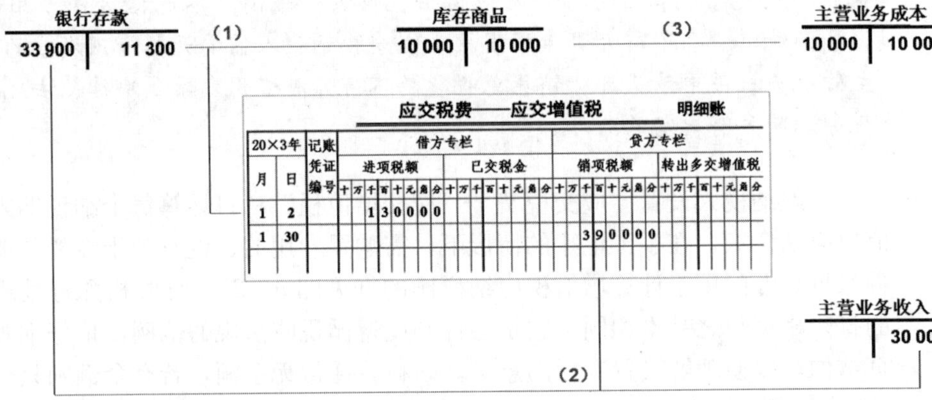

业务说明：(1) 支付采购价款和增值税进项税额，商品入库。
(2) 收取销售货款和增值税销项税额。
(3) 结转主营业务成本。

图9-3 蓝猫玩具股份公司的相关业务的账务处理示意图

(1) 采购时。

借：库存商品	10 000
应交税费——应交增值税（进项税额）	1 300
贷：银行存款	11 300

(2) 销售时。

借：银行存款	33 900
贷：主营业务收入	30 000
应交税费——应交增值税（销项税额）	3 900

(3) 结转销货成本时。

借：主营业务成本 10 000

　贷：库存商品 10 000

(2)“进项税额”专栏的用法。

专栏9-2　增值税相关法规概要(2)

纳税人购进货物或者接受应税劳务和应税服务支付或者负担的增值税税额，为进项税额。进项税额作为可抵扣的部分，对于纳税人实际纳税多少具有重要的影响。

需要注意的是，并不是纳税人支付的所有进项税额都可以从销项税额中抵扣。为体现增值税的配比原则(即购进项目金额与销售产品销售额之间应有配比性)，当纳税人购进的货物或接受的应税劳务和应税服务不是用于增值税应税项目，而是用于非应税项目、免税项目或用于集体福利、个人消费等情况时，其支付的进项税额就不能从销项税额中抵扣。

根据《增值税暂行条例》和营改增相关法规的规定，准予从销项税额中抵扣的进项税额，主要限于下列增值税扣税凭证上注明的增值税税额和按规定的扣除率计算的进项税额。

(1) 从销售方或者提供方取得的增值税专用发票(含货物运输业增值税专用发票、税控机动车销售统一发票)上注明的增值税税额。

(2) 从海关取得的海关进口增值税专用缴款书上注明的增值税税额。

(3) 购进农产品，除取得增值税专用发票或者海关进口增值税专用缴款书外，按照农产品收购发票或者销售发票上注明的农产品买价和9%的扣除率计算进项税额。进项税额计算公式：

进项税额=买价×扣除率

例9-3

润叶家具有限公司新购入一批原材料，增值税专用发票上注明的原材料价款为4 000 000元，增值税税额为520 000元。货款已经支付，材料已经到达并验收入库。该材料的增值税税率为13%，不涉及消费税。相关的账务处理如下：

借：在途物资 4 000 000

　　应交税费——应交增值税(进项税额) 520 000

　贷：银行存款 4 520 000

原材料入库时。

借：原材料 4 000 000

　贷：在途物资 4 000 000

例9-4

中原粮油股份公司收购免税农业产品，实际支付的价款为3 270 000元，收购的农业产品已验收入库。相关的账务处理如下：

借：在途物资	2 943 000
应交税费——应交增值税（进项税额）	327 000
贷：银行存款	3 270 000

(3)“销项税额”专栏的用法。纳税人销售货物或者应税劳务，按照销售额和税率计算并向购买方收取的增值税税额，为销项税额。销项税额计算公式为：

销项税额＝销售额×税率

例9-5

绿野建材股份公司当期销售产品，货物不含税售价为10 000 000元，税额为1 300 000元，价税合计为11 300 000元。货款尚未收到。相关的账务处理如下：

借：应收账款	11 300 000
贷：主营业务收入	10 000 000
应交税费——应交增值税（销项税额）	1 300 000

(4)“已交税金”专栏的用法。在纳税期限内估交增值税时，借记“应交税费——应交增值税（已交税金）”科目，贷记“银行存款”科目。

例9-6

民生实业有限公司为增值税一般纳税人，该公司在某一个纳税期内的进项税额为17 000元，销项税额为51 000元，该纳税期内的增值税应纳税额为34 000元。该公司缴纳增值税34 000元。

此情形下，“应交税费——应交增值税”明细账的借方和贷方合计数均为51 000元，如图9-4所示，该账户期末无余额。

应交税费——应交增值税　　明细账

月	日	摘要	借方专栏			贷方专栏		
			进项税额	已交税金	转出未交增值税	销项税额	进项税额转出	转出多交增值税
			十万千百十元角分	十万千百十元角分	十万千百十元角分	十万千百十元角分	十万千百十元角分	十万千百十元角分
—	—	—	1700000	3400000		5100000		

图9-4　足额缴纳增值税的情形

专栏9-3　　小规模纳税人

小规模纳税人是指年销售额在规定标准以下，并且会计核算不健全，不能按规定报送有关税务资料的增值税纳税人。所称会计核算不健全是指不能正确核算增值税的销项税额、进项税额和应纳税额。

小规模纳税人销售货物或者应税劳务，实行按照销售额和征收率计算应纳税额的简易办法，并不得抵扣进项税额。应纳税额计算公式：

应纳税额＝销售额×征收率

小规模纳税人增值税征收率为3%。

小规模纳税人的认定标准是：(1) 年应征增值税销售额500万元及以下。(2) 年应税销售额超过小规模纳税人标准的其他个人按小规模纳税人纳税。(3) 非企业性单位、不经常发生应税行为的企业可选择按小规模纳税人纳税。(4) 旅店业和饮食业纳税人销售非现场消费的食品，属于不经常发生增值税应税行为，根据《中华人民共和国增值税暂行条例实施细则》第二十九条的规定，可以选择按小规模纳税人缴纳增值税。(5) 兼有销售货物、提供加工修理修配劳务以及应税服务，且不经常发生应税行为的单位和个体工商户可选择按照小规模纳税人纳税。

小规模纳税人会计核算健全，能够提供准确税务资料的，可以向主管税务机关申请资格认定，不作为小规模纳税人计算应纳税额。会计核算健全，是指能够按照国家统一的会计制度规定设置账簿，根据合法、有效凭证核算。除国家税务总局另有规定外，纳税人一经认定为一般纳税人后，一般不得转为小规模纳税人。

小规模纳税人只需在“应交税费”科目下设置“应交增值税”明细科目，该明细科目不需要设专栏。

小规模纳税人购买物资、服务、无形资产或不动产，取得增值税专用发票上注明的增值税应计入相关成本费用或资产。

小规模纳税人企业销售货物、加工修理修配劳务、服务、无形资产或不动产，应当按应收或已收的金额，借记“应收账款”“银行存款”等科目，按取得的收入金额，贷记“主营业务收入”等科目，按现行增值税制度规定计算的销项税额，贷记“应交税费——应交增值税”科目。

例9－7

天明家具有限公司为小规模纳税企业，适用的征收率为3%。其相关业务及账务处理如下：

(1) 本期购入原材料，按照增值税专用发票上记载的原材料成本为400 000元，增值税税额为52 000元。材料已入库，款项已支付。

借：原材料　　452 000

　　贷：银行存款　　452 000

(2) 本期销售产品，含税价格为800 000元，货款尚未收到。

不含税价格＝800 000÷(1＋3%)＝776 699(元)

应交增值税＝776 699×3%＝23 301(元)

借：应收账款　　800 000
　贷：主营业务收入　　776 699
　　　应交税费——应交增值税　　23 301

2. 消费税

企业设“税金及附加”科目，核算企业经营活动发生的消费税、城市维护建设税、资源税、教育费附加及房产税、土地使用税、车船税、印花税等相关税费。

企业应在“应交税费”科目下设置“应交消费税”明细科目，核算其应交消费税的发生、缴纳情况。企业根据应交的消费税，借记“税金及附加”科目，贷记“应交税费——应交消费税”科目；实际缴纳时，借记“应交税费——应交消费税”科目，贷记“银行存款”科目。

专栏9-4　如何理解消费税

本专栏简要介绍消费税相关知识，专栏内容不作教学要求。

在中华人民共和国境内生产、委托加工和进口《中华人民共和国消费税暂行条例》规定的消费品的单位和个人，以及国务院确定的销售本条例规定的消费品的其他单位和个人，为消费税的纳税人，应当依法缴纳消费税。应税消费品，是指烟、酒及酒精、高档化妆品、贵重首饰及珠宝玉石、鞭炮及焰火、成品油、汽车轮胎、摩托车、小汽车、高尔夫球及球具、高档手表、游艇、木制一次性筷子、实木地板。对纳税人出口应税消费品，免征消费税（另有规定的除外）。

消费税应纳税额的计算主要分为从价计征（即应纳税额＝销售额×比例税率）、从量计征（应纳税额＝销售数量×定额税率）和从价从量复合计征（即应纳税额＝销售额×比例税率＋销售数量×定额税率）三种方法。消费税税目与税率见表9-1。

表9-1　消费税税目税率表

税目	税率
一、烟	
1. 卷烟	
(1) 甲类卷烟	56%加0.003元/支
(2) 乙类卷烟	36%加0.003元/支
(3) 批发环节	11%加0.005元/支
2. 雪茄烟	36%
3. 烟丝	30%

续表

税目	税率
二、酒及酒精	
1. 白酒	20%加0.5元/500克（或者500毫升）
2. 黄酒	240元/吨
3. 啤酒	
(1) 甲类啤酒	250元/吨
(2) 乙类啤酒	220元/吨
4. 其他酒	10%
5. 酒精	5%
三、高档化妆品	15%
四、贵重首饰及珠宝玉石	
1. 金银首饰、铂金首饰和钻石及钻石饰品	5%
2. 其他贵重首饰和珠宝玉石	10%
五、鞭炮、焰火	15%
六、成品油	
1. 汽油	1.52元/升
2. 柴油	1.2元/升
3. 航空煤油	1.2元/升
4. 石脑油	1.52元/升
5. 溶剂油	1.52元/升
6. 润滑油	1.52元/升
7. 燃料油	1.2元/升
七、摩托车	
1. 气缸容量为250毫升（含250毫升）以下的	3%
2. 气缸容量在250毫升以上的	10%
八、小汽车	
1. 乘用车	
(1) 气缸容量（排气量，下同）在1.0升（含1.0升）以下的	1%
(2) 气缸容量在1.0升以上至1.5升（含1.5升）的	3%
(3) 气缸容量在1.5升以上至2.0升（含2.0升）的	5%
(4) 气缸容量在2.0升以上至2.5升（含2.5升）的	9%
(5) 气缸容量在2.5升以上至3.0升（含3.0升）的	12%
(6) 气缸容量在3.0升以上至4.0升（含4.0升）的	25%
(7) 气缸容量在4.0升以上的	40%
2. 中轻型商用客车	5%

续表

税目	税率
九、高尔夫球及球具	10%
十、高档手表	20%
十一、游艇	10%
十二、木制一次性筷子	5%
十三、实木地板	5%
十四、电池	4%
十五、涂料	4%

为避免与增值税混淆，消费税实行价内征收，被称作价内税。这是相对于增值税（价外税）而言的。如此，消费税税额便成为增值税税基的一部分。理解消费税与增值税的关系对于掌握流转税税制和企业实践至关重要。生产成本、对应于生产成本的必要利润、消费税和增值税之间的关系如图9-5所示。

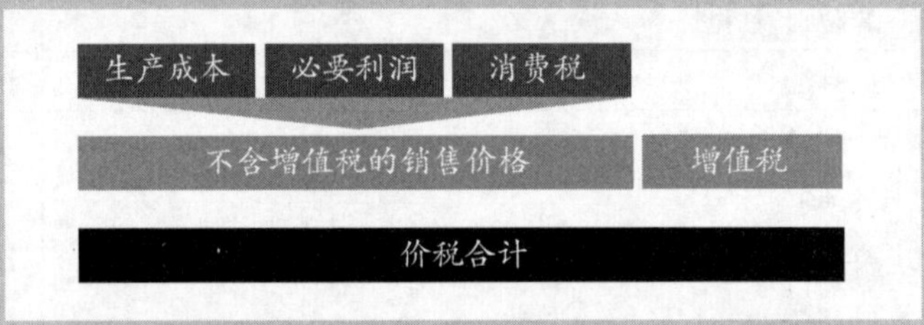

图9-5　消费税与增值税的关系示意图

一般地，在已知生产成本和必要利润的情况下，厂商为确保其必要利润，所确定的不含增值税的销售价格为$\frac{生产成本+必要利润}{1-消费税税率}$，所确定的价税合计为$\frac{生产成本+必要利润}{1-消费税税率}\times$（1+增值税税率）。

例9-8

嘉陵摩托股份公司20×1年6月销售一辆该公司生产的摩托车给鲁西西商贸股份公司，不含增值税销售价格为每辆20 000元。适用的增值税税率为13%，消费税税率为10%。当天收到转账支票。摩托车每辆生产成本为8 000元。鲁西西商贸股份公司进货后立即转手卖出，不含增值税销售价格为每辆40 000元。

（1）嘉陵摩托股份公司的会计处理。

1）销售商品时。

增值税销项税额＝20 000×13%＝2 600(元)

借：银行存款	22 600	
贷：主营业务收入		20 000
应交税费——应交增值税（销项税额）		2 600

2）结转主营业务成本时。

借：主营业务成本　8 000

　贷：库存商品　8 000

3）计算应交消费税时。

应缴纳的消费税＝20 000×10％＝2 000(元)

借：税金及附加　2 000

　贷：应交税费——应交消费税　2 000

（2）鲁西西商贸股份公司的会计处理。

1）购入商品时。

借：库存商品　20 000

　　应交税费——应交增值税（进项税额）　2 600

　贷：银行存款　22 600

2）销售商品时。

借：银行存款　45 200

　贷：主营业务收入　40 000

　　　应交税费——应交增值税（销项税额）　5 200

3）结转主营业务成本。

借：主营业务成本　20 000

　贷：库存商品　20 000

专栏9-5　运用会计知识解释价外税与价内税

会计知识有助于深入理解财税法规。

1. 价外税（增值税）

（1）购买货物时，在通常的可抵扣情形下，支付的“价税合计”中所包含的增值税“税额”记入“应交税费——应交增值税（进项税额）”专栏，不计入存货的入账价值。

（2）销售时，收取的“价税合计”中所包含的增值税“税额”记入“应交税费——应交增值税（销项税额）”专栏，不计入主营业务收入。主营业务收入是根据不含增值税的金额记账的。

（3）结转成本时，主营业务成本里面也不包含增值税因素（因为存货入账价值中不曾包含增值税）。

由此可见，在通常的可抵扣情形下，增值税不计入货物的价值，也不涉及利润表项目，基本上采取专栏的方式来操作。

2. 价内税（消费税）

对于应税消费品的制造商（比如上例中的嘉陵摩托股份公司）来说：

（1）“库存商品”的账面价值是实际成本，不包含消费税。

（2）销售时，售价中要考虑消费税。限于税制设计和增值税专用发票的规定，含有消费税的、不含增值税的货物金额记载在专用发票的“金额”栏目内。增值税单独列在专用发票的“税额”栏目内。故而，主营业务收入含有消费税。

（3）结转成本时，“主营业务成本”科目中仅仅考虑了“库存商品”的账面成本。由于在“主营业务收入”科目中已经包括了收到的应上缴的消费税，因此，需要通过“税金及附加”“应交税费——应交消费税”科目反映这一成本费用及纳税义务。

对于应税消费品的销售商（比如上例中的鲁西西商贸股份公司）来说，由于消费税的特征是单一环节征收的价内税，通常生产商已经履行了纳税义务，因此，销售商通常不用考虑消费税问题（销售商的进货价格已经包含了消费税，不再征收消费税）。销售商只需要按照常规处理增值税业务即可。

3. 资源税

企业在“应交税费”科目下设置“应交资源税”明细科目核算其按规定应交的资源税。对外销售应税产品应缴纳的资源税，借记“税金及附加”科目，贷记“应交税费——应交资源税”科目；企业自产自用应税产品而应缴纳的资源税，借记“生产成本”“制造费用”等科目，贷记“应交税费——应交资源税”科目。

专栏9-6　资源税简介

资源税是以单位或个人开发利用国有矿山资源和盐为征税对象而征收的一种税。资源税按照应税产品的课税数量和规定的单位税额计算，其计算公式为：应纳税额=课税数量×单位税额。我国在1984年第二步利改税时开征资源税，1993年12月，国务院决定将原盐税并入资源税，并颁布了新的《中华人民共和国资源税暂行条例》。

例9-9

黑金实业有限公司将自产的煤炭1000吨用于产品生产，2000吨用于对外销售，每吨应交资源税5元。根据该项经济业务，企业的账务处理如下：

自产自用煤炭应交的资源税=1 000×5=5 000(元)

销售煤炭应交的资源税=2 000×5=10 000(元)

借：生产成本	5 000	
税金及附加	10 000	
贷：应交税费——应交资源税		15 000

4. 城市维护建设税、教育费附加与地方教育附加

企业按规定应交的城市维护建设税、教育费附加，在“应交税费”科目下设置“应交城市维护建设税”“应交教育费附加”明细科目核算。企业应交的城市维护建设税、教育费附加，借记“税金及附加”等科目，贷记“应交税费——应交城市维护建设税”“应交税费——应交教育费附加”科目。

专栏9-7　附加税与附加费

城市维护建设税、教育费附加和地方教育附加的纳税义务人是缴纳增值税、消费税（以下简称“两税”）的单位和个人。它们的计税依据均为企业缴纳的“两税”税额。

城建税的税率，是指纳税人应缴纳的城建税税额与纳税人实际缴纳的“两税”税额之间的比率。城建税按纳税人所在地的不同，设置了三档地区差别比例税率（除特殊规定外），即：纳税人所在地为市区的，税率为7%；纳税人所在地为县城、建制镇的，税率为5%；纳税人所在地不在市区、县城或者建制镇的，税率为1%。开采海洋石油资源的中外合作油（气）田所在地在海上，其城市维护建设税适用1%的税率。

《中华人民共和国教育法》规定：“税务机关依法足额征收教育费附加，由教育行政部门统筹管理，主要用于实施义务教育。省、自治区、直辖市人民政府根据国务院的有关规定，可以决定开征用于教育的地方附加费，专款专用。”教育费附加的计征比率几经变化，根据1994年2月7日《国务院关于教育费附加征收问题的紧急通知》的规定，现行征收比率为3%。

根据2010年11月7日财政部《关于统一地方教育附加政策有关问题的通知》的规定，地方教育附加征收比率统一为2%。

5. 房产税、城镇土地使用税和车船税

按规定计算应交的房产税、城镇土地使用税和车船税，借记“税金及附加”科目，贷记“应交税费——应交房产税”“应交税费——应交土地使用税”“应交税费——应交车船税”科目。缴纳时，借记“应交税费——应交房产税”“应交税费——应交土地使用税”“应交税费——应交车船税”科目，贷记“银行存款”科目。

专栏9-8　房产税、城镇土地使用税和车船税

1. 房产税

房产税是以房产为征税对象，依照房产价格或房产租金收入向房产所有人或经营人征收的一种税。房产，是指有屋面和维护结构，能够遮风避雨，可供人们在其中生产、学习、工作、娱乐、居住或储藏物资的场所。房产税在城市、县城、建制镇和工矿区征收。征税范围不包括农村。个人所有的非营业用的房产（主要是指居民住房）免征房产税。《中华人民共和国房产税暂行条例》于1986年10月1日施行。

房产税的纳税人是房屋的产权所有人。计税依据是房产的计税价值或房产的租金收入。在从价计征的情况下，以房产余值（即房产原值减除10%～30%后的余值）为计税依据，按1.2%的税率计算。在从租计征的情况下，以房屋出租取得的租金收入为计税依据，按12%的税率计算。

2. 城镇土地使用税

《中华人民共和国城镇土地使用税暂行条例》规定，在城市、县城、建制镇、工矿区范围内使用土地的单位和个人，为城镇土地使用税（以下简称土地使用税）的纳税人，应当依照该条例的规定缴纳土地使用税。土地使用税以纳税人实际占用的土地面积为计税依据，依照规定税额计算征收。土地使用税每平方米年税额如下：(1) 大城市1.5元至30元；(2) 中等城市1.2元至24元；(3) 小城市0.9元至18元；(4) 县城、建制镇、工矿区0.6元至12元。土地使用税按年计算、分期缴纳。

3. 车船税

《中华人民共和国车船税法》规定，在中华人民共和国境内属于该法所附《车船税税目税额表》规定的车辆、船舶（以下简称车船）的所有人或者管理人，为车船税的纳税人，应当依法缴纳车船税（该法规定免征车船税的情形除外）。从事机动车第三者责任强制保险业务的保险机构为机动车车船税的扣缴义务人，应当在收取保险费时依法代收车船税，并出具代收税款凭证。车船税纳税义务发生时间为取得车船所有权或者管理权的当月。车船税按年申报缴纳。

根据相关财税法规的规定以及企业管理的实际需要，有些税种的纳税义务在业务发生时即可完结，因此，不需要通过“应交税费”科目核算。

专栏9-9　不通过“应交税费”科目核算的税种

有些税种的纳税手续比较简便，一般在纳税义务发生时即刻履行，不需要按照规定的纳税期间定期汇算清缴，因此，其纳税过程就不需要通过“应交税费”科目核算。常见的情形是印花税、契税、耕地占用税、车辆购置税。

印花税是对经济活动和经济交往中书立、使用、领受凭证征收的一种税。如签订合同、启用账簿和启用权利或许可证照等情形下，行为人需要按照规定的税率缴纳印花税。税额较小时，可以通过购买印花税票（见图9-6）并自行贴花的方式来纳税。税额较大的情形下，纳税人可持凭证到税务机关，采取汇贴或汇缴的办法来纳税。缴纳印花税时，根据相关的法律证据，直接借记“管理费用”科目，贷记“库存现金”“银行存款”等科目。

图9-6 印花税税票图样

契税是对土地使用权、房屋所有权的权属转移过程中，取得土地使用权、房屋所有权的单位和个人征收的一种税。企业在支付契税时，根据具体情形直接借记“固定资产”“无形资产”等科目，贷记“库存现金”“银行存款”等科目。

耕地占用税是对占用耕地建房或从事其他非农业建设的单位和个人，按照规定税额一次性征收的一种税。企业在缴纳耕地占用税时，根据具体情形直接借记“固定资产”等科目，贷记“库存现金”“银行存款”等科目。

车辆购置税是对在我国境内购置应税车辆的单位和个人征收的一种税。该税种的征税范围是汽车、摩托车、电车、挂车、农用运输车。企业在缴纳车辆购置税时，根据具体情形直接借记“固定资产”等科目，贷记“库存现金”“银行存款”等科目。

9.1.3 预收账款、应付账款和应付票据

1. 预收账款

企业设置“预收账款”科目核算企业按照合同约定向购货单位预收的款项。该科目可按购货单位进行明细核算。该科目期末贷方余额，反映企业向购货单位预收的款项。

收到预收账款时，借记“银行存款”科目，贷记“预收账款”科目。清算预收账款时，借记“预收账款”科目，贷记有关科目。

例9-10

天龙贸易有限公司为增值税一般纳税人，适用的增值税税率为13%。20×6年5月3日，采用预收款销售方式销售一批商品给金波实业有限公司。该批商品的不含税销售价格为1 000 000元，税额为130 000元，价税合计为1 130 000元。合同约定，购货方应于协议签订之日预付300 000元，其余部分于7月31日付清。该批产品的实际成本为900 000元。天龙贸易有限公司的会计处理如下：

(1) 收到购货方交来的预付款时。

借：银行存款	300 000	
贷：预收账款		300 000

(2) 收到剩余的货款及增值税税额时。

借：预收账款	300 000	
银行存款	830 000	

贷：主营业务收入　　1 000 000

　　应交税费——应交增值税（销项税额）　　130 000

借：主营业务成本　　900 000

　　贷：库存商品　　900 000

2．应付账款

企业应设置“应付账款”科目，核算企业因购买材料、商品和接受劳务等经营活动而应支付的款项。该科目可按照债权单位进行明细核算。该科目期末贷方余额，反映企业尚未支付的应付账款。

例9－11

润叶家具有限公司为增值税一般纳税人，20×1年3月从金秋林业有限公司采购原材料，增值税专用发票上注明的原材料金额为2 000元，增值税税额为260元，价税合计为2 260元。卖方负责运货，货物经长途运输运达润叶家具有限公司。买卖合同中约定，买方在验收入库后一个月内一次性付清货款。相关的账务处理如下：

（1）验收货物并取得增值税专用发票时。

借：原材料　　2 000

　　应交税费——应交增值税（进项税额）　　260

　　贷：应付账款　　2 260

（2）验收入库后一个月内付清货款时。

借：应付账款　　2 260

　　贷：银行存款　　2 260

3．应付票据

企业设置“应付票据”科目核算企业购买材料、商品和接受劳务供应等而开出、承兑的商业汇票（包括银行承兑汇票和商业承兑汇票）。该科目期末贷方余额，反映企业尚未到期的商业汇票的票面金额。

企业开出、承兑商业汇票时，借记“库存商品”“应交税费——应交增值税（进项税额）”等科目，贷记“应付票据”科目。商业汇票到期付款时，借记“应付票据”科目，贷记“银行存款”科目。

企业应当设置“应付票据备查簿”，详细登记商业汇票的种类、号数和出票日期、到期日、票面余额、交易合同号和收款人姓名或单位名称以及付款日期和金额等资料。应付票据到期结清时，在备查簿中应予注销。

例9－12

润叶家具有限公司为增值税一般纳税人，20×1年3月从金秋林业有限公司采购原材料，增值税专用发票上注明的原材料金额为2 000元，增值税税额为260元，价税合计为2 260元。卖方负责运货，货物经长途运输运达润叶家具有限公司。依照买卖合同中的约定，润叶家具有限公司开出了一张期限为3个月的银行承兑汇票，转账支付银行承兑汇票的手续费 90 元。

（1）验收货物并取得增值税专用发票时。

借：原材料　2 000

　　应交税费——应交增值税（进项税额）　260

　贷：应付票据　2 260

（2）转账支付银行承兑汇票的手续费时。

借：财务费用　90

　贷：银行存款　90

（3）票据到期支付票款时。

借：应付票据　2 260

　贷：银行存款　2 260

9.1.4 应付职工薪酬

《企业会计准则第 9 号——职工薪酬》（2014 年修订）中所称职工薪酬（employee benefits），是指企业为获得职工提供的服务或解除劳动关系而给予的各种形式的报酬或补偿。准则所称职工，是指与企业订立劳动合同的所有人员，含全职、兼职和临时职工，也包括虽未与企业订立劳动合同但由企业正式任命的人员。未与企业订立劳动合同或未由其正式任命，但向企业所提供服务与职工所提供服务类似的人员，也属于职工的范畴，包括通过企业与劳务中介公司签订用工合同而向企业提供服务的人员。企业提供给职工配偶、子女、受赡养人、已故员工遗属及其他受益人等的福利，也属于职工薪酬。

职工薪酬包括短期薪酬（short-term employee benefits）、离职后福利（post-employment benefits）、辞退福利（termination benefits）和其他长期职工福利（other long-term employee benefits）。

企业设“应付职工薪酬”科目核算企业应付给职工的各种薪酬。该科目可设“短期薪酬”“离职后福利”“辞退福利”“其他长期职工福利”“股份支付”等明细科目，并根据管理需要区分“工资”“职工福利”“社会保险费”“住房公积金”“工会经费”“职工教育经费”“非货币性福利”等项目进行明细核算。该科目期末贷方余额，反映企业应付未付的职工薪酬。

企业应当在职工为其提供服务的会计期间，根据职工提供服务的受益对象，将应确认的职工薪酬（包括货币性薪酬和非货币性福利）计入相关资产成本或当期损益：生产部门人员的职工薪酬，记入“生产成本”“制造费用”“劳务成本”等科目；管理部门人员的职工薪酬，记入“管理费用”科目；销售人员的职工薪酬，记入“销售费用”科目；应由在建工程、研发支出负担的职工薪酬，记入“在建工程”“研发支出”等科目。同时，贷记“应付职工薪酬”科目及其各个对应的明细科目。实际支付时，借记“应付职工薪酬”科目及其各个对应的明细科目，贷记“银行存款”“库存现金”等科目。

例 9-13

东方木工有限公司计算发放直接生产人员工资600万元，管理人员工资300万元，分别代扣代缴个人所得税15万元和4万元。

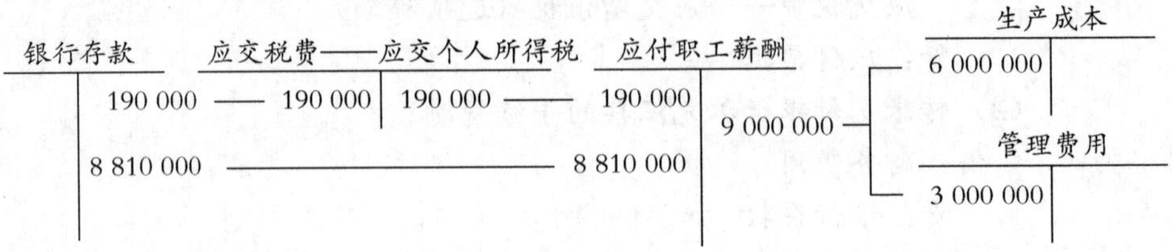

（1）发放工资时。

借：应付职工薪酬	9 000 000	
贷：银行存款		8 810 000
应交税费——应交个人所得税		190 000

（2）分配成本费用时。

借：生产成本	6 000 000	
管理费用	3 000 000	
贷：应付职工薪酬		9 000 000

（3）上缴代扣代缴的个人所得税时。

借：应交税费——应交个人所得税	190 000	
贷：银行存款		190 000

9.1.5 应付利息、应付股利和其他应付款

1. 应付利息

企业设置“应付利息”科目核算按照借款合同、债券等合同的约定应当支付的利息。该科目可按存款人或债权人进行明细核算。该科目期末贷方余额，反映企业按照合同约定应支付但尚未支付的利息。

计算确定利息费用时，借记“财务费用”等科目，贷记“应付利息”科目。实际支付利息时，借记“应付利息”科目，贷记“银行存款”科目。

2. 应付股利

企业设置“应付股利”科目核算企业分配的现金股利或利润。股票股利不通过该科目核算。该科目可按投资者进行明细核算。该科目期末贷方余额，反映企业尚未支付的现金股利或利润。

根据股东大会通过的利润分配方案，按应支付的现金股利或利润，借记“利润分配——应付现金股利”科目，贷记“应付股利”科目。实际支付现金股利或利润，借记“应付股利”科目，贷记“银行存款”等科目。

例 9-14

经股东大会表决通过，天龙贸易有限公司20×6年度的利润分配方案为每股派发0.13元的现金股利，共计390 000元。其会计分录如下：

（1）宣告发放现金股利时。

借：利润分配——应付现金股利　　390 000

　　贷：应付股利　　390 000

（2）支付现金股利时。

借：应付股利　　390 000

　　贷：库存现金　　390 000

3. 其他应付款

企业设置“其他应付款”科目核算企业除应付票据、应付账款、预收账款、应付职工薪酬、应付股利、应付利息、应交税费、长期应付款等以外的其他各项应付、暂收的款项，如应付租入包装物租金、存入保证金等。该科目可按其他应付款的项目和对方单位（或个人）进行明细核算。该科目期末贷方余额，反映企业尚未支付的其他应付款项。

企业发生其他各种应付、暂收款项时，借记“管理费用”等科目，贷记“其他应付款”科目；支付其他各种应付款项时，借记“其他应付款”科目，贷记“银行存款”等科目。

9.1.6 以公允价值计量且其变动计入当期损益的金融负债

《国际会计准则第39号——金融工具确认和计量》和我国《企业会计准则第22号——金融工具确认和计量》把金融负债分为两类（见图9-7），一是以公允价值计量且其变动记入当期损益的金融负债（financial liabilities at fair value through profit or loss），二是其他金融负债（other financial liabilities）。前者的会计处理规则是“以公允价值计量且其变动计入当期损益”，后者是“采用实际利率法以摊余成本计量”。实务所见的金融负债大多被会计准则视为“其他金融负债”。这种分类多少会让人觉得有点“别扭”。

金融负债
- 以公允价值计量且其变动计入当期损益的金融负债
  - 交易性金融负债
  - 指定归入此类的金融负债
- 其他金融负债：通常情况下，企业发行的债券、因购买商品产生的应付账款、长期应付款等，应当划分为其他金融负债

图9-7 金融负债的分类

企业设置“交易性金融负债”科目核算以公允价值计量且其变动计入当期损益的金融负债。

例9-15

牛顿证券股份公司发行了针对天粮实业股份公司股票的认沽权证，权证持有人凭其所持有的每份认沽权证可以按照行权价6元卖给牛顿证券股份公司1股天粮实业股份公司的股票，行权期限是3个月。忽略交易税费等因素。天粮实业股

份公司股票市价为每股7元，但市场预期该公司业绩将持续走低。

20×8年5月1日共发行1亿份认沽权证，每份0.2元。其会计分录为：

借：银行存款　　20 000 000

　贷：交易性金融负债——认沽权证　　20 000 000

发行该期权之后的连续3个月内（直至20×8年7月31日），天粮实业股份公司的股价一直在6元以上。认沽权证到期，期权的持有者均未行权。所以认沽权证的发行方直接注销全部债务，全部列入利润。其会计分录为：

借：交易性金融负债——认沽权证　　20 000 000

　贷：投资收益　　20 000 000

以上例子令人匪夷所思。的确，工商企业等实体经济部门很少会用到“交易性金融负债”科目，类似业务通常是域外金融机构所为。

专栏9-10　　期权

期权合约（option contracts，又称选择权，简称期权），是一种金融合约，该合约赋予持有人在某指定日期或该日期之前任何时间以约定价格买进或卖出一定数量标的资产的权利。根据合同权利的不同，可分为看涨期权和看跌期权。授权合同持有人买入标的物的期权称作看涨期权，又称买权、买入期权（call options；calls）。授权合同持有人卖出标的物的期权称作看跌期权，又作卖权、卖出期权（put options；puts）。

实务中，标的证券发行人（上市公司）发行的权证称为认股权证（warrant），标的证券发行人以外的第三人（证券公司）发行的权证称为备兑权证（covered warrant）。认股权证，全称“股票认购授权证”，是上市公司发行的，授权权证持有人依照约定价格购入其新发行的股票的合同，属于看涨期权。备兑权证（又称衍生权证），是金融机构（多为财力雄厚的券商）以上市公司的股票为标的资产所设计并发行的期权交易品种。备兑是指发行人将权证的标的证券存放在独立的受托人、托管人或存管处，作为其履行责任的抵押，以备兑付。备兑权证分为备兑认购权证（属于看涨期权）和备兑认沽权证（属于看跌期权）。

9.2 非流动负债

9.2.1 长期借款

企业设置“长期借款”科目核算其向银行或其他金融机构借入的期限在一年以上（不含一年）的各项借款。该科目按照贷款单位和贷款种类设置明细科目，并分别按“本金”“利息调整”进行明细核算。该科目期末贷方余额，反映企业尚未偿还的长期借款的摊余成本。

（1）借入长期借款时的处理。企业借入长期借款，按实际收到的款项，借记“银行存款”科目，按合同本金，贷记“长期借款——本金”科目。如存在差额，还应借记“长期借款——利息调整”科目。

（2）利息费用的计算及账务处理。资产负债表日，应按摊余成本和实际利率计算确定长期借款的利息费用，借记“在建工程”“制造费用”“财务费用”“研发支出”等科目，按合同利率计算确定的应付未付利息，贷记“应付利息”科目，按其差额，贷记“长期借款——利息调整”科目。实际利率与合同利率差异较小的，也可以采用合同利率计算确定利息费用。

（3）到期归还本金时的处理。归还长期借款本金时，借记“长期借款——本金”科目，贷记“银行存款”科目。同时，存在利息调整余额的，借记或贷记“在建工程”“制造费用”“财务费用”“研发支出”等科目，贷记或借记“长期借款——利息调整”科目。

例9-16

某企业为建造专项工程，20×7年1月1日借入期限为2年的长期专项借款6 000 000元，款项已存入银行。借款利率为9%，每年付息一次，期满后一次归还本金。20×7年1月，以银行存款支付工程价款共计4 000 000元，20×8年1月，又以银行存款支付工程费用2 000 000元。该项工程于20×8年8月底完工，达到预定可使用状态。假定不考虑闲置专项借款资金存款的利息收入或者投资收益。根据上述业务编制有关会计分录如下：

（1）20×7年1月1日，取得借款时。

借：银行存款　　6 000 000

　贷：长期借款——本金　　6 000 000

（2）20×7年1月，支付工程款时。

借：在建工程　　4 000 000

　贷：银行存款　　4 000 000

（3）20×7年12月31日，计算20×7年应计入工程成本的利息时。

借款利息＝6 000 000×9%＝540 000(元)

借：在建工程　　540 000

　贷：应付利息　　540 000

（4）20×7年12月31日，支付借款利息时。

借：应付利息　　540 000

　贷：银行存款　　540 000

（5）20×8年1月，支付工程款时。

借：在建工程　　2 000 000

　贷：银行存款　　2 000 000

（6）20×8年8月底，达到预定可使用状态时。

借款利息＝(6 000 000×9%÷12)×8＝360 000(元)

借：在建工程　　360 000
　贷：应付利息　　360 000

同时，

借：固定资产　　6 900 000
　贷：在建工程　　6 900 000

（7）20×8年12月31日，计算20×8年9—12月应计入财务费用的利息。

借款利息＝(6 000 000×9%÷12)×4＝180 000(元)

借：财务费用　　180 000
　贷：应付利息　　180 000

（8）20×8年12月31日，支付利息和归还本金时。

借：长期借款——本金　　6 000 000
　　应付利息　　540 000
　贷：银行存款　　6 540 000

9.2.2 长期应付款

企业应设置“长期应付款”科目核算各种长期应付款项的发生和结清情况。该科目借方反映归还或冲销金额，贷方反映应付金额，期末的贷方余额反映的是企业应付未付的长期应付款项。该科目可按合同项目设置明细科目进行核算。

企业购买（大型）存货或固定资产、无形资产等资产时，有可能延期支付有关价款。如果延期支付的购买价款超过正常信用条件（通常在3年以上），则被会计准则认定为“实质上具有融资性质”，所购资产的成本应当以“购买价款的现值”为基础确定。“实际支付的价款”与“购买价款的现值”之间的差额，应当在信用期间内采用实际利率法进行摊销，计入相关资产成本或当期损益。账务处理时，应按购买价款的现值，借记“库存商品”“固定资产”“在建工程”“无形资产”等科目，按应支付的价款金额，贷记“长期应付款”科目，按其差额，借记“未确认融资费用”科目。

例9-17

天中实业股份公司从龙泉地产有限公司采购一栋楼房作办公大楼。房屋买卖合同约定从当年年末起分5年分期付款，每年付款2 000 000元，合计10 000 000元。在现销方式下，该楼房的全款售价为8 000 000元。相关的账务处理如下：

（1）采购成立时。

借：固定资产　　8 000 000
　　未确认融资费用　　2 000 000
　贷：长期应付款　　10 000 000

经测算，实际利率（每个付款间隔期所对应的内含报酬率）＝7.930 826 116 052 86%。

(2) 每次支付分期付款时（共5次，以“/”隔开）。

借：长期应付款　　2 000 000/2 000 000/2 000 000/2 000 000/2 000 000

　　贷：银行存款　　2 000 000/2 000 000/2 000 000/2 000 000/2 000 000

计算结果如表9－2所示。

表9－2　　单位：元

项目	期初摊余成本 本期①＝上期①－上期③	财务费用 ②＝①×实际利率	视同还本 ③＝④－②	分期付款 ④
第1年	8 000 000	634 466	1 365 534	2 000 000
第2年	6 634 466	526 168	1 473 832	2 000 000
第3年	5 160 634	409 281	1 590 719	2 000 000
第4年	3 569 915	283 124	1 716 876	2 000 000
第5年	1 853 039	146 961	1 853 039	2 000 000
合计		2 000 000	8 000 000	10 000 000

(3) 每次计算融资费用时（共5次，以“/”隔开）。

借：财务费用　　634 466/526 168/409 281/283 124/146 961

　　贷：未确认融资费用　　634 466/526 168/409 281/283 124/146 961

上述示例为简明起见，没有考虑增值税。若考虑增值税（适用税率为9%），则每次收款时需要做以下记载（增值税纳税义务发生时间为合同约定的收款日）：

借：银行存款　　180 000/180 000/180 000/180 000/180 000

　　贷：应交税费——应交增值税（销项税额）

　　　　180 000/180 000/180 000/180 000/180 000

9.2.3 应付债券

企业应设置“应付债券”科目核算企业为筹集长期资金而发行的债券。可设“面值”“利息调整”“应计利息”等明细科目，并按债券种类进行明细核算。该科目的期末贷方余额反映的是企业尚未偿还的债券的摊余成本。

企业应当按照实际利率法确认债券上的财务费用。实际利率与票面利率差异较小的，也可以采用票面利率计算确定利息费用。

1. 分期付息、到期一次还本债券：溢价发行的情形

例9－18

信诚食品股份公司于20×0年12月31日发行5年期一次还本的企业债券1 000 000元，实际发行价格为1 050 000元，债券利息在每年6月30日及12月31日支付，票面利率为年利率6%。经测算，此项业务的实际利率为2.430 748 626 007 84%。相关的账务处理如下：

（1）发行债券时。

借：银行存款　1 050 000

　贷：应付债券——面值　1 000 000

　　　　　　——利息调整　50 000

计算结果如表9-3所示。

表9-3　　单位：元

项目	票面利息	财务费用	摊销额	摊余成本 ④=期初④ -③
	贷：银行存款 ①	借：财务费用 ②=期初④×实际利率	借：应付债券——利息调整 ③=①-②	
20×0-12-31				1 050 000
20×1-06-30	30 000	25 523	4 477	1 045 523
20×1-12-31	30 000	25 414	4 586	1 040 937
20×2-06-30	30 000	25 303	4 697	1 036 239
20×2-12-31	30 000	25 188	4 812	1 031 428
20×3-06-30	30 000	25 071	4 929	1 026 499
20×3-12-31	30 000	24 952	5 048	1 021 451
20×4-06-30	30 000	24 829	5 171	1 016 280
20×4-12-31	30 000	24 703	5 297	1 010 983
20×5-06-30	30 000	24 574	5 426	1 005 557
20×5-12-31	30 000	24 443	5 557	1 000 000
合计	300 000	250 000	50 000	

（2）每半年计息时（以第一次为例，其余可比照处理）。

借：财务费用　25 523

　　应付债券——利息调整　4 477

　贷：应付利息　30 000

（3）按期支付债券利息时。

借：应付利息　30 000

　贷：银行存款　30 000

（4）归还债券本金时。

借：应付债券——面值　1 000 000

　贷：银行存款　1 000 000

2. 分期付息、到期一次还本债券：折价发行的情形

例9-19

金山矿业股份公司于20×0年12月31日发行5年期一次还本的企业债券1 000 000元，实际收到资金920 000元，债券利息在每年6月30日及12

月31日支付，票面利率为年利率6%。经测算，此项业务的实际利率为3.985 621 695 821%。相关的账务处理如下：

(1) 发行债券时。

借：银行存款　　920 000

　　应付债券——利息调整　　80 000

　贷：应付债券——面值　　1 000 000

计算结果如表9-4所示。

表9-4　　单位：元

项目	票面利息额	财务费用	摊销额	摊余成本 ④=期初④+③
	贷：银行存款 ①	借：财务费用 ②=期初④×实际利率	贷：应付债券——利息调整 ③=②-①	
20×0-12-31				920 000
20×1-06-30	30 000	36 668	6 668	926 668
20×1-12-31	30 000	36 933	6 933	933 601
20×2-06-30	30 000	37 210	7 210	940 811
20×2-12-31	30 000	37 497	7 497	948 308
20×3-06-30	30 000	37 796	7 796	956 104
20×3-12-31	30 000	38 107	8 107	964 211
20×4-06-30	30 000	38 430	8 430	972 641
20×4-12-31	30 000	38 766	8 766	981 406
20×5-06-30	30 000	39 115	9 115	990 521
20×5-12-31	30 000	39 478	9 478	1 000 000
合计	300 000	380 000	80 000	

(2) 每半年计息时（以第一次为例，其余可比照处理）。

借：财务费用　　36 668

　贷：应付利息　　30 000

　　　应付债券——利息调整　　6 668

(3) 按期支付债券利息时。

借：应付利息　　30 000

　贷：银行存款　　30 000

(4) 归还债券本金时。

借：应付债券——面值　　1 000 000

　贷：银行存款　　1 000 000

专栏9-11　　预计负债

细心的读者可能注意到，许多上市公司的会计报表中列有“预计负债”项目。预计负债是企业针对某些或有事项的预期影响所记录的负债。或有事项，是指过去的交易或者事项形成的，其结果须由某些未来事项的发生或不发生决定的不确定事项，如对外担保、未决诉讼、产品质量保证等所导致的不确定性。《企业会计准则第13号——或有事项》规定，与或有事项相关的义务同时满足下列条件的，应当确认为预计负债：(1) 该义务是企业承担的现时义务。(2) 履行该义务很可能导致经济利益流出企业。“很可能”通常指可能性超过50%但不超过95%（该规定令人匪夷所思）。(3) 该义务的金额能够可靠地计量。例如，如果企业的售后服务担保满足确认预计负债的条件，则其会计处理应为借记“销售费用”科目，贷记“预计负债”科目。

预计负债在理论上存有争议，超出了本书的范围，此处从略。

思考题

1. 鸿门饭店股份公司主营餐饮和旅店业务，通达物流有限公司主营运输服务，文豪酒业股份公司主营酒类加工和销售，请问它们的日常业务涉及哪些税种的核算?

2. 学习税法对于提高会计管理质量有何意义?

练习题

一、单项选择题

1. 某企业以现金支付行政管理人员生活困难补助2 000元，下列各项中，会计处理正确的是（　　）。

A. 借：其他业务成本　　2 000
　　贷：库存现金　　2 000

B. 借：营业外支出　　2 000
　　贷：库存现金　　2 000

C. 借：管理费用　　2 000
　　贷：库存现金　　2 000

D. 借：应付职工薪酬——职工福利　　2 000
　　贷：库存现金　　2 000

2. 20×2年1月1日，甲公司发行分期付息、到期一次还本的5年期公司债券，实际收到的款项为18 800万元，该债券面值总额为18 000万元，票面年利率为5%。利息于每年年末支付；实际年利率为4%，20×2年12月31日，甲公司该项应付债券的摊余成本为（ ）万元。

A. 18 000　　B. 18 652　　C. 18 800　　D. 18 948

3. 某企业适用的城市维护建设税税率为7%，20×1年8月份该企业应缴纳增值税300 000元、土地增值税30 000元、消费税50 000元、资源税20 000元，8月份该企业应记入“应交税费——应交城市维护建设税”科目的金额为（ ）元。

A. 16 100　　B. 24 500　　C. 26 600　　D. 28 000

4. 某企业为增值税一般纳税人，适用的增值税税率为13%，20×2年6月建造厂房领用材料实际成本20 000元，该项业务应计入在建工程成本的金额为（ ）元。

A. 20 000　　B. 22 600　　C. 24 000　　D. 28 000

二、多项选择题

1. 下列各项中，应计入相关资产成本的有（ ）。

A. 企业进口原材料交纳的进口关税

B. 企业商务用车交纳的车船税

C. 小规模纳税人购买商品支付的增值税

D. 企业书立加工承揽合同交纳的印花税

2. 下列各项中，应列入资产负债表“应付职工薪酬”项目的有（ ）。

A. 支付临时工的工资　　B. 发放困难职工的补助金

C. 缴纳职工的工伤保险费　　D. 支付辞退职工的经济补偿金

3. 下列各项负债中，不应按公允价值进行后续计量的有（ ）。

A. 企业因产品质量保证而确认的预计负债

B. 企业从境外采购原材料形成的外币应付账款

C. 企业根据暂时性差异确认的递延所得税负债

D. 企业为筹集工程项目资金发行债券形成的应付债券

三、判断题

1. 增值税小规模纳税人购进货物支付的增值税直接计入有关货物的成本。（ ）

2. 职工薪酬是指为获得职工提供的服务而给予各种形式的报酬和其他相关支出，包括提供给职工的全部货币性薪酬和非货币性福利。（ ）

四、计算分析题

甲公司为增值税一般纳税人，增值税税率为13%。商品销售价格不含增值税，在确认销售收入时逐笔结转销售成本。假定不考虑其他相关税费。20×8年6月份甲公司发生如下业务：

(1) 6月2日，向乙公司销售A商品1 600件，标价总额为800万元（不含增值税），商品实际成本为480万元。为了促销，甲公司给予乙公司15%的商业折扣并开具了增值税专用发票。甲公司已发出商品，并向银行办理了托收手续。

(2) 6月10日，因部分A商品的规格与合同不符，乙公司退回A商品800

件。当日，甲公司按规定向乙公司开具增值税专用发票（红字），销售退回允许扣减当期增值税销项税额，退回商品已验收入库。

(3) 6月15日，甲公司将部分退回的A商品作为福利发放给本公司职工，其中生产工人500件，行政管理人员40件，专设销售机构人员60件，该商品每件市场价格为0.4万元（与计税价格一致），实际成本0.3万元。

(4) 6月25日，甲公司收到丙公司来函。来函提出，20×8年5月10日从甲公司所购B商品不符合合同规定的质量标准，要求甲公司在价格上给予10%的销售折让。该商品售价为600万元，增值税税额为78万元，货款已结清。经甲公司认定，同意给予折让并以银行存款退还折让款，同时开具了增值税专用发票（红字）。

除上述资料外，不考虑其他因素。

要求：

(1) 逐笔编制甲公司上述业务的会计分录。

(2) 计算甲公司6月份主营业务收入总额。

（“应交税费”科目要求写出明细科目及专栏名称；答案中的金额单位用万元表示。）

第 10 章 Chapter 10 所有者权益

学习目标

1. 掌握：公司所有者权益的构成及其会计处理规则；公司利润分配的会计处理。
2. 理解：公司法与会计规则的关系。
3. 了解：上市公司利润分配方案的常见情形。

所有者权益（owners' equity），又称净资产（net asset），是指资产减去负债后的剩余权益。对于公司制的企业，又称为股东权益。从资产负债表上可以直观地看出，债权人和股东对企业的财产都拥有要求权，资产总额扣除债权人的权益之后的余额就是股东权益。

在资产负债表中，所有者权益的具体项目通常包括实收资本（对于股份公司，改称股本）、资本公积（包括两部分：一是资本溢价或股本溢价；二是其他资本公积）、盈余公积和未分配利润四个项目。这是按照《中华人民共和国公司法》（2018 年修正，以下简称《公司法》）第八章“公司财务、会计”的规定而进行的一种比较科学的分类。除此以外，企业会计准则体系还规定了其他权益工具、其他综合收益等项目，这些项目也在所有者权益部分列示。在国外教材中，常把盈余公积和未分配利润合称为“留存收益”（retained earnings，又译作“保留盈余”）。初学者往往被这些概念弄得晕头转向，为便于理解，特将上述概念之间的关系梳理如图 10－1 所示。

相对于资产和负债而言，所有者权益理解起来比较抽象。它与具体的资产或负债没有直接对应关系，只是资产总额减负债总额后的余额。我们不能指着某项资产说它属于股本、资本公积、盈余公积或未分配利润，通常在总括的意义上使用这些概念。会计法规并没有专门针对所有者权益项目的会计处理制定具体的计量准则。这是因为，所有者权益的金额可以直接根据资产和负债的计量结果计算得到，只要资产和负债的计量是恰当的，自然就计算出所有者权益的金额了。

为了帮助读者深入理解会计规则，本章从实用主义的角度出发，本着简洁、

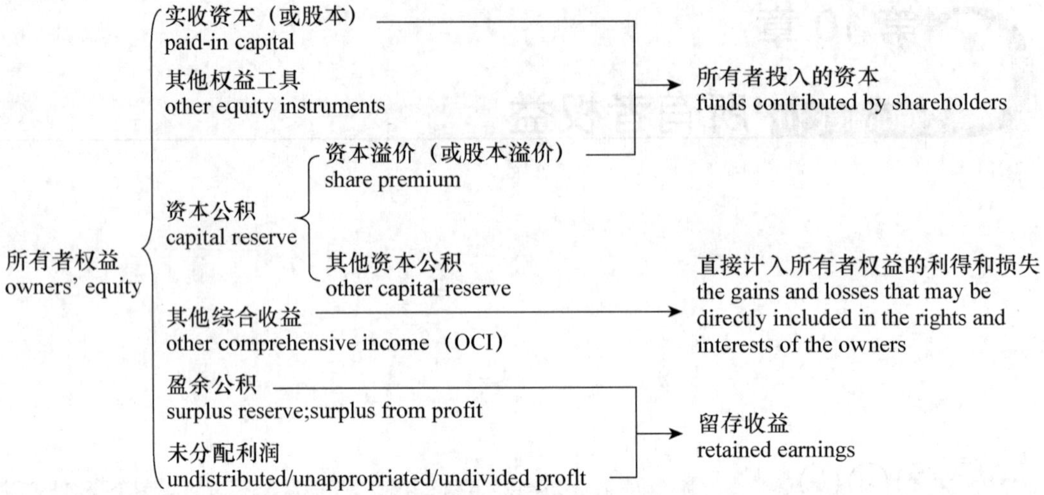

图 10 - 1 资产负债表中所有者权益的构成

直观的原则，阐释了股东权益项目的核算规则。本章设置的专栏中简要介绍了《公司法》等法律法规的相关规定，旨在引导读者拓宽知识面，激发读者的创造性思维。专栏的内容不作教学要求。除特别说明外，本章的讲解主要以公司制企业为例。

10.1 实收资本

《公司法》所称的“公司”，是指依照《公司法》在中国境内设立的有限责任公司和股份有限公司。公司是企业法人，有独立的法人财产，享有法人财产权。公司以其全部财产对公司的债务承担责任。有限责任公司的股东以其认缴的出资额为限对公司承担责任；股份有限公司的股东以其认购的股份为限对公司承担责任。

公司设立、变更、终止，应当依法在工商行政管理机关办理公司登记。公司经登记机关（工商行政管理机关）依法登记，领取企业法人营业执照，方取得企业法人资格。公司营业执照签发日期为公司成立日期。公司营业执照应当载明公司的名称、住所、注册资本、经营范围、法定代表人姓名等事项。公司营业执照记载的事项发生变更的，公司应当依法办理变更登记，由公司登记机关换发营业执照。依法设立的有限责任公司必须在公司名称中标明有限责任公司或者有限公司字样，股份有限公司必须在公司名称中标明股份有限公司或者股份公司字样。

10.1.1 有限责任公司实收资本的会计处理

与股份有限公司的情形不同，有限责任公司只给股东出具“出资证明”，而不细分资本份额。无论股东的出资金额多么巨大，都以一纸证明交给股东。有限责任公司具有“人资两合公司”的特点，股东之间不仅仅把资本积聚在一起，还存在彼此的信任关系。有限责任公司的股东可以自行约定分红方案，在这种情况下就不必按照出资比例分取红利。

有限责任公司的注册资本为在公司登记机关登记的全体股东认缴的出资额。法律、行政法规以及国务院决定对有限责任公司注册资本实缴、注册资本最低限额另有规定的，从其规定。

有限责任公司设置“实收资本”科目核算全体股东实际交付并经公司登记机关依法登记的出资额。该科目的期末贷方余额，反映的是全体股东实际交付并经公司登记机关依法登记的出资额。企业可按投资机构的名称（或投资者个人的姓名）设置明细科目进行明细核算。有限责任公司应当置备股东名册。记载于股东名册的股东，可以依股东名册主张行使股东权利。

1. 有限责任公司收到实收资本时的处理

有限责任公司成立时，在收到股东交付的资产时，应按资产项目借记“银行存款”等资产科目，按全体股东实际交付并经公司登记机关依法登记的出资额贷记“实收资本”科目。

借：银行存款、固定资产、无形资产等资产科目
［按货币出资额或评估确定的出资金额］
　贷：实收资本　　　［按货币出资额或评估确定的出资金额］

例 10－1

靳莉、孙希荣、马晓艳分别出资 2 000 000 元、3 000 000 元、4 000 000 元共同设立利民商贸有限责任公司，公司注册资本为 9 000 000 元。三人在公司章程中约定平均分红。20×2 年 1 月 6 日公司收到各位股东一次性缴足的现款时，其账务处理如下：

借：银行存款　　9 000 000
　贷：实收资本——靳莉　　2 000 000
　　　　　　——孙希荣　　3 000 000
　　　　　　——马晓艳　　4 000 000

2. 有限责任公司接受新股东入股时的会计处理

有限责任公司可能会出现新股东入股时缴纳了较多的资金而注册资本并没有增加太多的情形。这通常是因为原有的股东已经把企业的规模“做大”、信誉“做强”，新股东此时加入往往需要相应地增加投入。有限责任公司应当将股东的出资额超出其在注册资本中所占份额的部分计入资本公积。

例 10－2

20×2 年 8 月 8 日志诚实业有限责任公司接受吴静丽出资，该股东出资 2 300 000 元，但列在其名下的出资额（实收资本）仅为 1 000 000 元，并在修改

后的股东章程中约定按照实缴的出资比例分红。其会计处理如下：

借：银行存款　　2 300 000

　贷：实收资本——吴静丽　　1 000 000

　　　资本公积——资本溢价　　1 300 000

专栏 10-1　有限责任公司的相关法律规定

（说明：文中【】注释内容为本书作者所加。）

【有限责任公司的设立条件】《公司法》规定，设立有限责任公司，应当具备下列条件：(1) 股东符合法定人数。有限责任公司由五十个以下股东出资设立。(2) 有符合公司章程规定的全体股东认缴的出资额。(3) 股东共同制定公司章程。有限责任公司章程应当载明下列事项：1）公司名称和住所；2）公司经营范围；3）公司注册资本；4）股东的姓名或者名称；5）股东的出资方式、出资额和出资时间；6）公司的机构及其产生办法、职权、议事规则；7）公司法定代表人；8）股东会会议认为需要规定的其他事项。股东应当在公司章程上签名、盖章。(4) 有公司名称，建立符合有限责任公司要求的组织机构。(5) 有公司住所。

【出资形式】股东可以用货币出资，也可以用实物、知识产权、土地使用权等可以用货币估价并可以依法转让的非货币财产作价出资；但是，法律、行政法规规定不得作为出资的财产除外。

【设立登记】股东认足公司章程规定的出资后，由全体股东指定的代表或者共同委托的代理人向公司登记机关报送公司登记申请书、公司章程等文件，申请设立登记。

【出资证明书】有限责任公司成立后，应当向股东签发出资证明书。出资证明书应当载明下列事项：(1) 公司名称；(2) 公司成立日期；(3) 公司注册资本；(4) 股东的姓名或者名称、缴纳的出资额和出资日期；(5) 出资证明书的编号和核发日期。出资证明书由公司盖章。

【股东名册】有限责任公司应当置备股东名册，记载下列事项：(1) 股东的姓名或者名称及住所；(2) 股东的出资额；(3) 出资证明书编号。记载于股东名册的股东，可以依股东名册主张行使股东权利。公司应当将股东的姓名或者名称向公司登记机关登记；登记事项发生变更的，应当办理变更登记。

【有限责任公司股东的权利】股东有权查阅、复制公司章程、股东会会议记录、董事会会议决议、监事会会议决议和财务会计报告。

股东可以要求查阅公司会计账簿。股东要求查阅公司会计账簿的，应当向公司提出书面请求，说明目的。公司有合理根据认为股东查阅会计账簿有不正当目的，可能损害公司合法利益的，可以拒绝提供查阅，并应当自股东提出书面请求之日起十五日内书面答复股东并说明理由。公司拒绝提供查阅的，股东可以请求人民法院要求公司提供查阅。

【有限责任公司的利润分配规则】股东按照实缴的出资比例分取红利；公司新增资本时，股东有权优先按照实缴的出资比例认缴出资。但是，全体股东约定不按照出资比例分取红利或者不按照出资比例优先认缴出资的除外。

【有限责任公司股东的义务】公司成立后，股东不得抽逃出资。

3. 有限责任公司减少实收资本时的处理

有限责任公司按法定程序减少注册资本时，借记“实收资本”科目，贷记“库存现金”“银行存款”等科目。

借：实收资本　　　　　　　　　　　　　　　　　　　　[按减资额]

　　贷：库存现金、银行存款等　　　　　　　　　　　　　　[按减资额]

例 10-3

莺歌有限责任公司拟与升平有限责任公司合并，在合并决议达成时，莺歌公司股东张卓然表示强烈反对，但其余股东无人愿意接受其股权。张卓然要求公司收购其股权。一个月后，公司开出支票支付 500 万元收购了张卓然的股权（其出资额为 500 万元）。其会计分录为：

借：实收资本——张卓然　　　　　　　　　　　　　　　　5 000 000

　　贷：银行存款　　　　　　　　　　　　　　　　　　　　5 000 000

专栏 10-2　　有限责任公司减资或回购股份的相关法律规定

公司减少注册资本，应当符合《公司法》规定的程序，减少后的注册资本及实收资本数额应当达到法律、行政法规规定的公司注册资本的最低限额并经验资机构验资。

《公司法》第七十五条规定，有限责任公司有下列情形之一的，对股东会该项决议投反对票的股东可以请求公司按照合理的价格收购其股权：(1) 公司连续五年不向股东分配利润，而公司该五年连续盈利，并且符合本法规定的分配利润条件的；(2) 公司合并、分立、转让主要财产的；(3) 公司章程规定的营业期限届满或者章程规定的其他解散事由出现，股东会会议通过决议修改章程使公司存续的。自股东会会议决议通过之日起六十日内，股东与公司不能达成股权收购协议的，股东可以自股东会会议决议通过之日起九十日内向人民法院提起诉讼。

有限责任公司依据《公司法》第七十五条的规定收购其股东的股权的，应当依法申请减少注册资本及相应的实收资本的变更登记。

4. 有限责任公司股权转让的会计处理

例 10-4

利民商贸有限责任公司股东靳莉 20×2 年 9 月 9 日因需住校攻读博士学位，

无暇打理公司业务，故欲转让其全部股权。其实缴的出资额为2 000 000元。另外两位股东孙希荣和马晓艳经商议，决定对半接收靳莉的股权。相关的账务处理如下：

借：实收资本——靳莉　　2 000 000
　贷：实收资本——孙希荣　　1 000 000
　　　　　　　——马晓艳　　1 000 000

专栏10-3　　有限责任公司股权转让的相关法律规定

《公司法》第七十二条规定，有限责任公司的股东之间可以相互转让其全部或者部分股权。

股东向股东以外的人转让股权，应当经其他股东过半数同意。股东应就其股权转让事项书面通知其他股东征求同意，其他股东自接到书面通知之日起满三十日未答复的，视为同意转让。其他股东半数以上不同意转让的，不同意的股东应当购买该转让的股权；不购买的，视为同意转让。

经股东同意转让的股权，在同等条件下，其他股东有优先购买权。两个以上股东主张行使优先购买权的，协商确定各自的购买比例；协商不成的，按照转让时各自的出资比例行使优先购买权。

公司章程对股权转让另有规定的，从其规定。

10.1.2　股份有限公司股本的会计处理

股份有限公司采取发起设立方式设立的，注册资本为在公司登记机关登记的全体发起人认购的股本总额。在发起人认购的股份缴足前，不得向他人募集股份。股份有限公司采取募集方式设立的，注册资本为在公司登记机关登记的实收股本总额。法律、行政法规以及国务院决定对股份有限公司注册资本实缴、注册资本最低限额另有规定的，从其规定。

股份有限公司设“股本”科目核算其实收资本。该科目的期末贷方余额，反映的是股份有限公司的股本总额。企业可按投资机构（或投资者个人）设置明细科目进行明细核算。

《公司法》规定，股票发行价格可以按票面金额，也可以超过票面金额，但不得低于票面金额。但《公司法》并未规定股票面值应当是多少元。我国大多数上市公司的股票面值为1元，少数公司的股票面值低于1元。股份有限公司以超过股票票面金额的发行价格发行股份所得的溢价款，应当列为“资本公积——股本溢价”。

股份有限公司在收到认股款时应借记“银行存款”等科目，按照股票面值和核定的股份总额计算的金额，贷记“股本”科目，按前述两者之差额，贷记“资本公积——股本溢价”科目。股份有限公司发行股票发生的手续费、佣金等交易费用，应从溢价中抵扣，冲减资本公积（股本溢价）。溢价不足抵扣的，冲减盈余公积和未分配利润。

借：银行存款等资产科目 [按货币出资额或评估确定的出资金额]

贷：股本 [按股票面值和股份数计算的金额]

资本公积——股本溢价 [按以上两者之差]

例 10-5

东方电气股份有限公司发行了每股面值为 1 元的普通股 1 000 万股，发行价格为每股 5 元。已经收齐全部认股款，支付了发行佣金及相关税费 500 000 元。该公司的账务处理如下：

计入股本的金额＝10 000 000×1＝10 000 000(元)

计入资本公积的金额＝(5－1)×10 000 000－500 000

＝39 500 000(元)

借：银行存款 49 500 000

贷：股本 10 000 000

资本公积——股本溢价 39 500 000

例 10-6

金山矿业股份有限公司发行了每股面值为 0.1 元的普通股 2 亿股，发行价格为每股 0.3 元。已经收齐全部认股款，支付了发行佣金及相关税费 800 000 元。该公司的账务处理如下：

计入股本的金额＝200 000 000×0.1＝20 000 000(元)

计入资本公积的金额＝(0.3－0.1)×200 000 000－800 000

＝39 200 000(元)

借：银行存款 59 200 000

贷：股本 20 000 000

资本公积——股本溢价 39 200 000

专栏 10-4 股份有限公司设立的相关法律规定

（说明：文中【 】注释内容为本书作者所加。）

【股份有限公司的设立条件】设立股份有限公司，应当具备下列条件：(1) 发起人符合法定人数。设立股份有限公司应当有二人以上二百人以下为发起人，其中须有半数以上的发起人在中国境内有住所。(2) 有符合公司章程规定的全体发起人认购的股本总额或者募集的实收资本总额。(3) 股份发行、筹办事项符合法律规定。(4) 发起人制定公司章程，采用募集方式设立的经创立大会通过。股份有限公司章程应当载明下列事项：1) 公司名称和住所；2) 公司经营范围；3)公司设立方式；4) 公司股份总数、每股金额和注册资本；5) 发起人的姓名或者名称、认购的股份数、出资方式和出资时间；6）董事会的组成、职权和议事规则；7）公司法定代表人；8）监事会的组成、职权和议事规则；9）公司利润分配办法；10）公司的解散事由与清算办法；11）公司的通知和公告办法；12）股东大会会议认为需要规定的其他事项。(5) 有公司名称，建立符合股份有限公司要求的组织机构。(6) 有公司住所。

【设立方式】股份有限公司的设立，可以采取发起设立或者募集设立的方式。发起设立，是指由发起人认购公司应发行的全部股份而设立公司。以发起设立方式设立股份有限公司的，发起人应当书面认足公司章程规定其认购的股份，并按照公司章程规定缴纳出资。以非货币财产出资的，应当依法办理其财产权的转移手续。发起人认足公司章程规定的出资后，应当选举董事会和监事会，由董事会向公司登记机关报送公司章程以及法律、行政法规规定的其他文件，申请设立登记。募集设立，是指由发起人认购公司应发行股份的一部分，其余股份向社会公开募集或者向特定对象募集而设立公司。以募集设立方式设立股份有限公司的，发起人认购的股份不得少于公司股份总数的百分之三十五；但是，法律、行政法规另有规定的，从其规定。发起人向社会公开募集股份，必须公告招股说明书，并制作认股书。认股书应由认股人填写认购股数、金额、住所，并签名、盖章。认股人按照所认购股数缴纳股款。

【发起人协议】股份有限公司发起人承担公司筹办事务。发起人应当签订发起人协议，明确各自在公司设立过程中的权利和义务。

【出资形式】发起人的出资方式，同有限责任公司。

10.2 其他权益工具①

企业在所有者权益类科目中设“其他权益工具”科目，核算其发行的除普通股以外的、被归类为权益工具的各种金融工具，该科目可按企业所发行的金融工具的种类进行明细核算。

企业所发行的金融工具究竟应当划分为金融负债还是权益工具，这要结合合同条款，根据会计准则的规定来界定。带有“债”字的金融工具并不必然被划分为金融负债，带有“股”字的金融工具也并不必然被划分为权益工具。这是因为，实践中的合同条款千变万化、构思精妙，往往不能顾名思义。

企业发行的永续债和优先股，如果依照会计准则的规定被划分为金融负债，则应通过“应付债券”科目核算，永续债的利息支出和优先股的股利分配原则上比照借款费用进行会计处理，当期回购或者赎回所产生的利得或损失计入当期损益。如果依照会计准则的规定被划分为权益工具，则应通过“其他权益工具”科

① 本节内容超出课程范围，不作教学要求。

目核算，永续债的利息支出和优先股的股利分配均应作为利润分配进行会计处理，其回购、注销一律通过“库存股”科目作为权益的变动处理。

实践中，只有极少数企业涉及此类业务。感兴趣的读者可以参阅《企业会计准则第 37 号——金融工具列报》和《金融负债与权益工具的区分及相关会计处理规定》。

10.3　资本公积

《公司法》规定，股份有限公司以超过股票票面金额的发行价格发行股份所得的溢价款以及国务院财政部门规定列入资本公积金的其他收入，应当列为公司资本公积金。作为对比，除上节举例的情形外，有限责任公司较少出现涉及资本公积的业务。

资本公积通常情况下是指有限责任公司投资者的投资额超出其在企业注册资本中所占份额的部分（即资本溢价），或者是指股份有限公司的股票发行价格超过股票面值的部分（即股本溢价）。通俗地说，资本公积就是归属于全体资本投入者的公共积累。除此以外，股份有限公司实施股票期权激励计划（会计准则称作股份支付）时，在期权到期以前的每个资产负债表日，所记录的员工的劳动价值，也称作资本公积（即其他资本公积）。[①]

公司设“资本公积”科目核算以超过股票票面金额的发行价格发行股份所得的溢价款以及国务院财政部门规定列入资本公积金的其他收入，并区分“资本溢价（或股本溢价）”和“其他资本公积”进行明细核算。该科目期末的贷方余额，反映公司的资本公积总额。

10.3.1　资本溢价（或股本溢价）的会计处理

有限责任公司收到新加入的股东的出资额时，借记“银行存款”等科目；按股东在注册资本中所占份额，贷记“实收资本”科目；按以上两者之差（即股东的出资额超出其在注册资本中所占份额的部分），贷记“资本公积——资本溢价”科目。

股份有限公司在收到认股款时，应借记“银行存款”等科目；按照根据股票面值和核定的股份总额计算的金额，贷记“股本”科目；按前述两者之差额，贷记“资本公积——股本溢价”科目。股份有限公司发行股票发生的手续费、佣金等交易费用，应从溢价中抵扣，冲减资本公积（股本溢价）。溢价不足抵扣的，冲减盈余公积和未分配利润。

示例见 10.1 节。限于篇幅，兹不赘述。

---

① 本书对其他资本公积不作教学要求。

10.3.2 其他资本公积的会计处理①

其他资本公积，是指实施股权激励的股份有限公司在股票期权到期以前所记录的、预期其将会增发的股份所换得的职工的劳动的价值。这是企业依照《企业会计准则第11号——股份支付》准则所记录的资本公积。其性质类似于上一小节所介绍的资本溢价或股本溢价。

1. 以权益结算的股份支付所涉及的其他资本公积

有些以权益结算的股份支付附加有服务年限或业绩条件，受权人只有在完成等待期内的服务或达到规定业绩条件后才可行权。在等待期内的每个资产负债表日，企业应当以对可行权权益工具数量的最佳估计为基础，按照权益工具授予日的公允价值，将当期取得的服务计入相关资产成本或管理费用，即按照“可行权数量最佳估计×授予日公允价值”借记“管理费用”科目或资产成本类科目，同时贷记“资本公积——其他资本公积”科目。在可行权日，应当把“资本公积——其他资本公积”科目余额调整至“实际可行权数量×授予日公允价值”。在行权日，企业根据实际行权的权益工具数量，计算确定应转入实收资本或股本的金额，将其转入实收资本或股本。企业应当按照根据实际行权的权益工具数量收到的认股款，借记“银行存款”科目；按照前已累积的贷记金额，借记“资本公积——其他资本公积”科目；按照新增的股本面值，贷记“股本”科目；按上述借方金额与贷方金额之差，贷记“资本公积——股本溢价”科目。

2. 采用权益法核算的长期股权投资所涉及的其他资本公积

在权益法下，如果被投资方存在上述涉及其他资本公积的情形，则投资方应当采用权益法，按其持股比例计算其在理论上应当分享的其他资本公积的相应份额，即增记（或减记）“长期股权投资”科目，同时增记（或减记）“资本公积——其他资本公积”科目。

10.3.3 资本公积转增资本的会计处理

《公司法》规定，资本公积可以用于转为增加公司资本。资本公积转增资本时，所留存的资本公积金不得少于转增前公司注册资本的25%。资本公积不得用于弥补公司的亏损。

经股东大会（或股东会）决议变更资本并在公司登记机关办理变更登记后，应按转增额，借记“资本公积——股本溢价（或资本溢价）”等科目，贷记“股本”科目。

① 本小节内容超出课程范围，不作教学要求。

10.4 其他综合收益

根据《企业会计准则第 30 号——财务报表列报》(2014 年修订) 的规定，其他综合收益 (other comprehensive income，OCI)，泛指所有直接计入所有者权益的利得和损失。也就是说，所有未计入当期损益 (即未纳入利润表中予以反映) 的利得和损失，均被称作其他综合收益。

专栏 10－5　　其他综合收益的含义

其他综合收益这个概念是从美国证券市场上的公认会计原则借鉴而来的，在理论上存有较大争议。这要从公认会计原则的弹性化说起。

公认会计原则存在大量的允许企业管理层在缺乏原始凭证的情况下进行会计记录的失当规则，导致大量的预期的信息涌入会计报表。这是会计准则越来越多地要求企业列报其资产和负债的公允价值的必然结果。企业在对资产和负债数据进行增减记载之后，对于资产或负债的价格波动是否应当计入利润表，理论界、实务界和监管层之间往往存有争议。为了尽量避免企业利润表因采用会计新规则而发生剧烈波动，从而减少推出会计新规则时的阻力，准则制定者往往会允许企业在记录资产或负债的公允价值变动的同时，将该变动直接计入所有者权益。例如，1990 年美国证券交易委员会提出交易性金融资产的会计规则时，以美联储为代表的银行业金融机构以该规则可能导致利润出现频繁波动为由表示反对，对此，美国财务会计准则委员会给出的解决办法是，企业可以选用交易性金融资产或者可供出售金融资产的会计规则来进行可交易证券的会计处理。

其他综合收益这一概念背后的逻辑是，企业在按照会计准则对资产或负债的账面进行调整后，如果该调整额没有依照准则计入当期损益 (即没有计入利润表项目)，就可以直接计入当期所有者权益 (即计入其他综合收益)。如此，其他综合收益便被定义为一个“筐”，这个“筐”里面装的都是预期的盈亏，即直接计入所有者权益的利得和损失。其理论偏差在于，其他综合收益的记载缺乏原始凭证的支持，这对会计信息的质量具有负面影响。

准则规定，其他综合收益项目应当区分为两类 (即以后会计期间不能重分类进损益的其他综合收益项目和以后会计期间在满足规定条件时将重分类进损益的其他综合收益项目) 予以列报。

准则规定，企业应当设置“其他综合收益”科目进行其他综合收益的会计处理，该科目应当按照其他综合收益项目的具体内容设置明细科目。

10.4.1 以后会计期间不能重分类进损益的其他综合收益项目[①]

以后会计期间不能重分类进损益的其他综合收益项目，就本书的教学目标而言，这里仅介绍其他权益工具投资的其他综合收益的会计处理。[②]

例 10-7

20×1 年 5 月 6 日，北方电器股份公司支付 10 160 000 元（含交易费用 10 000 元，已宣告现金股利 150 000 元）购入江南制造股份公司发行的股票 2 000 000 股，占该公司有表决权股份的 0.5%，按照其他权益工具投资进行核算。该公司账务处理如下：

(1) 20×1 年 5 月 6 日，购入股票。

借：应收股利	150 000	
其他权益工具投资——成本	10 010 000	
贷：银行存款		10 160 000

(2) 20×1 年 5 月 10 日，收到投资时已宣告现金股利 150 000 元。

借：银行存款	150 000	
贷：应收股利		150 000

(3) 20×1 年 6 月 30 日，该股票市价为每股 5.2 元。

借：其他权益工具投资——公允价值变动	390 000	
贷：其他综合收益——其他权益工具投资公允价值变动		390 000

(4) 20×1 年 12 月 31 日，该股票市价为每股 4.8 元。

借：其他综合收益——其他权益工具投资公允价值变动	800 000	
贷：其他权益工具投资——公允价值变动		800 000

(5) 20×2 年 5 月 9 日，江南制造股份公司宣告现金股利 40 000 000 元。

借：应收股利	200 000	
贷：投资收益		200 000

(6) 20×2 年 5 月 13 日，收到现金股利 200 000 元。

借：银行存款	200 000	
贷：应收股利		200 000

---

① 本小节内容超出课程范围，不作教学要求。

② 在现行企业会计准则体系下，以后会计期间不能重分类进损益的其他综合收益项目，还包括以下三项：一是，因重新计量设定受益计划净负债或净资产记录的其他综合收益。根据《企业会计准则第 9 号——职工薪酬》（2014 年修订）的规定，对于设定受益计划，企业应当重新计量设定受益计划净负债或净资产所产生的变动计入其他综合收益，并且在后续会计期间不允许转回至损益，但企业可以在权益范围内转移这些在其他综合收益中确认的金额。二是，按照权益法核算的在被投资单位以后会计期间不能重分类进损益的其他综合收益中所享有的份额等。在权益法下，如果被投资方存在上述重新计量设定受益计划净负债或净资产导致的变动，则投资方应当采用权益法，按其持股比例计算其在理论上应当分享的被投资方重新计量设定受益计划净负债或净资产导致的变动的相应份额，即增记（或减记）“长期股权投资”科目，同时减记（或增记）“其他综合收益”科目。三是，企业自身信用风险公允价值变动，反映企业指定为以公允价值计量且其变动计入当期损益的金融负债，由企业自身信用风险变动引起的公允价值变动而计入其他综合收益的金额。

(7) 20×2 年 5 月 20 日，北方电器股份公司以每股 4.9 元转让全部股票。

借：银行存款　　9 800 000
　　其他权益工具投资——公允价值变动　　410 000
　贷：其他权益工具投资——成本　　10 010 000
　　　盈余公积——法定盈余公积　　180 000
　　　利润分配——未分配利润　　20 000

(8) 假定该公司每年在分配当年税后利润时均提取 10%的法定盈余公积。

借：盈余公积——法定盈余公积　　41 000
　　利润分配——未分配利润　　369 000
　贷：其他综合收益——其他权益工具投资公允价值变动　　410 000

10.4.2 以后会计期间在满足规定条件时将重分类进损益的其他综合收益项目

以后会计期间在满足规定条件时将重分类进损益的其他综合收益项目，就本书的教学目标而言，读者只需要了解其他债权投资的其他综合收益的会计处理。①

例 10－8

2×13 年 1 月 1 日，汝州实业有限公司支付 9 100 000 元，从证券交易所购入正阳农商有限公司同日发行的 5 年期公司债券 10 000 000 元。该债券的票面年利率为 5%，每年年末支付利息（500 000 元），本金在债券到期时偿还。债券发行方有权在遇到特定情况时将债券赎回，且无须为提前赎回支付额外款项。

汝州实业有限公司在购买该债券时预计发行方不会提前赎回。该公司根据其管理该项债券投资的业务模式和该债券的合同现金流量特征，将该债券分类为以公允价值计量且其变动计入其他综合收益的金融资产。

经测算，该债券投资的实际利率（下表中以 IRR 表示）为 7.207 208 092 249 71%。

假定由于利率波动，该债券的市场交易价格（在表 10－1 中以“公允价值”表示）出现较大的波动，资料如表 10－1 所示。

表 10－1　其他权益投资的会计处理　　　单位：元

付息日期	票面利息	投资收益	折价摊销	摊余成本	公允价值	公允价值变动	公允价值变动累计额
	借：应收利息	贷：投资收益	借：其他债权投资——利息调整			借：其他债权投资——公允价值变动 贷：其他综合收益	
	①	②＝期初④×IRR	③＝②－①	④＝期初价值＋③	⑤	⑥＝⑤－④－期初⑦	⑦＝期初⑦＋⑥
2×13.01.01				9 100 000	9 100 000	0	0

① 在现行企业会计准则体系下，以后会计期间将重分类进损益的其他综合收益项目，还包括以下项目：(1) 权益法下可转损益的其他综合收益；(2) 金融资产重分类计入其他综合收益的金额；(3) 其他债权投资信用减值准备；(4) 现金流量套期储备；(5) 外币财务报表折算差额。

续表

付息日期	票面利息	投资收益	折价摊销	摊余成本	公允价值	公允价值变动	公允价值变动累计额
	借：应收利息	贷：投资收益	借：其他债权投资——利息调整			借：其他债权投资——公允价值变动 贷：其他综合收益	
	①	②=期初④×IRR	③=②−①	④=期初价值+③	⑤	⑥=⑤−④−期初⑦	⑦=期初⑦+⑥
2×13.12.31	500 000	655 856	155 856	9 255 856	9 300 000	44 144	44 144
2×14.12.31	500 000	667 089	167 089	9 422 945	9 600 000	132 911	177 055
2×15.12.31	500 000	679 131	179 131	9 602 076	9 500 000	−279 131	−102 076
2×16.12.31	500 000	692 042	192 042	9 794 118	9 800 000	107 958	5 882
2×17.03.06	0	—	—	9 794 118	10 100 000	−5 882	0
合计	2 000 000	2 694 118	694 118	—	—	—	—

汝州实业有限公司的有关账务处理如下。

（1）2×13年1月1日，购入公司债券时。

借：其他债权投资——面值　　10 000 000

　贷：其他债权投资——利息调整　　900 000

　　银行存款　　9 100 000

（2）2×13年至2×16年每年年底，采用实际利率法记录投资收益，见表10-2。

表10-2　　单位：元

会计科目	2×13年	2×14年	2×15年	2×16年
借：应收利息	500 000	500 000	500 000	500 000
其他债权投资——利息调整	155 856	167 089	179 131	192 042
贷：投资收益	655 856	667 089	679 131	692 042

（3）2×13年至2×16年每年年底，记录公允价值变动，见表10-3。

表10-3　　单位：元

会计科目	2×13年	2×14年	2×15年	2×16年
借：其他债权投资——公允价值变动	44 144	132 911	−279 131	107 958
贷：其他综合收益——其他债权投资公允价值变动	44 144	132 911	−279 131	107 958

（4）2×17年3月6日，按照销售价格与摊余成本之差记录转让价差（投资收益）时。

借：银行存款　　10 100 000

　其他债权投资——利息调整　　205 882

　贷：其他债权投资——面值　　10 000 000

（摊余成本：9 794 118元）

　　投资收益　　305 882

（5）注销其他综合收益时。

借：其他综合收益——其他债权投资公允价值变动　　5 882

　贷：其他债权投资——公允价值变动　　5 882

上述会计分录（4）、（5）也可以采用一种比较烦琐的方式来理解和操作，以下以（4s）、（5s）标示。

（4s）2×17 年 3 月 6 日，按照当日的销售价格与 2×16 年 12 月 31 日的公允价值之差，记录转让价差（投资收益）时。

借：银行存款　　　　　　　　　　10 100 000

　　其他债权投资——利息调整　　　205 882

　贷：其他债权投资——面值　　　　10 000 000　　}公允价值：9 800 000 元

　　　　　　　　——公允价值变动　　　5 882

　　　投资收益　　　　　　　　　　　300 000

（5s）将其他综合收益转入投资收益时。

借：其他综合收益——其他债权投资公允价值变动　　　　5 882

　贷：投资收益　　　　　　　　　　　　　　　　　　　5 882

如图 10－2 所示，上述两种操作方式的最终结果是一样的。在本质上，债券出售的价差就是 305 882 元，会计处理方法的不同不会改变交易的实质。从最终结果来看，公允价值信息是可有可无的信息。

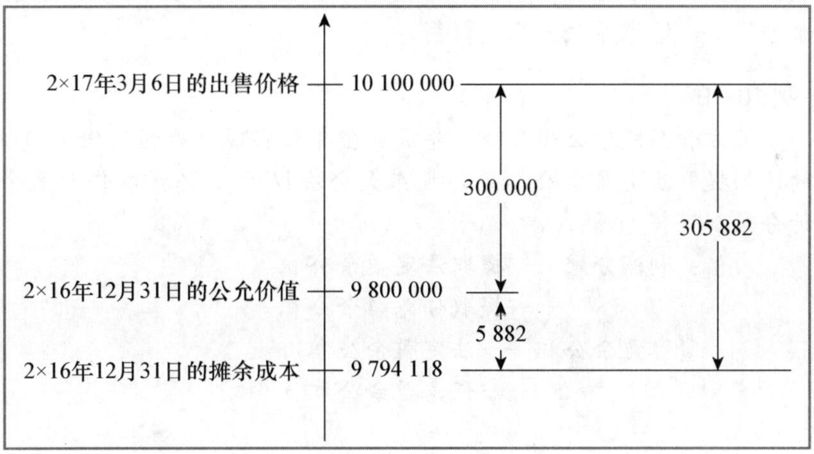

图 10－2　其他债权投资出售时的投资收益的计算（示意图）

综合上述所有损益类科目的信息，可计算汝州实业有限公司该项其他债权投资的盈亏水平如下：

按照实际利率法计算的投资收益＋转让价差＝2 694 118＋305 882

＝3 000 000(元)

10.5　盈余公积

10.5.1　提取盈余公积时的会计处理

《公司法》规定，公司分配当年税后利润时，应当提取利润的 10%列入公司法定公积金。公司法定公积金累计额为公司注册资本的50%以上的，可以不再提取。公司从税后利润中提取法定公积金后，经股东会或者股东大会决议，还可以从税后利润中提取任意公积金。公司应设置“盈余公积”科目并区分“法定盈余公积”和“任意盈余公积”来核算《公司法》所称的“法定公积金”和“任意公积金”。“盈余公积”科目借方反映盈余公积的使用数（减少数），贷方反映提取数（增加数），期末的贷方余额反映盈余公积的累积结存数。法律和会计上的用语多有差异，为明晰起见，本书列表对法律和会计用语进行了简要对比（见表10-4）。

表10-4　公司法与会计准则中的词汇对比

公司法中的词汇	对应的会计科目
资本公积金	资本公积
法定公积金	盈余公积——法定盈余公积
任意公积金	盈余公积——任意盈余公积

企业按规定提取的盈余公积，借记“利润分配——提取法定盈余公积”“利润分配——提取任意盈余公积”科目，贷记“盈余公积——法定盈余公积”“盈余公积——任意盈余公积”科目。

例10-9

天方食品股份公司20×2年成立当年就实现税后利润96 000 000元，按10%的比例提取法定盈余公积金，股东大会决议按20%提取任意盈余公积金。其会计分录如下：

借：利润分配——提取法定盈余公积	9 600 000	
——提取任意盈余公积	19 200 000	
贷：盈余公积——法定盈余公积		9 600 000
——任意盈余公积		19 200 000

10.5.2　划转盈余公积时的会计处理

《公司法》规定，盈余公积可以用于转为增加公司资本，也可用于弥补公司的亏损。盈余公积转增资本时，所留存的盈余公积不得少于转增前公司注册资本的25%。

1. 盈余公积转增股本

公司经股东大会（或股东会）决议，用盈余公积转增资本时，借记“盈余公积”科目，贷记“股本”（或“实收资本”）科目。

例10-10

中州酒业股份公司20×2年决定用盈余公积转增公司注册资本70 000 000元

(其中分别减记法定盈余公积 60 000 000 元、任意盈余公积 10 000 000 元),经股东大会决议并到公司登记管理机关办理变更登记后,其会计分录为:

借:盈余公积——法定盈余公积 60 000 000
——任意盈余公积 10 000 000
贷:股本 70 000 000

2. 盈余公积弥补亏损

盈余公积和未分配利润都是公司管理层和广大职工为股东创造的价值,正是在这个意义上,国外有着将二者统称为"留存收益"或"保留盈余"的说法。如果公司偶有巨大亏损,则可用以前年度累积的盈余公积弥补当期亏损,这样可避免账目出现过于"难看"且无利可分的窘境。公司用盈余公积弥补亏损时,借记"盈余公积"科目,贷记"利润分配——未分配利润"科目。

例 10-11

貂蝉毛皮股份有限公司 20×2 年因产品设计问题导致巨额亏损,股东大会决议动用盈余公积 80 000 000 元(其中法定盈余公积、任意盈余公积各动用 40 000 000 元)弥补亏损,之后照旧发放股利。其弥补亏损的会计分录为:

借:盈余公积——法定盈余公积 40 000 000
——任意盈余公积 40 000 000
贷:利润分配——未分配利润 80 000 000

10.6 未分配利润

资产负债表上的"未分配利润"项目所列报的是公司自成立以来所累积的、可供分配的税后利润。

10.6.1 利润分配的会计处理

企业应当设置"利润分配"科目,对利润分配的全过程进行会计处理。分配利润时,一律通过该科目的明细科目"提取法定盈余公积"、"提取任意盈余公积"、"应付现金股利"(或"应付利润")、"转作股本的股利"等进行核算。

提取法定盈余公积、提取任意盈余公积的会计处理前已述及,此处从略。

1. 现金股利的会计处理

企业经股东大会或类似机构决议,向股东(或投资者)分配现金股利(或利润)时,借记"利润分配——应付现金股利(或应付利润)"科目,贷记"应付股利""应付利润"科目。

例 10－12

百合婚庆股份有限公司股东大会决定对 20×2 年的税后利润进行现金分红，共分配现金股利 36 900 000 元。

决议通过后的会计分录为：

借：利润分配——应付现金股利	36 900 000	
贷：应付股利		36 900 000

实际划拨该笔款项时的会计分录为：

借：应付股利	36 900 000	
贷：银行存款		36 900 000

2. 股票股利的会计处理

企业经股东大会或类似机构决议，向股东分配股票股利时，根据分配金额借记“利润分配——转作股本的股利”科目，根据股票面值乘以股份数所计算的金额贷记“股本”科目。以上两项金额如有差额，则按照该差额贷记“资本公积——股本溢价”科目。

例 10－13

江南酒家股份有限公司发行在外的普通股共 1 000 万股，该公司 20×3 年实现的税后利润较为丰厚，故公司董事会建议每股分红 1.5 元。但股东大会为了积存现金以备扩大经营，决定参照每股 5 元的最新市价折合发放股票股利，最终采用的是“10 送 3”的送红股方案（即每 10 股派发 3 股股份）。在办理变更登记手续、实际配发股票股利时的会计分录为：

借：利润分配——转作股本的股利	15 000 000	
贷：股本		3 000 000
资本公积——股本溢价		12 000 000

专栏 10－6　**送红股和转增股本的异同**

送红股是指上市公司在利润分配时把利润分配额度折合为本公司的股份，以发放股票的形式进行利润分配。这样，就不必动用公司的银行存款等资产，对于公司的扩大再生产有积极意义。

转增股本是指公司将公积金（资本公积金、盈余公积金）转化为股本。

送红股、转增股本的效果是相似的：公司的股东权益的总额都没有变化，但总股本增大了，同时每股净资产降低了。两者的本质区别在于：红股来自公司的年度税后利润，因此，送红股只存在于公司有盈余的情形；而转增股本来自公积金，并不是对股东的分红回报，它可以不受公司本年度可分配利润的多少以及时间的限制，只要将公司账面上的公积金减少一些，增加相应的注册资本就可以了。

资料来源：周正庆．证券知识读本（修订本）．北京：中国金融出版社，2006.

10.6.2　未分配利润的结转

分配完毕后，应借记“利润分配——未分配利润”科目，贷记“利润分配——提取法定盈余公积”“利润分配——提取任意盈余公积”“利润分配——应付现金股利或利润”“利润分配——转作股本的股利”等科目。结转后，“利润分配”科目除“未分配利润”明细科目外，其他明细科目应无余额（如图 10 - 3 所示）。“利润分配——未分配利润”科目的贷方余额，为企业自成立以来累积的未分配利润。

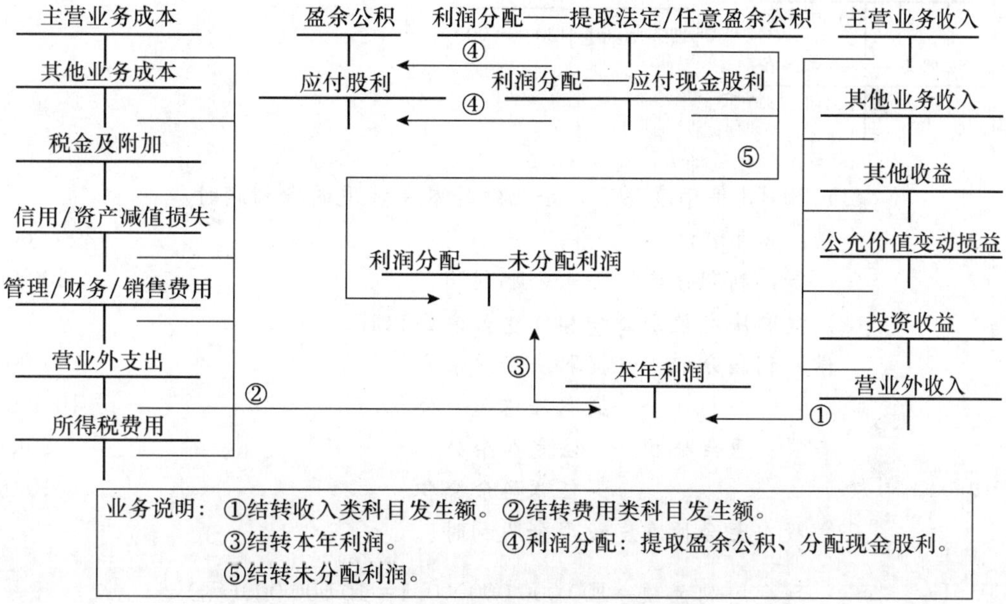

图 10 - 3　公司的利润结转与利润分配示意图

下面用一个同时涉及现金股利、股票股利、配股等情形的综合案例来模拟上市公司的实务操作，帮助读者了解我国上市公司利润分配的实际情况。此例略有难度，仅供学有余力者参考。

例 10 - 14

风动能源股份有限公司公开发行普通股 1 亿股，每股面值 1 元。20×5 年年初未分配利润为 130 000 000 元，20×5 年实现税后利润 200 000 000 元。

20×6 年 2 月 20 日，公司公告的经股东大会批准的 20×5 年度税后利润分配方案为：按照 20×5 年税后利润的 10%提取法定盈余公积，按 5%提取任意盈余公积，同时向股东按每股 0.1 元派发现金股利，并参照当日的每股市价 6 元计算，以每 10 股送 2 股配 3 股的方式（即俗称的“10 送 2 配 3”）派发股票股利、配发新股，配股价格为每股 4 元。20×6 年 3 月 9 日，公司以银行存款支付了全部现金股利，新增股本所涉及的修改公司章程、变更登记等已经办妥（为简化起见，假定完美地完成了配股工作，所有股东均有资格获得配股、均已接受配股并且没有出现不足1股的配股情况）。

风动能源股份有限公司利润分配的会计处理如下：

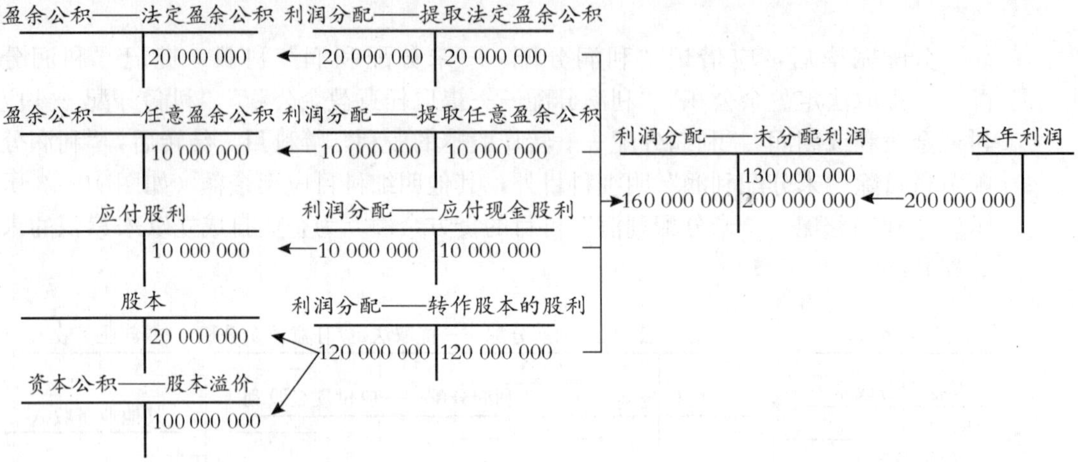

（1）20×5年年度终了，企业结转本年实现的净利润时。

借：本年利润 200 000 000

　贷：利润分配——未分配利润 200 000 000

（2）提取法定盈余公积和任意盈余公积时。

借：利润分配——提取法定盈余公积 20 000 000

　　　　　——提取任意盈余公积 10 000 000

　贷：盈余公积——法定盈余公积 20 000 000

　　　　　——任意盈余公积 10 000 000

（3）股东大会批准发放现金股利时。

现金股利金额＝100 000 000×0.1＝10 000 000（元）

借：利润分配——应付现金股利 10 000 000

　贷：应付股利 10 000 000

实际发放现金股利时。

借：应付股利 10 000 000

　贷：银行存款 10 000 000

（4）实际发放股票股利时。

股票股利的折合价值＝100 000 000×2÷10×6

＝120 000 000（元）

借：利润分配——转作股本的股利 120 000 000

　贷：股本 20 000 000

　　资本公积——股本溢价 100 000 000

发放股票股利后，公司的股份总数变更为1.2亿股。

(5) 结转“利润分配”的明细科目。

借：利润分配——未分配利润	160 000 000
贷：利润分配——提取法定盈余公积	20 000 000
——提取任意盈余公积	10 000 000
——应付现金股利	10 000 000
——转作股本的股利	120 000 000

利润分配结束后，风动能源股份有限公司 20×6 年 12 月 31 日“利润分配——未分配利润”科目的余额（贷方）=130 000 000+200 000 000−160 000 000=170 000 000 元。

(6) 配股的会计处理。配股本身并不是上市公司的利润分配行为，而是上市公司尊重原股东对新发行股票的优先购买权，向原股东发行新股、筹集资金的行为。股东可以放弃其优先认股权。

接收股东认缴的配股款时。

借：银行存款	120 000 000
贷：股本	30 000 000
资本公积——股本溢价	90 000 000

送股配股结束后，公司的股份总数变更为 1.5 亿股。

专栏 10－7　　单设“未分配利润”账户的可能性

细心的读者会注意到；如果单独设立一个“未分配利润”账户，例 10－14 中各账户之间的逻辑关系就会更清晰。单设“未分配利润”账户的益处是：第一，所有的利润分配业务统一通过借记“利润分配”各个明细科目处理，之后就可以直接清空“利润分配”账户。第二，如果单设“未分配利润”账户，则便于初学者理解，该科目还能够与资产负债表中的“未分配利润”项目直接对应起来。我们建议立法机关考虑对这一点加以改进。

10.7 库存股

库存股（treasury share；treasury stock），是指股份有限公司暂时持有的本公司已发行的股份。这些股份一般是通过收购方式获得的。股份有限公司设置“库存股”科目对公司收购本公司股份的业务进行会计处理。该科目借方记录收购本公司股份所付出的代价，贷方记录转让或注销本公司股份所对应的、在收购时所付出的代价。该科目的期末借方余额，反映的是收购后尚未处理的本公司股份当初的收购代价。在资产负债表上，“库存股”项目作为股东权益中的备抵项目，列报在“资本公积”项目之后。

专栏10-8　公司收购本公司股份的相关法律规定

《公司法》第一百四十二条规定，公司不得收购本公司股份。但是，有下列情形之一的除外：

（一）减少公司注册资本；

（二）与持有本公司股份的其他公司合并；

（三）将股份用于员工持股计划或者股权激励；

（四）股东因对股东大会作出的公司合并、分立决议持异议，要求公司收购其股份；

（五）将股份用于转换上市公司发行的可转换为股票的公司债券；

（六）上市公司为维护公司价值及股东权益所必需。

公司因前款第（一）项、第（二）项规定的情形收购本公司股份的，应当经股东大会决议；公司因前款第（三）项、第（五）项、第（六）项规定的情形收购本公司股份的，可以依照公司章程的规定或者股东大会的授权，经三分之二以上董事出席的董事会会议决议。

公司依照本条第一款规定收购本公司股份后，属于第（一）项情形的，应当自收购之日起十日内注销；属于第（二）项、第（四）项情形的，应当在六个月内转让或者注销；属于第（三）项、第（五）项、第（六）项情形的，公司合计持有的本公司股份数不得超过本公司已发行股份总额的百分之十，并应当在三年内转让或者注销。

上市公司收购本公司股份的，应当依照《中华人民共和国证券法》的规定履行信息披露义务。上市公司因本条第一款第（三）项、第（五）项、第（六）项规定的情形收购本公司股份的，应当通过公开的集中交易方式进行。

公司不得接受本公司的股票作为质押权的标的。

10.7.1　收购本公司股份时的会计处理

由于减少公司注册资本、将股份奖励给本公司职工或者股东对股东大会作出的公司合并、分立决议持异议要求公司收购其股份等原因而收购本公司股份时，应按实际支付的金额，借记“库存股”科目，贷记“银行存款”等科目。同时，做备查登记。

借：库存股　　　　[按实际支付的金额]

　贷：银行存款　　　　[按实际支付的金额]

由于与持有本公司股份的其他公司合并而回购本公司股份的，应按照《企业会计准则第20号——企业合并》的规定进行会计处理。本书从略。

10.7.2 处置库存股时的会计处理

1. 注销库存股的情形

注销已收购的本公司股份时，按股票面值和所注销的股数计算的股票面值总额，借记“股本”科目；按转让的库存股所对应的账面代价，贷记“库存股”科目；按以上两者之差，借记或贷记“资本公积——股本溢价”科目。若借记“资本公积——股本溢价”科目导致该明细科目余额为零，则应依次冲减盈余公积、未分配利润。

公司全体股东或者发起人足额缴纳出资和缴纳股款后，公司申请减少注册资本，应当同时办理减少实收资本变更登记。

借：股本　　[按股票面值×所注销的股数]
　　资本公积——股本溢价→盈余公积→未分配利润
　贷：库存股　　[按转让的库存股所对应的账面代价]

例 10-15

某股份有限公司为减少公司注册资本，依法收购了本公司面值为 1 元的普通股股票 1 000 万股。该股票的发行价格为 1.2 元。假定不考虑发行股票的手续费及佣金，发行价格与面值之差一律记入“资本公积——股本溢价”科目。收回股票的实际代价为每股 1.3 元。假定其盈余公积余额为 6 亿元。其会计分录如下：

(1) 收购本公司股份时。

借：库存股　　13 000 000
　贷：银行存款　　13 000 000

(2) 注销已收购的本公司股份时。

库存股面值＝1×10 000 000＝10 000 000(元)
冲销发行时的股本溢价＝0.2×10 000 000＝2 000 000(元)
冲销盈余公积＝(1.3－1)×10 000 000－2 000 000＝1 000 000(元)

借：股本　　10 000 000
　　资本公积——股本溢价　　2 000 000
　　盈余公积　　1 000 000
　贷：库存股　　13 000 000

2. 将库存股奖励给本公司职工的情形

将收购的股份奖励给本公司职工时，借记“资本公积——其他资本公积”科目，贷记“库存股”科目。

借：资本公积——其他资本公积　[按转让的库存股所对应的账面代价]
　贷：库存股　　[按转让的库存股所对应的账面代价]

例 10－16

某股份公司为了激励核心研发人员，决定奖励在英文刊物上发表文章若干篇的“劳动模范”每人100万股本公司的股票。所有会议文集、检索索引、收费出版物、电子出版物都计算在内，每篇文章的阅读人数不少于1人（包括作者本人在内）即可得奖。几个月后，有9位“劳动模范”达到了标准。该公司以每股2元的价格收购了本公司股份900万股，并立即奖励给了这些“劳动模范”。相关的账务处理如下：

（1）收购本公司股份时。

借：库存股 18 000 000

　贷：银行存款 18 000 000

（2）将收购的本公司股份奖励给职工时。

借：资本公积——其他资本公积 18 000 000

　贷：库存股 18 000 000

3. 转让库存股的情形

转让已收购的本公司股份时，应按实际收到的金额，借记“银行存款”等科目；按转让库存股的账面余额，贷记本科目；按其差额，贷记“资本公积——股本溢价”科目；如为借方差额的，借记“资本公积——股本溢价”科目，股本溢价不足冲减的，应依次冲减盈余公积、未分配利润，借记“盈余公积”“利润分配——未分配利润”科目。

以较高的价格转让的情形，其会计分录如下：

借：银行存款 ［按实际收到的金额］

　贷：库存股 ［按所转让的库存股的账面余额］

　　资本公积——股本溢价 ［按差额］

以较低的价格转让的情形，其会计分录如下：

借：银行存款 ［按实际收到的金额］

　资本公积——股本溢价→盈余公积→未分配利润 ［按差额］

　贷：库存股 ［按所转让的库存股的账面余额］

例 10－17

灰猫股份有限公司的大股东罗克因对股东大会作出的公司合并决议持异议，要求公司收购其股份。公司收购了罗克持有的本公司股份10万股，每股收购价格1.4元。本公司股票的每股面值为1元。税费等因素从略。相关的账务处理如下：

（1）收购本公司股份时。

借：库存股 140 000

　贷：银行存款 140 000

（2）转让库存股6万股，每股售价1.5元，实收价款90 000元。

借：银行存款 90 000

贷：库存股　84 000

　　资本公积——股本溢价　6 000

(3) 再度出售库存股4万股，每股售价1.3元，实收价款52 000元。

借：银行存款　52 000

　　资本公积——股本溢价　4 000

　贷：库存股　56 000

思考题

1. 会计学的学习过程能够把很多相关学科的知识联系起来，这样有助于建立起稳固而实用的知识体系和能力框架。请阅读《公司法》，思考：通读《公司法》对于学好公司财务会计有何意义？你打算怎样同步提升自己的专业知识和专业技能？

2. 当你能用浅显的语言阐释专业问题的时候，你就是真正的专家了。试向自己的好朋友解释一下，“股本（实收资本）”、“资本公积”、“盈余公积”和“利润分配”这四个会计科目哪些可能成为对应科目？哪些不可能成为对应科目？为什么？

3. 请解释何谓“资本公积——其他资本公积”。

练习题

甲上市公司2×18—2×19年发生与其股票有关的业务如下：

(1) 2×18年1月4日，经股东大会决议，并报有关部门核准，增发普通股40 000万股，每股面值1元，每股发行价格5元，股款已全部收到并存入银行。假定不考虑相关税费。

(2) 2×18年6月20日，经股东大会决议，并报有关部门核准，以资本公积4 000万元转增股本。

(3) 2×19年6月20日，经股东大会决议，并报有关部门核准，以银行存款回购本公司股票100万股，每股回购价格为3元。

(4) 2×19年6月26日，经股东大会决议，并报有关部门核准，将回购的本公司股票100万股注销。

要求：逐笔编制甲上市公司上述业务的会计分录。（答案中的金额单位用万元表示。）

第 11 章 Chapter 11 收入、费用和利润

学习目标

1. 掌握：收入、费用的会计核算规则；纳税申报表的填报方法。
2. 理解：利润表和纳税申报表的关系；所得税法与会计规则之间的主要差异。
3. 了解："直接计入当期利润的利得和损失"的含义；每股收益的含义和算法。

会计学是唯一能够提供企业利润数字的科学。传统上，人们之所以尊重会计工作，很大程度上是因为会计能够按照法律规定提供具有证明力的资产和利润数据。会计作为一种管理活动，所提供的资产、负债信息是股东控制企业运营所需的基础数据，所提供的收入和费用数据是评价企业业绩所需的基础数据。本书前面已经阐释了资产负债表中的会计要素和报表项目，在本章中将要系统总结的是利润表中的会计要素和报表项目。利润表在实务工作中的重要性是显而易见的。利润表是评价企业管理层和职工工作业绩的重要标准，是企业所得税纳税申报时计算应纳税所得额（taxable income）时需要的基础资料，还是公司利润分配程序中确定税后利润（profit after tax）时的数据来源。企业利润表中的数据也是国民经济统计公报的数据来源之一。因此，正确地对企业的收入、费用和利润进行会计处理，其意义不可小觑。

11.1 收入、费用和利润的定义

1. 基于收入和费用的广义概念的利润定义

在学习会计学基本原理的时候，大家接触的是广义的收入和费用概念。基于广义的收入和费用概念，利润的计算可用公式表示为：

(广义的)收入－(广义的)费用＝利润

《企业会计准则——基本准则》第十条规定，“企业应当按照交易或者事项的经济特征确定会计要素。会计要素包括资产、负债、所有者权益、收入、费用和利润”。显然，该条所称的收入和费用均取其广义。如此，收入减去费用等于利润。

上述公式又称经营成果等式、动态会计等式，反映了企业一定时期广义的收入（income）、广义的费用（expense）和利润（profit）之间的恒等关系，通俗易懂，与人们惯常的理解一致。它反映了利润的形成过程，是编制利润表的依据。

2. 基于收入和费用的狭义概念的利润定义

《企业会计准则——基本准则》第三十条所定义的收入①（revenue）和第三十三条所定义的费用（expenses）均为狭义。具体如下：收入是指企业在日常活动中形成的、会导致所有者权益增加的、与所有者投入资本无关的经济利益的总流入；费用是指企业在日常活动中发生的、会导致所有者权益减少的、与向所有者分配利润无关的经济利益的总流出。其中，日常活动（ordinary activities），是指企业为完成其经营目标所从事的经常性活动以及与之相关的活动。例如，工业企业制造并销售产品、商品流通企业销售商品、咨询公司提供咨询服务、软件公司为客户开发软件、安装公司提供安装服务、建筑企业提供建造服务等，均属于企业的日常活动。

根据上述狭义定义，收入减去费用后的余数便不等于利润了。这就导致该准则第三十七条所规定的利润的定义相当复杂：利润是指企业在一定会计期间的经营成果。利润包括收入减去费用后的净额、直接计入当期利润的利得和损失等。直接计入当期利润的利得和损失，是指应当计入当期损益、会导致所有者权益发生增减变动的、与所有者投入资本或者向所有者分配利润无关的利得和损失。

上述令人费解的概念是比照民间团体国际会计准则理事会（International Accounting Standards Board，IASB）的《财务报告的概念框架》翻译而来的。用公式表示，即

$$\begin{aligned}\text{利润} &= \text{广义收入} - \text{广义费用}\\ &= \left(\begin{array}{c}\text{狭义收入}\\ +\\ \text{直接计入当期利润的利得}\end{array}\right) - \left(\begin{array}{c}\text{狭义费用}\\ +\\ \text{直接计入当期利润的损失}\end{array}\right)\\ &= \begin{array}{c}\text{狭义}\\ \text{收入}\end{array} - \begin{array}{c}\text{狭义}\\ \text{费用}\end{array} + \left(\begin{array}{c}\text{直接计入当期}\\ \text{利润的利得}\end{array} - \begin{array}{c}\text{直接计入当期}\\ \text{利润的损失}\end{array}\right)\end{aligned}$$

前述广义收入，等于狭义收入加上直接计入当期利润的利得。直接计入当期利润的利得包括偶然所得（即资产处置收益、营业外收入）和预期所得（即公允价值变动收益）。

上述广义费用，等于狭义费用加上直接计入当期利润的损失。直接计入

① 《企业会计准则第 14 号——收入》（2017 年修订）第二条所定义的收入也是取其狭义。

当期利润的损失包括偶然支出或损失（即资产处置损失、营业外支出）和预期损失（即资产减值损失、信用减值损失、公允价值变动损失）。

上述概念的关系可以表示为图11-1。

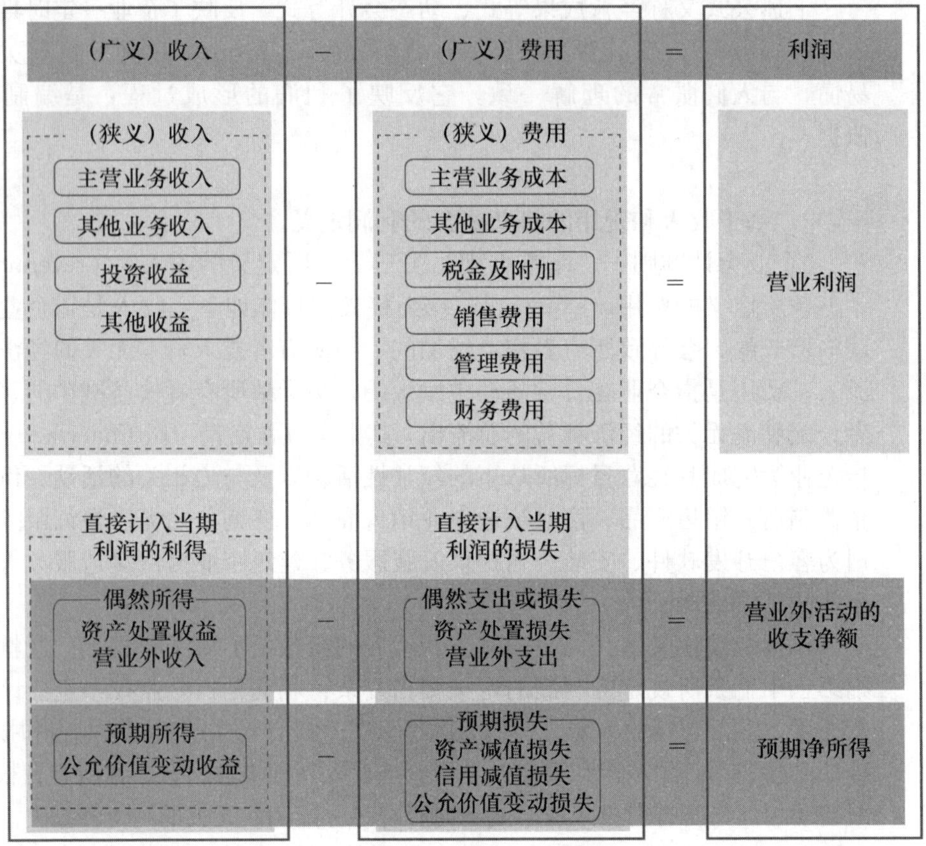

图11-1　企业利润的构成（示意图）

但现行利润表格式与上述推理存在较大差异，如表11-1所示。现行利润表的显著缺陷是法律事实与金融预期信息混杂（例如，资产减值损失、信用减值损失、公允价值变动收益等被计入了营业利润），这大大削弱了利润表的功能。企业管理中进行财务报表分析时，需要区分法律事实和金融预期，正确评价企业的经营业绩。

表11-1　现行利润表格式（简化）

项目	本年金额	上年金额
一、营业收入（主营业务收入和其他业务收入）		
减：营业成本（主营业务成本和其他业务成本）		
税金及附加		
销售费用		
管理费用		
研发费用		
财务费用		

续表

项目	本年金额	上年金额
加：其他收益		
投资收益（损失以“一”号填列）		
其中：对联营企业和合营企业投资的收益		
公允价值变动收益（损失以“一”号填列）		
信用减值损失（损以“一”号填列）		
资产减值损失（损失以“一”号填列）		
资产处置收益（损失以“一”号填列）		
二、营业利润（亏损以“一”号填列）		
加：营业外收入		
减：营业外支出		
三、利润总额（亏损总额以“一”号填列）		
减：所得税费用		
四、净利润（净亏损以“一”号填列）		

为便于读者理解，本章本着简洁易懂的原则对会计准则中的相关规定进行了改编，会计准则的原文放在专栏中供读者参考。

11.2 收 入

如11.1节所述，《企业会计准则——基本准则》第三十条和《企业会计准则第14号——收入》(2017年修订) 第二条所定义的收入，均取其狭义，是指企业在日常活动中形成的、会导致所有者权益增加的、与所有者投入资本无关的经济利益的总流入。

狭义的收入，包括营业收入（即主营业务收入和其他业务收入)、投资收益、其他收益。

狭义的收入具有以下特征：

(1) 收入是企业在日常活动中形成的。日常活动是指企业为完成其经营目标所从事的经常性活动，以及与之相关的活动。例如，工业（或称制造业）企业制造并销售产品，商业（或称商品流通）企业采购并销售商品，服务业提供服务，就属于日常活动。简而言之，收入是指企业从事其营业范围内的业务活动所获得的经济利益的总流入。

(2) 收入会导致所有者权益的增加。这一特点就使收入得以区别于举债所形成的经济利益的总流入。例如，企业获得银行借款时也会导致经济利益流入企业(即银行存款增加)，但不应当记录收入，而应当计入负债。

(3) 收入是与所有者投入资本无关的经济利益的总流入。这一特点就使收入得以区别于股东投资所形成的经济利益的总流入。例如，股东以现金投资时，虽然会导致企业经济利益流入企业（即银行存款增加），但不应当记录收入，而应当计入所有者权益。

显然，如果企业的经营活动取得的经济利益的总流入，既不是因承担负债而带来的，也不是因股东增加投资而带来的，那么，这样的经济利益的总流入就是应当计入利润表的收入。

符合收入定义和收入确认条件的项目，应当列入利润表。

11.2.1 营业收入（主营业务收入和其他业务收入）

企业开展业务，必须到工商行政管理机关办理设立登记并领取营业执照，某些特殊经营项目或特殊行业还必须预先办理相应的许可证（如工业产品生产许可证、食品流通许可证、药品经营许可证、烟草专卖许可证、食盐专营许可证、金融许可证、保险许可证等）。企业法人营业执照（或营业执照）上面注有“经营范围”信息，这些信息与企业章程和企业制定的管理制度中的信息是一致的。企业依照营业执照上载明的营业范围从事经营活动所获得的收入在会计学中称作营业收入（revenue）。通俗地解释，营业收入就是企业开展常规业务所取得的收入。

专栏 11-1 《企业经营范围登记管理规定》摘录

（2015年8月27日国家工商行政管理总局令第76号公布）

经营范围是企业从事经营活动的业务范围，应当依法经企业登记机关登记。申请人应当参照《国民经济行业分类》选择一种或多种小类、中类或者大类自主提出经营范围登记申请。对《国民经济行业分类》中没有规范的新兴行业或者具体经营项目，可以参照政策文件、行业习惯或者专业文献等提出申请。企业的经营范围应当与章程或者合伙协议规定相一致。经营范围发生变化的，企业应对章程或者合伙协议进行修订，并向企业登记机关申请变更登记。

企业申请登记的经营范围中属于法律、行政法规或者国务院决定规定在登记前须经批准的经营项目（以下称前置许可经营项目）的，应当在申请登记前报经有关部门批准后，凭审批机关的批准文件、证件向企业登记机关申请登记。企业登记机关依照审批机关的批准文件、证件登记前置许可经营项目。批准文件、证件对前置许可经营项目没有表述的，依照有关法律、行政法规或者国务院决定的规定和《国民经济行业分类》登记。

企业申请登记的经营范围中属于法律、行政法规或者国务院决定等规定在登记后须经批准的经营项目（以下称后置许可经营项目）的，依法经企业登记机关核准登记后，应当报经有关部门批准方可开展后置许可经营项目的经营活动。

前置许可经营项目以外的经营项目，企业登记机关根据企业的章程、合伙协议或者申请，参照《国民经济行业分类》及有关政策文件、行业习惯或者专业文献登记。企业登记机关应当在经营范围后标注“(依法须经批准的项目，经相关部门批准后方可开展经营活动)”。

企业经营范围中包含许可经营项目的，企业应当自取得审批机关的批准文件、证件之日起 20 个工作日内，将批准文件、证件的名称、审批机关、批准内容、有效期限等事项通过企业信用信息公示系统向社会公示。其中，企业设立时申请的经营范围中包含前置许可经营项目的，企业应当自成立之日起 20 个工作日内向社会公示。审批机关的批准文件、证件发生变更的，企业应当自批准变更之日起 20 个工作日内，将有关变更事项通过企业信用信息公示系统向社会公示。

企业的经营范围应当包含或者体现企业名称中的行业或者经营特征。跨行业经营的企业，其经营范围中的第一项经营项目所属的行业为该企业的行业。

营业收入与营业成本之间存在因果关系，二者均以总额入账，二者匹配（matching，或称配比，即营业收入减去营业成本）之后的结果即为日常活动的毛利。

通俗地说，营业收入是企业从事某一项经营活动（如销售商品、提供服务等）收到的对价，营业成本是企业从事该经营活动所付出的代价。从合同的角度来说，合同的对价减去该合同的代价，就是该合同的毛利。

上述思路就是记录营业收入和营业成本的基本逻辑。

2017 年修订的《企业会计准则第 14 号——收入》试图将销售商品收入和提供服务收入的会计处理规则统一起来，建立统一的更加科学合理地反映企业的收入确认过程的规则。

该准则是借鉴《国际财务报告准则第 15 号——客户合同收入》（IFRS 15：Revenue from Contracts with Customers）制定的，该准则适用于企业在销售商品和提供服务过程中与客户订立的合同。① 准则所称客户，是指与企业订立合同以向该企业购买其日常活动产出的商品或服务（准则笼统地称之为“商品”）并支付对价的一方。准则所称合同，是指双方或多方之间订立的有法律约束力的权利义务的协议，其形式可以是书面形式、口头形式或者其他可验证的形式（如隐含于商业惯例或企业以往的习惯做法中等）。

该准则的核心原则是，企业应当根据其向客户销售商品或提供服务的模式来记录营业收入，营业收入的金额应当是其销售商品或提供服务所收取（或应收取）的对价。

---

① 但属于《企业会计准则第 2 号——长期股权投资》《企业会计准则第 22 号——金融工具确认和计量》《企业会计准则第 23 号——金融资产转移》《企业会计准则第 24 号——套期会计》《企业会计准则第 33 号——合并财务报表》《企业会计准则第 40 号——合营安排》《企业会计准则第 21 号——租赁》以及保险合同相关准则调整范围的除外。

为贯彻上述核心原则，该准则推出了一套被称作“五步法”的会计处理规则（如图 11-2 所示）。

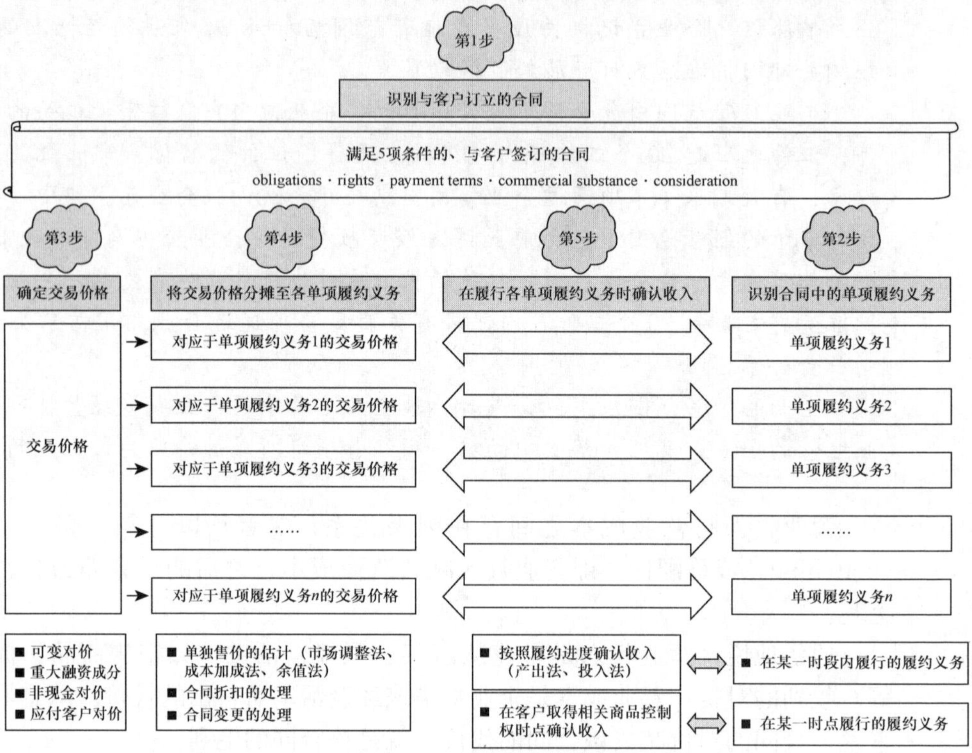

图 11-2　收入核算的“五步法”（示意图）

1.“五步法”的设计理念

为便于读者理解，这里结合一个小案例来解释。

例如，某电信公司以买手机送话费的捆绑销售方式开展促销，客户买单独售价为 3 000 元的手机即可享有该电信公司赠送的有效期为两年的 600 元话费。对于这样的销售合同，该电信公司确认收入的程序如下：

第 1 步，识别与客户订立的合同，即判断某项合同是否属于《企业会计准则第 14 号——收入》（2017 年修订）的调整范围，且满足该准则所规定的五项条件。

本例中，假定该买卖合同属于《企业会计准则第 14 号——收入》（2017 年修订）的调整范围，且满足该准则所规定的合同条件。

第 2 步，识别合同中的单项履约义务，并进一步区分为在某一时段内履行的履约义务和在某一时点履行的履约义务。

本例中，该合同中的履约义务有两项：一项属于在某一时点履行的履约义务（详见下文），该电信公司应当履行给付义务，即把单独售价为 3 000 元的手机交付给客户；另一项属于在某一时段内履行的履约义务，该电信公司应当在两年内提供合同金额为 600 元的电信服务。

第 3 步，确定交易价格。该捆绑销售合同的交易价格总额为 3 000 元。

第 4 步，将交易价格分摊至各单项履约义务。对应于该电信公司所给付的手机这一单项履约义务的交易价格为 2 500 元（3 000÷3 600×3 000）；对应于该电信公司在两年内提供合同金额为 600 元的电信服务这一单项履约义务的交易价格为 500 元（3 000÷3 600×600）。

第 5 步，在履行各单项履约义务时确认收入。具体而言，对于在某一时段内履行的履约义务，企业应当在该段时间内按照履约进度确认收入。对于在某一时点履行的履约义务，企业应当在客户取得相关商品控制权时点确认收入。对于在某一时点履行的履约义务（即手机销售时的给付义务），该电信公司在完成手机给付义务时（也即客户取得该手机的控制权时）确认收入 2 500 元。对于在某一时段内履行的履约义务（即此后两年的电信服务），此后两年内，按照履约进度确认电信服务收入（共计 500 元）。

2.“五步法”的操作规则

基于非专业用教材的教学目标，本书不拟探讨“五步法”的操作细节。但鉴于该准则对于企业管理实践的重要性，这里给出该准则的基本脉络，感兴趣的读者可在实际操作时比照《企业会计准则第 14 号——收入》（2017 年修订）及其应用指南进行具体操作。

第 1 步：识别与客户订立的合同

《企业会计准则第 14 号——收入》（2017 年修订）针对工商企业在日常经营（销售商品和提供服务）过程中与客户订立的合同，给出了营业收入的核算规则。[①]

企业与客户订立的同时满足下列条件的合同，才能依照该准则确认收入：（1）缔约各方已批准该合同并承诺将履行各自的义务（obligations）。（2）该合同明确界定了缔约各方与所转让商品或提供劳务（以下简称“转让商品”）相关的权利（rights）。（3）该合同有明确的与所转让商品相关的支付条款（payment terms）。（4）该合同具有商业实质（commercial substance），即履行该合同将改变企业未来现金流量的风险、时间分布或金额。关于商业实质，应按照非货币性资产交换中有关商业实质的说明进行判断。（5）企业因向客户转让商品而有权取得的对价（consideration）很可能收回。在评估对价是否很可能收回时，仅应考虑客户到期时支付对价的能力和意图（即客户的信用风险）。

在合同开始日即满足前款条件的合同，企业在后续期间无须对其进行重新评估，除非有迹象表明相关事实和情况发生重大变化。合同开始日通常是指合同生效日。

第 2 步：识别合同中的单项履约义务

企业应当在合同开始日对合同进行评估，识别其所包含的各项单项履约义

---

① 作为对比，企业与客户以外的各方（如职工、投资方等）所签订的合同，如企业对外出租资产收取的租金、进行债权投资收取的利息、进行股权投资取得的现金股利等，不适用《企业会计准则第 14 号——收入》。

务，并确定各项单项履约义务是在某一时段内履行的履约义务，还是在某一时点履行的履约义务。

（1）单项履约义务的定义。单项履约义务（performance obligation），是指企业做出的向客户转让可明确区分商品的承诺。该承诺既包括合同中明确约定的承诺，也包括客户在订立合同时基于企业已公开宣布的政策、特定声明或以往的习惯做法等信息而合理预期的企业将会履行的承诺。企业为履行合同而应开展的初始活动，通常不构成履约义务，除非该活动向客户转让了承诺的商品。

对于不同的企业，已承诺的商品或服务的含义也有所不同。常见的情形是：工业企业（制造业）销售自己生产的产品；商业企业（批发和零售业）销售其所购买的商品；作为当事人代为销售商品或者代为提供服务；拥有知识产权的企业向客户（其他企业）提供使用许可；服务类企业为客户提供建筑、交通运输、仓储、邮政、住宿、餐饮、信息传输、软件、信息技术、金融、租赁、科学研究、技术服务、教育、文化、体育和娱乐等的服务；等等。

可明确区分商品（distinct good or service），是指企业向客户承诺的、同时满足下列条件的商品：1）客户因直接使用该商品（或者将该商品与企业易于获得的其他资源一起使用）而受益，例如，企业通常会单独销售该商品等；2）企业向客户转让该商品的承诺是明确可区分的，即该承诺独立于合同中的其他承诺。

下列情形通常表明企业向客户转让该商品的承诺与合同中的其他承诺是可以单独区分的：1）企业无须提供大量的服务（significant service，准则译作“重大的服务”），就能将该商品与合同中承诺的其他商品一起，整合成为客户所要求的组合成品；2）该商品并未显著地修改或者影响合同中承诺的其他商品；3）该商品与合同中承诺的其他商品不存在高度的关联性。

（2）在某一时段内履行的履约义务。在某一时段内履行的履约义务（performance obligation over time），是指满足下列条件之一的履约义务：1）客户在企业履约的同时即取得并消耗企业履约所带来的经济利益。这是指持续性的、立竿见影的服务，如保洁服务、园林绿化服务、运输服务等。这种业务的一个显著特点是，遇有中途停顿时，不必重新执行已完成的部分。2）客户能够控制企业履约过程中在建的商品。这是指持续性的、其效果需累积才能见的生产和服务，如包括在产品、在建工程、尚未完成的研发项目、正在进行的服务等建筑安装服务。例如，东南建设股份公司与客户签订合同，在该客户指定的土地上为其设计并建造厂房。这种情况就是客户能够控制企业履约过程中在建的商品的情形。3）企业履约过程中所产出的商品具有不可替代用途（即客户定制的专用产品），且该企业在整个合同期间内有权就累计至今已完成的履约部分收取款项。如企业预付全款定制某种商品且该预付款不可撤销的情形。具有不可替代用途，是指因合同限制或实际可行性限制，企业不能轻易地将商品用于其他用途。有权就累计至今已完成的履约部分收取款项，是指在由于客户或其他方原因终止合同的情况下，企业有权就累计至今已完成的履约部分收取能够补偿其已发生成本和合理利润的款项，并且该权利具有法律约束力。例如，江南制造股份公司与客户签订合同，为其建造特种船舶，该产品具有不可替代用途。如果该客户违约时该公司能够收回成本且获取合理利润，则该合同的履约义务就属于在某一时段内履行的履约义务。如果该客户违约时该公司不能收回成本且获取合理利润，则该合同的履约义务就不属于在某一时段内履行的履约义务。

（3）在某一时点履行的履约义务。在某一时点履行的履约义务（performance obligation at a point in time），是指不属于在某一时段内履行的履约义务的那些履约义务。

第 3 步：确定交易价格

交易价格（transaction price），是指企业因向客户转让商品而预期有权收取的对价金额。企业代第三方收取的款项以及企业预期将退还给客户的款项，应当作为负债进行会计处理，不计入交易价格。企业应当根据合同条款，并结合其以往的习惯做法确定交易价格。此外，还应考虑可变对价（variable consideration）、合同中存在的重大融资成分（significant financing component）、非现金对价（non-cash consideration）、应付客户对价（consideration payable to a customer）等因素的影响。

第 4 步：将交易价格分摊至各单项履约义务

企业应当按照分摊至各单项履约义务的交易价格计量收入。

合同中包含两项或多项履约义务的，企业应当在合同开始日，按照各单项履约义务所承诺商品的单独售价的相对比例，将交易价格分摊至各单项履约义务。企业不得因合同开始日之后单独售价的变动而重新分摊交易价格。

企业在类似环境下向类似客户单独销售商品的价格，应作为确定该商品单独售价的最佳证据（the best evidence）。单独售价无法直接观察的，企业应当综合考虑其能够合理取得的全部相关信息，采用市场调整法、成本加成法、余值法等方法合理估计单独售价。在估计单独售价时，企业应当最大限度地采用可观察的输入值，并对类似的情况采用一致的估计方法。

第 5 步：在履行各单项履约义务时确认收入

（1）在某一时段内履行的履约义务所对应的收入。对于在某一时段内履行的履约义务，企业应当在该段时间内按照履约进度确认收入，但是，履约进度不能合理确定的除外。

企业应当考虑商品的性质，采用产出法（output methods）或投入法（input methods）确定恰当的履约进度。

（2）在某一时点履行的履约义务所对应的收入。对于在某一时点履行的履约义务，企业应当在客户取得相关商品控制权时点确认收入。取得相关商品控制权，是指能够主导该商品的使用并从中获得几乎全部的经济利益。

在判断客户是否已取得商品控制权时，企业应当考虑下列迹象：1）企业就该商品享有现时收款权利，即客户就该商品负有现时付款义务；2）企业已将该商品的法定所有权转移给客户，即客户已拥有该商品的法定所有权；3）企业已将该商品转移给客户，即客户已经取得商品的实际占有；4）企业已将该商品所有权上的主要风险和报酬转移给客户，即客户已取得该商品所有权上的主要风险和报酬；5）客户已接受该商品；6）其他表明客户已取得商品控制权的迹象。

3. 单一业务合同内容的收入确认

《企业会计准则第14号——收入》（2017年修订）所推出的“五步法”适用于各类为企业带来营业收入的合同（无论业务期限长短、业务内容多寡、业务性质如何），在形式上取得了统一。正如《国际财务报告准则第15号——客户合同收入》所称，“五步法”是一个更健全的框架，能够适用于复杂的交易。

对于这样一套包罗万象的“五步法”收入确认模型，人们不能仅仅看到它光彩照人的一面，也要看到其局限性。一方面，这样复杂的收入确认对于社会经济生活中常见的即时完成的单一业务内容而言，无疑过于复杂了些。如果对于业务内容单一的业务合同，仍然固守“五步法”，那未免太过小题大做了。另一方面，现实中的合同法律关系千变万化，实在难以用一套算法来网罗全部的业务模式。即便是貌似包罗万象的“五步法”收入确认模型，同样力不能逮。实际上，修订后的收入准则仍然不得不给出了长篇的特定交易的会计处理规则（详见该准则原文及其应用指南）。①

针对单一业务合同内容，可以直接根据财产权利的变化来核算营业收入。

工商企业设“主营业务收入”科目核算企业确认的销售商品、提供服务等主营业务的收入。该科目可按主营业务的种类进行明细核算。该科目贷方登记发生额（增加数），借方登记结转额（减少数）。期末，企业应根据该科目的本期贷方发生额减去本期借方发生额后的净额，借记“主营业务收入”科目，贷记“本年利润”科目，结转后该科目应无余额。

工商企业设“其他业务收入”科目核算企业确认的除主营业务活动以外的其他经营活动实现的收入，包括出租固定资产、出租无形资产、出租包装物和商品、销售材料、用材料进行非货币性交换（非货币性资产交换具有商业实质且公允价值能够可靠计量）或债务重组等实现的收入。该科目贷方登记发生额（增加数），借方登记结转额（减少数）。期末，企业应根据该科目的本期贷方发生额减去本期借方发生额后的净额，借记“其他业务收入”科目，贷记“本年利润”科目，结转后该科目应无余额。

之所以还要把营业收入区分为主营业务收入和其他业务收入，是因为在企业管理实践中，从业绩评价与财务管控等管理需要来看，常常需要分析利润来源究竟是来自主营业务，还是来自兼营业务。会计管理程序常常是实际管理需要的产物。

当然，主营业务和兼营业务的区分并没有统一的标准。对于一家企业而言的主营业务和兼营业务，对于另一家企业而言可能恰恰相反。上述“主营业务收

---

① 如附有销售退回条款的销售、向客户授予知识产权许可、售后回购交易、向客户预收销售商品款项、向客户收取的无须退回的初始费等情形。

入”科目和“其他业务收入”科目的用法，是以工商企业的常规情形为参照坐标的。企业在实际工作中常常根据管理需要自行确定所适用的科目。

企业应在销售成立时，按已收或应收的全部款项，记录业务活动的对价，即借记“银行存款”“应收账款”“应收票据”等科目。按从以上全部款项中减除增值税销项税额后的金额，记录企业通过生产经营所取得的对价，即贷记“主营业务收入”或“其他业务收入”等科目。根据增值税的税制原理，在商品或服务顺利完成给付的情况下，企业不负担增值税，增值税不构成企业的对价或代价。因此，应当将增值税销项税额从企业收取的全部对价中刨除，即不计入营业收入，而是计入“应交税费——应交增值税”账户的销项税额专栏。企业应按增值税专用发票上注明的增值税销项税额，贷记“应交税费——应交增值税（销项税额）”科目。

借：银行存款、应收账款、应收票据等　　[按已收或应收的全部款项]
　贷：主营业务收入（或其他业务收入）
　　　　　　　　[按从以上全部款项中减除增值税后的金额]
　　　应交税费——应交增值税（销项税额）
　　　　　　　　[按增值税专用发票上注明的增值税税额]

结转成本时，企业应按其为了取得上述对价所付出的代价，借记“主营业务成本”或“其他业务成本”等科目，贷记“库存商品”等科目。

例 11－1

中原商贸有限公司是增值税一般纳税人，税务机关核定的增值税纳税期限为一个月。该公司 20×8 年 1 月 6 日购入了 100 件西施浣纱股份有限公司生产的羊驼毛大衣，增值税专用发票上注明的金额共计 100 000 元，增值税税额为 13 000 元。商品已经入库，价款已经支付。中原商贸有限公司的会计处理如下：

借：库存商品　　100 000
　　应交税费——应交增值税（进项税额）　　13 000
　贷：银行存款　　113 000

中原商贸有限公司 20×8 年 1 月 26 日将 100 件羊驼毛大衣批发给了另一家公司，不含增值税的销售额为 300 000 元，增值税税额为 39 000 元。钱货两清。

该项业务的营业收入属于在某一时点履行的履约义务所对应的收入。中原商贸有限公司在购买方取得该货物的控制权时确认收入。

借：银行存款　　339 000
　贷：主营业务收入　　300 000
　　　应交税费——应交增值税（销项税额）　　39 000

结转主营业务成本时的会计分录如下：

借：主营业务成本　　100 000
　贷：库存商品　　100 000

从上述示例中不难看出，针对即时完成的单一业务内容来核算营业收入和营业成本时，业务合同的对价减去该合同的代价，就是该合同的毛利。这一逻辑线条还是比较清晰的。

例 11-2

20×7年1月1日，东南路桥股份公司与某客户签订合同，为其修建100公里的高速公路，合同标的额为5 000 000 000元。假定本例不考虑增值税等相关税费。

20×7年12月31日，该公司已完成建造任务60公里，预计未来一年内能够全部完工。该合同所包含的一项履约义务，属于在某一时段内履行的履约义务。假设该公司按照已完成的工作量确定履约进度。因此，截至20×7年12月31日，该合同的履约进度为60%（60÷100），该公司应确认的收入为3 000 000 000元（5 000 000 000×60%）。

借：银行存款　　3 000 000 000

　贷：主营业务收入　　3 000 000 000

该公司预计合同总成本为4 500 000 000元。按照履约进度60%计算的营业成本为2 800 000 000元。

借：主营业务成本　　2 800 000 000

　贷：合同履约成本　　2 800 000 000

本例略有难度，读者了解大意即可。

11.2.2 投资收益

企业有时候需要通过长期股权投资来维护其战略利益，有时候出于调节资产结构和债务结构的需要也可能会进行一些金融性质的投资。会计学中把这些投资所获得的回报称作投资收益。

企业设“投资收益”科目核算企业在长期股权投资、证券投资中获得的投资收益（或承受的投资损失）。该科目可按照投资项目进行明细核算。在会计期末结账时，企业应根据当期应结转的金额，借记“投资收益”科目，贷记“本年利润”科目，结转后该科目应无余额。

例 11-3

佳佳禾农业股份公司20×8年1月2日投资300万元购买了某上市公司的股票，企图获得投机收益，20×8年1月23日出售该股票得款390万元。其账务处理如下：

投资时。

借：交易性金融资产——成本　　3 000 000

　贷：其他货币资金——存出投资款　　3 000 000

出售股票时。

借：其他货币资金——存出投资款　　3 900 000

贷：交易性金融资产——成本　　3 000 000

　　投资收益　　900 000

限于篇幅，长期股权投资、债权投资等投资收益的示例此处从略。

11.2.3　其他收益

《企业会计准则第 16 号——政府补助》（2017 年修订）第十一条规定，与企业日常活动相关的政府补助，应当按照经济业务实质，计入其他收益或冲减相关成本费用。

企业设“其他收益”科目核算其计入其他收益的、与企业日常活动相关的政府补助。该科目贷方登记收到的与企业日常活动相关的政府补助，借方登记减少数，期末结转后无余额。

例 11－4

华中机电有限公司 20×8 年 9 月收到当地政府依照科技创新支持计划拨付的政府补助 16 000 000 元，该补助与该公司的日常经营活动相关。华中机电有限公司的会计处理如下：

借：银行存款　　16 000 000

　贷：其他收益　　16 000 000

11.3　费　用

会计学中所称的“［营业］费用”是指企业为取得本期的营业收入而发生的、应从本期的营业收入中获得补偿的经营代价。简单地说，［营业］费用就是为了取得营业收入而发生的经营代价。有些经营代价与营业收入存在直接对应关系（接近于正比例关系），如销售货物或提供服务所发生的营业成本（结转的销货成本、劳务成本等）、税金及附加；有些经营代价则与营业收入没有直接的对应关系，如销售费用、管理费用、财务费用等（这些费用通常被称作期间费用）。费用类的各个项目在利润表中作为营业收入的减项单独列示。营业收入与营业费用之差，就是惯常所称的营业利润（营业亏损以负数表示）。

《企业会计准则——基本准则》第三十三条规定，费用是指企业在日常活动中发生的、会导致所有者权益减少的、与向所有者分配利润无关的经济利益的总流出。可见，准则所称的费用是狭义的，仅仅是指企业当期从事经营活动所付出的代价，不包括偶然支出或损失（即营业外支出、资产处置损失）、预期损失（即公允价值变动损失、资产减值损失、信用减值损失）。

费用具有以下三项特征：

（1）费用是企业在日常活动中发生的。这里的“日常活动”，同收入中的含义。日常活动中所发生的费用，通常包括营业成本（即主营业务成本、其他业务成本）、税金及附加、销售费用、管理费用、财务费用等。作为对比，非日常活动所形成的经济利益的总流出不能记录为费用，而应当计入损失。

（2）费用会导致所有者权益的减少。这一特点就使得费用区别于偿债所导致的经济利益的总流出。例如，企业清偿债务也会导致经济利益流出企业（如银行存款减少），但不应当记录费用，而应当冲减负债。

（3）费用是与向所有者分配利润无关的经济利益的总流出。这一特点就使得费用区别于股东减资所形成的经济利益的总流出。例如，股东按照公司章程撤资时，虽然会导致经济利益流出企业（如银行存款减少），但不应当记录费用，而应当冲减所有者权益。

显然，如果企业的经营活动所导致的经济利益的总流出，既不冲减负债，也不直接冲减所有者权益，那么，这样的经济利益的总流出就是应当计入利润表的费用。

费用的确认除了应当符合定义外，至少应当符合以下条件：（1）与费用相关的经济利益应当很可能流出企业；（2）经济利益流出企业的结果会导致资产的减少或者负债的增加；（3）经济利益的流出额能够可靠计量。

符合费用定义和费用确认条件的项目，应当列入利润表。

费用按性质不同，可分为与营业收入直接相关的费用和期间费用。与营业收入直接相关的费用是指企业本期发生的、与本期营业收入存在直接对应关系、为取得营业收入而发生的直接的经营代价，包括主营业务成本、其他业务成本、税金及附加。期间费用是指企业本期发生的、与本期营业收入没有对应关系、应直接计入当期损益的各项费用，包括管理费用、销售费用和财务费用。

值得注意的是，在现行准则所规定的工商企业的利润表格式中，营业利润不仅仅是营业收入减去营业费用的余数，还包括了利得（如公允价值变动损益）和损失（如资产减值损失）。初学者对如此设计的利润表往往感到费解，学界对此亦存有争议。

另外需要提示读者的是，有些会计科目虽然带有“成本”或“费用”字样，但却不属于在利润表中列示的项目（即不是损益类科目），如前面章节所提及的“生产成本”“制造费用”“劳务成本”等科目。“生产成本”和“制造费用”科目记录的是为制造存货而发生的直接代价（如直接材料开支、直接人工开支）和间接代价（如车间水电气开支、车间办公开支等），因此，二者都属于资产类科目（有的书上称作成本类科目），而不属于费用类科目（有的书上称作损益类科目）。“劳务成本”科目记录的是留待结转计入营业成本的开支，因此，该科目也在资产负债表日列入资产负债表的“存货”项目。

11.3.1 主营业务成本和其他业务成本

1. 主营业务成本

工商企业设“主营业务成本”科目核算企业确认销售商品、提供服务等主营业务收入时应结转的成本（税金及附加除外，另设科目核算）。该科目可按主营业务的种类进行明细核算。该科目借方登记发生额（增加数），贷方登记结转额（减少数）。会计期末（如月末）结转营业成本时，企业应根据本月销售的各种商品、提供的各种服务等的实际成本，计算应结转的主营业务成本，借记“主营业务成本”科目，贷记“库存商品”“劳务成本”等科目。期末，企业应根据该科目的本期借方发生额减去本期贷方发生额后的净额，借记“本年利润”科目，贷记“主营业务成本”科目，结转后该科目应无余额。

示例请参阅本章第 11.1 节。

2. 其他业务成本

工商企业设“其他业务成本”科目核算企业确认的除主营业务活动以外的其他经营活动所发生的代价（税金及附加除外，另设科目核算），包括销售材料的成本、出租固定资产的折旧额、出租无形资产的摊销额、出租包装物的成本或摊销额等。除主营业务活动以外的其他经营活动发生的相关税费，在“税金及附加”科目核算。采用成本模式计量投资性房地产的，其投资性房地产计提的折旧额或摊销额，也通过该科目核算。该科目借方登记发生额（增加数），贷方登记结转额（减少数）。期末，企业应根据该科目的本期借方发生额减去本期贷方发生额后的净额，借记“本年利润”科目，贷记“其他业务成本”科目，结转后该科目应无余额。

企业记录发生的其他业务成本时，借记“其他业务成本”科目，贷记“原材料”“低值易耗品”“累计折旧”“累计摊销”“应付职工薪酬”等科目。

例 11－5

环球实业有限公司为增值税一般纳税人，某月销售原材料一批，不含增值税的售价为 100 000 元，增值税税额为 13 000 元，已经收到转账支票。

销售收款时。

借：银行存款	113 000	
贷：其他业务收入		100 000
应交税费——应交增值税（销项税额）		13 000

结转该批原材料账面成本 90 000 元时。

借：其他业务成本	90 000	
贷：原材料		90 000

例 11－6

神州粮油有限公司 20×8 年 1 月 6 日斥资 2 120 000 元购入了“十四香”酱油的发明专利所有权，增值税专用发票上注明的交易金额为 2 000 000 元，增值税税额为 120 000 元。该专利的法律保护期限还有 10 年。该公司采用直线法摊销无形资产。20×9 年初，神州粮油公司作为专利权人在书面合同中授权另一公司实施该项专利。每年年初收取专利使用费 300 000 元。本例不考虑其他税费等因素。神州粮油公司的会计处理如下：

（1）购入专利权时。

借：无形资产 2 000 000

应交税费——应交增值税（进项税额） 120 000

贷：银行存款 2 120 000

（2）20×8年摊销无形资产时。

借：管理费用 200 000

贷：累计摊销 200 000

（3）授权他人实施专利后，每年年初收取专利使用费时。

借：银行存款 300 000

贷：其他业务收入 300 000

（4）授权他人实施专利后，每年摊销无形资产时。

借：其他业务成本 200 000

贷：累计摊销 200 000

11.3.2 税金及附加

企业设“税金及附加”科目，核算企业经营活动发生的消费税、城市维护建设税、资源税、教育费附加及房产税、土地使用税、车船税、印花税等相关税费。

该科目借方登记发生额（增加数），贷方登记结转额（减少数）。在纳税期限内计算确定经营活动发生的税金及附加时，借记“税金及附加”科目，贷记“应交税费”等科目。

借：税金及附加 ［按应交的各种税费］

贷：应交税费——应交消费税

——应交城市维护建设税

——应交教育费附加

——应交资源税

——应交房产税

——应交土地使用税

——应交车船税

期末，企业应根据该科目的本期借方发生额减去本期贷方发生额后的净额，借记“本年利润”科目，贷记“税金及附加”科目，结转后该科目应无余额。

例11－7

20×9年12月，金波家居有限公司计算应交房产税160 000元、应交土地使用税90 000元、应交车船税30 000元。该公司的账务处理如下：

借：税金及附加 280 000

贷：应交税费——应交房产税 160 000

——应交土地使用税　90 000
——应交车船税　30 000

11.3.3 销售费用

除金融行业外，企业设“销售费用”科目核算销售货物、提供服务时发生的各种费用，包括保险费、包装费、展览费和广告费、商品维修费、预计产品质量保证损失、运输费、装卸费等以及为销售本企业商品而专设的销售机构（含销售网点、售后服务网点等）的职工薪酬、业务费、折旧费等经营费用。该科目可按照费用项目进行明细核算。该科目借方登记发生额（增加数），贷方登记结转额（减少数）。期末，企业应根据该科目的本期借方发生额减去本期贷方发生额后的净额，借记“本年利润”科目，贷记“销售费用”科目，结转后该科目应无余额。

企业在销售商品过程中发生的包装费、保险费、展览费和广告费、运输费、装卸费等费用，借记“销售费用”科目，贷记“库存现金”“银行存款”科目。

企业发生的为销售本企业商品而专设的销售机构的职工薪酬、业务开支、专设销售机构的固定资产折旧等经营费用，借记“销售费用”科目，贷记“应付职工薪酬”“银行存款”“累计折旧”等科目。

例 11-8

新新乳品有限公司20×8年12月份根据发生的销售费用，进行了如下的会计处理：

计算应付专设的销售机构的职工薪酬400 000元。

借：销售费用　400 000
　贷：应付职工薪酬　400 000

开出支票支付电视广告费636 000元。收到的增值税专用发票上注明的不含税金额为600 000元，税额为36 000元，价税合计为636 000元。

借：销售费用　600 000
　　应交税费——应交增值税（进项税额）　36 000
　贷：银行存款　636 000

11.3.4 财务费用

企业设“财务费用”科目核算其当期记入利润表的筹资代价，包括利息支出及手续费支出、汇兑差额和支付的现金折扣等代价。该科目可按照费用项目进行明细核算。该科目借方登记发生额（增加数），贷方登记结转额（减少数）。记录发生的财务费用时，借记“财务费用”科目，贷记“银行存款”等科目。记录应冲减财务费用的利息收入、汇兑差额、现金折扣时，借记“银行存款”“应付账款”等科目，贷记“财务费用”科目。期末，企业应根据该科目的本期借方发生额减去本期贷方发生额后的净额，借记“本年利润”科目，贷记“财务费用”科目，结转后该科目应无余额。

例 11-9

新新乳品有限公司 20×8 年 12 月份根据发生的财务费用，进行了如下的会计处理：

转账支付短期借款利息 300 000 元。收到的增值税专用发票上注明的不含税金额为 283 018.87 元，税额为 16 981.13 元，价税合计为 300 000 元。

借：财务费用	300 000	
贷：银行存款		300 000

收到银行存款利息 100 000 元。假定该存款利息不征收增值税。

借：银行存款	100 000	
贷：财务费用		100 000

11.3.5 管理费用

企业设“管理费用”科目核算企业为组织和管理企业生产经营所发生的管理费用，包括筹建期间的开办费、董事会和行政管理部门在企业的经营管理中发生的或者应由企业统一负担的公司经费（包括行政管理部门职工薪酬、物料消耗、低值易耗品摊销、办公费和差旅费等）、工会经费、董事会费（包括董事会成员津贴、会议费和差旅费等）、聘请中介机构费、咨询费（含顾问费）、诉讼费、业务招待费、技术转让费、矿产资源补偿费、研究费用、排污费等。管理费用不多的商品流通企业，可不设置“管理费用”科目，将上述内容一并放在“销售费用”科目核算。该科目可按照费用项目进行明细核算。该科目借方登记发生额（增加数），贷方登记结转额（减少数）。期末，企业应根据该科目的本期借方发生额减去本期贷方发生额后的净额，借记“本年利润”科目，贷记“管理费用”科目，结转后该科目应无余额。

1. 行政管理费用的会计处理

企业发生公司经费等管理费用时，借记“管理费用”科目，贷记“银行存款”等科目。

例 11-10

新新乳品有限公司 20×8 年 12 月份根据发生的管理费用，进行了如下的会计处理：

（1）应付行政管理部门职工薪酬 230 000 元。

借：管理费用	230 000	
贷：应付职工薪酬		230 000

（2）计提行政管理办公大楼的折旧110 000元。

借：管理费用　　110 000

　贷：累计折旧　　110 000

（3）用银行存款支付业务招待费9 000元。收到的增值税专用发票上注明的不含税金额为8 490.57元，税额为509.43元，价税合计为9 000元。

借：管理费用　　8 490.57

　　应交税费——应交增值税（进项税额）　　509.43

　贷：银行存款　　9 000.00

（4）计提工会经费3 000元。

借：管理费用　　3 000

　贷：应付职工薪酬——工会经费　　3 000

（5）管理部门人员报销差旅费8 700元，以现金支付。

借：管理费用　　8 700

　贷：库存现金　　8 700

（6）本月摊销无形资产1 800元。

借：管理费用　　1 800

　贷：累计摊销　　1 800

2. 研发项目研究阶段所发生的开支的会计处理

对于研发项目研究阶段的开支，借记“管理费用”科目，贷记“研发支出”科目。

例11-11

南方高科有限责任公司20×8年11月启动了一项研发项目。研究开发阶段发生开支3 800 000元，其中，原材料价值3 000 000元，研发人员工资80 000元。

借：研发支出　　3 800 000

　贷：原材料　　3 000 000

　　　应付职工薪酬　　800 000

20×8年年末发现，该项目尚属理论探索阶段，所发生的开支一律计入当期管理费用。

借：管理费用　　3 800 000

　贷：研发支出　　3 800 000

11.4　直接计入当期利润的利得

直接计入当期利润的利得，是指直接计入当期利润表、会导致所有者权益增加的、与所有者投入资本无关的利得或损失。本书将其概括为偶然所得（即营业外收入、资产处置收益）和预期所得（公允价值变动收益），其中，偶然所得是企业从事营业范围以外的活动所形成的利得，在利润表上列示为“营业外收入”“资产处置收益”，预期所得是市价波动所形成的浮动盈利，会计学上称为公允价值变动收益，列入利润表的“公允价值变动收益”项目中。

专栏 11－2　《企业会计准则——基本准则》关于利得或损失的规定

利得，是指由企业非日常活动所形成的、会导致所有者权益增加的、与所有者投入资本无关的经济利益的流入。损失是指由企业非日常活动所发生的、会导致所有者权益减少的、与向所有者分配利润无关的经济利益的流出。

会计准则中把“利得”和“损失”分为两类：其一是直接计入所有者权益（其他综合收益）的利得和损失。这是指不计入当期利润表、会直接导致所有者权益发生增减变动的、与所有者投入资本或者向所有者分配利润无关的利得或损失。常见的例子是可供出售金融资产（即如今所称的其他权益工具投资和其他债权投资）由于市价波动所形成的浮动盈亏，参见第10章的讲解。其二是直接计入当期利润的利得和损失，这是指应当计入当期损益、会间接导致所有者权益发生增减变动的、与所有者投入资本或者向所有者分配利润无关的利得或损失。常见的例子是资产减值损失和交易性金融资产的公允价值变动损益。

11.4.1　偶然所得（资产处置收益和营业外收入）

1. 资产处置收益

企业设“资产处置损益”科目核算企业出售划分为持有待售的非流动资产（金融工具、长期股权投资和投资性房地产除外）或处置组时确认的处置利得或损失，以及处置未划分为持有待售的固定资产、在建工程、生产性生物资产及无形资产而产生的处置利得或损失。该科目贷方登记发生额（增加数），借方登记结转额（减少数）。企业记录资产处置收益时，借记“银行存款”“固定资产清理”等科目，贷记“资产处置损益”科目。期末，企业应根据该科目的本期贷方发生额大于本期借方发生额的差额，借记“资产处置损益”科目，贷记“本年利润”科目，结转后该科目应无余额。

债务重组中因处置非流动资产产生的利得或损失和非货币性资产交换产生的利得或损失也通过“资产处置损益”科目核算。

例 11－12

江南制造股份公司是增值税一般纳税人，该公司20×3年6月12日转让了一项外观设计专利，该资产账面余额（账面原价）为800 000元，累计摊销为100 000元，未曾计提减值准备。该公司收到转让款1 060 000元，开出的增值税专用发票上注明的交易金额为1 000 000元，增值税税额为60 000元，价税合计为 1 060 000 元。不考虑附加税费。

借：银行存款　1 060 000

　　累计摊销　100 000

　贷：无形资产　800 000

　　　应交税费——应交增值税（销项税额）　60 000

　　　资产处置损益　300 000

2. 营业外收入

根据现行企业会计准则的规定，企业设“营业外收入”科目核算债务重组利得（非流动资产处置所形成的偶然所得除外，另行计入资产处置损益）、与企业日常活动无关的政府补助、盘盈利得、捐赠利得等营业范围外的活动所形成的偶然所得。该科目贷方登记发生额（增加数），借方登记结转额（减少数）。企业记录营业外收入时，借记“库存现金”“银行存款”“待处理财产损溢”等科目，贷记“营业外收入”科目。期末，企业应根据该科目的本期贷方发生额减去本期借方发生额后的净额，借记“营业外收入”科目，贷记“本年利润”科目，结转后该科目应无余额。

例 11 - 13

新星科技有限公司开发的新科技受到社会各界的强烈响应，该公司于 20×8 年接受某知名企业家的捐赠 60 000 000 元。其会计分录为：

借：银行存款　60 000 000

　贷：营业外收入　60 000 000

11.4.2　预期所得（公允价值变动收益）

企业设“公允价值变动损益”科目核算其持有的交易性金融资产、交易性金融负债、采用公允价值模式计量的投资性房地产等资产由于公允价值变动所形成的浮动盈亏。该科目可按照投资项目进行明细核算。该账户贷方登记增加数，借方登记减少数。期末，企业应根据该科目的本期贷方发生额减去本期借方发生额后的净额，借记“公允价值变动损益”科目，贷记“本年利润”科目，结转后该科目应无余额。

资产负债表日，企业应按交易性金融资产公允价值高于其账面余额的差额，借记“交易性金融资产——公允价值变动”科目，贷记“公允价值变动损益”科目；公允价值低于其账面余额的差额，作相反的会计分录。

出售交易性金融资产时，按实际收到的金额，借记“银行存款”等科目；按交易性金融资产的账面余额，注销“交易性金融资产”的总账科目和明细科目中的相关记录；按得款数与交易性金融资产账面价值之差，贷记或借记“投资收益”科目。同时，按“交易性金融资产——公允价值变动”科目的余额，借记或贷记“公允价值变动损益”科目，贷记或借记“投资收益”科目。

例 11-14

20×8 年 1 月初，江南制造股份公司用闲置的银行存款购入拟短期持有的艺庵科技股票 20 000 股，作为交易性金融资产核算。每股成交价 100 元。交易费用略。其相关的会计处理如下：

借：交易性金融资产——成本　　2 000 000
　贷：银行存款　　2 000 000

3 月初，收到艺庵科技股票发放现金股利，每股股利 0.5 元。

借：银行存款　　10 000
　贷：投资收益　　10 000

6 月 30 日，艺庵科技的股票市价飙升至每股 180 元。

借：交易性金融资产——公允价值变动　　1 600 000
　贷：公允价值变动损益　　1 600 000

8 月初，企业将艺庵科技股票以每股 190 元全部售出。

借：银行存款　　3 800 000
　贷：交易性金融资产——成本　　2 000 000
　　　　　　　　　——公允价值变动　　1 600 000
　　投资收益　　200 000
借：公允价值变动损益　　1 600 000
　贷：投资收益　　1 600 000

专栏 11-3　“公允价值变动损益”的理论问题

“公允价值变动损益”科目是公允价值会计（fair value accounting）的标志。公允价值会计，是美国证监会（Securities Exchange Commission，SEC）主席布里登（Richard C. Breeden）在 20 世纪 90 年代初推出的一套记账规则。布里登曾参与处理美国 80 年代的储贷危机（savings & loans crisis），他认为，为了及时观测金融机构的证券投资风险程度，有必要让金融机构以公允价值（即最新市价）列报其证券投资，并将浮动盈亏计入利润表。这就是“公允价值变动损益”的来历。后来由于美联储、美国联邦财政部的反对，其设想有所改变，增加了“可供出售金融资产”（即如今所称的其他权益工具投资和其他债权投资）的规则。参见相关链接 10-5。

11.5 直接计入当期利润的损失

直接计入当期利润的损失，是指应当计入当期利润表、会导致所有者权益减少的、与向所有者分配利润无关的损失。本书将其概括为偶然支出或损失（即营业外支出、资产处置损失）和预期损失（即公允价值变动损失、资产减值损失、信用减值损失）。其中，偶然支出或损失是企业经营活动以外所发生的支出，在利润表上单列为“营业外支出”项目、“资产处置收益”项目（以负数列示）。预期损失是市价波动或估值变动所形成的浮动损失，会计学上称为公允价值变动损失、资产减值损失、信用减值损失，分别列入利润表的“公允价值变动收益”（以负数列示）、“资产减值损失”、“信用减值损失”项目中。

11.5.1　偶然支出或损失（营业外支出和资产处置损失）

1. 营业外支出

企业设“营业外支出”科目核算营业范围外的各项偶然支出，包括债务重组损失、公益性捐赠支出、非常损失、盘亏损失、非流动资产毁损报废损失等。非流动资产毁损报废损失通常包括因自然灾害发生毁损、已丧失使用功能等而报废清理产生的损失。

该科目应当按照支出项目进行明细核算。该科目借方登记发生额（增加数），贷方登记结转额（减少数）。记录营业外支出时，借记“营业外支出”科目，贷记“待处理财产损溢”“库存现金”“银行存款”“固定资产清理”等科目。期末，企业应根据该科目的本期借方发生额减去本期贷方发生额后的净额，借记“本年利润”科目，贷记“营业外支出”科目，结转后该科目应无余额。

例 11-15

江南制造股份公司 20×7 年 12 月 31 日盘亏一台机器设备，该设备账面余额（账面原价）为 900 000 元，累计折旧为 500 000 元，资产减值准备为 300 000 元。

（1）江南制造股份公司记录盘亏情况时。

借：待处理财产损溢——待处理非流动资产损溢　　100 000
　　累计折旧　　500 000
　　固定资产减值准备　　300 000
　贷：固定资产　　900 000

（2）经批准核销该项设备时。

借：营业外支出　　100 000
　贷：待处理财产损溢——待处理非流动资产损溢　　100 000

2. 资产处置损失

企业记录资产处置损失时，借记“资产处置损益”等科目，贷记“固定资产清理”等科目。期末，企业应根据该科目的本期借方发生额大于本期贷方发生额的差额，借记“本年利润”科目，贷记“资产处置损益”科目，结转后该科目应无余额。

例 11-16

中原高科股份公司是增值税一般纳税人，该公司 20×8 年 9 月 7 日转让了一项外观设计专利，该资产账面余额（账面原价）为 900 000 元，累计摊销为

100 000 元，未曾计提减值准备。该公司收到转让款 530 000 元，开出的增值税专用发票上注明的交易金额为 500 000 元，增值税税额为 30 000 元，价税合计为 530 000 元。不考虑附加税费。

借：银行存款　　530 000
　　累计摊销　　100 000
　　资产处置损益　　300 000
　贷：无形资产　　900 000
　　　应交税费——应交增值税（销项税额）　　30 000

上述非流动资产相关业务的会计处理规则比较容易混淆，为帮助初学者理解和识记，本书特作梳理，如表 11－2 所示。

表 11－2　出售的资产项目与记入的会计科目之关系

出售的资产项目	记入的会计科目
因自然灾害发生毁损的固定资产 因丧失使用功能等而报废清理的固定资产	营业外支出
出售固定资产、在建工程、生产性生物资产及无形资产	资产处置损益
划分为持有待售的非流动资产（金融工具、长期股权投资和投资性房地产除外）	
非货币性资产交换产生的利得或损失	
债务重组中因处置非流动资产产生的利得或损失	
金融工具、长期股权投资和投资性房地产	投资收益

11.5.2　预期损失（资产减值损失和信用减值损失）

1. 资产减值损失

企业设“资产减值损失”科目核算其针对各项资产（金融资产除外）计提资产减值准备时所记录的损失。该科目可按照资产减值损失的项目进行明细核算。该科目借方登记发生额（增加数），贷方登记结转额（减少数）。期末，企业应根据该科目的本期借方发生额减去本期贷方发生额后的净额，借记“本年利润”科目，贷记“资产减值损失”科目，结转后该科目应无余额。

就本书所涉及的项目而言，记录资产减值损失时的会计分录为：

借：资产减值损失
　贷：存货跌价准备
　　　长期股权投资减值准备
　　　固定资产减值准备
　　　在建工程减值准备
　　　工程物资减值准备
　　　无形资产减值准备
　　　……

某些资产减值准备可在以后期间转回，就本书所涉及的项目而言，转回时的会计分录为：

借：存货跌价准备

贷：资产减值损失

2. 信用减值损失

企业设“信用减值损失”科目核算其按照《企业会计准则第 22 号——金融工具确认和计量》（2017 年修订）的要求计提各项金融工具减值准备时所记录的预期信用损失。该科目可按照信用减值损失的项目进行明细核算。该科目借方登记发生额（增加数），贷方登记结转额（减少数）。期末，企业应根据该科目的本期借方发生额减去本期贷方发生额后的净额，借记“本年利润”科目，贷记“信用减值损失”科目，结转后该科目应无余额。

就本书所涉及的项目而言，记录信用减值损失时的会计分录为：

借：信用减值损失

贷：坏账准备

债权投资减值准备

其他综合收益——其他债权投资减值准备

某些资产减值准备可在以后期间转回，就本书所涉及的项目而言，转回时的会计分录为：

借：坏账准备

债权投资减值准备

其他综合收益——其他债权投资减值准备

贷：信用减值损失

专栏 11-4　　谨慎性原则与资产减值损失

美国式会计理论中推出了“谨慎性”（prudence）原则，要求企业尽量不要高估收入和利润，不要低估负债和亏损。乍一看它是一个颇为合理的原则。但应注意，所有的资产减值损失在入账时均缺乏法律事实的支持，所记录的资产减值损失都不是真实的损失而只是预期的损失。我国的会计法规（企业会计准则和分行业的会计制度）在 1992 年引进了坏账准备的会计规则，之后资产减值的范围逐渐扩大，至今已经应用到大多数资产项目。

根据《中华人民共和国企业所得税法》及其实施条例的规定，在纳税申报时，资产减值损失一律不允许列入扣除项目。因此，企业必须进行相应的纳税调整。

11.6 所得税费用

依法纳税是企业的神圣权利和光荣义务。实务中，税务机关征收企业所得税有查账征收和核定征收两种操作方式，查账征收的方式适用于会计管理比较规范的企业。本节的讲解以查账征收为例，核定征收的情形见如下专栏。

专栏11-5 税收征收管理法和企业所得税法的有关规定

企业必须按照有关法律、行政法规和国务院财政、税务主管部门的规定设置账簿，根据合法、有效凭证记账，进行核算，根据国务院财政、税务主管部门规定的保管期限保管账簿、记账凭证、完税凭证及其他有关资料。账簿、记账凭证、完税凭证及其他有关资料不得伪造、变造或者擅自损毁。企业的财务、会计制度或者财务、会计处理办法和会计核算软件，应当报送税务机关备案。企业的财务、会计制度或者财务、会计处理办法与国务院或者国务院财政、税务主管部门有关税收的规定抵触的，依照国务院或者国务院财政、税务主管部门有关税收的规定计算应纳税款、代扣代缴和代收代缴税款。

在中华人民共和国境内，企业和其他取得收入的组织为企业所得税的纳税人，应依法缴纳企业所得税。企业所得税分月或者分季预缴，由税务机关具体核定。分月或者分季预缴企业所得税时，应当按照月度或者季度的实际利润额预缴；按照月度或者季度的实际利润额预缴有困难的，可以按照上一纳税年度应纳税所得额的月度或者季度平均额预缴，或者按照经税务机关认可的其他方法预缴。预缴方法一经确定，该纳税年度内不得随意变更。

企业应当自月份或者季度终了之日起十五日内，向税务机关报送预缴企业所得税纳税申报表，预缴税款。企业应当自年度终了之日起五个月内，向税务机关报送年度企业所得税纳税申报表，并汇算清缴，结清应缴应退税款。企业在报送企业所得税纳税申报表时，应当按照规定附送财务会计报告和其他有关资料。企业在纳税年度内无论盈利或者亏损，都应当按期向税务机关报送预缴企业所得税纳税申报表、年度企业所得税纳税申报表、财务会计报告和应当报送的其他有关资料。

实行查账征收的企业在办理企业所得税的年度汇算清缴业务时，要根据财务会计报告和其他有关资料填写纳税申报表（A类）（见表11-3）及其附表。纳税申报表对于初学者略有难度，读者大概了解即可。

企业所得税年度纳税申报表包括利润总额计算、应纳税所得额计算、应纳税额计算三个部分。“利润总额计算”中的项目，依照国家统一的会计制度（如企业会计准则、小企业会计准则、企业会计制度、分行业会计制度等）计算填报。“应纳税所得额计算”和“应纳税额计算”中的项目，除根据主表逻辑关系计算的以外，通过附表相应栏次填报。

表 11－3 中华人民共和国企业所得税年度纳税申报表（A 类）

行次	类别	项目	金额
1	利润总额计算	一、营业收入（填写 A101010＼101020＼103000）	
2		减：营业成本（填写 A102010＼102020＼103000）	
3		减：税金及附加	
4		减：销售费用（填写 A104000）	
5		减：管理费用（填写 A104000）	
6		减：财务费用（填写 A104000）	
7		减：资产减值损失	
8		加：公允价值变动收益	
9		加：投资收益	
10		二、营业利润（1－2－3－4－5－6－7＋8＋9）	
11		加：营业外收入（填写 A101010＼101020＼103000）	
12		减：营业外支出（填写 A102010＼102020＼103000）	
13		三、利润总额（10＋11－12）	
14	应纳税所得额计算	减：境外所得（填写 A108010）	
15		加：纳税调整增加额（填写 A105000）	
16		减：纳税调整减少额（填写 A105000）	
17		减：免税、减计收入及加计扣除（填写 A107010）	
18		加：境外应税所得抵减境内亏损（填写 A108000）	
19		四、纳税调整后所得（13－14＋15－16－17＋18）	
20		减：所得减免（填写 A107020）	
21		减：弥补以前年度亏损（填写 A106000）	
22		减：抵扣应纳税所得额（填写 A107030）	
23		五、应纳税所得额（19－20－21－22）	
24	应纳税额计算	税率（25%）	
25		六、应纳所得税额（23×24）	
26		减：减免所得税额（填写 A107040）	
27		减：抵免所得税额（填写 A107050）	
28		七、应纳税额（25－26－27）	
29		加：境外所得应纳所得税额（填写 A108000）	
30		减：境外所得抵免所得税额（填写 A108000）	
31		八、实际应纳所得税额（28＋29－30）	
32		减：本年累计实际已缴纳的所得税额	
33		九、本年应补（退）所得税额（31－32）	
34		其中：总机构分摊本年应补（退）所得税额（填写 A109000）	
35		财政集中分配本年应补（退）所得税额（填写 A109000）	
36		总机构主体生产经营部门分摊本年应补（退）所得税额（填写 A109000）	

企业所得税年度纳税申报表中的“纳税调整后所得”，是在会计利润总额的基础上，加减纳税调整等金额后计算得出的。由于现行的会计准则与税法的差异甚大，因此，企业需要对利润表中的“利润总额”进行许多调整之后才能得出税务机关认可的“纳税调整后所得”乃至“应纳税所得额”。会计与税法的差异（包括收

入类、扣除类、资产类等永久性和暂时性差异）通过纳税申报表的附表纳税调整项目明细表（见表11－4）予以集中体现。该表中的调整项目主要包括以下三类。

第一类，收入类调整项目，主要是指对以下项目的调整：视同销售收入；接受捐赠收入；不符合税收规定的销售折扣和折让；未按权责发生制原则确认的收入；按权益法核算长期股权投资对初始投资成本调整确认收益；按权益法核算的长期股权投资持有期间的投资损益；特殊重组；一般重组；公允价值变动净收益；确认为递延收益的政府补助；不征税收入、免税收入、减计收入；减免税项目所得等。

第二类，扣除类调整项目，主要是指对以下项目的调整：视同销售成本；工资薪金支出、职工福利费支出、职工教育经费支出、工会经费支出、业务招待费支出、广告费和业务宣传费支出、捐赠支出、利息支出；罚金、罚款和被没收财物的损失；税收滞纳金；赞助支出；各类基本社会保障性缴款；补充养老保险、补充医疗保险；与未实现融资收益相关在当期确认的财务费用；与取得收入无关的支出；不征税收入用于支出所形成的费用；加计扣除等。

第三类，资产类调整项目，主要是指对以下项目的调整：财产损失；固定资产折旧；生产性生物资产折旧；长期待摊费用的摊销；无形资产摊销；资产减值损失；信用减值损失；投资转让、处置所得等。

以上调整项目可以概括为三种情形：其一是利润表中已作记录但税法完全不允许据以计算（增减）应纳税所得额而产生的差异，如对公允价值变动净收益、资产减值损失、信用减值损失的调整。其二是利润表中已作记录且税法允许据以计算（增减）应纳税所得额，但由于二者的计算规则不同而产生的差异，如对固定资产折旧、无形资产摊销、工资薪金支出、广告费和业务宣传费支出的调整。其三是利润表中未作记录但税法允许计入应纳税所得额而产生的差异，如对视同销售收入、视同销售成本的调整。实务中常见的是第一种、第二种情形。

表11－4 A105000 纳税调整项目明细表

行次	项目	账载金额	税收金额	调增金额	调减金额
		1	2	3	4
1	一、收入类调整项目（2＋3＋…＋8＋10＋11）	*	*		
2	（一）视同销售收入（填写A105010）	*			*
3	（二）未按权责发生制原则确认的收入（填写A105020）				
4	（三）投资收益（填写A105030）				
5	（四）按权益法核算长期股权投资对初始投资成本调整确认收益	*	*	*	
6	（五）交易性金融资产初始投资调整	*	*		*
7	（六）公允价值变动净损益		*		
8	（七）不征税收入	*	*		
9	其中：专项用途财政性资金（填写A105040）	*	*		

续表

行次	项目	账载金额	税收金额	调增金额	调减金额
		1	2	3	4
10	（八）销售折扣、折让和退回				
11	（九）其他				
12	二、扣除类调整项目（13＋14＋…＋24＋26＋27＋28＋29＋30）	*	*		
13	（一）视同销售成本（填写A105010）	*		*	
14	（二）职工薪酬（填写A105050）				
15	（三）业务招待费支出				*
16	（四）广告费和业务宣传费支出（填写A105060）	*	*		
17	（五）捐赠支出（填写A105070）				
18	（六）利息支出				
19	（七）罚金、罚款和被没收财物的损失		*		*
20	（八）税收滞纳金、加收利息		*		*
21	（九）赞助支出		*		*
22	（十）与未实现融资收益相关在当期确认的财务费用				
23	（十一）佣金和手续费支出				*
24	（十二）不征税收入用于支出所形成的费用	*	*		*
25	其中：专项用途财政性资金用于支出所形成的费用（填写A105040）	*	*		*
26	（十三）跨期扣除项目				
27	（十四）与取得收入无关的支出		*		*
28	（十五）境外所得分摊的共同支出	*	*		*
29	（十六）党组织工作经费				
30	（十七）其他				
31	三、资产类调整项目（32＋33＋34＋35）	*	*		
32	（一）资产折旧、摊销（填写A105080）				
33	（二）资产减值准备金		*		
34	（三）资产损失（填写A105090）				
35	（四）其他				
36	四、特殊事项调整项目（37＋38＋…＋42）	*	*		
37	（一）企业重组及递延纳税事项（填写A105100）				
38	（二）政策性搬迁（填写A105110）	*	*		
39	（三）特殊行业准备金（填写A105120）				
40	（四）房地产开发企业特定业务计算的纳税调整额（填写A105010）	*			
41	（五）有限合伙企业法人合伙方应分得的应纳税所得额				
42	（六）其他	*	*		
43	五、特别纳税调整应税所得	*	*		
44	六、其他	*	*		
45	合计（1＋12＋31＋36＋43＋44）	*	*		

引者注：表中*号表示该栏目不适用，不需要填写。

应纳税所得额乘以适用的税率，就得出了企业的应纳税额。

企业设“所得税费用”科目核算其实际缴纳的所得税。记录应纳税额时，借记“所得税费用——当期所得税费用”科目，贷记“应交税费——应交所得税”科目。结转本年利润时，借记“本年利润”科目，贷记“所得税费用——当期所得税费用”科目，结转后，该科目无余额。

例 11－17

亲民农业股份公司 20×8 年的利润表上载明的利润总额为 96 168 000 元。纳税申报时，税务机关认定了如下调整事项：

20×8 年度计提存货跌价准备记录了资产减值损失 3 200 000 元；

20×8 年度取得了国债利息 4 000 000 元；

20×8 年度记录了公允价值变动收益 10 000 000 元。

$$\begin{aligned}\text{应纳税所得额} &= 96\ 168\ 000+3\ 200\ 000-4\ 000\ 000-10\ 000\ 000\\ &= 85\ 368\ 000(\text{元})\end{aligned}$$

该公司适用的所得税税率为 25%，计算确定的应纳所得税额为 21 342 000 元。

借：所得税费用——当期所得税费用	21 342 000	
贷：应交税费——应交所得税		21 342 000

结转本年利润时。

借：本年利润	21 342 000	
贷：所得税费用——当期所得税费用		21 342 000

专栏 11－6　企业所得税的“核定征收”

纳税人具有下列情形之一的，核定征收企业所得税：(1) 依照法律、行政法规的规定可以不设置账簿的；(2) 依照法律、行政法规的规定应当设置但未设置账簿的；(3) 擅自销毁账簿或者拒不提供纳税资料的；(4) 虽设置账簿，但账目混乱或者成本资料、收入凭证、费用凭证残缺不全，难以查账的；(5) 发生纳税义务，未按照规定的期限办理纳税申报，经税务机关责令限期申报，逾期仍不申报的；(6) 申报的计税依据明显偏低，又无正当理由的。但依照国家税务总局文件规定所确定的特殊行业、特殊类型的纳税人和一定规模以上的纳税人不适用核定征收办法。

税务机关采用下列方法核定征收企业所得税：(1) 参照当地同类行业或者类似行业中经营规模和收入水平相近的纳税人的税负水平核定；(2) 按照应税收入额或成本费用支出额定率核定；(3) 按照耗用的原材料、燃料、动力等推算或测算核定；(4) 按照其他合理方法核定。采用一种方法不足以正确核定应纳税所得额或应纳税额的，可以同时采用两种以上的方法核定。采用两种以上方法测算的应纳税额不一致时，可按测算的应纳税额从高核定。

税务机关根据纳税人具体情况，对核定征收企业所得税的纳税人，核定应税所得率或者核定应纳所得税额。税务机关每年会根据企业报送的《企业所得税核定征收鉴定表》对上年度实行核定征收企业所得税的纳税人进行重新鉴定。

采用应税所得率方式核定征收

具有下列情形之一的，核定其应税所得率：(1) 能正确核算（查实）收入总额，但不能正确核算（查实）成本费用总额的；(2) 能正确核算（查实）成本费用总额，但不能正确核算（查实）收入总额的；(3) 通过合理方法，能计算和推定纳税人收入总额或成本费用总额的。纳税人不属于以上情形的，核定其应纳所得税额。

应税所得率按表11－5中规定的幅度标准确定：对于经营多种业务的纳税人，无论其经营项目是否单独核算，均由税务机关根据其主营项目确定适用的应税所得率。主营项目应为纳税人所有经营项目中，收入总额或者成本（费用）支出额或者耗用原材料、燃料、动力数量所占比重最大的项目。

表11－5

行业	应税所得率（%）
农、林、牧、渔业	3～10
制造业	5～15
批发和零售贸易业	4～15
交通运输业	7～15
建筑业	8～20
饮食业	8～25
娱乐业	15～30
其他行业	10～30

采用应税所得率方式核定征收企业所得税的，应纳所得税额计算公式如下：

应纳税所得额＝应税收入额×应税所得率

或　　＝成本(费用)支出额/(1－应税所得率)×应税所得率

采用核定其应纳所得税额方式核定征收

纳税人实行核定应纳所得税额方式的，纳税人年度终了后应在规定的时限内按照实际经营额或实际应纳税额向税务机关申报纳税。申报额超过核定经营额或应纳税额的，按申报额缴纳税款；申报额低于核定经营额或应纳税额的，按核定经营额或应纳税额缴纳税款。

综上可见，核定征收会耗费税务机关和纳税人大量的时间和精力。因此，加强会计管理工作对于税收征收管理和企业管理均具有重要意义。

以上介绍的所得税费用只是当期实际缴纳的所得税。除此以外，会计准则还要求企业计算“递延所得税费用”。也就是说，利润表上列示的所得税费用是“当期所得税费用”加上“递延所得税费用”所得到的合计数。由于递延所得税并不是实际的纳税义务而仅仅是预期的所得税费用，且其理论依据尚存争议，超出了本书的范围，因此本书此处从略。感兴趣者可参阅《企业会计准则第18号——所得税》及其相关讲解材料。

11.7 利 润

11.7.1 利润的计算和结转

惯常所称的利润，是指企业在一定期间内所取得的新增加的财产权利，即以该期间内取得的财产权利减去归属于该期间的相应代价后的余数。具体来说：惯常所称的营业利润，是指企业当期取得的营业收入减去归属于该期间的营业费用后的余数；营业利润加上营业外收入、减去营业外支出，就是企业的利润总额；利润总额减去所得税费用便等于税后利润（净利润）。

但我国现行的利润表格式却与惯常的理解不甚一致。根据《企业会计准则——基本准则》的规定，企业的利润总额是按照以下等式计算确定的：

利润＝营业收入－狭义费用＋(计入当期利润的利得－计入当期利润的损失)

我国工商企业的利润表（见表11－1）上带有“利润”字样的项目有三个，即营业利润、利润总额和净利润。其中，利润总额的计算过程正是按照上述等式计算的。

利润表中所称的营业利润，是指营业收入减营业成本、税金及附加、销售费用、管理费用、财务费用，加其他收益、投资收益、公允价值变动收益、资产/信用减值损失（损失以负数表示）、资产处置收益后的金额。利润表中所称的利润总额，是指营业利润加上营业外收入、减去营业外支出后的金额。利润表中所称的净利润，是指利润总额减去所得税费用后的金额。

利润表中的“营业利润”项目相当令人费解，它不仅仅是狭义收入减去狭义费用后的余额，还包括资产减值损失和公允价值变动损益等。这就是说，利得和损失也出现在营业利润之中了，这就大大影响了营业利润数字的业绩评价功能。相应地，利润总额和净利润中也包含了预期因素。初学者往往感到这样的利润表相当不可思议。初学者需要多花点功夫识记现行法规规定的会计报表样式。

本节主要阐释净利润的计算和结转。企业设“本年利润”科目核算其当年实现的净利润（或发生的净亏损）。该科目仅用于年末结转本年利润，结转完毕后，该科目无余额。

企业期末计算利润时，一方面，将收入、利得账户的发生额合计数转入“本年利润”账户的贷方；另一方面，将费用、损失账户的发生额合计数和所得税费用转入“本年利润”的借方，这个过程就是会计学惯常所称的结转本年利润。

结转收入、利得账户的发生额合计数时，会计分录是：

借：主营业务收入

　　其他业务收入

　　公允价值变动损益（假设该账户贷方发生额大于借方发生额）

投资收益
资产处置损益（假设该账户贷方发生额大于借方发生额）
其他收益
营业外收入
贷：本年利润

结转费用、损失账户的发生额合计数和所得税费用时，会计分录是：

借：本年利润
贷：主营业务成本
其他业务成本
税金及附加
资产减值损失
信用减值损失
销售费用
管理费用
财务费用
营业外支出
所得税费用

若当年为净利润，则按“本年利润”账户贷方发生额与借方发生额的差额借记“本年利润”科目，贷记“利润分配——未分配利润”科目。这样就使得“本年利润”科目的借方发生额与贷方发生额相等，达到了把该账户“清空”的效果。如为净亏损，做相反的会计分录。

例 11－18

星海高科有限公司 20×3 年度结转本年利润的业务及会计处理如下：

公司该年度“主营业务收入”科目贷方发生额为 60 000 000 元，“其他业务收入”科目贷方发生额为 30 000 000 元，“营业外收入”科目贷方发生额为 20 000 000 元，这些科目未曾出现借方发生额。

公司该年度“主营业务成本”科目借方发生额为 30 000 000 元，“其他业务成本”科目借方发生额为 20 000 000 元，“税金及附加”科目借方发生额为 10 000 000 元，“管理费用”科目借方发生额为 1 000 000 元，“财务费用”科目借方发生额为 2 000 000 元，“销售费用”科目借方发生额为 7 000 000 元，“营业外支出”科目借方发生额为 10 000 000 元，“所得税费用”科目借方发生额为 10 000 000 元，这些科目未曾出现贷方发生额。

（1）结转收入、利得账户。

借：主营业务收入	60 000 000	
其他业务收入	30 000 000	
营业外收入	20 000 000	
贷：本年利润		110 000 000

（2）结转费用、损失账户。

借：本年利润	90 000 000	

贷：主营业务成本	30 000 000
其他业务成本	20 000 000
税金及附加	10 000 000
管理费用	1 000 000
财务费用	2 000 000
销售费用	7 000 000
营业外支出	10 000 000
所得税费用	10 000 000

（3）结转本年的净利润。

借：本年利润　　20 000 000

　贷：利润分配——未分配利润　　20 000 000

11.7.2 税后利润的分配

税后利润应按《公司法》第八章“公司财务、会计”的规定进行分配，参见本书第10章。

11.8 每股收益①

《企业会计准则第34号——每股收益》要求已经或者将要公开发行普通股（ordinary share；common stock）或潜在普通股（potential ordinary share；potential common stock）的公司在利润表下部单独披露其基本每股收益和稀释每股收益。潜在普通股是指能够据以获得普通股的金融合同（金融术语称作金融工具，financial instrument），在我国目前阶段主要是指可转换公司债券、认股权证、股份期权等。

本节简要介绍该准则的设计思路。

11.8.1 基本每股收益

基本每股收益（basic earnings-per-share，basic EPS）是指平均分摊到每股普通股的归属于普通股股东的净利润（或净亏损）。这是比较纯粹的、惯常所称的每股收益（earnings-per-share，EPS）。用公式来表示就是：

$$\text{基本每股收益}=\frac{\text{归属于普通股股东的净利润}}{\text{当期实际发行在外普通股的加权平均数}}$$

式中，当期实际发行在外普通股的加权平均数可按下列公式计算：

$$\begin{array}{c}\text{当期实际发行在外}\\\text{普通股的加权平均数}\end{array}=\begin{array}{c}\text{期初发行在外的}\\\text{普通股股数}\end{array}+\begin{array}{c}\text{当期新发行的}\\\text{普通股股数}\end{array}\times\begin{array}{c}\text{已发行}\\\text{时间}\end{array}$$

① 本节内容与会计处理无关，不作教学要求，仅供课后阅读。

$$\div \frac{\text{报告期}}{\text{时间}} - \frac{\text{当期回购的}}{\text{普通股股数}} \times \frac{\text{已回购}}{\text{时间}} \div \frac{\text{报告期}}{\text{时间}}$$

式中，已发行时间、报告期时间和已回购时间一般按照天数计算；在不影响计算结果合理性的前提下，也可以采用简化的计算方法，如按月数计算。新发行普通股股数，应当根据发行合同的具体条款，从应收对价之日（一般为股票发行日）起计算确定。通常包括下列情况：(1) 为收取现金而发行的普通股股数，从应收现金之日起计算。(2) 因债务转资本而发行的普通股股数，从停计债务利息之日或结算日起计算。(3) 非同一控制下的企业合并，作为对价发行的普通股股数，从购买日起计算；同一控制下的企业合并，作为对价发行的普通股股数，应当视同列报最早期间期初就已发行在外，计入各列报期间普通股的加权平均数。(4) 为收购非现金资产而发行的普通股股数，从确认收购之日起计算。

需要提示读者注意的是，基本每股收益的计算规则貌似很科学、很严谨，但实质上仅仅是一种金融分析的计算行规，缺乏合理依据。美国注册会计师协会是这套行规的首推者。

例 11-19

信达高科股份有限公司 20×2 年期初发行在外的普通股为 20 000 万股；3 月 29 日新发行普通股 12 500 万股；10 月 1 日回购普通股 6 300 万股，以备将来奖励职工之用。该公司当年实现净利润为 13 600 万元。20×2 年的基本每股收益计算如下：

发行在外普通股的加权平均数＝20 000×12/12＋12 500×9/12－6 300×3/12
＝27 800(万股)

或
＝20 000×3/12＋(20 000＋12 500)×6/12
＋(20 000＋12 500　6 300)×3/12
＝27 800(万股)

基本每股收益＝13 600/27 800＝0.49(元/股)

每股收益只是采用金融分析的行规算出来的估计值，用它来评价企业业绩或确定股利政策显然是不妥当的，因为净利润中往往包含大量的预期因素，每股收益并不等同于“每股税后利润”。其正当用途尚不明确。

专栏 11-7　“每股收益”的用途

证券分析师喜欢拿每股收益数字来说事儿。比较流行的观点是用每股收益乘以市盈率（price to earnings-per-share ratio，P/E ratio）的方法来估计股价。他们的理论模型是：

某只股票的估计价格＝该只股票的每股收益×参照市盈率

这只不过是一种简单的类推分析思路，毫无技术含量可言。但目前投资银行、财经媒体甚至一些权威教材却在大肆兜售这一“技术”，其用意何在，值得深究。我们常常听到证券分析师这样说：由于这只股票的每股收益是1.6元，目前该行业平均的市盈率水平是60倍，因此这只股票的合理价位应该在96元——给人一种先知先觉的神秘感。如今的金融学、投资学教材中充斥着这种似是而非的学问。这种采用“净利润”数字进行证券估值的金融分析方法是对会计报表价值的严重歪曲，对证券投资者具有较大的误导作用，因而受到了实务界广泛的批评。面向大众媒体发表投资建议的证券分析师往往被尊称为“股评家”，他们为广大投资者做贡献的最佳方式可能就是尽可能少发表言论。

11.8.2 稀释每股收益

稀释每股收益（diluted EPS）是以基本每股收益为基础，假设企业所有发行在外的稀释性潜在普通股均已转换为普通股，从而分别调整分子（归属于普通股股东的当期净利润）以及分母（发行在外普通股的加权平均数）而计算得到的每股收益。其计算规则仅仅是证券行业“发明”的一种基于假设情形的算法，缺乏合理依据。

下面以认股权证（warrants）和股份期权（stock options）为例阐释稀释每股收益的计算规则。二者都属于期权。期权是一种金融合同，出资购得该合同的权利人可以在合同规定的期限内或规定的日期，按照事先约定的价格购得合同的标的资产。认股权证和股份期权都是以股票为标的资产的期权合同，所不同的是，前者是公开出售的，后者通常直接授予公司熟悉的人士（如本公司的管理层、职工）而不公开出售。

一般地，对于盈利企业，认股权证和股份期权的行权价格低于普通股的当期平均市场价格时，需要考虑其稀释性。在此情形下，期权的行权不会影响到净利润数字，因此不用调整前述公式中的分子。期权的行权将会导致股份增多，如何测算股份的增加数呢？对此，有一个奇特的逻辑：假定行权价为E，共发行了M份期权（每份期权对应一份股份），现在的每股市价是S，则行权后的得款额$M\times E$相当于公开出售了$M\times E\div S$份股票，则其余的$M\times(1-E\div S)$份（即$M-M\times E\div S$）股票就相当于是“白送”的，把它加到分母上就行了。循此思路，会计准则规定分母调整公式为：

$$\frac{\text{增加的}}{\text{普通股股数}}=\frac{\text{拟行权时转换的}}{\text{普通股股数}}-\frac{\text{行权}}{\text{价格}}\times\frac{\text{拟行权时转换的}}{\text{普通股股数}}\div\frac{\text{当期普通股}}{\text{平均市场价格}}$$

例11-20

永胜能源股份公司20×2年归属于普通股股东的净利润为720万元，期初发行在外普通股加权平均数为1 500万股，该普通股平均每股市价为4元。20×2年3月1日，该公司对外发行300万份认股权证，行权日为20×3年3月1日，每份认股权证可以在行权日以3.5元的价格认购本公司1股新发的股份。则该公司20×2年度每股收益计算如下：

基本每股收益＝720÷1 500＝0.48(元/股)

调整增加的普通股股数＝300－300×3.5/4＝37.5(万股)

稀释每股收益＝720÷(1 500＋37.5×10÷12)＝0.47(元/股)

发行可转换债券等稀释性潜在普通股的情形请参考《企业会计准则第 34 号——每股收益》，本书从略。

思考题

1. 结合利润表中的报表项目，哪些报表项目体现了公允价值理念的影响?

2. 企业利润表中是如何分步填列净利润数据的? 企业管理层若要增大净利润数字，通常可以从哪些方面入手? 请绘制利润表予以简要说明。

3. 利润表与纳税申报表有哪些联系和区别?

练习题

甲公司为增值税一般纳税人，适用的增值税税率为 13%，商品销售价格不含增值税；确认销售收入时逐笔结转销售成本。

20×8 年 12 月份，甲公司发生如下经济业务：

(1) 12 月 2 日，向乙公司销售 A 产品，销售价格为 600 万元，实际成本为 540 万元。产品已发出，款项存入银行。销售前，该产品已计提跌价准备 5 万元。

(2) 12 月 8 日，收到丙公司退回的 B 产品并验收入库，当日支付退货款并收到经税务机关出具的《开具红字增值税专用发票通知单》。该批产品系当年 8 月份售出并已确认销售收入，销售价格为 200 万元，实际成本为 120 万元。

(3) 12 月 10 日，与丁公司签订为期 6 个月的劳务合同，合同总价款为 400 万元，待完工时一次性收取。至 12 月 31 日，实际发生劳务成本 50 万元（均为职工薪酬)，估计为完成该合同还将发生劳务成本 150 万元。假定该项劳务交易的结果能够可靠估计，甲公司按实际发生的成本占估计总成本的比例确定劳务的完工进度；该劳务不属于增值税应税劳务。

(4) 12 月 31 日，将本公司生产的 C 产品作为福利发放给生产工人，市场销售价格为 80 万元，实际成本为 50 万元。

假定除上述资料外，不考虑其他相关因素。

要求：根据上述资料，逐项编制甲公司相关经济业务的会计分录。（答案中的金额单位用万元表示。）

第12章 Chapter 12 财务会计报告

学习目标

1. 掌握：资产负债表和利润表的编制方法。
2. 理解：财务会计报告的组成内容。
3. 了解：现金流量表和所有者权益变动表的结构；报表附注的主要内容。

12.1 财务会计报告概述

企业必须按照国家统一的会计制度的规定定期编制财务会计报告。《企业财务会计报告条例》（2000年6月21日国务院第287号令发布）所称的“财务会计报告”（又称财务报告，financial report），是指企业对外提供的反映企业某一特定日期的财务状况和某一会计期间的经营成果、现金流量的文件。财务会计报告分为年度、半年度、季度和月度财务会计报告。

12.1.1 财务会计报告的组成

年度、半年度财务会计报告应当包括会计报表、会计报表附注和财务情况说明书，其中，会计报表应当包括资产负债表、利润表、现金流量表和所有者权益（股东权益）变动表。会计学中一般将会计报表和会计报表附注合称为财务报表（financial statement）。《企业会计准则第30号——财务报表列报》（2014年修订）规定，财务报表是对企业财务状况、经营成果和现金流量的结构性表述。财务报表至少应当包括下列组成部分：（1）资产负债表；（2）利润表；（3）现金流量表；（4）所有者权益（或股东权益，下同）变动表；（5）附注。财务报表上述组成部分具有同等的重要程度。这些概念之间的关系如图12－1所示。

- 财务会计报告
  - 财务报表
    - 会计报表
      - 资产负债表
      - 利润表
      - 现金流量表
      - 所有者权益（股东权益）变动表
    - 会计报表附注
  - 财务情况说明书

图 12-1　年度、半年度财务会计报告的组成

季度、月度财务会计报告通常仅指会计报表（至少应当包括资产负债表和利润表）。

专栏 12-1　关于财务会计报告的组成内容的法律规定

《会计法》规定，财务会计报告由会计报表、会计报表附注和财务情况说明书组成。

《企业财务会计报告条例》规定，年度、半年度财务会计报告应当包括：(1) 会计报表；(2) 会计报表附注；(3) 财务情况说明书。会计报表应当包括资产负债表、利润表、现金流量表及相关附表。季度、月度财务会计报告通常仅指会计报表，会计报表至少应当包括资产负债表和利润表。国家统一的会计制度规定季度、月度财务会计报告需要编制会计报表附注的，从其规定。

财政部 2006 年发布的企业会计准则体系未提及财务情况说明书。

会计学中将会计期间短于一个完整的会计年度的财务会计报告统称为中期财务报告（interim financial report），如半年度报告、季度报告、月度报告等。

实务中，根据财务报表编报主体的不同，有个别财务报表（separate financial statement）和合并财务报表（consolidated financial statement）之分。个别财务报表是指反映某个单一企业的财务状况、经营成果和现金流量情况等信息的财务报表。合并财务报表是指企业集团中的母公司以母公司和全部子公司的个别财务报表为基础而编制的综合反映企业集团的财务状况、经营成果和现金流量情况等信息的财务报表。

本章主要讲解《企业财务会计报告条例》《企业会计准则第 30 号——财务报表列报》《企业会计准则第 31 号——现金流量表》的相关规定。本章所讲解的财务报表，是个别财务报表意义上的财务报表。关于合并财务报表，请参见《企业会计准则第 20 号——企业合并》和《企业会计准则第 33 号——合并财务报表》。

12.1.2　财务报表列报的基本要求

会计准则中所称的列报，兼指在会计报表中“列示”账务数据和在会计报表

附注中“披露”账外信息。

财务报表列报应遵循如下基本要求：

（1）企业应当以持续经营为基础，根据实际发生的交易和事项，按照《企业会计准则——基本准则》和其他各项会计准则的规定进行确认和计量，在此基础上编制财务报表。企业不应以附注披露代替确认和计量，不恰当的确认和计量也不能通过充分披露相关会计政策而纠正。如果按照各项会计准则规定披露的信息不足以让报表使用者了解特定交易或事项对企业财务状况和经营成果的影响时，企业还应当披露其他的必要信息。

（2）在编制财务报表的过程中，企业管理层应当利用所有可获得信息来评价企业自报告期末起至少12个月的持续经营能力。评价时，需要考虑宏观政策风险、市场经营风险、企业目前或长期的盈利能力、偿债能力、财务弹性以及企业管理层改变经营政策的意向等因素。评价结果表明对持续经营能力产生重大怀疑的，企业应当在附注中披露导致对持续经营能力产生重大怀疑的因素以及企业拟采取的改善措施。企业如有近期获利经营的历史且有财务资源支持，则通常表明以持续经营为基础编制财务报表是合理的。企业正式决定或被迫在当期或将在下一个会计期间进行清算或停止营业的，则表明以持续经营为基础编制财务报表不再合理。在这种情况下，企业应当采用其他基础编制财务报表，并在附注中声明财务报表未以持续经营为基础编制的事实、披露未以持续经营为基础编制的原因和财务报表的编制基础。

（3）除现金流量表按照收付实现制原则编制外，企业应当按照权责发生制原则编制财务报表。

（4）财务报表项目的列报应当在各个会计期间保持一致，不得随意变更，但下列情况除外：1）会计准则要求改变财务报表项目的列报；2）企业经营业务的性质发生重大变化或对企业经营影响较大的交易或事项发生后，变更财务报表项目的列报能够提供更可靠、更相关的会计信息。

（5）性质或功能不同的项目，应当在财务报表中单独列报，但不具有重要性的项目除外。性质或功能类似的项目，其所属类别具有重要性的，应当按其类别在财务报表中单独列报。如果某些项目的重要性程度不足以在资产负债表、利润表、现金流量表或所有者权益变动表中单独列示，但对附注却具有重要性，则应当在附注中单独予以披露。

重要性（materiality），是指在合理预期下，财务报表某项目的省略或错报会影响使用者据此作出经济决策的，该项目具有重要性。重要性应当根据企业所处的具体环境，从项目的性质和金额两方面予以判断，且对各项目重要性的判断标准一经确定，不得随意变更。判断项目性质的重要性，应当考虑该项目在性质上是否属于企业日常活动，是否显著影响企业的财务状况、经营成果和现金流量等因素；判断项目金额大小的重要性，应当考虑该项目金额占资产总额、负债总额、所有者权益总额、营业收入总额、营业成本总额、净利润、综合收益总额等直接相关项目金额的比重或所属报表单列项目金额的比重。

（6）财务报表中的资产项目和负债项目的金额、收入项目和费用项目的金额、直接计入当期利润的利得项目和损失项目的金额不得相互抵销，但其他会计准则另有规定的除外。一组类似交易形成的利得和损失应当以净额列示，但具有重要性的除外。资产或负债项目按扣除备抵项目后的净额列示，不属于抵销。非日常活动产生的利得和损失，以同一交易形成的收益扣减相关费用后的净额列示更能反映交易实质的，不属于抵销。

（7）当期财务报表的列报，至少应当提供所有列报项目上一个可比会计期间的比较数据，以及与理解当期财务报表相关的说明，但其他会计准则另有规定的除外。财务报表的列报项目发生变更的，应当至少对可比期间的数据按照当期的列报要求进行调整，并在附注中披露调整的原因和性质，以及调整的各项目金额。对可比数据进行调整不切实可行的，应当在附注中披露不能调整的原因。不切实可行，是指企业在作出所有合理努力后仍然无法采用某项会计准则规定。

（8）企业应当在财务报表的显著位置至少披露下列各项：1）编报企业的名称；2）资产负债表日或财务报表涵盖的会计期间；3）人民币金额单位；4）财务报表是合并财务报表的，应当予以标明。

（9）企业至少应当按年编制财务报表。年度财务报表涵盖的期间短于一年的，应当披露年度财务报表的涵盖期间、短于一年的原因以及报表数据不具可比性的事实。

12.2 资产负债表

12.2.1 资产负债表的内容和结构

资产负债表（balance sheet，B/S）是反映企业在某一特定日期的财务状况的会计报表，也称财务状况表（statement of financial position）。因其所列报者乃时点数据，故有教材称其为静态报表。

我国工商企业的资产负债表格式是（见表 12－1）：资产列于左侧，负债和所有者权益（股东权益）分别列于右侧的上端、下端；另将资产区分为流动资产和非流动资产，将负债区分为流动负债和非流动负债，分类列示。

专栏 12－2　“余额表”和“平衡表”

Balance 在会计和金融领域的常用含义是“账户余额”，因此英文“balance sheet”的中文直译通常是“余额表”，也就是把有余额的账户的余额列报在一起的报表。有的书上把它译作“平衡表”，这也有一定的道理，因为资产负债表上的确存在“资产＝负债＋所有者权益”这样的平衡关系。

表12-1 资产负债表

会企01表

编制单位：　　　　年　月　日　　　　单位：元

资产	期末余额	年初余额	负债和所有者（股东）权益	期末余额	年初余额
流动资产：			流动负债：		
货币资金			短期借款		
交易性金融资产			交易性金融负债		
衍生金融资产			衍生金融负债		
应收票据			应付票据		
应收账款			应付账款		
应收款项融资			预收款项		
预付款项			合同负债		
其他应收款			应付职工薪酬		
存货			应交税费		
合同资产			其他应付款		
持有待售资产			持有待售负债		
一年内到期的非流动资产			一年内到期的非流动负债		
其他流动资产			其他流动负债		
流动资产合计			流动负债合计		
非流动资产：			非流动负债：		
债权投资			长期借款		
其他债权投资			应付债券		
长期应收款			其中：优先股		
长期股权投资			永续债		
其他权益工具投资			租赁负债		
其他非流动金融资产			长期应付款		
投资性房地产			预计负债		
固定资产			递延收益		
在建工程			递延所得税负债		
生产性生物资产			其他非流动负债		
油气资产			非流动负债合计		
使用权资产			负债合计		
无形资产			所有者权益（或股东权益）：		
开发支出			实收资本（或股本）		
商誉			其他权益工具		
长期待摊费用			其中：优先股		
递延所得税资产			永续债		
其他非流动资产			资本公积		
非流动资产合计			减：库存股		
			其他综合收益		
			专项储备		
			盈余公积		
			未分配利润		
			所有者权益（或股东权益）合计		
资产总计			负债和所有者权益（或股东权益）总计		

1. 流动资产

满足下列条件之一的资产，应当归类为流动资产：（1）预计在一个正常营业周期中变现、出售或耗用；（2）主要为交易目的而持有；（3）预计在资产负债表日起一年内变现；（4）自资产负债表日起一年内，交换其他资产或清偿负债的能力不受限制的现金或现金等价物。上述正常营业周期，是指自企业购买用于加工的资产起，至其实现营业目的（即收取现金、现金等价物或确立相应的债权）的期间，通常短于一年。对于生产周期较长等原因导致正常营业周期长于一年的情形，虽然相关资产往往超过一年才变现、出售或耗用，但仍应当划分为流动资产。对于难以确定正常营业周期的情形，应当以一年（12个月）作为正常营业周期。

2. 非流动资产

流动资产以外的资产应当归类为非流动资产，并应按其性质分类列示。被划分为持有待售资产的非流动资产应当归类为流动资产。

3. 流动负债

满足下列条件之一的负债，应当归类为流动负债：（1）预计在一个正常营业周期中清偿；（2）主要为交易目的而持有；（3）自资产负债表日起一年内到期应予以清偿；（4）企业无权自主地将清偿推迟至资产负债表日后一年以上。负债在其对手方选择的情况下可通过发行权益进行清偿的条款与负债的流动性划分无关。企业对资产和负债进行流动性分类时，应当采用相同的正常营业周期。企业正常营业周期中的经营性负债项目即使在资产负债表日后超过一年才予清偿的，仍应当划分为流动负债。经营性负债项目包括应付票据及应付账款、应付职工薪酬等，这些项目属于企业正常营业周期中使用的营运资金的一部分。

4. 非流动负债

流动负债以外的负债应当归类为非流动负债，并按其性质分类列示。被划分为持有待售负债的非流动负债应当归类为流动负债。

对于在资产负债表日起一年内到期的负债，企业有意图且有能力自主地将清偿义务展期至资产负债表日后一年以上的，应当归类为非流动负债；不能自主地将清偿义务展期的，即使在资产负债表日后、财务报告批准报出日前签订了重新安排清偿计划协议，该项负债仍应当归类为流动负债。

企业在资产负债表日或之前违反了长期借款协议，导致贷款人可随时要求清偿的负债，应当归类为流动负债。贷款人在资产负债表日或之前同意提供在资产负债表日后一年以上的宽限期，在此期限内企业能够改正违约行为，且贷款人不能要求随时清偿的，该项负债应当归类为非流动负债。

5. 所有者权益

资产负债表中所有者权益应当按照实收资本（或股本）、其他权益工具、资本公积、其他综合收益、专项储备、盈余公积、未分配利润等项目分项列示。

12.2.2 资产负债表的列报方法

1."年初余额"栏的填列方法

"年初余额"栏内各项目数字，应根据上年年末资产负债表"期末余额"栏内所列数字填列。若本年度资产负债表规定的各个项目的名称和内容与上年度不一致，则应对上年年末资产负债表各项目的名称和数字按本年度的规定进行调整，按调整后的数字填入本表"年初余额"栏内。

2."期末余额"栏的列报方法

资产负债表各项目的"期末余额"，分别按照以下方式列报：

（1）根据总账科目余额誊写。如"交易性金融资产""其他权益工具投资""交易性金融负债""短期借款""应付职工薪酬""实收资本""盈余公积"等项目。

（2）根据多个总账科目的余额的加总数字填写。如"货币资金"项目，需要根据"库存现金""银行存款""其他货币资金"三个总账科目的期末借方余额计算填列。

（3）根据总账科目和明细账科目余额分析计算填列。如"一年内到期的非流动资产""一年内到期的非流动负债"等项目。

（4）根据总账科目余额减去其备抵科目（减值准备、累计折旧、累计摊销）余额后的净额填列。如"固定资产""无形资产"等。

（5）综合运用上述方法填列。如"存货"项目，应根据存货类各科目期末余额合计，减去"存货跌价准备"科目期末余额后的金额填列。

3.资产负债表中的各项目的具体填列方法

（1）"货币资金"项目，反映企业库存现金、银行存款、外埠存款、银行汇票存款、银行本票存款、信用卡存款、信用证保证金存款等的合计数。本项目应根据"库存现金""银行存款""其他货币资金"科目期末余额的合计数填列。

（2）"交易性金融资产"项目，列报分类为以公允价值计量且其变动计入当期损益的金融资产，以及直接指定为以公允价值计量且其变动计入当期损益的金融资产的账面价值。本项目应根据"交易性金融资产"科目的相关明细科目期末余额分析填列。自资产负债表日起超过一年到期且预期持有超过一年的以公允价值计量且其变动计入当期损益的非流动金融资产的期末账面价值，在"其他非流动金融资产"项目反映。

（3）"衍生金融资产"项目，列报衍生工具的借方余额。本项目应根据"衍生工具"科目的期末余额分析填列。

（4）"应收票据"项目，反映资产负债表日以摊余成本计量的、企业因销售商品、提供服务等收到的商业汇票，包括银行承兑汇票和商业承兑汇票。本项目应根据"应收票据"科目的期末余额，减去"坏账准备"科目中相关坏账准备期末余额后的金额分析填列。

（5）“应收账款”项目，反映资产负债表日以摊余成本计量的，企业因销售商品、提供服务等经营活动应收取的款项。本项目应根据“应收账款”科目的期末余额，减去“坏账准备”科目中相关坏账准备期末余额后的金额分析填列。

（6）“应收款项融资”项目，反映资产负债表日以公允价值计量且其变动计入其他综合收益的应收票据和应收账款等。

（7）“预付款项”项目，反映企业按照购货合同规定预付给供应单位的款项等。本项目应根据“预付账款”和“应付账款”科目所属各明细科目的期末借方余额合计数，减去“坏账准备”科目中有关预付款项计提的坏账准备期末余额后的金额填列。如“预付账款”科目所属有关明细科目期末有贷方余额的，应在资产负债表“应付账款”项目内填列。

（8）“其他应收款”项目，根据“应收利息”“应收股利”“其他应收款”科目的期末余额合计数，减去“坏账准备”科目中相关坏账准备期末余额后的金额填列。其中的“应收利息”仅反映相关金融工具已到期可收取但于资产负债表日尚未收到的利息。基于实际利率法计提的金融工具的利息应包含在相应金融工具的账面余额中。

（9）“存货”项目，反映企业期末在库、在途和在加工中的各项存货的账面价值，需要根据“原材料”“生产成本”“库存商品”“低值易耗品”等科目的期末余额合计数，减去“存货跌价准备”科目期末余额后的金额填列。

（10）“合同资产”和“合同负债”等项目。企业应按照《企业会计准则第 14 号——收入》（2017 年修订）的相关规定，根据本企业履行履约义务与客户付款之间的关系在资产负债表中列示合同资产或合同负债。“合同资产”“合同负债”项目，应分别根据“合同资产”“合同负债”科目的相关明细科目期末余额分析填列，同一合同下的合同资产和合同负债应当以净额列示，其中净额为借方余额的，应当根据其流动性在“合同资产”或“其他非流动资产”项目中填列，已计提减值准备的，还应减去“合同资产减值准备”科目中相关的期末余额后的金额填列；其中净额为贷方余额的，应当根据其流动性在“合同负债”或“其他非流动负债”项目中填列。由于同一合同下的合同资产和合同负债应当以净额列示，企业也可以设置“合同结算”科目（或其他类似科目），以核算同一合同下属于在某一时段内履行履约义务涉及与客户结算对价的合同资产或合同负债，并在此科目下设置“合同结算——价款结算”科目反映定期与客户进行结算的金额，设置“合同结算——收入结转”科目反映按履约进度结转的收入金额。资产负债表日，“合同结算”科目的期末余额在借方的，根据其流动性在“合同资产”或“其他非流动资产”项目中填列；期末余额在贷方的，根据其流动性在“合同负债”或“其他非流动负债”项目中填列。

1）按照《企业会计准则第 14 号——收入》（2017 年修订）的相关规定确认为资产的合同取得成本，应当根据“合同取得成本”科目的明细科目初始确认时摊销期限是否超过一年或一个正常营业周期，在“其他流动资产”或“其他非流动资产”项目中填列，已计提减值准备的，还应减去“合同取得成本减值准备”

科目中相关的期末余额后的金额填列。

2）按照《企业会计准则第14号——收入》（2017年修订）的相关规定确认为资产的合同履约成本，应当根据“合同履约成本”科目的明细科目初始确认时摊销期限是否超过一年或一个正常营业周期，在“存货”或“其他非流动资产”项目中填列，已计提减值准备的，还应减去“合同履约成本减值准备”科目中相关的期末余额后的金额填列。

3）按照《企业会计准则第14号——收入》（2017年修订）的相关规定确认为资产的应收退货成本，应当根据“应收退货成本”科目是否在一年或一个正常营业周期内出售，在“其他流动资产”或“其他非流动资产”项目中填列。

4）按照《企业会计准则第14号——收入》（2017年修订）的相关规定确认为预计负债的应付退货款，应当根据“预计负债”科目下的“应付退货款”明细科目是否在一年或一个正常营业周期内清偿，在“其他流动负债”或“预计负债”项目中填列。

5）企业按照《企业会计准则第22号——金融工具确认和计量》（2017年修订）的相关规定对贷款承诺、财务担保合同等项目计提的损失准备，应当在“预计负债”项目中填列。

（11）“持有待售资产”项目，反映资产负债表日划分为持有待售类别的非流动资产及划分为持有待售类别的处置组中的流动资产和非流动资产的期末账面价值。本项目应根据“持有待售资产”科目的期末余额，减去“持有待售资产减值准备”科目的期末余额后的金额填列。

（12）“一年内到期的非流动资产”项目，通常反映预计自资产负债表日起一年内变现的非流动资产。对于按照相关会计准则采用折旧（或摊销、折耗）方法进行后续计量的固定资产、使用权资产、无形资产和长期待摊费用等非流动资产，折旧（或摊销、折耗）年限（或期限）只剩一年或不足一年的，或预计在一年内（含一年）进行折旧（或摊销、折耗）的部分，不得归类为流动资产，仍在各该非流动资产项目中填列，不转入“一年内到期的非流动资产”项目。

（13）“其他流动资产”项目，反映企业除上述流动资产以外的其他流动资产。本项目应根据有关科目的期末余额填列。

（14）“债权投资”项目，反映资产负债表日企业以摊余成本计量的长期债权投资的期末账面价值。本项目应根据“债权投资”科目的相关明细科目期末余额，减去“债权投资减值准备”科目中相关减值准备的期末余额后的金额分析填列。自资产负债表日起一年内到期的长期债权投资的期末账面价值，在“一年内到期的非流动资产”项目反映。企业购入的以摊余成本计量的一年内到期的债权投资的期末账面价值，在“其他流动资产”项目反映。

（15）“其他债权投资”项目，反映资产负债表日企业分类为以公允价值计量且其变动计入其他综合收益的债权投资的期末账面价值。本项目应根据“其他债权投资”科目的相关明细科目期末余额分析填列。自资产负债表日起一年内到期的长期债权投资的期末账面价值，在“一年内到期的非流动资产”项目反映。企业购入的以公允价值计量且其变动计入其他综合收益的一年内到期的债权投资的期末账面价值，在“其他流动资产”项目反映。

(16)“长期应收款”项目，反映融资租赁合同的应收款项，以及采用实质上具有融资性质的分期收款方式销售商品（或提供劳务）所形成的债权。本项目按照“长期应收款”科目的借方余额减去相应的“未实现融资收益”科目的金额列报。计提坏账准备的，还应减去“坏账准备”科目的相关金额。

(17)“长期股权投资”项目，反映企业对子公司、联营企业和合营企业的长期股权投资。本项目应根据“长期股权投资”科目的期末余额，减去“长期股权投资减值准备”科目期末余额后的金额填列。

(18)“其他权益工具投资”项目，反映企业指定为以公允价值计量且其变动计入其他综合收益的非交易性权益工具投资的期末账面价值。本项目应根据“其他权益工具投资”科目的期末余额填列。

(19)“投资性房地产”项目，反映企业为赚取租金或资本增值，或两者兼有而持有的房地产。本项目应根据“投资性房地产”科目的期末余额填列。

(20)“固定资产”项目，反映资产负债表日企业固定资产的期末账面价值（即固定资产原价减去累计折旧和累计减值准备后的净额）和企业尚未清理完毕的固定资产清理净损益。本项目应根据“固定资产”科目的期末余额，减去“累计折旧”和“固定资产减值准备”科目的期末余额后的金额，以及“固定资产清理”科目的期末余额填列。

(21)“在建工程”项目，反映资产负债表日企业尚未达到预定可使用状态的在建工程的期末账面价值（即在建工程的期末余额减去在建工程减值准备的期末余额后的净额），和企业为在建工程准备的各种物资的期末账面价值（即工程物资的期末余额减去工程物资减值准备的期末余额后的净额）。本项目应根据“在建工程”科目的期末余额，减去“在建工程减值准备”科目的期末余额后的金额，以及“工程物资”科目的期末余额，减去“工程物资减值准备”科目的期末余额后的金额填列。

(22)“生产性生物资产”项目，反映企业为产出农产品、提供劳务或出租等目的而持有的生物资产，包括经济林、薪炭林、产畜和役畜等。本项目应根据“生产性生物资产”科目的期末余额填列。

(23)“使用权资产”项目，反映资产负债表日承租人企业持有的使用权资产的期末账面价值。本项目应根据“使用权资产”科目的期末余额，减去“使用权资产累计折旧”和“使用权资产减值准备”科目的期末余额后的金额填列。

(24)“无形资产”项目，反映企业持有的专利权、非专利技术、商标权、著作权、土地使用权等无形资产的成本减去累计摊销和减值准备后的净值。本项目应根据“无形资产”科目的期末余额，减去“累计摊销”和“无形资产减值准备”科目期末余额后的净额填列。

(25)“开发支出”项目，反映企业开发无形资产过程中能够资本化形成无形资产成本的支出部分。本项目应当根据“研发支出”科目中所属的“资本化支出”明细科目期末余额填列。

（26）“长期待摊费用”项目，反映企业已经发生但应由本期和以后各期负担的分摊期限在一年以上的各项费用。长期待摊费用中在一年内（含一年）摊销的部分，在资产负债表“一年内到期的非流动资产”项目填列。本项目应根据“长期待摊费用”科目的期末余额减去将于一年内（含一年）摊销的数额后的金额分析填列。

（27）“递延所得税资产”项目，反映企业确认的可抵扣暂时性差异产生的所得税资产。本项目应根据“递延所得税资产”科目的期末余额填列。

（28）“短期借款”项目，反映企业向银行或者其他金融机构等借入的期限在一年以下（含一年）的各种借款。本项目应根据“短期借款”科目的期末余额填列。

（29）“交易性金融负债”项目，反映资产负债表日企业承担的交易性金融负债，以及企业持有的直接指定为以公允价值计量且其变动计入当期损益的金融负债的期末账面价值。本项目应根据“交易性金融负债”科目的相关明细科目期末余额填列。

（30）“衍生金融负债”项目，列报衍生工具的贷方余额。本项目应根据“衍生工具”科目的期末余额分析填列。

（31）“应付票据”项目，反映资产负债表日以摊余成本计量的、企业因购买材料、商品和接受服务等开出、承兑的商业汇票，包括银行承兑汇票和商业承兑汇票。本项目应根据“应付票据”科目的期末余额填列。

（32）“应付账款”项目，反映资产负债表日以摊余成本计量的、企业因购买材料、商品和接受服务等经营活动应支付的款项。本项目应根据“应付账款”和“预付账款”科目所属的相关明细科目的期末贷方余额合计数填列。

（33）“预收款项”项目，反映企业按照销货合同规定预收购买单位的款项。本项目应根据“预收账款”和“应收账款”科目所属各明细科目的期末贷方余额合计数填列。如“预收账款”科目所属有关明细科目有借方余额的，应在资产负债表“应收账款”项目内填列。

（34）“应付职工薪酬”项目，反映企业根据有关规定应付给职工的工资、职工福利费、社会保险费、住房公积金、工会经费、职工教育经费、非货币性福利、辞退福利等各种薪酬。本项目应根据“应付职工薪酬”科目期末贷方余额填列。

（35）“应交税费”项目，反映企业按照税法规定计算应缴纳的各种税费。本项目应根据“应交税费”科目的期末贷方余额填列；如“应交税费”科目期末为借方余额，应以“－”号填列。

（36）“其他应付款”项目，应根据“应付利息”“应付股利”“其他应付款”科目的期末余额合计数填列。其中的“应付利息”仅反映相关金融工具已到期应支付但于资产负债表日尚未支付的利息。基于实际利率法计提的金融工具的利息应包含在相应金融工具的账面余额中。

（37）“持有待售负债”项目，反映资产负债表日处置组中与划分为持有待售类别的资产直接相关的负债的期末账面价值。本项目应根据“持有待售负债”科目的期末余额填列。

(38)“一年内到期的非流动负债”项目，反映企业非流动负债中将于资产负债表日后一年内到期部分的金额，如将于一年内偿还的长期借款。本项目应根据有关科目的期末余额填列。

(39)“长期借款”项目，反映企业向银行或其他金融机构借入的尚未归还的一年期以上（不含一年）的各项借款。本项目应根据“长期借款”科目所属明细科目的期末余额填列。

(40)“应付债券”项目，反映企业发行的尚未偿还的各种长期债券的本息。本项目应根据“应付债券”科目所属明细科目的期末余额填列。

(41)“租赁负债”项目，反映资产负债表日承租人企业尚未支付的租赁付款额的期末账面价值。本项目应根据“租赁负债”科目的期末余额填列。自资产负债表日起一年内到期应予以清偿的租赁负债的期末账面价值，在“一年内到期的非流动负债”项目反映。

(42)“长期应付款”项目，反映资产负债表日企业除长期借款和应付债券以外的其他各种长期应付款项的期末账面价值。本项目应根据“长期应付款”科目的期末余额，减去相应的“未确认融资费用”科目期末余额后的金额，以及“专项应付款”科目的期末余额填列。

(43)“预计负债”项目，反映企业确认的对外提供担保、未决诉讼、产品质量保证、重组义务、亏损合同等预计负债。本项目应根据“预计负债”科目的期末余额填列。

(44)“递延收益”项目，反映企业确认的需要在相关资产使用寿命内按照合理、系统的方法分期计入损益的与资产相关的政府补助。本项目应根据“递延收益”科目的期末余额填列。“递延收益”项目中摊销期限只剩一年或不足一年的，或预计在一年内（含一年）进行摊销的部分，不得归类为流动负债，仍在本项目中填列，不转入“一年内到期的非流动负债”项目。

(45)“递延所得税负债”项目，反映企业确认的应纳税暂时性差异产生的所得税负债。本项目应根据“递延所得税负债”科目的期末余额填列。

(46)“实收资本（或股本）”项目，反映企业各投资者实际投入的资本（或股本）总额。本项目应根据“实收资本（或股本）”科目的期末余额填列。

(47)“其他权益工具”项目，反映资产负债表日企业发行在外的除普通股以外分类为权益工具的金融工具的期末账面价值。对于资产负债表日企业发行的金融工具，分类为金融负债的，应在“应付债券”项目填列，对于优先股和永续债，还应在“应付债券”项目下的“优先股”项目和“永续债”项目分别填列；分类为权益工具的，应在“其他权益工具”项目填列，对于优先股和永续债，还应在“其他权益工具”项目下的“优先股”项目和“永续债”项目分别填列。

(48)“资本公积”项目，反映企业资本公积的期末余额。本项目应根据“资本公积”科目的期末余额填列。

(49)“其他综合收益”项目，反映企业其他综合收益的期末余额。本项目应根据“其他综合收益”科目的期末余额填列。

(50)“专项储备”项目，反映高危行业企业按国家规定提取的安全生产费的期末账面价值。本项目应根据“专项储备”科目的期末余额填列。

(51)“盈余公积”项目，反映企业盈余公积的期末余额。本项目应根据“盈余公积”科目的期末余额填列。

(52)“未分配利润”项目，反映企业尚未分配的利润。本项目应根据“本年利润”科目和“利润分配”科目的余额计算填列。未弥补的亏损在本项目内以“—”号填列。

12.3 利润表

12.3.1 利润表的内容和结构

利润表（income statement；earnings statement；operating statement；statement of operations）又称损益表（profit and loss statement，P&L），是反映企业在一定会计期间的经营成果的会计报表。因其所记载者乃是期间数据，故有教材称其为动态报表。

费用应当按照功能分类，分为从事经营业务发生的成本、管理费用、销售费用和财务费用等（见表12-2）。现行企业会计准则所规定的利润表格式逐步列示了“营业利润”、“利润总额”和“净利润”，这种格式的利润表被称作多步式利润表（multiple-step income statement）。与此相对的概念是单步式利润表，顾名思义，就是指用全部收入减去全部费用，一步得出净利润数字的利润表格式。

表12-2 利润表

会企02表

编制单位： ________年____月 单位：元

项目	本期金额	上期金额
一、营业收入		
减：营业成本		
税金及附加		
销售费用		
管理费用		
研发费用		
财务费用		
其中：利息费用		
利息收入		

续表

项目	本期金额	上期金额
加：其他收益		
投资收益（损失以“—”号填列）		
其中：对联营企业和合营企业的投资收益		
以摊余成本计量的金融资产终止确认收益（损失以“—”号填列）		
净敞口套期收益（损失以“—”号填列）		
公允价值变动收益（损失以“—”号填列）		
信用减值损失（损失以“—”号填列）		
资产减值损失（损失以“—”号填列）		
资产处置收益（损失以“—”号填列）		
二、营业利润（亏损以“—”号填列）		
加：营业外收入		
减：营业外支出		
三、利润总额（亏损总额以“—”号填列）		
减：所得税费用		
四、净利润（净亏损以“—”号填列）		
（一）持续经营净利润（净亏损以“—”号填列）		
（二）终止经营净利润（净亏损以“—”号填列）		
五、其他综合收益的税后净额		
（一）不能重分类进损益的其他综合收益		
1. 重新计量设定受益计划变动额		
2. 权益法下不能转损益的其他综合收益		
3. 其他权益工具投资公允价值变动		
4. 企业自身信用风险公允价值变动		
（二）将重分类进损益的其他综合收益		
1. 权益法下可转损益的其他综合收益		
2. 其他债权投资公允价值变动		
3. 金融资产重分类计入其他综合收益的金额		
4. 其他债权投资信用减值准备		
5. 现金流量套期储备		
6. 外币财务报表折算差额		
六、综合收益总额		
七、每股收益：		
（一）基本每股收益		
（二）稀释每股收益		

12.3.2 利润表的列报方法

1.“上期金额”栏的列报方法

对季度、半年度和年度利润表而言，利润表“上期金额”栏内各项数字，应根据上年该期利润表“本期金额”栏内所列数字填列。若上年该期利润表规定的各个项目名称和内容与本期不一致，则应对上年该期利润表各项目的名称和数字按本期的规定进行调整，填入利润表“上期金额”栏内。

2.“本期金额”栏的列报方法

利润表“本期金额”栏内各项数字一般应根据损益类科目的本期实际发生额分析填列。

（1）“营业收入”项目，反映企业经营主要业务和其他业务所确认的收入总额。本项目应根据“主营业务收入”和“其他业务收入”科目的发生额分析填列。

（2）“营业成本”项目，反映企业经营主营业务和其他业务所发生的成本总额。本项目应根据“主营业务成本”和“其他业务成本”科目的发生额分析填列。

（3）“税金及附加”项目，反映企业经营业务应负担的消费税、城市维护建设税、教育费附加、地方教育费附加、资源税、房产税、城镇土地使用税、车船税、土地增值税等。本项目应根据“税金及附加”科目的发生额分析填列。

（4）“销售费用”项目，反映企业在销售商品过程中发生的包装费、广告费等费用和为销售本企业商品而专设的销售机构的职工薪酬、业务费等经营费用。本项目应根据“销售费用”科目的发生额分析填列。

（5）“管理费用”项目，反映企业为组织和管理生产经营发生的管理费用。本项目应根据“管理费用”科目的发生额分析填列。

（6）“研发费用”项目，反映企业进行研究与开发过程中发生的费用化支出，以及计入管理费用的自行开发无形资产的摊销。本项目应根据“管理费用”科目下的“研究费用”明细科目的发生额，以及“管理费用”科目下的“无形资产摊销”明细科目的发生额分析填列。

（7）“财务费用”项目下的“利息费用”项目，反映企业为筹集生产经营所需资金等而发生的应予费用化的利息支出。本项目应根据“财务费用”科目的相关明细科目的发生额分析填列。该项目作为“财务费用”项目的其中项，以正数填列。“财务费用”项目下的“利息收入”项目，反映企业按照相关会计准则确认的应冲减财务费用的利息收入。本项目应根据“财务费用”科目的相关明细科目的发生额分析填列。该项目作为“财务费用”项目的其中项，以正数填列。

（8）“其他收益”项目，反映计入其他收益的政府补助，以及其他与日常活动相关且计入其他收益的项目。本项目应根据“其他收益”科目的发生额分析填列。企业作为个人所得税的扣缴义务人，根据《中华人民共和国个人所得税法》收到的扣缴税款手续费，应作为其他与日常活动相关的收益在本项目中填列。

（9）“投资收益”项目，反映企业以各种方式对外投资所取得的收益。本项目应根据“投资收益”科目的发生额分析填列；如为投资损失，以“一”号填列。

（10）“以摊余成本计量的金融资产终止确认收益”项目，反映企业因转让等情形导致终止确认以摊余成本计量的金融资产而产生的利得或损失。本项目应根据“投资收益”科目的相关明细科目的发生额分析填列；如为损失，以“一”号填列。

（11）“净敞口套期收益”项目，反映净敞口套期下被套期项目累计公允价值变动转入当期损益的金额或现金流量套期储备转入当期损益的金额。本项目应根据“净敞口套期损益”科目的发生额分析填列；如为套期损失，以“一”号填列。

（12）“公允价值变动收益”项目，反映企业应当计入当期损益的资产或负债的公允价值变动收益。本项目应根据“公允价值变动损益”科目的发生额分析填列；如为净损失，以“一”号填列。

（13）“信用减值损失”项目，反映企业按照《企业会计准则第22号——金融工具确认和计量》（2017年修订）的要求计提的各项金融工具减值准备所形成的预期信用损失。本项目应根据“信用减值损失”科目的发生额分析填列。

（14）“资产减值损失”项目，反映企业各项资产发生的减值损失。本项目应根据“资产减值损失”科目的发生额分析填列。

（15）“资产处置收益”项目，反映企业出售划分为持有待售的非流动资产（金融工具、长期股权投资和投资性房地产除外）或处置组（子公司和业务除外）时确认的处置利得或损失，以及处置未划分为持有待售的固定资产、在建工程、生产性生物资产及无形资产而产生的处置利得或损失。债务重组中因处置非流动资产（金融工具、长期股权投资和投资性房地产除外）产生的利得或损失和非货币性资产交换中换出非流动资产（金融工具、长期股权投资和投资性房地产除外）产生的利得或损失也包括在本项目内。本项目应根据“资产处置损益”科目的发生额分析填列；如为处置损失，以“一”号填列。

（16）“营业利润”项目，反映企业实现的营业利润。如为亏损，本项目以“一”号填列。

（17）“营业外收入”项目，反映企业发生的除营业利润以外的收益，主要包括与企业日常活动无关的政府补助、盘盈利得、捐赠利得（企业接受股东或股东的子公司直接或间接的捐赠，经济实质属于股东对企业的资本性投入的除外）等。本项目应根据“营业外收入”科目的发生额分析填列。

（18）“营业外支出”项目，反映企业发生的除营业利润以外的支出，主要包括公益性捐赠支出、非常损失、盘亏损失、非流动资产毁损报废损失等。本项目应根据“营业外支出”科目的发生额分析填列。非流动资产毁损报废损失通常包括因自然灾害发生毁损、已丧失使用功能等原因而报废清理产生的损失。

（19）“利润总额”项目，反映企业实现的利润。如为亏损，本项目以“一”号填列。

（20）“净利润”项目，反映企业实现的净利润。如为净亏损，本项目以“一”号填列。其中，“持续经营净利润”和“终止经营净利润”项目，分别反映净利润中与持续经营相关的净利润和与终止经营相关的净利润；如为净亏损，以“一”号填列。这两个项目应按照《企业会计准则第42号——持有待售的非流动资产、处置组和终止经营》的相关规定分别列报。

（21）“其他综合收益的税后净额”项目，反映企业根据企业会计准则规定未在损益中确认的各项利得和损失扣除所得税影响后的净额。本项目主要根据“其他综合收益”科目的明细账数据分析填列。

1）“其他权益工具投资公允价值变动”项目，反映企业指定为以公允价值计量且其变动计入其他综合收益的非交易性权益工具投资发生的公允价值变动。本项目应根据“其他综合收益”科目的相关明细科目的发生额分析填列。

2）“企业自身信用风险公允价值变动”项目，反映企业指定为以公允价值计量且其变动计入当期损益的金融负债，由企业自身信用风险变动引起的公允价值变动而计入其他综合收益的金额。本项目应根据“其他综合收益”科目的相关明细科目的发生额分析填列。

3）“其他债权投资公允价值变动”项目，反映企业分类为以公允价值计量且其变动计入其他综合收益的债权投资发生的公允价值变动。企业将一项以公允价值计量且其变动计入其他综合收益的金融资产重分类为以摊余成本计量的金融资产，或重分类为以公允价值计量且其变动计入当期损益的金融资产时，之前计入其他综合收益的累计利得或损失从其他综合收益中转出的金额作为本项目的减项。本项目应根据“其他综合收益”科目的相关明细科目的发生额分析填列。

4）“金融资产重分类计入其他综合收益的金额”项目，反映企业将一项以摊余成本计量的金融资产重分类为以公允价值计量且其变动计入其他综合收益的金融资产时，计入其他综合收益的原账面价值与公允价值之间的差额。本项目应根据“其他综合收益”科目的相关明细科目的发生额分析填列。

5）“其他债权投资信用减值准备”项目，反映企业按照《企业会计准则第22号——金融工具确认和计量》（2017年修订）第十八条分类为以公允价值计量且其变动计入其他综合收益的金融资产的损失准备。本项目应根据“其他综合收益”科目下的“信用减值准备”明细科目的发生额分析填列。

6）“现金流量套期储备”项目，反映企业套期工具产生的利得或损失中属于套期有效的部分。本项目应根据“其他综合收益”科目下的“套期储备”明细科目的发生额分析填列。

（22）“综合收益总额”项目，反映企业净利润与其他综合收益的合计金额。

（23）每股收益。“基本每股收益”和“稀释每股收益”项目的计算参见本书第11章。

12.4 现金流量表

12.4.1 现金流量表的内容与结构

现金流量表（cash flow statement），是指反映企业一定会计期间内的现金和现金等价物的流入和流出情况的报表。

专栏 12-3　“现金”的新概念和“现金等价物”

《企业会计准则第 31 号——现金流量表》中所称的“现金”(cash)，是指库存现金和可以随时用于支付的存款，不能随时用于支取的存款不属于该准则所称的“现金”。这与惯常所称的现金概念有所不同。

该准则所称的“现金等价物”(cash equivalents)，是指企业持有的期限短、流动性强、易于转换为已知金额现金、价值变动风险很小的投资。“期限短”，一般是指从购买日起 3 个月内到期。现金等价物通常包括 3 个月内到期的债券投资。至于权益性投资（即股权性质的投资），由于其变现的金额通常不确定，因而财务分析中一般不视其为现金等价物。企业应当根据具体情况确定现金等价物的范围，一经确定不得随意变更。

综上可知，现金流量表中的“现金”概念是特指的，它是从金融分析实践中归纳出来的抽象概念，在操作上存在较大的自由度。实际上，现金流量表与会计凭证和会计账簿不存在直接验证的关系，它并不是日常会计处理程序的产物。

现金流量，是指现金和现金等价物的流入和流出的数量。企业从银行提取现金、用现金购买短期到期的国库券等现金和现金等价物之间的转换不属于现金流量。

现金流量表中区分经营活动、投资活动和筹资活动的现金流入总额和现金流出总额，分别列报了这三类活动所产生的现金流量净额，最后汇总列示了企业的现金及现金等价物的净增加额（见表 12-3）。

表 12-3　现金流量表

会企 03 表

编制单位：　　　　＿＿＿＿年＿＿月　　　　单位：元

项目	本期金额	上期金额
一、经营活动产生的现金流量：		
销售商品、提供劳务收到的现金		
收到的税费返还		
收到其他与经营活动有关的现金		
经营活动现金流入小计		
购买商品、接受劳务支付的现金		
支付给职工以及为职工支付的现金		
支付的各项税费		
支付其他与经营活动有关的现金		
经营活动现金流出小计		
经营活动产生的现金流量净额		
二、投资活动产生的现金流量：		
收回投资收到的现金		

续表

项目	本期金额	上期金额
取得投资收益收到的现金		
处置固定资产、无形资产和其他长期资产收回的现金净额		
处置子公司及其他营业单位收到的现金净额		
收到其他与投资活动有关的现金		
投资活动现金流入小计		
购建固定资产、无形资产和其他长期资产支付的现金		
投资支付的现金		
取得子公司及其他营业单位支付的现金净额		
支付其他与投资活动有关的现金		
投资活动现金流出小计		
投资活动产生的现金流量净额		
三、筹资活动产生的现金流量：		
吸收投资收到的现金		
取得借款收到的现金		
收到其他与筹资活动有关的现金		
筹资活动现金流入小计		
偿还债务支付的现金		
分配股利、利润或偿付利息支付的现金		
支付其他与筹资活动有关的现金		
筹资活动现金流出小计		
筹资活动产生的现金流量净额		
四、汇率变动对现金及现金等价物的影响		
五、现金及现金等价物净增加额		
加：期初现金及现金等价物余额		
六、期末现金及现金等价物余额		

鉴于学术界对现金流量表的意义尚存争议且其编制方法超出了本书范围，以下阐释以帮助读者阅读现金流量表为主，而不再关注如何编制现金流量表。实务工作中鲜有手工编制现金流量表者，大多是用财务软件编制而成的。

12.4.2 现金流量表的列报规则

企业应当分别按照现金流入和现金流出的总额列报其现金流量信息，但是，代客户收取或支付的现金以及周转快、金额大、期限短项目的现金流入和现金流出可以按净额列报。

自然灾害损失、保险索赔等特殊项目，应当根据其性质，分别归并到经营活动、投资活动和筹资活动现金流量类别中单独列报。

外币现金流量及境外子公司的现金流量，应当采用现金流量发生日的即期汇率或按照系统合理的方法确定的、与现金流量发生日即期汇率近似的汇率折算。汇率变动对现金的影响额应作为调节项目，在现金流量表中单设“汇率变动对现金及现金等价物的影响”项目。

1. 经营活动产生的现金流量的列示

经营活动，是指企业投资活动和筹资活动以外的所有交易和事项。

在现金流量表中，企业应当采用直接法列示经营活动产生的现金流量。直接法，是指通过现金收入和现金支出的主要类别列示经营活动的现金流量。同时，企业还应在现金流量表补充资料中，采用间接法列示经营活动产生的现金流量。

间接法，是指以本期净利润为起点，通过调整不涉及现金的收入、费用、营业外收支以及经营性应收应付等项目的增减变动，调整不属于经营活动的现金收支项目，从而计算并列报经营活动产生的现金流量的方法。企业会计准则要求企业在现金流量表补充资料中采用间接法反映经营活动产生的现金流量情况，其目的是对现金流量表中采用直接法反映的经营活动现金流量进行核对和补充说明。但实践中往往很难核对相符。在采用间接法列示经营活动产生的现金流量时，需要对以下几类项目进行调整：（1）没有实际支付现金的费用，如固定资产折旧、无形资产摊销、计提资产减值准备等其他非现金项目；（2）没有实际收到现金的收入；（3）不属于经营活动的损益；（4）经营性应收和应付项目的变动。

2. 投资活动产生的现金流量的列示

投资活动，是指企业长期资产的购建和不包括在现金等价物范围内的投资及其处置活动。

3. 筹资活动产生的现金流量的列示

筹资活动，是指导致企业资本及债务规模和构成发生变化的活动。

现金流量表补充资料在附注中披露，如表 12-4 所示。

表 12-4 现金流量表补充资料

补充资料	本期金额	上期金额
1. 将净利润调节为经营活动现金流量：		
净利润		
加：资产减值准备		
固定资产折旧、油气资产折耗、生产性生物资产折旧		
无形资产摊销		
长期待摊费用摊销		
处置固定资产、无形资产和其他长期资产的损失（收益以“一”号填列）		
固定资产报废损失（收益以“一”号填列）		
公允价值变动损失（收益以“一”号填列）		
财务费用（收益以“一”号填列）		
投资损失（收益以“一”号填列）		
递延所得税资产减少（增加以“一”号填列）		

续表

补充资料	本期金额	上期金额
递延所得税负债增加（减少以“—”号填列）		
存货的减少（增加以“—”号填列）		
经营性应收项目的减少（增加以“—”号填列）		
经营性应付项目的增加（减少以“—”号填列）		
其他		
经营活动产生的现金流量净额		
2. 不涉及现金收支的重大投资和筹资活动：		
债务转为资本		
一年内到期的可转换公司债券		
融资租入固定资产		
3. 现金及现金等价物净变动情况：		
现金的期末余额		
减：现金的期初余额		
加：现金等价物的期末余额		
减：现金等价物的期初余额		
现金及现金等价物净增加额		

12.5 所有者权益变动表

12.5.1 所有者权益变动表的内容与结构

所有者权益变动表（statement of changes in equity）是列示所有者权益各个组成部分的当期增减变动情况的报表（如表12-5所示）。该表中一些项目所涉及的知识点超出了本书的范围，初学者大体了解即可。

12.5.2 所有者权益变动表的填列方法

1. “上年金额”栏的列报方法

所有者权益变动表“上年金额”栏内各项目数字，应根据上年度所有者权益变动表“本年金额”栏内所列数字填列。若上年度所有者权益变动表的各个项目的名称和内容与本年度不一致，则应对上年度所有者权益变动表各项目的名称和数字按本年度的规定进行调整，填入所有者权益变动表“上年金额”栏内。

2. “本年金额”栏的列报方法

所有者权益变动表“本年金额”栏内各项目数字一般应根据“实收资本（或股本）”“资本公积”“盈余公积”“其他综合收益”“利润分配”“库存股”“以前年度损益调整”等科目的发生额分析填列。

表 12－5 所有者权益变动表

会企 04 表

年度

编制单位： 单位：元

项目	本年金额												上年金额											
	实收资本（或股本）	其他权益工具			资本公积	减：库存股	其他综合收益	专项储备	盈余公积	未分配利润	所有者权益合计		实收资本（或股本）	其他权益工具			资本公积	减：库存股	其他综合收益	专项储备	盈余公积	未分配利润	所有者权益合计
		优先股	永续债	其他										优先股	永续债	其他							
一、上年年末余额																							
加：会计政策变更																							
前期差错更正																							
其他																							
二、本年年初余额																							
三、本年增减变动金额（减少以“－”号填列）																							
（一）综合收益总额																							
（二）所有者投入和减少资本																							
1. 所有者投入的普通股																							
2. 其他权益工具持有者投入资本																							
3. 股份支付计入所有者权益的余额																							
4. 其他																							
（三）利润分配																							
1. 提取盈余公积																							

续表

项目	本年金额											上年金额										
	实收资本（或股本）	其他权益工具			资本公积	减：库存股	其他综合收益	专项储备	盈余公积	未分配利润	所有者权益合计	实收资本（或股本）	其他权益工具			资本公积	减：库存股	其他综合收益	专项储备	盈余公积	未分配利润	所有者权益合计
		优先股	永续债	其他									优先股	永续债	其他							
2. 对所有者（或股东）的分配																						
3. 其他																						
（四）所有者权益内部结转																						
1. 资本公积转增资本（或股本）																						
2. 盈余公积转增资本（或股本）																						
3. 盈余公积弥补亏损																						
4. 设定受益计划变动额结转留存收益																						
5. 其他综合收益结转留存收益																						
6. 其他																						
四、本年年末余额																						

3. 所有者权益变动表各项目的列报说明

（1）“上年年末余额”项目，反映企业上年资产负债表中实收资本（或股本）、资本公积、盈余公积、未分配利润的年末余额。

（2）“会计政策变更”和“前期差错更正”项目，分别反映企业采用追溯调整法处理会计政策变更的累积影响金额和采用追溯重述法处理的会计差错更正的累积影响金额。本项目应根据“盈余公积”“利润分配”“以前年度损益调整”等科目的发生额分析填列。

（3）“综合收益总额”项目，反映企业当年实现的综合收益的金额，应根据“净利润”和“其他综合收益”等科目的发生额分析填列。

（4）“所有者投入和减少资本”项目，反映企业当年所有者投入的资本和减少的资本。其中：

1）“所有者投入的普通股”项目，反映企业接受投资者投入形成的股本、股本溢价，并对应列在“实收资本”和“资本公积”栏。

2）“其他权益工具持有者投入资本”项目，反映企业发行的除普通股以外分类为权益工具的金融工具的持有者投入资本的金额。本项目应根据金融工具类科目的相关明细科目的发生额分析填列。

3）“股份支付计入所有者权益的金额”项目，反映企业处于等待期中的权益结算的股份支付当年计入资本公积的金额，并对应列在“资本公积”栏。

（5）“利润分配”下各项目，反映当年对所有者（或股东）分配的利润（或股利）金额和按照规定提取的盈余公积金额，并对应列在“未分配利润”和“盈余公积”栏，其中：

1）“提取盈余公积”项目，反映企业按规定提取的盈余公积。

2）“对所有者（或股东）分配”项目，反映对所有者（或股东）分配的利润（或股利）金额。

（6）“所有者权益内部结转”下各项目，反映不影响当年所有者权益总额的所有者权益各组成部分之间当年的增减变动，包括资本公积转增资本（或股本）、盈余公积转增资本（或股本）、盈余公积弥补亏损等各项金额。其中，“其他综合收益结转留存收益”项目，主要反映：1）企业指定为以公允价值计量且其变动计入其他综合收益的非交易性权益工具投资终止确认时，之前计入其他综合收益的累计利得或损失从其他综合收益中转入留存收益的金额；2）企业指定为以公允价值计量且其变动计入当期损益的金融负债终止确认时，之前由企业自身信用风险变动引起而计入其他综合收益的累计利得或损失从其他综合收益中转入留存收益的金额等。该项目应根据“其他综合收益”科目的相关明细科目的发生额分析填列。

12.6 财务报表附注

财务报表附注（financial statement footnotes）是财务报表的重要组成部分。企业应当按照规定披露附注信息，至少应包括下列内容。

1. 企业的基本情况

（1）企业注册地、组织形式和总部地址。

（2）企业的业务性质和主要经营活动。

（3）母公司以及集团最终母公司的名称。

（4）财务报告的批准报出者和财务报告批准报出日，或者以签字人及其签字日期为准。

（5）营业期限有限的企业，还应当披露有关其营业期限的信息。

2. 财务报表的编制基础

3. 遵循企业会计准则的声明

企业应当声明编制的财务报表符合企业会计准则的要求，真实完整地反映了企业的财务状况、经营成果和现金流量等有关信息。

4. 重要会计政策和会计估计

重要会计政策的说明，包括财务报表项目的计量基础和在运用会计政策过程中所做的重要判断等。重要会计估计的说明，包括可能导致下一个会计期间内资产、负债账面价值重大调整的会计估计的确定依据等。

企业应当披露采用的重要会计政策和会计估计，并结合企业的具体实际披露其重要会计政策的确定依据和财务报表项目的计量基础，及其会计估计所采用的关键假设和不确定因素。

5. 会计政策和会计估计变更以及差错更正的说明

企业应当按照《企业会计准则第 28 号——会计政策、会计估计变更和差错更正》的规定，披露会计政策和会计估计变更以及差错更正的情况。

6. 报表重要项目的说明

企业应当按照资产负债表、利润表、现金流量表、所有者权益变动表及其项目列示的顺序，对报表重要项目的说明采用文字和数字描述相结合的方式进行披露。报表重要项目的明细金额合计，应当与报表项目金额相衔接。

企业应当在附注中披露费用按照性质分类的利润表补充资料，可将费用分为耗用的原材料、职工薪酬费用、折旧费用、摊销费用等。

7. 或有和承诺事项、资产负债表日后非调整事项、关联方关系及其交易等需要说明的事项

8. 有助于财务报表使用者评价企业管理资本的目标、政策及程序的信息

9. 其他综合收益各项目的信息

企业应当在附注中披露下列关于其他综合收益各项目的信息：

(1) 其他综合收益各项目及其所得税影响；
(2) 其他综合收益各项目原计入其他综合收益、当期转出计入当期损益的金额；
(3) 其他综合收益各项目的期初和期末余额及其调节情况。

10. 终止经营的披露

企业应当在附注中披露终止经营的收入、费用、利润总额、所得税费用和净利润，以及归属于母公司所有者的终止经营利润。

终止经营，是指满足下列条件之一的已被企业处置或被企业划归为持有待售的、在经营和编制财务报表时能够单独区分的组成部分：(1) 该组成部分代表一项独立的主要业务或一个主要经营地区；(2) 该组成部分是拟对一项独立的主要业务或一个主要经营地区进行处置计划的一部分；(3) 该组成部分是仅仅为了再出售而取得的子公司。

同时满足下列条件的企业组成部分（或非流动资产，下同）应当确认为持有待售：该组成部分必须在其当前状况下仅根据出售此类组成部分的惯常条款即可立即出售；企业已经就处置该组成部分作出决议，如按规定需得到股东批准的，应当已经取得股东大会或相应权力机构的批准；企业已经与受让方签订了不可撤销的转让协议；该项转让将在一年内完成。

11. 资产负债表日后宣布发放的股利的披露

企业应当在附注中披露在资产负债表日后、财务报告批准报出日前提议或宣布发放的股利总额和每股股利金额（或向投资者分配的利润总额）。

12.7 其他财务会计报告

会计学书籍中所称的“其他财务会计报告”仅仅是一个学术探讨使用的术语，并不存在一个公认的定义。一般地，它泛指财务情况说明书、管理当局讨论和分析、社会责任报告、盈利预测报告等报告文件。这些报告通常是由财务会计部门牵头制作的，但会计数据在其中所占的比重并不总是很高。有些报告文件虽然常常被学术界列入其他财务会计报告，但它们看起来实在很难算得上是“正宗”的财务会计报告，如社会责任报告、盈利预测报告等。

国务院 2000 年发布的《企业财务会计报告条例》规定，年度、半年度财务会计报告应当包括财务情况说明书。财政部 2006 年发布的企业会计准则体系并未针对其他财务会计报告作出规定。中国证券监督管理委员会（以下简称“证监会”）、国务院国有资产监督管理委员会（以下简称“国资委”）等分别在各自职责范围内要求行政管理相对人（上市公司、国有企业等）提交管理当局讨论和分析、董事会报告、社会责任报告、财务预测报告等报告。

1. 财务情况说明书

财务情况说明书是财务报表的说明性文件。《企业财务会计报告条例》规定，财务情况说明书至少应当对下列情况作出说明：（1）企业生产经营的基本情况；（2）利润实现和分配情况；（3）资金增减和周转情况；（4）对企业财务状况、经营成果和现金流量有重大影响的其他事项。

2. 董事会报告（管理当局讨论和分析）

证监会发布的《公开发行证券的公司信息披露内容与格式准则第2号——年度报告的内容与格式》（2007年修订）规定，公司董事会报告中应当对财务报告与其他必要的统计数据以及报告期内发生或将要发生的重大事项，进行讨论与分析，以有助于投资者了解其经营成果、财务状况（含现金流量情况）。公司可以运用逐年比较、数据列表或其他方式对相关事项进行列示，以增进投资者的理解。讨论与分析不能只重复财务报告的内容，应着重于其已知的、可能导致财务报告难以显示公司未来经营成果与财务状况的重大事项和不确定性因素，包括已对报告期产生重要影响但对未来没有影响的事项，以及未对报告期产生影响但对未来具有重要影响的事项等。

3. 社会责任报告

国资委2008年发布的《关于中央企业履行社会责任的指导意见》要求中央企业建立社会责任报告制度，有条件的中央企业要定期发布社会责任报告或可持续发展报告，公布企业履行社会责任的现状、规划和措施，完善社会责任沟通方式和对话机制，及时了解和回应利益相关者的意见建议，主动接受利益相关者和社会的监督。

4. 盈利预测报告

盈利预测报告是向社会公开发行证券的公司对其盈利前景所做的说明，通常为招股说明书和上市公告书中自愿披露的信息。证监会2001年发布的《上市公司新股发行管理办法》规定，上市公司增发披露盈利前景的，应当审慎地作出盈利预测，并经过具有证券从业资格的注册会计师审核，如存在影响盈利预测的不确定因素，应当就有关不确定因素提供分析与说明。上市公司增发未作盈利预测的，应当在招股意向书、发行公告和招股说明书的显要位置作出特别风险警示。上市公司增发完成后，凡不属于公司管理层事前无法预测且事后无法控制的原因，利润实现数未达到盈利预测的，上市公司董事长、公司聘请的注册会计师、担任主承销商的证券公司法定代表人、业务负责人和项目负责人应当在股东大会及指定报刊上公开作出解释；利润实现数未达到盈利预测80%的，如无合理解释，上述人员应当在指定报刊公开道歉；未达到盈利预测50%的，证监会对有关上市公司给予公开批评，自作出公开批评之日起两年内，不再受理该公司发行新股的申请。

此外，上市公司公布的年度报告中还包含有审计报告，一般置于财务报表的前面。审计报告，是指注册会计师根据《中国注册会计师审计准则》的规定，在实施审计工作的基础上对被审计单位财务报表发表审计意见的书面文件。注册会计师应当将已审计的财务报表附于审计报告后。审计报告应当包括下列要素：标题，收件人，引言段，管理层对财务报表的责任段，注册会计师的责任段，审计意见段，注册会计师的签名和盖章，会计师事务所的名称、地址及盖章，报告日期。

专栏 12-4

财务会计报告的编制要求

本专栏摘录了《企业财务会计报告条例》的相关内容。

企业应当于年度终了编报年度财务会计报告。国家统一的会计制度规定企业应当编报半年度、季度和月度财务会计报告的，从其规定。年度结账日为公历年度每年的 12 月 31 日；半年度、季度、月度结账日分别为公历年度每半年、每季、每月的最后一天。

企业在编制年度财务会计报告前，应当按照下列规定，全面清查资产、核实债务：(1) 结算款项，包括应收款项、应付款项、应交税费等是否存在，与债务、债权单位的相应债务、债权金额是否一致；(2) 原材料、在产品、自制半成品、库存商品等各项存货的实存数量与账面数量是否一致，是否有报废损失和积压物资等；(3) 各项投资是否存在，投资收益是否按照国家统一的会计制度规定进行确认和计量；(4) 房屋建筑物、机器设备、运输工具等各项固定资产的实存数量与账面数量是否一致；(5) 在建工程的实际发生额与账面记录是否一致；(6) 需要清查、核实的其他内容。企业清查、核实后，应当将清查、核实的结果及其处理办法向企业的董事会或者相应机构报告，并根据国家统一的会计制度的规定进行相应的会计处理。企业应当在年度中间根据具体情况，对各项财产物资和结算款项进行重点抽查、轮流清查或者定期清查。

企业在编制财务会计报告前，除应当全面清查资产、核实债务外，还应当完成下列工作：(1) 核对各会计账簿记录与会计凭证的内容、金额等是否一致，记账方向是否相符；(2) 依照本条例规定的结账日进行结账，结出有关会计账簿的余额和发生额，并核对各会计账簿之间的余额；(3) 检查相关的会计核算是否按照国家统一的会计制度的规定进行；(4) 对于国家统一的会计制度没有规定统一核算方法的交易、事项，检查其是否按照会计核算的一般原则进行确认和计量以及相关账务处理是否合理；(5) 检查是否存在因会计差错、会计政策变更等原因需要调整前期或者本期相关项目。在前款规定工作中发现问题的，应当按照国家统一的会计制度的规定进行处理。企业编制年度和半年度财务会计报告时，对经查实后的资产、负债有变动的，应当按照资产、负债的确认和计量标准进行确认和计量，并按照国家统一的会计制度的规定进行相应的会计处理。

企业应当按照国家统一的会计制度规定的会计报表格式和内容，根据登记完整、核对无误的会计账簿记录和其他有关资料编制会计报表，做到内容完整、数字真实、计算准确，不得漏报或者任意取舍。

思考题

1. 有人认为资产负债表比利润表更重要，如何评价其观点？
2. 现金流量表的作用是什么？

练习题

1. W股份有限公司20×2年有关资料如下：

（1）1月1日部分总账及其所属明细账余额如下表所示。

单位：万元

科目名称		借或贷	期末余额
总账	明细账		
应收账款	——A公司	借	600
坏账准备		贷	30
长期股权投资	——B公司	借	2 500
固定资产	——厂房	借	3 000
累计折旧		贷	900
固定资产减值准备		贷	200
应付账款	——C公司	借	150
	——D公司	贷	1 050
长期借款	——甲银行	贷	300

注：（1）该公司未单独设置“预付账款”会计科目。

（2）表中长期借款为20×1年10月1日从银行借入，借款期限2年，年利率5%，每年付息一次。

（2）20×2年W股份有限公司发生如下业务：

1）3月10日，收回上年已作为坏账转销的应收A公司账款70万元并存入银行。

2）4月15日，收到C公司发来的材料一批并验收入库，增值税专用发票注明货款100万元，增值税13万元，其款项上年已预付。

3）4月20日，对厂房进行更新改造，发生后续支出总计500万元，所替换的旧设施账面价值为300万元（该设施原价500万元，已提折旧167万元，已提减值准备33万元）。该厂房于12月30日达到预定可使用状态，其后续支出符合资本化条件。

4）1—4月该厂房已计提折旧100万元。

5）6月30日，从乙银行借款200万元，期限3年，年利率6%，每半年付息一次。

6）10 月份以票据结算的经济业务有（不考虑增值税）：持银行汇票购进材料 500 万元；持银行本票购进库存商品 300 万元；签发 6 个月的商业汇票购进物资 800 万元。

7）12 月 31 日，经计算本月应付职工工资 200 万元，应计提社会保险费 50 万元。同日，以银行存款预付下月住房租金 2 万元，该住房供公司高级管理人员免费居住。

8）12 月 31 日，经减值测试，应收 A 公司账款预计未来现金流量现值为 400 万元。

9）W 股份有限公司对 B 公司的长期股权投资采用权益法核算，其投资占 B 公司有表决权股份的 30%。20×2 年 B 公司实现净利润 9 000 万元。长期股权投资在资产负债表日不存在减值迹象。

除上述资料外，不考虑其他因素。

要求：计算 W 股份有限公司 20×2 年 12 月 31 日资产负债表下列项目的年末余额。

（1）应收账款；（2）预付款项；

（3）长期股权投资；（4）固定资产；

（5）应付账款；（6）应付职工薪酬；

（7）长期借款。

2. 甲公司为增值税一般纳税人，适用的增值税税率为 13%，商品、原材料售价中不含增值税。假定销售商品、原材料和提供劳务均符合收入确认条件，其成本在确认收入时逐笔结转，不考虑其他因素。20×1 年 4 月，甲公司发生如下交易或事项：

（1）销售商品一批，按商品标价计算的金额为 200 万元，由于是成批销售，甲公司给予客户 10% 的商业折扣并开具了增值税专用发票，款项尚未收回。该批商品实际成本为 150 万元。

（2）向本公司行政管理人员发放自产产品作为福利，该批产品的实际成本为 8 万元，市场售价为 10 万元。

（3）向乙公司转让一项软件的使用权，一次性收取使用费 20 万元并存入银行，且不再提供后续服务。

（4）销售一批原材料，增值税专用发票注明售价 80 万元，款项收到并存入银行。该批材料的实际成本为 59 万元。

（5）将以前会计期间确认的与资产相关的政府补助在本月分配计入当月收益 300 万元。

（6）确认本月设备安装劳务收入。该设备安装劳务合同总收入为 100 万元，预计合同总成本为 70 万元，合同价款在前期签订合同时已收取。采用完工百分比法确认劳务收入。截至本月末，该劳务的累计完工进度为 60%，前期已累计确认劳务收入 50 万元、劳务成本 35 万元。

（7）以银行存款支付管理费用 20 万元、财务费用 10 万元、营业外支出 5 万元。

要求：

(1) 逐笔编制甲公司上述交易或事项的会计分录（“应交税费”科目要写出明细科目及专栏名称）。

(2) 计算甲公司 20×1 年 4 月的营业收入、营业成本、营业利润、利润总额。

第 13 章 Chapter 13 财务报表分析

学习目标

1. 掌握：偿债能力分析、管理效率分析和盈利能力分析常用财务指标的计算方法。

2. 理解：综合分析体系的设计理念。

3. 了解：财务报表分析的局限性。

13.1 财务报表分析的目的与方法

13.1.1 财务报表分析的目的

财务报表数据集中反映了企业的财务状况和经营成果，据此进行分析可以了解企业过往表现和现状。从企业经营管理的角度来看，财务报表可以帮助企业管理层分析自身的管理质量，还可以帮助其他的利益相关者分析企业的经营管理水平，具体而言：债权人（商业银行和债券投资者）可以利用财务报表作为其信用决策的参考；投资者（上市公司证券现有投资者及潜在投资者）可以通过财务报表分析从而修正其投资预期；供应商可以根据企业的财务指标来确定其赊销决策；等等。从国民经济管理的角度来看，财税、统计、工商等经济监管部门需要通过分析企业的财务报表来了解特定企业乃至该企业所属行业及产业的发展状况，从而制定有效的宏观经济调控政策。

财务报表主要是为企业经营管理和国民经济管理服务的，企业并没有义务向全社会公开其财务报表，也就是说，并不是所有对财务报表感兴趣者均有资格获得财务报表。在实践中，要求企业提供财务报表的利益相关者必须具备法律或合同的授权。除企业管理当局当然获得财务报表，经济监管机构、商业银行和公司股东依法获得财务报表外，其他信息需求者若需要财务报表则需依照合同约定（如供应商等）。

就短期利益而言，债权人比较重视债务人的偿债能力，股东优先关注企业的盈利能力。就长期利益而言，所有的报表使用者都需要关注企业的管理水平、市场占有率、产品质量或服务水平、品牌信誉等关于企业发展前途的决定性因素。而财务报表分析恰能提供用于评价管理水平的综合分析指标体系。

13.1.2 财务报表分析的方法

至于如何进行财务报表分析，法律法规对此并无规定。在实际工作中，可谓见仁见智，说法和做法五花八门。以下简单地罗列国内外教材中的相应知识点。

1. 比较分析法

顾名思义，比较分析法试图通过数据之间的对比来揭示其差异和规律。

比较分析法按比较对象（参照物）可大致分为：(1) 纵向比较（趋势分析）。即与本公司历史上不同时期的指标相比，分析相关指标的发展趋势。(2) 横向比较。即与同类的特定公司（如竞争对手）的指标或行业平均水平进行对比。(3) 预算差异分析。即把实际执行结果与计划指标进行比较。

比较分析法按比较内容可大致分为：(1) 总金额的比较。也就是对总资产、净资产、净利润等总量指标的时间序列分析，根据其变化趋势评估其增长潜力。有时也用于同业对比，考察公司的相对规模和竞争地位。(2) 结构百分比的比较。例如，分析资产负债表、利润表中的各个项目占某个合计数的比重。这种做法可以帮助报表使用者及时发现有显著问题的项目，提示其进一步分析的方向。(3) 财务比率的比较。财务比率是相对数，由于排除了规模的影响，因而便于不同企业之间的比较。需要注意的是，财务比率的计算虽然简单，但解释起来并不容易。

2. 因素分析法

因素分析法，是依据财务指标与其决定因素之间的因果关系，确定各个因素的变化对该指标的影响程度的一种分析方法。具体又分为以下几种：(1) 差额分析法。例如，对固定资产账面价值变动情况的分析，可分解为对固定资产原值、累计折旧和固定资产减值准备的分析。(2) 指标分解法。例如，对资产报酬率的分析，可分解为对资产周转率和销售净利率的分析。(3) 连环替代法。在因果关系已经明确界定的情况下，可以按照自己认为合理的顺序，逐项测算各个自变量的变动比对因变量所造成的影响。(4) 定基替代法。分别用分析值替代标准值，测定各因素对财务指标的影响。例如，对标准成本的差异分析。

计算财务比率是财务报表分析的基本技术。以下以工商企业为例，着重介绍偿债能力分析、管理效率分析和盈利能力分析的常用指标及其计算方法。金融、石油天然气等行业的报表分析，本书不涉及。

13.2 偿债能力分析

偿债能力分析（solvency analysis）旨在揭示企业偿付短期债务和长期债务的能力。企业法人不能清偿到期债务，并且资产不足以清偿全部债务或者明显缺乏清偿能力的，须依照《中华人民共和国企业破产法》的规定清理债务。显然，企业管理当局需要确保有能力偿付到期债务，否则有陷入破产清算境地之虞。

13.2.1 短期偿债能力分析

在评价企业的短期偿债能力时，常用的财务比率有流动比率、速动比率和现金比率。

1. 流动比率

流动比率（current ratio）是指流动资产与流动负债的比率。其计算公式为：

$$流动比率=\frac{流动资产}{流动负债}$$

流动资产主要包括货币资金、短期投资、应收及预付款项、存货和一年内到期的非流动资产等，即资产负债表中的期末流动资产合计；流动负债主要包括短期借款、应付及预收款项、各种应交款项、一年内到期的非流动负债等，即资产负债表中的期末流动负债合计。

流动比率究竟多高才算合适，并无放之四海而皆准的具体数值标准，实践中需要结合企业的行业特性、信用等级等因素进行具体分析。一般地，这个比率越高，说明企业偿还流动负债的能力越强，流动负债得到偿还的保障越大。但是，过高的流动比率可能意味着企业的流动资产比重偏高，未能有效地利用资金，而此类情形可能会影响企业的获利能力。可见，计算出来的流动比率是偏高还是偏低，只有结合行业平均水平、企业的历史水平进行比较才能知道。

通常认为，对于制造业企业而言，流动比率以不低于 2 为宜，因为通常假定存货这一流动性欠佳的项目占这类企业的流动资产的一半。但这没有什么理论依据，仅为经验之谈。

流动比率只是对短期偿债能力的粗略估计。并非全部的流动资产都能用来偿债，企业需要保持必要的流动资产用于持续经营。

2. 速动比率

速动比率（quick ratio）是指速动资产与流动负债的比率。有的教材中把这一指标称作酸性测试比率（acid test ratio）。其中：

$$速动资产=流动资产-存货$$

速动比率的计算公式为：

$$速动比率=\frac{速动资产}{流动负债}=\frac{流动资产-存货}{流动负债}$$

由于速动资产中已经剔除了存货这一流动性欠佳的项目，因此，速动资产与流动负债的比率更能够体现出企业偿付短期债务的能力。一般地，速动比率越高，说明企业的短期偿债能力越强。

通常认为，对于制造业企业而言，速动比率以不低于1为佳，也是因为通常假定存货这一流动性欠佳的项目占这类企业的流动资产的一半。当然，这也没有什么理论依据，仅是经验之谈。

在使用速动比率分析企业的偿债能力时，要注意分析应收账款的可回收性对该指标的影响。如果应收账款中有较大部分不易收回，那么再高的速动比率也无法证明企业具有较强的偿付短期债务的能力。

3. 现金比率

有的企业干脆就用现金比率来测度短期偿债能力。现金比率是现金类资产与流动负债的比率。此处的“现金”为金融分析意义上的用语，与惯常的理解不同，在实践中其计算口径因人而异，缺乏共识。其计算公式为：

$$现金比率=\frac{现金+现金等价物}{流动负债}$$

13.2.2 长期偿债能力分析

所谓长期偿债能力，是指企业偿还全部负债的能力，或许称作总体偿债能力更为妥当。在评价长期偿债能力时，常用的财务比率是资产负债率（或权益乘数、产权比率）、利息保障倍数。

1. 资产负债率

资产负债率（debt asset ratio）是负债总额与资产总额的比率，它反映企业的资产总额中有多少是通过举债而得到的。其计算公式为：

$$资产负债率=\frac{负债总额}{资产总额}\times 100\%$$

一般地，资产负债率越低，偿债越有保证，融资的空间越大。

资产负债率有一个变体：权益乘数（equity multiplier），公式如下：

$$权益乘数=\frac{资产总额}{股东权益}\times 100\%$$

资产负债率越大，权益乘数也就越大。二者都反映了企业积极举借债务、以小搏大的程度，因此，教材中常常统称此类指标为财务杠杆比率。

2. 利息保障倍数

利息保障倍数是指息税前利润（earnings before interest and tax，EBIT）相对于利息费用的倍数。这个指标是从欧美教材中翻译过来的。由于我国的会计报表格式中并未单列息税前利润，因此，就需要间接地用“净利润＋利息费用＋所得税费用”计算得到。利息保障倍数的计算公式如下：

$$利息保障倍数=\frac{息税前利润}{利息费用}$$

$$=\frac{净利润+利息费用+所得税费用}{利息费用}$$

从数字上来看，利息保障倍数越大，公司拥有的偿还利息的缓冲资金越多，利息支付越有保障。反之，如果利息保障倍数小于 1，表明自身产生的经营效益不能支持现有的债务规模。

在分析企业的偿债能力时，应注意表外因素（如长期经营租赁合同、或有事项等）的影响。

例 13－1

某公司自 1996 年上市以来，以 5 年间股本扩张 360%的骄人业绩创造了中国股市的神话。然而，就在 2001 年 12 月，一篇发表在《金融内参》上的 600 字短文却宣告了神话的终结。根据该公司 2000 年的年度财务会计报告所计算的偿债能力比率如下：

$$流动比率=\frac{433\,106\,703.98}{560\,713\,384.09}=0.77$$

$$速动比率=\frac{433\,106\,703.98-236\,384\,086.72}{560\,713\,384.09}=0.35$$

该公司财务指标的趋势分析如表 13－1 所示。

表 13－1

财务比率	1998 年	1999 年	2000 年
流动比率	1.92	1.07	0.77
速动比率	1.11	0.54	0.35
应收账款周转率	7.40	12.74	44.92
流动资产周转率	2.71	3.39	4.01
固定资产周转率	7.85	2.31	1.15
经营活动所获现金÷营业收入	0.19	0.43	0.43
资产负债率	0.23	0.25	0.23
净资产收益率	0.26	0.26	0.17

可见，该公司流动比率和速动比率呈下降趋势，资产流动性越来越差；该公司应收账款周转率增长迅速；净资产收益率开始下降。

各大银行立即停止向该公司提供贷款，该公司引起了监管层的关注。

13.3 管理效率分析

在评价企业的管理效率时，常用的财务指标有总资产周转率、存货周转率和应收账款周转率等。

1. 总资产周转率

总资产周转率（total asset turnover ratio）是企业营业收入与平均资产总额的比率。其计算公式为：

$$总资产周转率=\frac{营业收入}{平均资产总额}$$

$$平均资产总额=\frac{期初资产总额+期末资产总额}{2}$$

一般用主营业务收入来代表营业收入。

对于同样的营业规模而言，占用的资产越少则管理效率越高，总资产周转率越高，说明企业利用其资产进行经营的效率越高。

例13-2

甲公司与乙公司2018年均实现主营业务收入36 000 000元。前者的平均资产总额为6 000 000元，后者的平均资产总额为9 000 000元，试评价二者的管理效率。

$$甲公司的总资产周转率=\frac{36\,000\,000}{6\,000\,000}=6$$

$$乙公司的总资产周转率=\frac{36\,000\,000}{9\,000\,000}=4$$

就上述指标而言，甲公司的管理效率高于乙公司。

2. 存货周转率

存货周转率（inventory turnover ratio）是企业一定时期的营业成本与平均存货的比率。其计算公式为：

$$存货周转率=\frac{营业成本}{平均存货}$$

$$平均存货=\frac{期初存货余额+期末存货余额}{2}$$

存货周转率越高，说明存货周转得越快，营运资金占用在存货上的金额也越少。但是，存货周转率过高，也可能说明企业管理方面存在一些问题，如存货数量过少，甚至经常缺货，或者采购次数过于频繁，批量太小等。

存货周转率过低，常常意味着企业在产品销售方面存在一定的问题，但也有可能是企业增大库存的结果。具体分析时，需结合产品竞争态势等实际情况作出判断。

根据存货周转率可以推算出存货周转天数。其计算公式为：

$$存货周转天数=\frac{360}{存货周转率}$$

存货周转天数表示存货周转一次所需要的时间，天数越短说明存货周转得越快。

例 13-3

甲公司与乙公司 2018 年的销售成本均为 24 000 000 元。前者的平均存货为 3 000 000 元，后者的平均存货为 4 000 000 元，试评价二者的管理效率。

$$甲公司存货周转率=\frac{24\,000\,000}{3\,000\,000}=8$$

$$乙公司存货周转率=\frac{24\,000\,000}{4\,000\,000}=6$$

就上述指标而言，甲公司的管理效率高于乙公司。

3. 应收账款周转率

应收账款周转率（receivable turnover ratio）是企业一定时期的营业收入净额与应收账款平均余额的比率，又称应收账款周转次数。它反映了企业收账的效率。其计算公式为：

$$应收账款周转率=\frac{营业收入净额}{应收账款平均余额}$$

$$应收账款平均余额=\frac{期初应收账款余额+期末应收账款余额}{2}$$

应收账款周转率越高，说明企业催收账款的速度越快。应收账款周转率如果偏低，则说明企业催收账款的效率太低，或者信用政策过于宽松，但这里有一个度的问题，过于苛刻的信用政策也是不宜提倡的。

根据应收账款周转率可以推算出应收账款周转天数。应收账款周转天数，也称为应收账款的收现期，表明催收应收账款平均需要的天数。其计算公式为：

$$应收账款周转天数=\frac{360}{应收账款周转率}$$

例 13-4

甲公司与乙公司 2018 年实现的主营业务收入均为 36 000 000 元。前者的应收账款平均余额为 3 000 000 元，后者的应收账款平均余额为 2 000 000 元，试评价二者的管理效率。

$$甲公司应收账款周转率=\frac{36\,000\,000}{3\,000\,000}=12$$

$$乙公司应收账款周转率=\frac{36\,000\,000}{2\,000\,000}=18$$

就上述指标而言，乙公司的管理效率高于甲公司。

参照上述比率的分析思路，有的教材中提到了固定资产周转率、流动资产周转率等指标，鉴于其原理与上述指标无异，此处从略。

13.4 盈利能力分析

在评价获利能力时，常用的指标有资产报酬率、净资产报酬率、销售毛利率和销售净利率等。对于上市公司而言，还可以计算其每股收益。

1. 资产报酬率

资产报酬率（return on assets，ROA）是企业在一定时期内的净利润与平均资产总额的比率。其计算公式为：

$$资产报酬率=\frac{净利润}{平均资产总额}\times 100\%$$

显然，资产报酬率越高，说明企业的获利能力越强。

2. 净资产报酬率

净资产报酬率，又称股东权益报酬率（return on equity，ROE），是企业在一定时期内的净利润与平均净资产的比率。其计算公式为：

$$净资产报酬率=\frac{净利润}{平均净资产}\times 100\%$$

$$平均净资产=\frac{期初净资产+期末净资产}{2}$$

股东权益报酬率也可以用以下指标表示：

$$股东权益报酬率=资产报酬率\times 权益乘数$$

3. 销售毛利率

销售毛利率是企业的销售毛利与销售收入的比率。其计算公式为：

$$销售毛利率=\frac{销售毛利}{销售收入}\times 100\%$$

$$=\frac{销售收入-销售成本}{销售收入}\times 100\%$$

销售毛利率越大，表明企业选择的经营项目的盈利水平越高。

4. 销售净利率

销售净利率（profit margin），又称销售贡献率，是企业净利润与销售收入的比率。其计算公式为：

$$销售净利率=\frac{净利润}{销售收入}\times 100\%$$

销售净利率越高，说明企业通过扩大销售获取收益的能力越强。

实际工作中，有些企业根据上述指标的思路设计出了“成本费用净利率”，此处从略。

针对上市公司的财务分析常常会用到“每股收益”指标，其计算方法参见本书第 11 章。

13.5 综合分析

前述分析指标都有所侧重，而管理层常常需要对企业进行总体的财务分析。那么，有没有可能构建出一个相互联系的指标分析体系呢？对此，美国杜邦公司的财务经理们给出了肯定的回答，这就是杜邦分析体系（DuPont system of analysis）。

我们注意到，净资产报酬率可以拆分为资产报酬率与权益乘数的乘积，即

$$净资产报酬率=资产报酬率\times 权益乘数$$

而资产报酬率又可以拆分为总资产周转率与销售净利率的乘积，即

$$资产报酬率=总资产周转率\times 销售净利率$$

所以，可以把净资产报酬率表示为三个指标的连乘积：

$$\begin{aligned}净资产报酬率&=\frac{净利润}{销售收入}\times\frac{销售收入}{平均资产总额}\times\frac{平均资产总额}{净资产}\\&=销售净利率\times 总资产周转率\times 权益乘数\end{aligned}$$

由上式可见，净资产报酬率的因素被归纳为三点：一是经营项目的盈利性，由销售净利率来代表；二是企业管理的效率，由总资产周转率来代表；三是企业的举债经营能力，由权益乘数来代表。因此，要想获得较高的净资产报酬率就应从寻找好的经营项目、提高管理质量和加强财务运作等方面入手。对上述三点进一步展开分析，便可以有针对性地提出提升净资产报酬率的改进意见。

专栏 13-1　　杜邦分析体系的理论背景

西方流行的财务理论认为，企业财务管理的目标是实现股东财富最大化，而股东权益报酬率（即净资产报酬率）所反映的正是股东投入资金的获利水平。杜邦公司的财务经理所设计出的以股东权益报酬率为核心的指标分析体系，就是以股东的私人利益为中心的。

例 13-5

市场分析人士发现，C，A，D三家公司的净资产报酬率显示，C公司的净资产报酬率远远低于另外两家。采用杜邦分析方法所计算的主要财务指标如表13-2所示。

表 13-2 杜邦分析示例

项目	C公司	A公司	D公司
销售净利率	0.052	0.078	0.051
总资产周转率	1.3	1.68	2.17
资产报酬率	0.067 6	0.125 7	0.109 6
权益乘数	1.57	1.93	2.51
净资产报酬率	0.106	0.242	0.275

由表13-2可见，C公司在管理质量（以总资产周转率为代表）和融资水平（以权益乘数为代表）方面明显落后，这是导致该公司的净资产报酬率偏低的主要原因。

13.6 财务报表分析的局限性

在进行财务报表分析时，要从报表本身的局限性和分析方法的局限性这两个方面着手，深入理解财务报表分析的局限性。

第一，要认识到财务会计处理程序本身的局限性。会计本身并不着眼于预测企业的业绩，它的基本功能是列示企业的业绩以及由此形成的财产权利。报表数据所呈现出的某种趋势仅具有参考价值。

第二，要注意会计制度所导致的数据口径变化的潜在影响。近年来，会计准则逐步引入了估计、现值等所谓的“国际会计惯例”，导致会计报表中出现了大量的金融预期，即缺乏法律事实的信息。在分析财务报表时，应注意剔除交易性金融资产等项目所导致的报表数据波动的影响。

第三，要注意慎重选择参照系。进行财务分析时，需要有一个“参照系”，例如，与企业的历史水平相比较，与同行业平均水平或行业先进水平比较，与计划预算相比较等，否则单个指标没有什么说服力。横向比较时需要使用同业标准，而同业的平均数只有一般性的参考价值，不一定有代表性。选一组有代表性的公司的指标并求其平均数作为同业标准，可能比整个行业的平均数更有意义。但是，不少公司实行跨行业经营，没有明确的行业归属，这使得同业比较变得更加困难。

第四，警惕数字陷阱。比率的计算结果常常会误导报表使用者。例如，如果分母数值很小，则比率常常会大得出奇。

思考题

在运用财务报表评价企业的业绩时，应当注意哪些主要问题?

练习题

1. 甲公司为增值税一般纳税人，适用的增值税税率是13%，所得税税率是25%，年末一次确认全年所得税费用。商品、材料销售均不含增值税，商品、材料销售成本随销售收入的确认逐笔结转，本年利润采用表结法核算。有关资料如下：

资料1：20×1年甲公司营业收入为1 500万元，销售净利率为12.3%，净资产报酬率为5.6%。

资料2：20×2年1—11月甲公司损益类科目累计发生额如下表所示。

单位：万元

科目名称	借方发生额	贷方发生额	科目名称	借方发生额	贷方发生额
主营业务收入		1 650	销售费用	42	
主营业务成本	1 320		管理费用	38	
其他业务收入		160	财务费用	19	
其他业务成本	85		营业外收入		90
税金及附加	26		营业外支出	78	

资料3：20×2年12月份甲公司发生如下交易或事项：

(1) 12月5日，向乙公司销售商品一批，开出的增值税专用发票上注明的价款为60万元，增值税税额为7.8万元，销售商品实际成本为45万元。提货单和增值税专用发票已交购货方，并收到购货方开出的商业承兑汇票。

(2) 12月10日，向丙公司销售A材料一批。该批材料的销售价格为5万元，增值税税额为0.65万元，销售材料实际成本为4万元。A材料已发出，销售款项存入银行。

(3) 12月18日，结转固定资产净收益8万元。

(4) 12月31日，计提公司管理部门固定资产折旧5万元，摊销公司管理部门用无形资产成本8万元。

(5) 12月31日，确认本月应交城市维护建设税2万元、教育费附加1万元。

(6) 12月31日，确认本年所得税费用75万元。

资料4：20×2年甲公司平均净资产为3 000万元。

假定除上述资料外，不考虑其他相关因素。

要求:

(1) 根据资料3中（1）和（6）项业务，编制甲公司相应的会计分录。

(2) 根据资料2、资料3所编制的会计分录，编制甲公司20×2年度利润表。

(3) 根据编制的甲公司20×2年度利润表、资料1、资料4，计算甲公司20×2年度下列财务指标：销售净利率；销售毛利率；净资产报酬率。

(4) 比较甲公司20×1年度和20×2年度销售净利率、净资产报酬率的变化，简要评价企业的获利能力。

2. 某公司20×3年度财务报表主要资料如下：

(1) 资产负债表数据如下表所示。

资产负债表

20×3年12月31日　　单位：千元

资产	金额	负债和股东权益	金额
流动资产：		流动负债：	
货币资金	310	应付账款	852
应收账款	1 344	其他流动负债	468
存货	966	流动负债合计	1 320
流动资产合计	2 620	⋮	
固定资产	1 170	非流动负债合计	1 026
		实收资本	1 444
资产总计	3 790	负债和股东权益总计	3 790

(2) 20×3年度的利润表显示，净利润为229 200元。

要求：

(1) 列出计算公式，计算下表中该公司的财务比率指标。

(2) 与行业平均水平比较，简要评价该公司的财务状况和获利能力。

财务比率	本公司	行业平均水平
流动比率		2
速动比率		1
资产负债率		50%
资产报酬率（ROA）		5%
净资产报酬率（ROE）		10%

图书在版编目（CIP）数据

会计学/周华编著．—3版．—北京：中国人民大学出版社，2019.11
（全国会计领军人才丛书．会计系列）
ISBN 978-7-300-27513-0

Ⅰ.①会… Ⅱ.①周… Ⅲ.①会计学 Ⅳ.①F230

中国版本图书馆CIP数据核字（2019）第226919号

北京高等教育精品教材
国家级教学团队建设成果
全国会计领军人才丛书·会计系列
会计学（第3版）
周　华　编著
Kuaijixue

出版发行	中国人民大学出版社		
社　　址	北京中关村大街31号	**邮政编码**	100080
电　　话	010－62511242（总编室）		010－62511770（质管部）
	010－82501766（邮购部）		010－62514148（门市部）
	010－62515195（发行公司）		010－62515275（盗版举报）
网　　址	http://www.crup.com.cn		
经　　销	新华书店		
印　　刷	北京七色印务有限公司	**版　　次**	2011年6月第1版
规　　格	185 mm×260 mm　16开本		2019年11月第3版
印　　张	25.5 插页1	**印　　次**	2019年11月第1次印刷
字　　数	548 000	**定　　价**	54.00元

教师教学服务说明

中国人民大学出版社财会出版分社以出版经典、高品质的会计、财务管理、审计等领域各层次教材为宗旨。

为了更好地为一线教师服务，近年来财会出版分社着力建设了一批数字化、立体化的网络教学资源。教师可以通过以下方式获得免费下载教学资源的权限：

在中国人民大学出版社网站 www. crup. com. cn 进行注册，注册后进入“会员中心”，在左侧点击“我的教师认证”，填写相关信息，提交后等待审核。我们将在一个工作日内为您开通相关资源的下载权限。

如您急需教学资源或需要其他帮助，请在工作时间与我们联络：

中国人民大学出版社　财会出版分社

联系电话：010-62515987，62515735

电子邮箱：ckcbfs@crup. com. cn

通讯地址：北京市海淀区中关村大街甲 59 号文化大厦 1501 室（100872）